omnibus

Du même auteur

Ouvrages disponibles en français
Histoires secrètes de Paris, éditions Omnibus (2014)
L'Italie expliquée aux Français, Flammarion, coll. Café Voltaire (2011)
Enquête sur Jésus, coécrit avec Mauro Pesce, éditions du Rocher (2008)
Les Secrets de Rome, éditions du Rocher (2007)

En italien, aux éditions Mondadori
Il viaggiatore alato
I segreti di Parigi
I segreti di New York
I segreti di Londra
I segreti di Roma
Leggere

Avec Mauro Pesce
Inchiesta su Gesù

Avec Remo Cacitti
Inchiesta sul cristianesimo

Avec Vito Mancuso
Diputa su Dio e dintorni

Corrado Augias

HISTOIRE SECRÈTE DU VATICAN

Traduit de l'italien par Maria Grazzini

Nouvelle édition

L'EXPRESS omnibus

ISBN : 978-2-258-11331-2 N° éditeur : 848
Dépôt légal : février 2015

Omnibus | un département **place des éditeurs**

place
des
éditeurs

« Autrefois, j'avais des rêves pour l'Eglise. Une Eglise qui avance sur son chemin dans la pauvreté et l'humilité, une Eglise qui ne dépend pas des pouvoirs de ce monde… […] Une Eglise qui accueille ceux qui savent penser de manière plus ouverte. Une Eglise qui donne du courage, surtout à ceux qui se sentent petits et pécheurs. Je rêvais d'une Eglise jeune. Aujourd'hui, je n'ai plus de ces rêves. Après mes soixante-quinze ans, j'ai décidé de prier pour l'Eglise. »

Cardinal Carlo Maria Martini
Le Rêve de Jérusalem

Sommaire

Avant-propos

La face cachée de Rome

Les faits évoqués dans ce livre ne traitent pas de l'Eglise catholique en tant qu'expression de la foi, parfois du sacrifice, de ses ministres et de ses fidèles. On trouvera ici des épisodes significatifs de l'histoire du Saint-Siège (le Vatican), c'est-à-dire un Etat indépendant, doté d'organes de gouvernement, d'un territoire (pour symbolique qu'il soit), d'un drapeau, d'un hymne, d'une devise, d'une armée (symbolique, elle aussi), mais également de sièges diplomatiques dans le monde entier et d'ambassadeurs (les nonces apostoliques) officiellement accrédités.

Les épisodes choisis sont significatifs parce qu'ils reflètent d'une part les circonstances politiques et historiques qui les ont produits, et d'autre part parce que – souvent marqués par la cruauté, voire par le sang versé – ils témoignent du prix terrible payé par l'Eglise catholique pour garder à la fois sa mission spirituelle et sa nature politique d'Etat. On pourrait presque y voir la tentative de concilier le Ciel et la Terre, la candeur de la sainteté et les astuces du pouvoir, ou mieux, comme le dirait l'Evangile, Dieu et Mammon.

Ce mélange a été dénoncé à plusieurs reprises par quelques grandes âmes et esprits éclairés, au sein même de l'Eglise. Depuis que le christianisme est devenu une religion impériale et d'Etat, sous l'empereur Théodose, à la fin du IVe siècle, des voix prophétiques se sont élevées qui mettaient l'Eglise en garde et l'imploraient d'abandonner l'or et la pourpre pour retrouver la sainte humilité des origines. Cependant, les mâchoires de la politique semblent l'avoir prise dans un étau de fer, dont elle n'aurait pu se libérer que par une séparation courageuse et définitive qui n'a jamais eu lieu. Les voix dissidentes sont donc restées une petite minorité. On les a rangées dans l'« enrichissement du dialogue », sachant que, jusqu'à présent, il s'est agi d'un dialogue de sourds.

Cette ambiguïté de fond se reflète dans la figure même du souverain pontife. Lorsque le pape prend la parole, on ne sait s'il le fait en tant que représentant suprême d'une grande religion, guide et pâtre de son troupeau, ou bien en tant que chef d'un Etat souverain et monarque qui concentre entre ses mains tous les pouvoirs : législatif, exécutif et judiciaire. Son titre aussi, d'ailleurs – « souverain pontife » –, est le signe de sa double nature : chef d'une des rares, si ce n'est la seule, monarchies absolues du monde moderne et souverain régnant à vie.

A tous ceux qui souhaiteraient mieux connaître cette puissante structure temporelle, je consacre un préambule qui fait un certain nombre de distinguos nécessaires entre Vatican, Saint-Siège et Eglise catholique.

Selon une thèse largement partagée, le poids que l'Eglise parvient parfois à peser dans les événements du monde, voire la survie même de l'institution, seraient une conséquence directe de cette double identité. Sans aucun doute, il s'agit du seul exemple de confession religieuse aussi strictement structurée en une forme étatique des vingt derniers siècles de l'histoire mondiale. Dans l'Antiquité classique, il est arrivé que le pouvoir politique assume des fonctions religieuses. Jamais, cependant, le contraire ne s'est produit, c'est-à-dire qu'une autorité religieuse assume également une physionomie politique précise. Il est tout aussi certain qu'une telle configuration, outre ses privilèges matériels évidents, a beaucoup influencé l'action proprement spirituelle de l'Eglise, car, en dépit de toute tentative d'arrangement, Dieu et Mammon restent difficiles à concilier.

Comme le lecteur pourra le constater, les différents chapitres de ce livre traitent de sujets et de personnages issus d'époques qui vont des débuts de notre ère jusqu'aux années les plus récentes. Mieux, le premier chapitre est consacré à un empereur qui régna à une époque où le Vatican n'avait pas encore endossé sa forme actuelle. Stricto sensu, il s'agit là d'une échappée hors sujet ; cependant, en élargissant l'horizon, quelques digressions peuvent aider à mieux tracer des coordonnées qui rendent plus compréhensibles l'enchaînement des événements, l'ensemble des faits, le profil ou les références des différents personnages.

En réalité, parler du Vatican signifie surtout parler de Rome ; à partir du IVe siècle et presque jusqu'à la fin du XIXe, l'histoire vaticane et celle de la ville coïncident. Certains des événements ici rapportés témoignent véritablement, et sous différents aspects, de ce que le titre de cet avant-propos annonce : « la face cachée de Rome ».

Il n'y a pas, dans ce livre, la moindre ambition d'exhaustivité, ni sur le plan thématique, ni sur le plan chronologique. Le choix des récits est dicté par l'importance historique ou contemporaine des événements, mais aussi par des opportunités personnelles de connaissances et d'émerveillements, ou par la pratique de lieux qui furent le théâtre des événements évoqués : la face cachée de Rome, justement.

Corrado AUGIAS

Introduction à la nouvelle édition

Lorsque, le 13 mars 2013, le diacre de l'Eglise apostolique catholique romaine, le cardinal Jean-Louis Tauran (aujourd'hui très proche du pape François), annonce depuis le balcon de la basilique Saint-Pierre le nom du souverain pontife nouvellement élu, seuls les experts connaissent Jorge Mario Bergoglio. Né le 17 décembre 1936, celui-ci vient d'Argentine, un pays qu'il qualifie lui-même à l'occasion de son élection, avec des mots quasi apocalyptiques, de « fin fond du monde ». On commence à comprendre qui il est quand il donne le prénom qu'il s'est choisi : François. C'est une première : aucun des quatre-vingt-dix papes qui se sont succédé sur le trône de Pierre depuis 1226, année de la mort du saint d'Assise, ne l'avait encore retenu.

François d'Assise – qui, de son vivant, faillit être condamné pour hérésie – fut le fondateur d'un ordre de moines mendiants qu'une règle extrêmement rigoureuse, bien qu'adoucie par la suite, appelait à dormir à même la terre et à s'habiller d'une tunique en toile brute serrée à la taille par une simple corde. Ces deux points suffiraient à éloigner la figure du nouveau pape de celle du saint, quand bien même Bergoglio ne serait pas issu de l'ordre des jésuites, congrégation d'hommes cultivés et élitistes qui se consacrent à la spéculation – parfois de manière excessive, leur a-t-on souvent reproché. Citons Pascal, dans *Les*

Provinciales (Lettre XI) : « [...] en me moquant de votre morale, j'ai été aussi éloigné de me moquer des choses saintes que la doctrine de vos casuistes est éloignée de la doctrine sainte de l'Evangile [...] ». « Eloignés de l'Evangile », écrivait Pascal des jésuites, le contraire, donc, du mouvement que Bergoglio affirme vouloir initier, à savoir se rapprocher de l'Evangile.

Le choix de ce prénom, François, est un signe extrêmement fort : il nous dit que, d'ores et déjà, le nouveau pape a les idées claires sur le caractère qu'il souhaite donner à son pontificat, ainsi que sur son programme de « gouvernement ».

Ses premiers gestes ont été si surprenants que certains d'entre eux ont fait le tour du monde. Les premiers mois de son pontificat ont vu fleurir plus de livres que n'importe quel autre. On a passé au crible sa biographie, ses rapports difficiles avec la dictature militaire argentine, l'histoire de sa famille, ses origines italiennes, ses études, sa vocation. On s'est moins attardé sur le fait que ce programme de « gouvernement » – désormais appelé « vocation évangélique » – allait être mis en œuvre dans le cadre d'une « dynastie célibataire non héréditaire », autre définition de la longue succession de souverains pontifes. Une dynastie fondée sur une tradition de doctrine et de direction pastorale, mais aussi sur l'exercice du pouvoir politique, car le pape est aussi un chef d'Etat. Ce pouvoir politique a longtemps été exercé sur le territoire italien puisque le vicaire du Christ est également évêque de Rome, avec les négociations et les conflits, les concessions et les actes d'autorité que suppose la fonction.

Les seize chapitres de cet ouvrage évoquent autant d'épisodes qui illustrent comment les papes et les hiérarchies vaticanes ont exercé leur pouvoir au fil des siècles.

En préambule, posons-nous la question : de quelle manière ce pape au doux nom de François va-t-il s'intégrer dans la longue chaîne des événements ?

Il faut d'abord, pour le percevoir, faire un pas en arrière. Le prédécesseur de François, Benoît XVI, était un homme d'études, un théologien au tempérament réservé, d'une éloquence médiocre, qui s'est vite révélé peu apte à remplir une charge si exposée sur le plan politique – surtout par comparaison avec le pontificat de l'énergique Polonais qui l'avait précédé. Benoît n'était pas à l'aise dans le réseau complexe des échanges internationaux, souvent envenimés par les rancunes, les jalousies réciproques, et fondés sur les rapports de force ; ces corollaires de la charge étaient contraires à la nature d'un homme enclin à la réflexion théologique et à l'étude des Ecritures. Ses impairs ont mis le malaise en évidence. De surcroît, certaines de ses prises de position qui semblaient revenir sur les ouvertures du concile Vatican II, tant dans la doctrine que dans la liturgie, ont divisé l'Eglise. Il a concentré ses efforts – sans forcément les voir couronnés de succès – sur la réconciliation entre la « vérité » de l'Eglise et la pensée moderne, convaincu que la foi et la raison sont compatibles, et que les outils de la philosophie peuvent aider à redécouvrir l'Evangile.

Une tentative ardue, et compliquée par la comparaison, encore une fois, avec le pontificat de Karol Wojtyla. L'attitude de ce pape combatif n'avait pas grand-chose de pastoral, sa première préoccupation étant de libérer la Pologne et l'Europe de l'Est du régime communiste. Pour atteindre son but, il n'avait pas hésité à produire les sommes d'argent nécessaires – par exemple au financement du syndicat Solidarnosc –, quitte à attirer dans les banques vaticanes des capitaux d'origine douteuse et de gestion délicate.

Deux tempéraments décidément opposés, Wojtyla et Ratzinger…

Quoi qu'on pense de lui, il faut reconnaître à Benoît XVI le génie tactique avec lequel il a mis fin à son pontificat. Aucun pape n'avait osé cela depuis Célestin V, au XIIIe siècle. Quand il s'est rendu compte que son âge, son tempérament, son état de santé et les conflits en cours ne lui permettaient pas de redresser une situation détériorée par la corruption et les scandales, le professeur Ratzinger a abdiqué ; il s'est retiré de la scène sans crier gare. Ce faisant, il a précipité la chute de l'ensemble de la cour pontificale ; il a fait « place nette », simplifiant ainsi beaucoup le renouvellement à mettre en œuvre par son successeur.

Et le renouvellement ne s'est pas fait attendre. Il est visible, pour commencer, dans le comportement : François entretient avec les fidèles un rapport d'une spontanéité que certains trouvent excessive, confinant au populisme. Mais, si son attitude n'est pas du goût de quelques cercles internes, elle a permis de rapprocher l'Eglise de ceux qui s'en étaient éloignés pour cause de scandales financiers et sexuels.

Le renouvellement a été effectif, aussi, dans les structures internes du Vatican et de la Curie, polluées par ce que le pape lui-même a qualifié de « lèpre de la cour papale ».

Autre signe fort de renouvellement : les dernières nominations de cardinaux, comme nous le verrons plus loin.

Quand Benoît XVI annonça sa démission, Tarcisio Bertone, alors secrétaire d'Etat et habile homme de pouvoir, en fut frappé plus que quiconque. C'était la première fois que le pape prenait une décision – grave, qui plus est – sans le consulter et sans même l'en informer prioritairement, lui qui était à la tête de son gouvernement. Face au fait accompli, Bertone se mit aussitôt à l'œuvre pour favoriser l'avènement du cardinal Angelo Scola, archevêque de Milan, de tendance conservatrice. Heureusement pour l'Eglise, les choses se sont passées autrement, et Bertone a dû céder du terrain.

François a aussi entrepris de s'occuper des finances vaticanes. Des commissions dédiées ont été chargées de mettre de l'ordre dans la banque Ior (Institut pour les œuvres de religion) et l'APSA (Administration du patrimoine du siège apostolique), l'organisme de gestion du patrimoine économique. Une réforme de la gouvernance est également à l'étude ainsi que la création d'un système centralisé de gestion des médias.

Bref, en quelque mois, le pape François a initié tant de changements que certains, emportés par leur élan, ont parlé de « révolution ». Le sens du mot est vaste et imprécis ; seul le temps permettra de dire si c'est vraiment d'une révolution qu'il s'agit. Pour l'heure, on peut seulement constater que l'évêque de Rome (titre auquel François tient beaucoup) a entrepris un ensemble de réformes comme on n'en avait pas vu depuis de longues années.

Une partie au moins de ces réformes sont proches de celles qu'avait l'intention de mettre en œuvre Benoît XVI. Sur le plan organisationnel, le pape François a repris les choses là où son prédécesseur les avait laissées, notamment dans les domaines sensibles des finances et des abus sexuels. Concernant l'Ior, l'idée est de transformer cette institution controversée en une « banque éthique ». Si l'on se rappelle le blanchiment d'argent qui a transité par cette banque, la transformation serait si radicale qu'elle suffirait, à elle seule, à inscrire le pontificat dans l'Histoire.

En matière de doctrine, les ouvertures du nouveau pape semblent plus prudentes, même s'il a envoyé quelques signaux dans les domaines extrêmement sensibles de la sexualité et de la bioéthique. Sa déclaration aux journalistes qui l'accompagnaient dans l'avion, au retour de son voyage au Brésil, a fait beaucoup de bruit : « Il faut distinguer entre le fait d'être gay et celui d'en faire un lobby, car les lobbies ne sont pas bons. Si quelqu'un est gay, cherche le Seigneur et fait preuve de bonne volonté, qui suis-je pour le juger ? » Cette phrase : « Qui suis-je pour juger un homosexuel ? », prononcée par un pape, a retenti comme une annonce importante. Pour la première fois, prudemment mais clairement, un pape établissait des distinctions et partageait ses doutes plutôt que de lancer des anathèmes. Quelques mois plus tard, un événement similaire se produisait lors des échanges avec les supérieurs généraux qui se tenaient dans la salle du Synode du Vatican, le 29 novembre 2013. Au sujet du mariage homosexuel, le pape François a dit : « Je me souviens d'une petite fille très triste qui finit par avouer à son institutrice les raisons de sa tristesse : "La fiancée de ma maman ne m'aime pas." Dans les écoles, le pourcentage de jeunes dont les parents sont séparés est très élevé. La situation actuelle lance donc de nouveaux défis que, parfois, nous avons du mal à comprendre. Comment annoncer le Christ à ces jeunes, filles et garçons ? »

De nouveaux défis difficiles à comprendre, mais aussi de nouvelles paroles. Si le pape n'a pas exposé ce qu'il souhaite faire, il a dit nettement ce qu'il ne veut plus faire : proclamer, *ex cathedra*, une vérité à laquelle les fidèles n'ont qu'à se conformer.

En d'autres termes, le pape semble avoir pris acte du fait qu'à côté des familles traditionnelles ont pris place d'autres modèles familiaux : couples mariés ou non, hétérosexuels ou homosexuels, parfois avec enfants. C'est un constat, pour résumer les paroles du pape, face auquel l'Eglise ne peut pas se limiter au « *Vade retro* ». Au cours des mêmes échanges, le pape François a déclaré aux supérieurs généraux : « Il faut veiller à ne pas administrer un vaccin contre la foi aux enfants des couples de fait [...]. L'éducateur doit être à la hauteur des personnes à éduquer, il doit s'interroger sur la manière d'annoncer le Christ à une génération en pleine mutation. »

Des ouvertures prudentes, mais des ouvertures. Qui ont valu au pape François pas mal d'inimitiés au sein de l'Eglise et du Vatican. De riches contributeurs américains menacent de supprimer leurs donations en signe de défiance envers un « pape communiste ». Les personnalités que le pape a privées de leur charge ou d'une partie de leur pouvoir se plaignent de sa gestion. La hiérarchie la plus fidèle à l'orthodoxie traditionnelle ne voit pas d'un bon œil ces ouvertures doctrinales, aussi circonspectes soient-elles.

Ayant connu l'Argentine de la dictature militaire, où les droits de l'Homme étaient brutalement violés, le pape François n'a pas souhaité demeurer dans l'isolement des appartements pontificaux, ni manger seul dans sa salle à manger privée. Il loge dans une sorte d'hôtel-résidence dans l'enceinte vaticane, la *foresteria* Sainte-Marthe, où vivent beaucoup d'autres personnes, il mange à la cantine commune et, dit-on, change de table chaque jour. Prudence, encore une fois.

Le pape François a écrit de sa plume un document important qui résume le programme de son pontificat. Intitulé *Evangelii Gaudium*, la Joie de l'Evangile, cette « exhortation apostolique » porte en sous-titre : « Exhortation apostolique aux évêques, aux presbytères et aux diacres, aux personnes consacrées et aux fidèles laïques sur l'annonciation de l'Evangile dans le monde d'aujourd'hui ».

Ce sous-titre dit, à lui seul, de quelle manière le pape François entend transmettre une vision heureuse du christianisme.

Le texte lui-même invite à plusieurs reprises à la gaieté, rappelle que la religion ne veut pas de visages tristes, ni de ton sinistre, que le service de Dieu doit être empreint de joie et d'enthousiasme. Il cite le prophète Isaïe (49, 13) : « Cieux, criez de joie ! Terre, exulte ! Montagnes, éclatez en cris de joie ! Car le Seigneur console son peuple ; de ses pauvres, il a compassion. » Plus concrètement, il ajoute (point 10) : « L'évangélisateur ne devrait pas avoir un air lugubre » car la bonne parole doit être apportée par ceux « qui, en premier, ont reçu en eux la joie du Christ ». Les hommes qui annoncent l'Evangile, répète-t-il, doivent le faire non comme on impose une charge, mais comme on partage une joie. Avant de préciser (point 14), en une formule lourde de sens : « L'Eglise ne grandit pas par prosélytisme, mais par attraction. »

François admet bien entendu qu'il existe des situations critiques, mais, selon ses propres mots, seul l'exercice de la foi véritable peut y apporter remède. Il écrit au point 6 : « Je comprends les personnes qui deviennent tristes à cause des graves difficultés qu'elles ont à affronter, cependant, peu à peu, il faut permettre à la joie de la foi de commencer à s'éveiller[1]. »

Une conception joyeuse de la vie et de la foi, telle est l'approche du pape. Il la trouve dans les Ecritures – on peut, en réalité, y trouver les conceptions les plus diverses, comme dans tout livre de sagesse et dans toute religion, dont chacun retient ce qu'il veut bien en retenir. Celle du pape François est fondée sur les passages qui lui tiennent le plus à cœur, que son expérience pastorale et son tempérament lui font privilégier.

1. Ce passage entre guillemets, comme les autres extraits de l'exhortation apostolique du pape François *Evangelii Gaudium*, provient de la traduction officielle donnée sur le site du Vatican : vatican.va Evangelii gaudium

Revenons à son texte. Le premier chapitre (« La transformation missionnaire de l'Eglise ») évoque ce que les fidèles, à commencer par les évêques et les prêtres, devraient faire concrètement. Le pape François y fustige une pratique du sacerdoce qu'il juge paresseuse et insatisfaisante. Avec des mots chargés d'émotion, il en appelle à une Eglise missionnaire, qui explore le monde, lui parle, lui lance des défis, au lieu de s'enfermer dans ses terres. Point 23 : « Il est vital qu'aujourd'hui, pour annoncer l'Evangile à tous, l'Eglise sorte en tous lieux, en toutes occasions, sans hésitation, sans répulsion et sans peur. » Il va jusqu'à invoquer l'Apocalypse (14, 6) : « [...] un Evangile éternel à annoncer aux habitants de la terre et à chaque nation, tribu, langue et peuple ». L'essentiel n'est pas la « structure », écrit le pape, qui, semble-t-il, fait allusion à une certaine dérive « bureaucratique » ; ce qui compte est l'âme, le courage, l'élan. Point 26 : « Les bonnes structures sont utiles quand la vie les anime, les soutient et les guide. Sans cette vie nouvelle et un esprit évangélique véritable, sans "fidélité de l'Eglise à sa propre vocation", toute nouvelle structure se corrompt en peu de temps. » Il conclut, au point 30 : « J'exhorte aussi chaque Eglise particulière à entamer un ferme processus de discernement, de purification et de réforme. »

Cinglants, ces mots ne sont pas réservés aux seules structures locales et satellitaires de l'Eglise. Le pape François adresse des paroles tout aussi sévères à ses organes centraux, sans épargner sa propre personne. Au point 32, il écrit sans détours : « Puisque je suis appelé à vivre ce que je demande aux autres, je dois penser aussi à la conversion de la papauté. » Puis : « Même la papauté et les structures centrales de l'Eglise universelle ont besoin d'écouter l'appel à la conversion pastorale. » Plus loin, il exhorte à abandonner le « confortable critère pastoral du "on a toujours fait ainsi". J'invite chacun à être audacieux et créatif [...] »

Ce chapitre s'achève sur un appel (point 49) : « Sortons, sortons offrir à tous la vie de Jésus-Christ. Je répète ici, pour l'Eglise tout entière, ce que j'ai dit de nombreuses fois aux prêtres et laïcs de Buenos Aires : je préfère une Eglise cabossée, blessée et sale pour être allée dans les rues à une Eglise malade de son enfermement et du confort de s'accrocher à ses propres sécurités. »

Consacré entièrement au discours que François adresse à l'Eglise elle-même, des organes de la Curie aux organisations réparties dans le monde entier, ce chapitre est plein d'une ferveur qui trahit parfois l'impatience et le mécontentement inspirés par la situation constatée. A sa lecture, on a l'impression que certains effets volontairement appuyés, certaines insistances ostentatoires, presque théâtrales, sont des signaux que François envoie, par le biais des médias, pour qu'ils servent d'avertissement et d'exemple, notamment au sein de l'Eglise.

L'attitude du pape vis-à-vis des activités économiques et financières est encore plus ferme. Le deuxième chapitre d'*Evangelii Gaudium* leur est consacré. Voici ce qu'écrit François au point 53 :

« De même que le commandement "tu ne tueras point" pose une limite claire afin de préserver la valeur de la vie humaine, aujourd'hui nous devons dire : "non à une économie de l'exclusion et des inégalités". Une telle économie tue [...]. On considère l'être humain en lui-même comme un bien de consommation, qu'on peut utiliser et ensuite jeter. » Le pape ne pouvait pas choisir une image plus dure : l'économie vue comme un homicide. C'est le précepte kantien poussé à ses ultimes conséquences, et le pape cite en effet presque mot pour mot le grand philosophe, dans *La Critique de la raison pratique* : « Agis de telle sorte que tu traites toujours l'humanité, soit dans ta personne, soit dans la personne d'autrui, comme une fin, et que tu ne t'en serves jamais comme d'un moyen. »

Certains points de l'exhortation apostolique du pape ont suscité un débat nourri, notamment dans le monde anglo-saxon, qui se méfie de toute référence à un Etat dit « social ». Les propos tenus au point 54 ont été jugés particulièrement déconcertants : « Dans ce contexte, certains défendent encore les théories des "retombées positives", qui supposent que chaque croissance économique, favorisée par le libre marché, réussit à produire en soi une plus grande équité et inclusion sociale dans le monde. Cette opinion, qui n'a jamais été confirmée par les faits, exprime une confiance grossière et naïve dans la bonté de ceux qui détiennent le pouvoir économique et dans les mécanismes sacralisés du système économique dominant. Entre-temps, les exclus continuent à attendre. »

Ces lignes expriment les conceptions économiques de François, mais aussi un appel en faveur de l'intervention publique dans l'économie et dans l'assistance sociale.

Compte tenu des polémiques que ce point a suscitées, il n'est pas inutile de relire la première partie du texte original de François, écrit en espagnol : « *En este contexto, algunos todavía defienden las teorías del "derrame" que suponen que todo crecimiento económico* [...] etc. »

Or, *derrame* en espagnol, *trickle down* en anglais et « retombée positive » en français ne sont pas tout à fait la même chose. L'expression *trickle down* est utilisée (au sens négatif) à propos d'une théorie économique très répandue du temps du couple politique Thatcher-Reagan dans les années 1980.

Selon celle-ci, dans les régimes capitalistes pleinement efficaces, la richesse « s'écoule goutte à goutte vers le bas » (ce qui est le sens strict des mots *trickle* et *derrame*) en irriguant ainsi le tissu social.

Les partisans de cette théorie soutenaient que trop de services et d'assistance sociale favorisent la paresse, éteignent la capacité et la volonté d'entreprendre et d'innover, et, en dernier ressort, répandent la pauvreté au lieu de stimuler le bien-être. Depuis Max Weber, dans l'univers protestant, on a souvent accusé la pensée sociale catholique d'être une des causes de la pauvreté. Mary Anastasia O'Grady, éditorialiste au *Wall Street Journal* et observatrice attentive des pays d'Amérique du Sud, s'interroge ainsi sur les raisons qui font que « la grande majorité des populations pauvres et des désespérés de la Terre se concentre dans les pays où l'Etat s'est arrogé un rôle déterminant dans l'économie ». Dans le même ordre d'idées, il est reproché au pape François de dénier au marché et à l'esprit d'entreprise toute capacité de stimuler et de répandre le bien-être.

Quoi qu'il en soit, on peut citer un grand nombre d'exemples qui prouvent, au contraire, que l'absence d'assistance sociale induit une spirale descendante qui rend les pauvres toujours plus pauvres et, surtout, les prive de tout espoir. Mais la conviction anti-étatiste est trop profondément enracinée dans le monde anglo-saxon pour qu'aucun argument puisse la renverser. Michael Novak, intellectuel américain catholique, connu pour ses idées conservatrices, a affirmé que, si les propos du pape sont peut-être valables en Argentine, aux Etats-Unis, « où plusieurs générations ont prouvé l'efficacité de la mobilité sociale, ce qu'affirme le pape ne correspond pas à la vérité ». Pourtant, aux Etats-Unis aussi, les paroles du souverain pontife ont trouvé un accueil très favorable ; elles ont même été reprises dans les cercles démocrates proches de la Maison-Blanche.

La doctrine catholique et les débats qui s'y réfèrent constituent le troisième volet de l'exhortation apostolique du pape. Après les grandes disputes théologiques d'autrefois, la doctrine religieuse d'aujourd'hui est appelée à se mesurer aux problèmes de la vie quotidienne, à des questions comme l'éthique biologique (la vie, la mort), le droit à l'avortement, l'homosexualité, le divorce et l'union libre. Comment le pape se positionne-t-il face à ces grandes controverses du monde contemporain ? Sa réponse est claire, tant dans la forme que dans le contenu.

Il écrit au point 182 : « Les pasteurs, en accueillant les apports des différentes sciences, ont le droit d'émettre des opinions sur tout ce qui concerne la vie des personnes, du moment que la tâche de l'évangélisation implique et exige une promotion intégrale de chaque être humain. On ne peut plus affirmer que la religion doit se limiter à la sphère privée et qu'elle existe seulement pour préparer les âmes pour le ciel. »

François revendique donc pour la religion un rôle public. En limiter la pratique à la sphère privée n'est *plus* possible. Il ajoute plus loin : « [...] personne ne peut exiger de nous que nous reléguions la religion dans la secrète intimité des personnes, sans aucune influence sur la vie sociale et nationale, sans se préoccuper de la santé des institutions de la société civile, sans s'exprimer sur les événements qui intéressent les citoyens. »

Pour l'instant, on a du mal à évaluer le poids « politique » d'un tel propos, notamment dans un pays comme l'Italie. D'ailleurs, en poursuivant son exhortation apostolique, François lui-même en nuance la portée. Il écrit au point 184 : « [...] ni le pape, ni l'Eglise ne possèdent le monopole de l'interprétation de la réalité sociale ou de la proposition de solutions aux problèmes contemporains. »

Laquelle de ces deux positions finira par prévaloir ? Le principe affirmé avec tant de détermination ou la prudence des correctifs qui suivent ? Le texte gardera sa part d'ambiguïté tant que les actes du souverain pontife ne viendront pas l'éclaircir. Personne ne refuse à la religion catholique – ni à toute autre religion – la liberté d'afficher ouvertement son point de vue sur les grandes questions du monde contemporain, citoyennes, sexuelles ou biologiques. La question est plutôt la portée de ces déclarations publiques. La récente expérience italienne nous enseigne que, lorsque les évêques de la péninsule étaient guidés par la vision intégriste de Camillo Ruini[1], les déclarations de la hiérarchie vaticane ne s'adressaient pas tant aux fidèles qu'à la classe politique, pour l'inciter à adopter des mesures approuvées par l'Eglise. Il ne s'agissait pas de simples opinions librement exprimées, mais bel et bien de directives à l'adresse des législateurs catholiques et des électeurs.

Les paroles de François annoncent-elles une attitude similaire ou bien son contraire ?

Lors de la rencontre avec le corps diplomatique, début janvier 2014, le pape s'est exprimé ainsi : « L'horreur nous saisit à l'idée que des enfants seront empêchés de naître, victimes de l'avortement, ou que d'autres soient de trop jeunes soldats, violés et tués dans les conflits armés, ou bien encore qu'ils fassent l'objet de cette terrible forme d'esclavagisme moderne qu'est la traite des êtres humains, véritable crime contre l'humanité. »

1. Cardinal très influent, Camillo Ruini a longtemps présidé la Conférence des évêques italiens.

Nul doute que les violences faites aux enfants soient un crime contre l'humanité. Cependant, peut-on comparer l'exploitation, la prostitution et la traite des enfants avec l'avortement ? Est-il justifié de parler d'« enfants » dans le cas de l'avortement ? Les paroles du pape ne jouaient-elles pas délibérément la carte de l'émotion en négligeant la physiologie et le contexte souvent dramatique de l'avortement ? En d'autres termes, peut-on faire abstraction de ces deux faits : d'une part, notamment selon le législateur italien, l'avortement doit être sérieusement motivé, d'autre part, il n'élimine pas des « enfants », mais quelques cellules ?

Si un tel procédé devait se reproduire, on pourrait en déduire que la pensée de François n'est pas très différente de celle de Jean-Paul II, qui comparait l'avortement au fratricide de Caïn dans son *Evangelium vitae* (1995). Quitte ensuite, en pensant peut-être à la douleur des femmes ayant avorté, à nuancer la dureté de ses propos par des mots qui n'étaient pas plus adroits : « Ouvrez vos cœurs au repentir avec confiance… Vous comprendrez que rien n'est perdu et vous pourrez demander pardon à votre enfant, qui vit désormais dans le Seigneur. »

Quant à la présence des femmes dans l'Eglise, encore une fois, ses positions manquent de clarté. Si d'un côté, François souhaite qu'elle soit plus large et plus affirmée, de l'autre il ferme résolument la porte à la possibilité du sacerdoce féminin. Voici ce qu'il écrit au point 104 : « Le sacerdoce réservé aux hommes, comme signe du Christ Epoux qui se livre dans l'Eucharistie, est une question qui ne se discute pas. »

En revanche, c'est avec une grande clarté que ce document, qui marquera peut-être un tournant historique, fait ressortir le thème de l'équité sociale. Pas la moindre ambiguïté à ce sujet, pas de place non plus pour les interprétations. Les mots du pape sont limpides : « Les plus favorisés doivent renoncer à certains de leurs droits pour mettre avec une plus grande libéralité leurs biens au service des autres. » Ce sont là les termes mêmes de l'*Octogesima Adveniens* de Paul VI (14 mai 1971) que François s'approprie au point 190.

Ces paroles ont déjà été confirmées par des actes qui, loin d'être purement formels, pourraient être qualifiés de « structurels », et sont destinés à changer l'Eglise en profondeur. Au cours de son premier consistoire du 22 février 2014, le pape a nommé dix-neuf nouveaux cardinaux. Parmi eux, pas moins de seize sont des cardinaux électeurs, ce qui signifie qu'ils prendront part au prochain conclave. Ils sont originaires de douze pays et de quatre continents différents. « Ils représentent le lien profond qui existe entre l'Eglise de Rome et les Eglises du monde entier » a déclaré le souverain pontife.

Parmi ces seize électeurs, quatre seulement (vingt-cinq pour cent) sont membres de la Curie (historiquement composée d'Italiens). Les douze autres sont tous originaires de pays différents : deux d'Europe, trois d'Amérique centrale et du Nord, trois d'Amérique du Sud, deux d'Afrique, deux d'Asie. Les Italiens sont beaucoup moins nombreux que d'habitude.

Vittorio Bellavite, porte-parole du mouvement catholique progressiste *Noi Siamo Chiesa* (Nous sommes Eglise), a fait le commentaire suivant : « Ces nominations sont d'autant plus significatives qu'elles s'accompagnent de l'exclusion de Francesco Moraglia et de Cesare Nosiglia, deux archevêques du camp de Ruini, des diocèses de Venise et Turin, sièges cardinalices traditionnels. » Bellavite a également qualifié de « retentissante l'exclusion de Rino Fisichella, archevêque réputé pour ses intrigues politiques en faveur de la droite, en plus d'être à la tête du Conseil pour la Nouvelle Evangélisation, une institution au mieux inutile, au pire carrément nuisible à la finalité pour laquelle elle a été créée ».

Ces nominations esquissent une ligne de conduite en rupture avec la tradition de la Curie, où les activités spirituelles et l'intervention dans le domaine politique étaient constamment mêlées. Mais il y a un autre signe, plus profond encore, qui laisse présager le déclin du rôle de l'Italie au sein de l'Eglise. La hiérarchie ecclésiastique italienne de ces dernières années s'est illustrée par des attitudes discutables, voire répréhensibles. Il suffit de penser à la politique actuelle d'un mouvement comme *Comunione e Liberazione* (Communion et Libération), qui, après avoir affiché une ferme volonté de renouvellement ecclésiastique, en est désormais réduit à des opérations de *sottogoverno*[1].

On notera également le soutien manifestement intéressé apporté pendant des années par les évêques italiens à des hommes politiques à la moralité douteuse, en échange d'avantages financiers. Des opérations blâmables quel que soit le contexte, mais qui deviennent particulièrement graves dans une institution qui prétend représenter Dieu sur terre.

L'Eglise est désormais une structure sclérosée, incapable de saisir les nouvelles forces en germe et les besoins des fidèles, prisonnière des privilèges de caste et de carrière, au moins en ce qui concerne sa plus haute hiérarchie.

Un pape comme François ne pouvait pas ne pas réagir face à un tel constat.

Aujourd'hui, l'ensemble du monde catholique, et notamment l'Europe, est confronté à une question cruciale : ce pape, son Eglise sauront-ils comprendre et s'adapter à l'époque contempo-

1. Politique consistant à attribuer les postes-clés de l'administration à des alliés politiques. *(NdT)*

raine sans pour autant trahir le cœur de leur doctrine ? Sauront-ils concilier la foi et les mœurs ? Les devoirs des croyants et la liberté de tous ? Les changements se succèdent avec rapidité, la « sécularisation » de l'Europe avance à grands pas. La tâche du nouveau pape est immense, les prévisions sont impossibles. L'Histoire seule pourra nous éclairer.

En attendant, prenons le temps de revisiter quelques-uns des épisodes les plus marquants qui se sont déroulés dans l'enceinte vaticane au fil des siècles.

Corrado Augias, 2015

Quand une Eglise se fait Etat

Le mot « Vatican » est ancien. A l'origine, il désignait un site, une étendue. *Ager vaticanus* était un lieu sinistre et malfamé qu'Aulu-Gelle évoque dans les *Nuits attiques*, en faisant remonter le toponyme au mot *vaticinium* : « Aussi bien le camp Vatican que le dieu qui y préside tirent leur nom des vaticinations auxquelles on assiste grâce à la puissance et à l'inspiration du dieu de ce territoire. » C'était une région sujette aux inondations du fleuve, et donc longtemps marécageuse, infestée d'animaux redoutables et affligée par la malaria. Ces territoires butaient contre une élévation de terrain (*Mons vaticanus*) faisant partie d'une petite dorsale qui, à l'ouest de Rome, va de Monte Mario au Janicule. Au niveau de Saint-Pierre, le relief du terrain a pratiquement disparu depuis longtemps, suite aux imposants travaux de terrassement effectués pour y dresser la basilique.

L'historien latin Tacite parle de la région vaticane comme d'un « lieu infâme », probablement aussi en raison du fait que sur ces terres désolées se trouvait une nécropole qui en soulignait l'aspect sinistre, et dont les restes refirent surface au cours de nombreuses campagnes de fouilles qu'avaient nécessité les fondations de la basilique et sa consolidation. Plus tard, à partir du Ier siècle après J.-C., le site fut progressivement bonifié et l'aire où se trouvent aujourd'hui Saint-Pierre de Rome, une partie des Borghi et l'hôpital du Saint-Esprit devint peu à peu plus « résidentielle ».

Agrippine l'Aînée, épouse de Germanicus et future grand-mère de Néron – si je peux me permettre cette familiarité –, fit bâtir ici une villa avec jardins. Son fils Caligula, après avoir succédé à l'empereur Tibère, y fit construire son cirque, achevé plus tard par Néron. Dans ce cirque avaient lieu des courses de chevaux, de chars et de quadriges, fort populaires à Rome. C'est encore ici qu'eut lieu, probablement en raison de la proximité de la nécropole voisine, l'exécution d'un certain nombre de chrétiens jugés coupables du grand incendie de Rome de l'an 64. Bref, la zone fut progressivement urbanisée, bien qu'excentrée par rapport au cœur de Rome.

Sur le plan juridique, l'Etat de la Cité du Vatican (SCV sur la plaque d'immatriculation des voitures) est une entité souveraine jouissant de la « personnalité juridique internationale ». Le petit Etat indépendant s'étend sur quarante-quatre hectares et compte un peu plus de neuf cents résidents dont environ cinq cents citoyens, avec un revenu individuel moyen assez élevé. Les services aux citoyens sont pour la plupart gratuits.

L'économie du Vatican se fonde sur les investissements patrimoniaux, les rentes, les revenus des organismes extraterritoriaux du monde entier, en plus des émoluments versés à divers titres par l'Etat italien (et des bénéfices indirects relatifs). Calculer des chiffres exacts est très difficile, compte tenu de l'opacité des bilans et de la réticence des autorités à rendre publics les différents intitulés. Dans une de ses enquêtes, le journaliste italien Curzio Maltese a estimé à environ quatre milliards d'euros le coût total annuel de l'Etat de la Cité du Vatican pour la République italienne. Le mathématicien Piergiorgio Odifreddi, l'estime, lui, à plus du double, soit environ neuf milliards d'euros. Le bilan du Vatican est rédigé par l'APSA (Administration du patrimoine du siège apostolique) sous le contrôle de la préfecture aux Affaires économiques.

Comme tout Etat, celui du Vatican se caractérise aussi par un certain nombre d'éléments constitutifs : un territoire, le pouvoir de frapper sa propre monnaie et de promulguer ses lois, une armée, une « nationalité », un concept abstrait symbolisé par un drapeau, un hymne national, une langue et autres éléments de ce genre. Les questions du territoire ont déjà été évoquées ; l'armée existe, mais n'a plus qu'une dimension purement symbolique ; les services de police, en revanche, sont résolument efficaces. Le drapeau, lui, se partage en deux parties de même taille : l'une, jaune, près de la hampe, l'autre, blanche, sur laquelle figurent la tiare et les clés croisées. L'hymne, la *Marche pontificale*, fut composé par Charles Gounod. Il existe aussi des instances judiciaires et d'investigation dont il faut admettre qu'elles n'ont pas fait leurs preuves ; rappelons à leur décharge que dans un Etat absolutiste, ce type d'institut doit se conformer davantage aux impératifs politiques qu'à la réalité des faits.

Des organismes dotés d'une fonction juridictionnelle existent ; le plus célèbre d'entre eux est sans doute la Rote romaine, qui juge de l'annulation des mariages – qui, de fait, a fait office de divorce en Italie jusqu'à ce que la loi spécifique soit votée. Il y a aussi le Saint-Office, qui arrête les questions doctrinales et qui, tant que cela lui a été permis, n'a pas hésité à prononcer des condamnations sévères pouvant aller jusqu'à la peine capitale. C'est justement la triste mémoire de ces condamnations qui a motivé le changement d'appellation de cet institut, devenu aujourd'hui la congrégation pour la Doctrine de la foi.

L'Etat du Vatican dispose d'une banque, l'Institut pour

les œuvres religieuses (Ior), longuement évoqué dans l'un des chapitres de cet ouvrage ; d'un supermarché qui parfois propose même des produits non commercialisés en Italie, à des prix très intéressants (car hors taxes, comme dans les duty free des aéroports) pour des articles tels que les vins, les alcools et l'essence. Si, en principe, l'accès en est réservé aux résidents, en réalité le contrôle des cartes est loin d'être strict (peut-être délibérément, d'ailleurs), et concrètement, il suffit de quelques connaissances sur place pour y accéder. Autrefois, il existait également un Hôtel de la Monnaie chargé de frapper les devises, mais cette tâche revient désormais à l'organisme correspondant de la République italienne. Aujourd'hui, ces pièces et timbres ont une valeur quasi exclusivement numismatique, et les pièces émises à l'occasion d'un nouveau pontificat sont assez recherchées.

Le Vatican dispose aussi de nombreux médias. En effet, si un grand nombre des fonctions et pouvoirs évoqués jusqu'à présent demeurent à un état presque embryonnaire par rapport à ceux d'un « véritable » Etat, la radio vaticane, elle, est une réalité forte et présente, qui émet dans de nombreuses langues étrangères pour des pays parfois lointains, et par conséquent avec la puissance d'émission nécessaire. Le premier à s'exprimer à l'antenne fut Pie XI en 1931, lors de l'inauguration de la station conçue par Guglielmo Marconi. Très vite, cependant, les installations mises en place dans l'enceinte du Vatican se révélèrent insuffisantes.

En 1955, le Saint-Siège fit construire une grande station de radio à Sainte-Marie-de-Galeria, à environ vingt kilomètres de Rome. Sa gigantesque antenne en forme de croix est visible de très loin. Des appareils ultrapuissants assurent une diffusion des programmes à très vaste échelle, mais génèrent aussi pas mal de nuisances et de risques pour les habitants des quartiers voisins : certains captent la radio en ouvrant tout simplement le frigo ! Depuis le début, les jésuites occupent les postes de décisionnaires dans une programmation qui émet en trente-trois langues différentes.

L'organe de presse officiel est un quotidien plus que centenaire, *L'Osservatore Romano*. En guise de sous-titre, le premier numéro précisait : « Journal politico-moral ». Aujourd'hui, en revanche, au même endroit figure la double devise « *Unicuique suum* » (« A chacun le sien ») et « *Non prevalebunt* » (« Elles ne gagneront pas » – sous-entendu : les forces du mal, cela va de soi). Bien qu'agrémenté d'un certain nombre de rubriques, en réalité *L'Osservatore* est le porte-parole du pape et, en tant que tel, est tenu de ne pas s'éloigner de la ligne dictée par le Saint-Siège. Au cours des mois tragiques de l'occupation nazie, le quotidien était très recherché, car il fournissait des nouvelles que la presse italienne ne pouvait pas relayer à cause de la censure. Bien qu'avec la plus grande prudence, selon les coutumes de l'Eglise, l'organe du Vatican parvenait à donner une idée assez précise du climat politique international et du déroulement des opérations militaires sur les différents fronts. Cependant, hormis ces moments exceptionnels, la politique du quotidien soutient généralement les positions les plus conservatrices de l'Eglise.

Le Saint-Siège revêt une tout autre identité : c'est une personne morale de droit public exerçant sa souveraineté sur le Vatican à travers la figure du souverain pontife ; ce territoire peut être considéré comme la juridiction du pape. Le Saint-Siège échange des ambassadeurs accrédités avec les pays du monde entier, est admis en tant qu'observateur permanent aux Nations unies et garde ses propres représentants auprès de différents organismes internationaux.

En termes institutionnels, on pourrait le qualifier de monarchie élective non héréditaire. A son sommet se trouve un souverain élu à vie par une assemblée de hauts dignitaires : les cardinaux, princes de l'Eglise, réunis en conclave. Le souverain pontife exerce son pouvoir à l'aide d'un « gouvernement », la curie romaine, qu'il choisit et auquel il confie des tâches et des fonctions aussi bien politico-administratives que doctrinales. Le chef de ce gouvernement et coordonnateur de la curie romaine est appelé « secrétaire d'Etat ».

Comme on peut le lire sur le site officiel du Vatican, « dans l'exercice de la suprême, totale et immédiate souveraineté sur l'Eglise tout entière, le Pontife romain a recours aux ministères de la curie romaine, qui de ce fait travaillent en son nom et sous son autorité, au profit des églises et au service des saints pâtres ». Dans le nouveau Code de droit canonique de 1984, Jean-Paul II établit en effet, au canon 331, que le souverain pontife détient, « en vertu de sa fonction, un pouvoir ordinaire qui est suprême, total, immédiat et universel au sein de l'Eglise, et qu'il peut à tout moment l'exercer librement ». Ce qui est nouveau est le mot « immédiat », qui signifie « sans médiation aucune », soit « absolu ». Des prérogatives renforcées par le canon 333 qui suit et stipule « qu'il n'y a aucune possibilité d'appel ni de recours face au jugement ou au décret du romain Pontife ».

L'article 1 de la Constitution de la Cité du Vatican entré en vigueur le 22 février 2001 ne laisse pas de doute non plus sur le rôle papal : « Le suprême Pontife, souverain de l'Etat de la Cité du Vatican, jouit des pleins pouvoirs législatif, exécutif et judiciaire. » L'Etat du Vatican ignore en effet non seulement ce que l'on appelle la « volonté populaire » prévue par les démocraties représentatives (parlementaires), mais aussi le partage des pouvoirs introduit par les réformes libérales du XVIIIe siècle, et leur limitation via les lois constitutionnelles souscrites par la quasi-totalité des monarchies européennes dès le milieu du XIXe siècle.

Les termes de Vatican, de Saint-Siège et d'Eglise catholique sont souvent confondus. C'est une erreur qui découle en grande partie d'une certaine ambiguïté que l'Eglise elle-même entretient, en mélangeant doctrine et affaires temporelles, spiritualité et politique.

Pour ce qui est du souverain pontife, l'origine du mot peut intriguer. Sur le plan étymologique, le latin *pontifex* désigne « celui qui trace la voie », qui l'ouvre et aide à la parcourir vers la divinité, soit : celui qui guide sur le droit chemin. Dans la racine du mot il y a en effet l'idée du « pont » (*pons*), et l'on appelait *pontifices* ceux qui instituaient les voies correctes vers le sacré. Le *pontifex maximus* était le chef du collège des prêtres, investi de différents pouvoirs, parmi lesquels celui de nommer les vierges vestales. Cette charge, ainsi que bien d'autres, fut attribuée à Jules César et après lui à tous les empereurs romains jusqu'à la fin du IVe siècle après J.-C., date à laquelle la fonction commença, petit à petit, à être attribuée aux papes. Il n'est pas étonnant que l'Eglise ait adopté un titre aussi riche en traditions et dense de sens pour son chef suprême.

Lorsque le siège papal est vacant, le Saint-Siège est géré par le collège des cardinaux et par le cardinal camerlingue. Le Saint-Siège est donc une entité bien distincte de la Cité du Vatican, qui n'est que le territoire sur lequel il exerce sa souveraineté. Les ambassadeurs de pays étrangers, par exemple, sont accrédités auprès du Saint-Siège et non de l'Etat de la Cité du Vatican, car c'est le premier qui jouit de la souveraineté dans les relations internationales. Un jugement de la Cour de cassation italienne datant de décembre 1997 résume la situation en ces termes : « En tant que représentant de l'Eglise catholique et de l'Etat de la Cité du Vatican, le Saint-Siège a obtenu la reconnaissance de la subjectivité internationale aux deux titres ; cette subjectivité n'a jamais fait défaut, pas même à l'époque où la titularisation de tout pouvoir étatique avait cessé. »

Les propriétés du Saint-Siège ne se limitent pas aux quarante-quatre hectares de la Cité du Vatican, mais comprennent de nombreux biens immobiliers, parfois de très grande valeur historique et artistique, à Rome et ailleurs. Comme l'établissent les accords du Latran signés en 1929, tous ces biens jouissent du privilège d'extraterritorialité. Quelques exemples : la basilique Saint-Jean-de-Latran ; le palais du Latran ; la basilique Sainte-Marie-Majeure de Rome ; la basilique Saint-Paul-hors-les-Murs avec son monastère ; certains immeubles du Janicule et de la place d'Espagne appartenant au Collège propaganda fide ; le palais des Saints-Apôtres flanqué de la basilique homonyme ; le palais de la Chancellerie entre *corso* Vittorio Emanuele et la place Campo de' Fiori ; le palais du Saint-Office adjacent à la porte Cavalleggeri ; le palais de Propaganda fide de la place d'Espagne ; plusieurs sièges de l'Université pontificale grégorienne de la rue Seminario et de la place Pillotta à Rome. A l'extérieur de Rome, le Saint-Siège possède également de vastes propriétés : du palais pontifical de Castel Gandolfo aux basiliques de Lorette, d'Assise et de Padoue. Enfin, on pourrait dire que le terme de Saint-Siège indique l'entité qui jouit de la pleine souveraineté et propriété sur l'Etat de la Cité du Vatican.

Enfin, on entend par Eglise catholique la confession religieuse qui se soumet à l'autorité du pape de Rome et s'identifie à son enseignement, infaillible *ex cathedra,* car directement inspiré par le Saint-Esprit, c'est-à-dire Dieu lui-même. Cette prérogative fut établie en juillet 1870 par la constitution *Pastor Aeternus*, souhaitée par le pape Pie IX, qui pressentait la fin imminente du pouvoir temporel. Le document stipule ce qui suit :

> *« En se référant donc fidèlement à la tradition telle que nous l'avons reçue des premières époques du christianisme, nous faisons œuvre d'enseignement en honneur à Dieu, notre Sauveur, pour la gloire de la religion catholique et pour le salut des peuples chrétiens, avec l'approbation du saint concile, et nous qualifions de dogme révélé par Dieu : chaque fois que le romain Pontife s'exprime* ex cathedra, *c'est-à-dire lorsque – dans l'exercice de son office de pâtre et maître de tous les chrétiens, et avec sa très haute autorité apostolique – il déclare qu'une doctrine concernant la foi ou la vie morale doit être considérée comme contraignante par l'Eglise tout entière, dès lors, en raison de l'assistance divine qui lui est conférée par le bienheureux Pierre, il possède justement cette infaillibilité, que le divin Rédempteur voulut offrir à son Eglise dans les décisions concernant la doctrine de la foi et des mœurs. »*

De l'Eglise catholique, qui proclame que sa fondation est l'œuvre de Jésus dit le Christ (le Messie, l'Oint), font partie tous les chrétiens baptisés qui se reconnaissent en elle. Le mot « catholique » vient de l'adjectif grec καθολικός (*katholikòs*), qui signifie « universel, totalisant ».

Le fait que le Saint-Siège constitue une enclave dans le territoire de la République italienne charge cette dernière de contraintes particulières, tout en lui permettant de jouir d'un certain nombre de privilèges, par exemple du tourisme qui se développe vers les lieux saints. La cohabitation sur un même territoire de deux souverainetés distinctes, l'italienne et la vaticane, a créé dans le passé – et continue de créer encore aujourd'hui – des discordances et des quiproquos, notamment parce que les frontières se jouent en l'espace de quelques mètres à peine.

Sur un sujet dont témoignent une bibliographie et des publications sans fin, je me limiterai à un exemple visuel très éloquent, qui n'a rien perdu de sa force malgré le temps passé. Il s'agit d'une célèbre photo prise en 1944 pendant l'occupation nazie de Rome. Le cliché montre deux soldats allemands, mitraillette à l'épaule, en train de patrouiller sur la place Saint-Pierre en frôlant la frontière du Saint-Siège, marquée au sol par des dalles de granit qui complètent virtuellement le périmètre de la colonnade. De ce côté, c'est l'Italie, de l'autre, le Vatican. Peu de gens le savent, personne n'y prête grande attention, mais en franchissant ces dalles, on passe, en théorie, d'un pays à un autre.

A l'époque de leur expansion maximale, les possessions du Saint-Siège (Etat de l'Eglise ou pontifical) couvraient une bonne partie du centre de l'Italie (hormis le grand-duché de Toscane), à partir de Terracina, où commençait le royaume de Naples, jusqu'à l'estuaire du Pô, à la frontière des territoires de la Sérénissime République de Venise. Ce territoire s'est progressivement réduit jusqu'à atteindre ses dimensions actuelles le 20 septembre 1870, quand les *bersaglieri* du général La Marmora sont entrés à Rome par une modeste brèche ouverte à coups de canon à quelques mètres de Porta Pia, permettant ainsi à la Ville éternelle de rejoindre le royaume d'Italie proclamé neuf ans auparavant, en 1861.

Pie IX (Giovanni Mastai Ferretti), le pape de l'époque, était fermement déterminé à conserver son pouvoir temporel quand bien même sa gestion économique de l'Etat était devenue impossible. En vain le comte de Cavour, le plus grand esprit politique du Risorgimento, avait attiré son attention sur les avantages spirituels dont bénéficierait l'Eglise si elle abandonnait ce pouvoir que l'époque ne tolérait plus.

En 1871, le Parlement du royaume offrait au pape la loi dite des « Guarantigie » (« des Garanties »), stipulant que le saint pontife jouissait de prérogatives souveraines et que par conséquent sa personne devenait « sacrée et inviolable » ; de plus, on lui assurait une rente annuelle de 750 000 lires, l'extraterritorialité du Vatican, du Latran et de Castel Gandolfo.

Pie IX répondit qu'il préférait vivre de l'obole de Saint-Pierre et se déclara « prisonnier » de l'Italie, en se renfermant dans l'enceinte du Vatican. Aux chefs d'Etat catholiques, il fut défendu de se rendre au Quirinal, devenu depuis peu la résidence du roi d'Italie. De même, dès 1868, il avait été interdit aux fidèles italiens de participer aux élections politiques, selon la célèbre devise, maintes et maintes fois rappelée : « Non expedit »[1], qui, plus tard, sera progressivement émoussée puis officiellement abolie, mais seulement en 1919.

La « guerre froide » entre le royaume d'Italie et le Saint-Siège n'a pris fin qu'en février 1929, lorsque Pie XI, assisté de son très habile secrétaire d'Etat le cardinal Pietro Gasparri, signa le concordat avec le chef du gouvernement de l'époque, Benito

1. « Il ne convient pas. » (Sauf mention contraire, les notes sont de la traductrice.)

Mussolini. On reconnaissait à la ville-Etat du Vatican une indemnité considérable au titre des expropriations déjà effectuées ; on prévoyait aussi d'autres prérogatives d'ordre économique fixées par la convention financière, tenant compte également des avantages que la présence du Vatican apporterait à l'Italie en termes d'affluence de pèlerins ; enfin, on reconnaissait la religion catholique comme seule religion d'Etat. La raison politique et la recherche du consensus populaire avaient transformé Benito Mussolini, athée et anticlérical déclaré dans sa jeunesse, en un instrument docile entre les mains de l'habile diplomatie de la curie romaine.

Ce premier concordat a ensuite été amendé par le nouvel accord passé entre le Saint-Siège et la République italienne, signé en 1984 par Agostino Casaroli, le cardinal secrétaire d'Etat, et par le chef du gouvernement de l'époque, Bettino Craxi. Parmi les principales modifications obtenues grâce à un subtil travail de compromis, notons la disparition de l'appellation « religion d'Etat » attribuée au catholicisme. Voici ce que dit le texte :

> *« On estime qu'il n'est plus en vigueur le principe, originellement rappelé par les accords du Latran, de la religion catholique comme seule religion de l'Etat italien. »*

A noter aussi le changement dans la manière de subvenir aux dépenses du clergé, l'Eglise ayant obtenu la jouissance d'un pourcentage de huit pour mille à prélever directement des déclarations fiscales des contribuables italiens. Toutefois, les personnes qui désirent voir ces sommes employées à d'autres fins sont exonérées de cet impôt. D'autres accords concernent la réforme des instituts et des biens ecclésiastiques, la nomination des titulaires des bureaux ecclésiastiques, les festivités religieuses reconnues aux effets civils, l'enseignement facultatif de la religion catholique dans les écoles, la mise en conformité des titres académiques des facultés approuvées par le Saint-Siège, la tutelle des biens culturels d'intérêt religieux et des archives et bibliothèques ecclésiastiques.

Les relations entre le Saint-Siège et l'Etat italien n'ont jamais été simples, entre autres parce qu'il s'agit d'un rapport manifestement asymétrique. L'archevêque Rino Fisichella, recteur de l'Université pontificale du Latran, l'a résumé de la manière suivante dans son livre *Identità dissolta*[1] (« Identité dissoute ») :

> « *En vertu de sa nature démocratique, l'Etat doit non seulement accepter de discuter avec l'Eglise, mais doit aussi savoir en accueillir – en les modérant seulement dans un deuxième temps – les éventuelles ingérences [...] L'Eglise en revanche, en faisant appel à des principes qui ont une origine supérieure à la nature humaine, ne pourrait jamais accepter une quelconque ingérence de l'Etat par rapport à ses affirmations.* »

Si l'on ajoute à cette affirmation le dogme de l'infaillibilité pontificale, on voit bien comment de ces mots refait surface, de manière à peine voilée, l'ancienne question jamais résolue de la suprématie politique issue des combats immémoriaux entre la papauté et l'Empire.

De sa double nature, terrestre et pour ainsi dire « céleste », vient également l'attitude que l'Eglise, ou mieux le Saint-Siège, a adoptée quand ses comportements ont suscité la suspicion, la critique ou des demandes d'explication. Certains des récits

1. Publié en Italie chez Mondadori en 2009.

faits dans cet ouvrage en témoignent : pas la moindre collaboration aux enquêtes policières, aucune réponse ou des réticences évidentes face aux requêtes de la magistrature.

C'est aussi l'attitude longtemps adoptée au sujet du scandale des prêtres pédophiles, qui a pris des dimensions planétaires dès la fin de l'année 2009. Du *Time* au *Spiegel*, du *New York Times* au *Washington Post*, du *Monde* à *El País*, du *Frankfurter Allgemeine* à *La Repubblica*, tous les plus grands titres de la presse mondiale se sont intéressés à ces événements ; tous ont critiqué le fait que, par exemple, le pape Ratzinger n'ait pas fait la moindre allusion à cette crise dans son message pascal de 2010. Certains sont allés jusqu'à demander sa « démission », d'autres (*Der Spiegel*) ont parlé clairement d'« échec de sa mission ».

En dépit de cela (voire peut-être à cause de cela), dans un premier temps la réaction des hiérarchies a été hésitante, presque comme si l'embarras que suscitaient des faits si ignominieux avait eu raison de la sagacité habituelle de la diplomatie vaticane. D'ailleurs, ce que l'on appelle *sollicitatio ad turpia* (le harcèlement sexuel pendant la confession) est un véritable cauchemar pour l'Eglise depuis le XVIe siècle déjà, compte tenu du nombre de prêtres qui se sont rendus coupables de ce délit (et péché). En première réaction, les autorités vaticanes ont parlé d'une attaque contre le pape, voire d'un « complot », tout en voilant l'aspect le plus grave, c'est-à-dire que ces accusations concernaient, bien sûr, des milliers de cas d'abus sur mineurs (parmi lesquels des handicapés). Le Vatican a par ailleurs passé sous silence l'attitude des hiérarchies qui ont couvert ces agissements – dont la congrégation pour la Doctrine de la foi elle-même (l'ex-Saint-Office), présidée pendant plus de vingt-cinq ans par celui qui était alors le cardinal Joseph Ratzinger – et la véritable omerta qui a été opposée à toute tentative sérieuse d'enquête.

La défense à outrance de Benoît XVI par la hiérarchie catholique a été considérablement secouée lorsque l'Associated Press a rendu public, le 9 avril 2010, un courrier autographe de celui qui était alors le cardinal Joseph Ratzinger, sur papier à en-tête « Sacra Congregatio pro Doctrina Fidei », daté de novembre 1985. Le cardinal s'exprimait sur le cas soulevé trois ans auparavant par le diocèse d'Oakland, en Californie, demandant de priver le père Stephen Kiesle, harceleur d'enfants, des saints insignes. Dans le latin élégant de la curie romaine, le cardinal répondait de la manière suivante :

> *« Ce ministère, tout en accordant une grande importance aux arguments apportés en faveur de la dispense [...] estime toutefois nécessaire de tenir compte, en même temps que du bien du demandeur, de celui de l'Eglise universelle aussi, c'est pourquoi il ne peut sous-estimer les dommages que l'accord de ladite dispense peut provoquer au sein de la communauté des fidèles. »*

Dans la tentative de défendre la figure de Stephen Kiesle, le pape et l'Eglise ont été qualifiés de victimes d'une « attaque violente ». Le prêcheur pontifical, le père Raniero Cantalamessa, a comparé les accusations portées contre l'Eglise à celles qui avaient été lancées contre les Juifs pendant le nazisme. Au cours des célébrations pascales, le cardinal Sodano a affirmé que « le peuple de Dieu ne se laisse certainement pas impressionner par les ragots du moment » – abaissant ainsi au rang de « ragots » le travail de la quasi-totalité de la presse mondiale. Quelques semaines plus tard, l'archevêque de Vienne, le cardinal Christoph Schönborn, accusera Sodano de légèreté pour sa phrase malheureuse et surtout d'avoir couvert le cas extrêmement grave de Hans Hermann Groër, son prédécesseur à l'archevêché viennois, accusé d'abus sexuels.

Sodano avait dit aussi que les attaques contre le pape Ratzinger rappelaient celles dont avait fait l'objet Pie XII, le pape Pacelli, pour son silence sur la Shoah. Le président des communautés juives italiennes, Renzo Gattegna, avait répondu en qualifiant le rapprochement d'« inapproprié, [d']inopportun, [de] dangereux ». L'évêque émérite de Grosseto, monseigneur Giacomo Babini, dans une interview publiée le 11 avril 2010 sur le site Pontifex (« Blog d'information catholique libre »), a qualifié le scandale pédophile d'« attaque sioniste : ils ne veulent pas de l'Eglise, ce sont ses ennemis naturels. Au fond, sur le plan historique, les Juifs sont déicides ». Des propos graves, démentis quelques heures plus tard. En tout état de cause, un ensemble de déclarations hâtives et de faux pas qui sont devenus autant de symptômes d'embarras à l'égard d'une situation qu'on n'a pas eu le courage d'affronter pendant trop longtemps. En Allemagne, en revanche, l'évêque de Trèves, Stephan Ackermann, chargé par la Conférence épiscopale de s'occuper des abus, a trouvé la force de parler explicitement d'« occultation » et d'« enfouissement », comme le rapporte le *Rhein Zeitung* du 16 mars 2010.

Des observations similaires ont été faites par Clark Hoyt, représentant des lecteurs du *New York Times*. Face aux accusations d'antipapisme adressées à son journal, voici ce qu'il écrit le 25 avril 2010 :

> « *Que cela plaise ou non, des circonstances ont légitimé ces comportements pendant des années, comprenant un système bien documenté de*

dénégation et d'enfouissement des affaires au sein d'une institution qui compte des milliards de disciples. Pour douloureux que ce soit, le journal est tenu de suivre les faits jusqu'où ils conduisent, fût-ce à la porte du pape. »

Le 15 avril 2010, le quotidien français en ligne Golias.fr publie une lettre écrite en 2001 par le préfet de l'époque de la congrégation du Clergé, le cardinal colombien Dario Castrillón Hoyos, adressée à Pierre Pican, évêque de Bayeux, condamné à trois mois de prison avec sursis pour ne pas avoir dénoncé un prêtre pédophile : « Je vous félicite, écrivait Castrillón, de ne pas avoir dénoncé un prêtre à l'administration civile (...) Vous avez bien agi, poursuivait-il, et je me réjouis d'avoir un confrère qui, aux yeux de l'histoire et de tous les évêques du monde, aura préféré la prison plutôt que de dénoncer son fils-prêtre. » Le courrier de Castrillón, a aussitôt précisé le porte-parole du Vatican Federico Lombardi, « n'est pas représentatif de la ligne du Saint-Siège ». Le cardinal Castrillón Hoyos a cependant insisté en rappelant dans une interview parue sur le site espagnol La Verdad, qu'« en 2001, le pape Wojtyla m'a autorisé à écrire une lettre de félicitations à un évêque français pour ne pas avoir dénoncé un prêtre pédophile aux autorités civiles ».

Egarements, signes de confusion, voire, parfois, de rivalités intestines : il s'agit, en tout état de cause, de positions minoritaires. Secoué par l'énorme scandale, le 19 mars 2010 Benoît XVI avait déjà envoyé une lettre pastorale aux catholiques d'Irlande où, dans un langage assez courageux comparé aux artifices habituels de la prose ecclésiastique, il écrivait entre autres ceci :

« La tâche qui est la vôtre aujourd'hui consiste à affronter la question des abus qui se sont produits

> *au sein de la communauté catholique irlandaise et de le faire avec courage et détermination. Que personne n'imagine que cette pénible situation sera résolue en peu de temps. Des pas en avant ont été faits, mais ceux qui restent à faire sont bien plus nombreux.* »

En faisant preuve d'une énergie encore plus grande, Benoît XVI a commandé de mettre sous contrôle les Légionnaires du Christ – une organisation fondée par Marcial Maciel Dellogado (1920-2008), prêtre d'origine mexicaine protégé de Jean-Paul II, que le pape Ratzinger a en revanche relevé du service actif en 2006 en lui ordonnant « prière et pénitence ». Dans une note officielle du 1er mai 2010, le souverain pontife l'a jugé coupable de « différents délits » et d'avoir mené « une vie sans scrupule ».

Enfin, le 30 avril 2010, le secrétaire général de la CEI (Conférence épiscopale italienne), Mariano Crociata, a reconnu le bien-fondé du scandale suscité par la révélation des abus sur mineurs commis par des religieux. Il a admis aussi qu'il n'aurait pas fallu parler de campagne diffamatoire : « Aucun complot des médias ; un tel comportement est doublement répréhensible quand celui qui s'en rend coupable est un homme d'Eglise, un prêtre, une personne consacrée. » Ensuite, le secrétaire de la CEI s'est également montré très dur vis-à-vis des protections que la hiérarchie ecclésiastique a offert aux auteurs de ces violences : « Ceux qui ont favorisé des attitudes d'indulgence ou des pratiques de refoulement n'ont jamais appliqué les directives de l'Eglise ; au contraire, ils les ont trahies en changeant la discrétion de rigueur en collusion complice. »

Des paroles qui ne traduisent pas la pleine vérité des faits, mais qui méritent d'être appréciées pour ce qu'elles révèlent, c'est-à-dire qu'au bout de tant d'années de silence, et dans certains cas de complicité, l'attitude des hiérarchies catholiques semble avoir changé. D'ailleurs, certaines des interventions de Benoît XVI qui ont suivi semblent confirmer cette nouvelle ligne de conduite, même à propos de nouveaux scandales qui révèlent de sombres affaires d'opérations immobilières à Rome.

Ce qui va suivre est une galerie d'épisodes qui se sont déroulés au fil des siècles, différant les uns des autres aussi bien par le contexte qui en a été le théâtre que par les conséquences qui en ont découlé, mais qui partagent cependant un trait commun : tous sont le fruit de cette raison d'Etat qui fait du Saint-Siège une entité non dissemblable des autres cent quatre-vingt-douze Etats qui composent l'assemblée générale des Nations unies. En dépit du fait – unique celui-là – que l'observateur du Vatican auprès de cette organisation est le représentant du seul Etat qui s'est autoproclamé comme étant une émanation directe de la divinité.

C'est l'éternel dilemme, le défi toujours renouvelé entre des finalités inconciliables : le pouvoir politique et l'engagement spirituel.

I

Un palais en or massif

Tacite, l'un des plus grands historiens de l'Antiquité, dit que Néron ajouta au supplice des chrétiens « la dérision ; si bien qu'on les drapait de peaux de bêtes avant de les donner en pâture aux chiens, ou bien on les crucifiait, ou bien encore on les brûlait vifs à la tombée de la nuit, pour qu'ils l'illuminent comme des torches humaines. Pour ce spectacle, Néron avait proposé ses propres jardins pendant qu'on y donnait des jeux de cirque, et n'hésitait pas à se mêler lui-même au petit peuple, habillé en aurige pour participer aux courses debout sur son char. C'est pourquoi, bien qu'ils soient coupables et méritent les punitions les plus sévères, ils suscitaient un mouvement de compassion, en donnant l'impression qu'on les immolait non pas pour le bien public, mais pour donner libre cours à la cruauté d'un seul homme » (*Annales*, XV, 44).

A Rome donc, qui va devenir la capitale du catholicisme, la vie des chrétiens commence on ne peut moins bien. Les persécutions se succèdent, certaines sont d'une férocité inouïe, comme celles qui sont ordonnées par Dioclétien. En général, les disciples de la nouvelle religion sont mal vus. Dans sa *Vie de Claude*, l'historien latin Suétone écrit qu'en l'an 41 l'empereur expulsa les Juifs de Rome, car ils étaient constamment en révolte à l'instigation de Christus. Quand Paul arrive dans la capitale de l'Empire, peu après l'an 60, les chefs de la communauté juive lui disent que cette « secte » trouve partout des opposants. Toujours Suétone, dans sa *Vie de Néron* cette fois, écrit que l'on inflige des sanctions aux chrétiens parce qu'on les soupçonne de s'adonner à des pratiques magiques obscures.

Dans la deuxième moitié du Iᵉʳ siècle, le christianisme n'est que l'un des nombreux courants du judaïsme, mais il a des caractéristiques spécifiques que l'on a du mal à interpréter. Tacite raconte dans les *Annales* (XV, 44) à quel point il fut facile d'accuser les chrétiens de l'incendie criminel de Rome (vraisemblablement allumé par Néron lui-même), tant leur réputation était mauvaise.

Pour comprendre les raisons de cette mésestime, il faut savoir qu'à Rome la religion était principalement publique, c'est-à-dire politique. Comme l'énonçait déjà l'ancienne Loi des XII tables, on exigeait que personne n'ait « en privé, ni des dieux nouveaux, ni des dieux étrangers, si ces derniers n'étaient pas reconnus par l'Etat ». Une fois cette règle respectée, les Romains réagissaient durement, mais uniquement quand ils soupçonnaient une religion de subversion. Les chrétiens, sans pour autant prêcher ni pratiquer des rites dangereux, présentaient cependant des aspects incompréhensibles. Par exemple, quand on leur demandait de décliner leur identité, un grand nombre d'entre eux s'y refusaient, alléguant que leur ascendance était Jésus-Christ. Ils commettaient ainsi un acte de désobéissance intolérable aux yeux des autorités. De la même manière, ils rejetaient le service militaire.

Juifs et chrétiens étaient accusés de détester le genre humain, car ils vivaient dans des communautés à part, ne participaient pas à la vie publique et encore moins aux cérémonies religieuses, sachant que ces dernières revêtaient à Rome un caractère patriotique et civique ; ils n'acceptaient pas de mettre leur Dieu à côté des autres dieux dans le panthéon et se renfermaient dans un monothéisme incompréhensible en proclamant que leur Dieu était le seul véritable. Or, la *pax romana* se fondait sur la cohabitation des différentes religions, en réunissant un très grand nombre de cultes et de peuples ; la revendication des chrétiens et des Juifs minait cet ensemble, d'autant plus que l'empereur incarnait une double autorité, religieuse et civile à la fois. Tous les Juifs avaient une pratique religieuse différente des cultes civiques traditionnels, mais les chrétiens semblaient être les plus dangereux, car les autres Juifs ne cherchaient pas, au moins, à convertir les gens et ne demandaient qu'à pratiquer leur culte dans leurs temples, au sein de leurs propres communautés.

On comprend pourquoi Néron les accusa du terrible incendie de 64. Toute culture comprend en son sein une minorité ethnique, politique ou religieuse, dont on peut faire le coupable idéal pour l'unique raison de la mauvaise réputation générale dont elle est l'objet.

Néron, cependant, a laissé des traces profondes dans les esprits et non seulement dans l'histoire du christianisme primitif.

Il y a un lieu, à Rome, dont émane un charme particulier même si, aujourd'hui, il ne s'agit plus que de simples murs nus, de portiques silencieux et d'un gros œuvre en pierre érodée par le temps, à peine rehaussés par endroits des vestiges de quelques fresques et mosaïques. C'est la Domus Aurea, la monumentale demeure que Néron se fit construire.

D'où vient alors ce saisissement dont est pris le visiteur en pénétrant dans ce qui fut le plus somptueux des palais jamais conçus ? De la personnalité de Néron probablement, qui reste le symbole de l'exercice effréné du pouvoir absolu ; plus encore – en ce qui me concerne, au moins – des traces émouvantes laissées par les visiteurs qui deux siècles durant, entre le XVIe et le XVIIe siècle, sont descendus par un trou du plafond dans ces salles devenues souterraines, remplies de terre. Recroquevillés sur ces monticules, à la faible lueur des flambeaux (on voit encore les traces de suie), ils ont observé les fresques et en ont recopié les motifs ornementaux, ces mêmes motifs qui vont devenir les célèbres « grotesques » : des formes végétales entrelacées de petites silhouettes humaines ou animales, rarement réalistes, presque toujours imaginaires, un monde fantastique où l'humain, le végétal et l'animal se confondent en représentations étranges, à mi-chemin entre la dérision et l'hallucination. Le terme « grotesque » vient bien évidemment de « grottes », car telles étaient devenues ces pièces désormais souterraines remplies presque à ras bord de terre et de détritus. (Leur découverte lancera une mode fulgurante autour de l'Antiquité et des vestiges romains, comparable seulement à l'« égyptomanie » que les campagnes napoléoniennes susciteront au début du XIXe siècle.)

Pour se faire une idée de la magnificence de la construction, il suffit de penser qu'une statue de trente-cinq mètres de haut (la taille d'un immeuble de douze étages) se dressait dans le vestibule. Il est fort probable que de cette énorme figure ait pris son nom le Colisée (*Colosseum*) au Moyen Age. Le sculpteur grec Zénodore avait représenté l'empereur nu, gratifié d'attributs solaires, le bras droit tendu, le gauche plié pour porter un globe. De la couronne placée sur sa tête partaient sept rayons solaires (de six mètres de long chacun), symboles du pouvoir absolu et de ce Soleil auquel l'homme voulait s'identifier.

La maison, poursuit Suétone, comptait trois portiques d'un mille de long ; au loin se trouvait un lac immense, « un étang, voire presque une mer, bordé de bâtiments aussi grands que des villes. Derrière, des villas entourées de champs, de vignes et de pâturages, de bois fourmillant d'animaux domestiques ou sauvages ». La vallée au milieu de laquelle surgit l'amphithéâtre Flavien (le Colisée) était autrefois occupée par ce lac que Suétone décrit (en exagérant) comme « presque une mer ». Il y avait ensuite ces marbres polychromes pour lesquels les Romains étaient réputés. Des pierres qui arrivaient d'Espagne, de Numidie, de Tripolitaine, d'Egypte, d'Asie, de Grèce, de Gaule, de Cappadoce. Différentes par la couleur et la composition, elles étaient uniques par leur qualité et par la beauté des jaspures ; aux siècles suivants, les marbriers romains les appelleront par des noms qui suffisent à eux seuls à évoquer toute une époque : porte sainte, petit escargot oriental, petit paon, serpentin, granit des obélisques, granit africain. Puis enfin la pierre la plus prisée, réservée à l'empereur : le porphyre rouge.

Ces merveilles survécurent peu de temps à leur commanditaire. Ses successeurs furent les premiers à les détruire en grande partie. L'empereur Domitien commença par ordonner d'abattre les bâtiments du Palatin, d'autres après lui firent combler le dénivellement du lac pour préparer le terrain à la construction du Colisée ; Hadrien fit démolir le vestibule de la Domus donnant sur la Velia pour dresser à sa place le temple de Vénus et Rome. Le pavillon sur l'Oppius (celui que l'on visite aujourd'hui) survécut jusqu'à l'an 104, lorsqu'un incendie le détruisit en partie. Quand, plus tard, Trajan ordonna que l'on construise dans cette aire les thermes qui portent son nom, l'architecte Apollodore de Damas fit abattre complètement les parties du haut et de combler de terre celles du bas, en les transformant ainsi en gigantesques fondations des nouveaux bâtiments. Les ténèbres succédaient à la lumière : les ors, les fresques, les marbres chatoyants de couleurs furent noyés sous des tonnes de terreau et de détritus. La magnificence se mua en ruine, puis en oubli pendant des siècles ; ce qui nous a valu la conservation d'une partie de cet insigne témoignage.

La suite des événements qui permirent à Néron de parvenir au trône impérial aurait marqué la vie de n'importe qui. Lorsque tout commence, le futur empereur est à peine adolescent. Sa mère, Agrippine la Jeune, le met au monde à l'âge de vingt-trois ans (le 15 décembre, de l'an 37 de notre ère) après l'avoir eu d'un homme qu'elle n'aime pas, de trente ans son aîné, un patricien arrogant et dissolu que Tibère lui a imposé de prendre pour époux : Domitius dit « Ahenobarbus » à cause de sa barbe roussâtre. Le fils portera le même nom. Agrippine écrit dans ses mémoires – selon Pline l'Ancien – que son enfant Lucius Domitius est né par les pieds, ce qui était considéré comme un signe de mauvais augure.

Le surnom de « Nero » ne viendra que plus tard. Selon le très docte Aulu-Gelle (*Nuits attiques*), dans la langue des Sabins, cela signifie « fort, courageux » ; ce n'est que dans un deuxième temps que cette appellation contribuera à qualifier la figure de l'empereur dans un tout autre sens, en entendant par « nero » (« noir ») la couleur des ténèbres et des enfers.

Sa mère, sœur de Caligula et fille du grand général Germanicus, est belle, séduisante, calculatrice et ambitieuse, et sait dispenser savamment toutes sortes de louanges par des mots adroits, mais aussi – voire plus efficacement encore – par son corps voluptueux. Agrippine – fille d'une autre Agrippine dite l'Aînée, qui avait été l'épouse de Germanicus – ne se privera jamais de rien, pas même d'une relation incestueuse avec son propre frère Caligula ; relation à laquelle prirent part également ses autres sœurs, d'ailleurs.

En 41, Caligula est assassiné, et Claude monte sur le trône à sa place ; ce même Claude, frère de Germanicus (et donc oncle d'Agrippine) est souvent considéré, en famille et ailleurs, comme une marionnette. Alors qu'il a déjà une cinquantaine d'années, on lui donne pour épouse une jeune fille de quinze ans qui va se forger une réputation sulfureuse : Messaline, connue pour ses prouesses érotiques légendaires, mais qui sera victime d'une mort tragique et prématurée.

Cinq mois seulement après la disparition de Messaline, en janvier 49, Agrippine est la nouvelle femme de l'empereur, il importe peu qu'il s'agisse du frère de son père, et que cette relation soit un autre inceste. Son idée fixe est Lucius Domitius, pas tant parce qu'elle aime ce fils bientôt adolescent, mais parce qu'elle pense déjà aux desseins qu'elle pourra réaliser à travers lui. En manipulant Lucius, elle sait qu'elle pourra atteindre des objectifs qui à elle, en tant que femme, lui sont interdits.

Parmi ses premières initiatives, elle fait revenir d'un long et pénible exil Lucius Annaeus Seneca (Sénèque), le plus brillant penseur de l'époque, pour en faire le précepteur de son fils. Parallèlement, elle demande à son mari et oncle Claude d'adopter Lucius Domitius ; ainsi, le nouveau nom du jeune homme devient Tibère Claudius Nero Druse Germanicus. Ensuite, il faut assurer à Néron un mariage digne de ce nom. Dès qu'il fête ses seize ans, Agrippine lui donne pour épouse Octavie, qui n'a que douze ans ; c'est la fille de la non regrettée Messaline, bien que, d'après ce que nous savons, la jeune fille soit bien loin des mœurs dissolues de sa mère.

Il reste cependant encore quelques obstacles sur le chemin du trône, et non des moindres. Le premier est Claude, qui n'a que soixante ans et jouit d'une excellente santé ; le second, son fils Britannicus, un garçon timide et introverti que l'arrivée de Néron « dans la famille » a brutalement relégué au second plan. Claude est empoisonné par des champignons dûment « améliorés », dont il était friand. Le 13 octobre 54, à l'âge de dix-sept ans, Néron devient empereur, acclamé par la foule et les prétoriens qui ont pris part au complot. Tacite raconte (*Annales*, XIII, 2) qu'au soir du même jour, l'un des tribuns se rendit chez lui pour lui demander, selon l'usage militaire, le mot d'ordre pour les gardes. La réponse fut : « *Optima mater* », « la meilleure des mères ». Entre-temps, le malheureux Britannicus est désormais isolé au palais impérial. Peu de temps après, il subira le même sort que son père : empoisonnement.

Malgré son jeune âge, l'empereur en charge fait preuve d'une modération quasi exemplaire. Est resté célèbre l'épisode où, ayant à confirmer une condamnation à mort, il s'exclama amer : « J'aimerais ne jamais avoir appris à écrire. » Avec le Sénat, il parvient à garder les relations – critiques depuis toujours – dans un cadre d'une correction absolue. Dans son magistral premier discours (écrit par Sénèque), il assure qu'il a accepté sa charge parce qu'il y a été invité par les armées, mais aussi parce que cela a été confirmé par l'autorité sénatoriale ; il dit que sa jeunesse n'a pas connu ni le sang des guerres civiles ni des conflits familiaux, et que par conséquent il n'a pas de rancunes ; avant d'ajouter, avec force, que les portes seront fermées à la corruption et aux intrigues. Bref, un excellent début.

D'ailleurs, la paix facilite les échanges, fait augmenter le prix du terrain et des immeubles, apporte des gains considérables aux entrepreneurs qui réalisent les grands travaux publics, réduit le chômage à ses niveaux les plus bas.

Une crise très grave se déclenche après l'assassinat du malheureux Britannicus. Devenu aussitôt livide, le cadavre du jeune homme trahit l'action du poison ; Néron fait dire que la mort est survenue à la suite d'une crise d'épilepsie et prend ses dispositions pour que le corps soit immédiatement brûlé au Champ de Mars. Sénèque, qui connaît la vérité, est chargé de rendre « présentables » au Sénat des funérailles qui sont très précipitées. Encore une fois, le célèbre intellectuel se montre à la hauteur de la tâche qui lui est confiée : « Il était coutume chez nos ancêtres, écrit-il, de soustraire aussi vite que possible aux regards les morts précoces, sans prolonger la douleur de ces départs par des éloges funèbres ou des obsèques trop somptueuses. »

Agrippine est bouleversée par la brutale décision de son fils : l'assassinat de Britannicus a été commis sous ses yeux, dans la salle même où autrefois elle a fait empoisonner Claude. Néron est désormais à même de prendre des décisions extrêmes sans lui demander conseil. De plus, en délaissant Octavie, Néron s'est entiché d'une esclave affranchie prénommée Claudia Acte, qui a su le séduire par ses charmes érotiques.

En l'espace de quelques mois, la situation devient intenable, aussi bien pour le fils que pour la mère. L'empereur est plus à l'écoute des volontés du peuple que des conseils de son *optima mater*. Agrippine ne s'en remet pas. Elle a organisé l'ascension au trône, assassiné son mari pour l'accélérer, et maintenant son fils, cet ingrat, la laisse pratiquement de côté. D'abord, elle essaye de monter un complot ou deux pour le tuer ; ensuite, au vu de l'échec de ses tentatives, elle prend la décision opposée : sûre de son charme, elle essaiera de séduire ce jeune homme qu'elle a elle-même mis au monde. Elle a quarante ans, mais elle est encore belle et désirable, et surtout, elle est très experte en matière d'amour, rompue, comme l'écrit Tacite, à toute sorte d'infamie (« *exercita ad omne flagitium* ») :

> « *[...] entraînée par l'ardeur de conserver le pouvoir, Agrippine en vint à ce point qu'au milieu du jour, quand le vin et la bonne chère allumaient les sens de Néron, elle s'offrit plusieurs fois au jeune homme ivre, voluptueusement parée et prête à l'inceste. Déjà des baisers lascifs et des caresses, préludes du crime, étaient remarqués des courtisans [...]*[1]. » *(*Annales, *XIV, 2.)*

Sénèque, inquiet du pli que les événements commencent à prendre, suggère à la maîtresse officielle, Claudia Acte, de prévenir l'empereur que les soldats ne toléreraient pas d'obéir à un prince sacrilège. Néron comprend bien le message – à tel point que la seule vue de sa mère lui devient insupportable – et arrive à s'interroger sur les moyens à prendre pour la faire disparaître : « *veneno an ferro vel qua alia vi* », « par le poison, une arme ou toute autre forme de violence ». Mais les choses ne sont pas si simples. Jamais l'association amour-haine n'a trouvé d'expression plus prégnante. Au moment même où il éloigne sa mère et refuse de la voir, Néron continue à être en proie aux fantasmes sexuels qu'elle a su susciter en lui.

On dit que ce fut Anicet, commandant en chef de la flotte du cap Misène, qui trouva la bonne solution pour l'assassinat d'Agrippine. En mars 59, elle est invitée à Baiae à l'occasion des festivités dédiées à Minerve : loin de Rome, tout sera beaucoup plus simple. Agrippine accepte, et son fils l'accueille à Baiae avec chaleur. Ils dînent ensemble ; Agrippine est à la place d'honneur, à la gauche du prince. A la fin du dîner, ils s'entretiennent un moment sur des sujets anodins, avant qu'elle

1. Traduction de J.-L. Burnouf.

ne demande à rentrer. Néron l'accompagne à l'embarcadère « plus qu'à l'accoutumée, en l'embrassant sur le visage et en la serrant contre sa poitrine, soit qu'il souhaitât rendre la simulation plus complète, soit que de voir pour la dernière fois sa mère qui allait mourir lui fît une impression profonde dans le cœur, pour féroce qu'il fût » (Tacite, *Annales*, XIV, 4).

« La nuit resplendit d'étoiles, paisible grâce au calme de la mer » (« *Noctem sideribus inlustrem et placido mari quietam* »). Poussé à la force des bras des rameurs en chaînes, le navire s'éloigne en bruissant sur les eaux noires et immobiles. Accompagnée de sa servante Acerronie, Agrippine s'est installée à la poupe, sur une couche luxueuse surmontée d'un baldaquin. Elle ignore que cette frêle toiture est menacée par quelques centaines de kilos de pavés de plomb. Au signal convenu, le plomb se déverse sur le lit impérial. Il arrive cependant que la structure de la couche fasse obstacle à la chute et que, suite au violent tangage du navire, les deux victimes tombent à l'eau.

N'ayant pas compris le jeu tragique dont elle est victime, la servante Acerronie appelle au secours en se faisant passer pour la mère de l'empereur. On l'achève à coups de rame et de bâton. Plus habile, Agrippine, s'éloigne silencieusement à la nage et parvient au lac Lucrin en passant par un canal.

Les suites de l'attentat sont légères : Agrippine n'a qu'une blessure à l'épaule. Mais plus inquiétante que son état physique est son attitude envers son fils ; en comédienne consommée, elle feint de ne pas avoir compris ce qui s'est passé et envoie un message à Néron par un affranchi, en l'informant que grâce à la bonté des dieux, elle a échappé à un grave accident.

L'empereur, qui s'attendait à une tout autre issue de l'affaire, lit entre les lignes et commence à craindre la vengeance. Hésitant sur la décision à prendre, il fait appeler Sénèque et Sextus Afranius Burrus, le préfet du prétoire. Le philosophe demande à Burrus s'il ne serait pas opportun de donner aussitôt l'ordre aux soldats de tuer la femme : celui-ci répond que ses hommes, fidèles à la mémoire de Germanicus, n'oseraient jamais assassiner sa fille. Mais puisque c'est la faute d'Anicet, commandant de la flotte, qu'il se débrouille, dit-il, pour trouver une solution.

Le récit du célèbre matricide figure dans la chronique qu'en fait Tacite :

> *« Les assassins environnent son lit, et le triérarque lui décharge le premier un coup de bâton sur la tête. Le centurion tirait son glaive pour lui donner la mort. "Frappe ici", s'écria-t-elle en lui montrant son ventre, et elle expira percée de plusieurs coups*[1]. » *(*Annales, *XIV, 8.)*

On dit qu'une fois reçue la nouvelle de la mort de sa mère, Néron se serait exclamé : « Aujourd'hui seulement je reçois véritablement l'Empire ! » Qu'elle soit véridique ou non, la phrase traduit bien le poids que la présence d'Agrippine avait eu, au cours des cinq premières années de sa principauté. Désormais, il ne restait plus que Sénèque, le précepteur, l'intellectuel, le philosophe qui avait essayé de se tenir en équilibre sur un fil aussi fin que la lame d'un rasoir. D'un côté, ne voulant pas contredire les caprices d'un jeune prince, fussent-ils délictueux ; de l'autre, s'efforçant de les reconduire dans un cadre globalement acceptable. Sénèque connaît les voies de la haute moralité ; dans *De la clémence*, dans l'un des *Dialogues*, mais aussi et surtout dans ses *Cent vingt-quatre lettres à Lucilius,* il

1. Traduction de J.-L. Burnouf.

déploie l'éthique stoïque à ses plus hauts niveaux, il esquisse une conception philosophique qui tend à la recherche de la vertu et à la pratique de la liberté au sens le plus élevé du terme, à partir de la liberté intérieure. Il dépasse même largement son temps en proclamant le respect de toute créature vivante et la charité envers les humbles et les malheureux, y compris les esclaves.

Comment s'expliquer qu'un homme d'un tel talent et de sentiments aussi nobles ait pu s'adonner à l'usure, quand bien même il se soit agi de simples prêts « bancaires », comme on dirait aujourd'hui ? Ou qu'il se soit gaussé de l'empereur Claude, tout juste assassiné, dans son *Apokolokyntosis* – ce qu'aujourd'hui nous pourrions traduire par quelque chose comme « Apothéose d'une courge » ? Claude avait certes la réputation d'être un sot, et était aussi celui qui l'avait condamné à sept années de pénible exil en Corse, mais tout de même : se moquer d'un homme qui vient de mourir reste un geste indigne. Et que dire de la brillante justification trouvée à la crémation à la hâte du malheureux Britannicus ? Et de son concours dans l'assassinat d'Agrippine ? Si l'on se replace dans la perspective impériale, on peut toujours trouver des motivations politiques suffisantes pour justifier le plus vil des agissements. Il n'en demeure pas moins que celui qui les conçoit est le plus grand (et aussi le plus déconcertant) des intellectuels dont Rome dispose à l'époque.

Comment ces contradictions s'expliquent-elles ? Dans une certaine mesure par le rêve ancien – jadis caressé par Platon – de placer un philosophe au sommet de l'Etat pour assurer au prince un guide de haut niveau. De plus, il faut tenir compte du fait que la principauté de Néron avait commencé de manière très positive.

Autrement dit, si Sénèque n'avait pas été à ses côtés, cela

aurait pu être encore pire. Quant aux autres accusations dont il fit l'objet, certaines furent dictées par la jalousie ; et à ceux qui lui reprochaient le manque de cohérence entre sa vie et son œuvre, il répondait : « Le sage ira jusqu'à faire des choses qu'il réprouve », puis, en citant d'autres philosophes, mais en faisant référence à sa personne, il ajoutait :

> *« Tous ces philosophes, en effet, ne nous entretenaient pas de leur vie à eux, mais de celle qu'il faut se proposer. C'est de la vertu, non de moi que je parle ; et quand je fais la guerre aux vices, je la fais avant tout aux miens ; quand j'en aurai le pouvoir, je vivrai comme je le dois[1]. » (*La Vie heureuse, *XVIII, 1.)*

Quoi qu'il en soit, cette relation complexe s'achève par un échec. Sénèque comprend que son action est vaine, et en 62 décide de se retirer de la vie publique. Il dit à son prince : « Tous deux, nous avons comblé la mesure : aussi bien toi, en ce qu'un prince peut accorder à l'ami, que moi, en ce que l'ami peut accepter d'un prince » (*Annales*, XIV, 54) ; il propose pour ainsi dire un accord à l'amiable, qui ne suffira pas pour autant à lui sauver la vie. Trois ans plus tard, le philosophe se trouve mêlé à une des plus célèbres et complexes conspirations politiques de l'Antiquité, la conspiration de Pison, par laquelle deux groupes de personnes, les unes obéissant au Sénat, les autres aux militaires, organisent un attentat pour se défaire de Néron.

Encore une fois, Sénèque fait preuve d'une géniale duplicité. Sans prendre part directement au complot, il ne le rejette pas pour autant et ne dénonce pas l'émissaire de Pison. Néron

1. Traduction de J. Baillard.

profite de l'occasion pour se libérer d'un précepteur qu'il commence à trouver franchement insupportable. Il envoie un officier des prétoriens à la villa sur l'Appia où le philosophe demeure, avec l'ordre impérial de se donner la mort. Sur la mort de Sénèque, Tacite a écrit une de ses pages mémorables. Cela vaut la peine de la lire :

> *« Après ces exhortations, qui s'adressaient à tous également, il embrasse sa femme, et, s'attendrissant un peu en ces tristes instants, il la prie, il la conjure "de modérer sa douleur ; de ne pas nourrir des regrets éternels ; de chercher plutôt, dans la contemplation d'une vie toute consacrée à la vertu, de nobles consolations à la perte d'un époux". Pauline proteste qu'elle aussi est décidée à mourir ; et elle appelle avec instance la main qui doit frapper. Sénèque ne voulut pas s'opposer à sa gloire ; son amour d'ailleurs craignait d'abandonner aux outrages une femme qu'il chérissait uniquement. "Je t'avais montré, lui dit-il, ce qui pouvait te gagner à la vie : tu préfères l'honneur de la mort ; je ne t'envierai pas le mérite d'un tel exemple. Ce courageux trépas, nous le subirons l'un et l'autre d'une constance égale ; mais plus d'admiration consacrera ta fin." Ensuite le même fer leur ouvre les veines des bras. Sénèque, dont le corps affaibli par les années et par l'abstinence laissait trop lentement échapper le sang, se fait aussi couper les veines des jambes et des jarrets. Bientôt, dompté par d'affreuses douleurs, il craignit que ses souffrances n'abattissent le courage de sa femme, et que lui-même, en voyant les tourments qu'elle*

> *endurait, ne se laissât aller à quelque faiblesse ; il la pria de passer dans une chambre voisine. Puis, retrouvant jusqu'en ses derniers moments toute son éloquence, il appela des secrétaires et leur dicta un assez long discours. Comme on l'a publié tel qu'il sortit de sa bouche, je m'abstiendrai de le traduire en des termes différents*[1]. » *(*Annales, *XV, 63.)*

En réalité, Pauline, son épouse bien aimée, sera sauvée in extremis ; et puisque rien n'arrive sans s'accompagner de sa part d'ombre, certains disent qu'elle fit seulement semblant de vouloir mourir, que sa mort ne fut qu'une comédie pour consoler un mari agonisant. Des calomnies, peut-être. Le philosophe, d'ailleurs, au vu de la lenteur de la mort par saignement, se fait apporter un poison à la mode de Socrate et entre dans un grand bain de vapeur, où il meurt par étouffement. Il avait soixante-neuf ans.

On peut raconter bien d'autres choses sur Néron. Les chroniques le concernant sont hautes en couleur, riches en détails cruels, obscènes, risibles.

Parmi les femmes de sa vie, Sabine Poppée occupe une place de premier plan, entre autres pour les débuts rocambolesques de leurs relations. Quand l'histoire commence, Poppée – qui en premières noces avait épousé Rufius Crispinus, préfet du prétoire sous Claude – est désormais la femme de Marcus Salvius Othon[2]. A la suite d'une complexe et licencieuse intrigue, la femme s'installe dans les palais impériaux, aux côtés d'un

1. Traduction de J.-L. Burnouf.

2. Othon, favori à la cour, mais refusant le divorce à Poppée, sera nommé gouverneur de Lusitanie entre 58 et 68. Il fera alliance avec Galba et participera au renversement de l'empereur déchu.

prince qui semble avoir à tel point perdu la tête pour elle qu'il répudie son épouse légitime, Octavie, en l'accablant entre autres d'une abominable enfilade de calomnies.

La malheureuse Octavie connaîtra la fin misérable et obscure qui fut le lot de tant d'ennemis de Néron : exilée dans un endroit perdu, elle sera étranglée par les prétoriens après qu'on lui eût ouvert les veines des bras et des jambes. Sa tête tranchée sera envoyée à Rome pour que le mari puisse constater personnellement que ses ordres ont bien été exécutés. Quant à Poppée, elle deviendra la véritable reine de la Cour, instigatrice et animatrice d'un luxe jamais vu. (Auguste et Tibère avaient dédaigné toute concession à la magnificence ; Caligula était mort avant de pouvoir réaliser ses rêves de grandeur ; avec Claude, la vie au palais avait pris un ton qu'aujourd'hui on qualifierait de « bourgeois », tandis que la pauvre Octavie, mal aimée et reléguée au deuxième plan, n'avait pas eu l'occasion d'ajouter sa touche personnelle à la vie de la Cour.)

C'est avec Poppée que le faste et le raffinement font leur première apparition dans la vie de Néron. L'empereur lui sait gré de cela, il va jusqu'à composer des vers sur ses longs cheveux blonds, sur son teint lunaire. Les dames romaines ne parlent plus que de cela, ses cheveux, sa peau de nacre : on s'efforce d'en ravir le secret, les ragots vont bon train, on s'éternise sur les récits de ses excès.

Dans son *Histoire naturelle*, Pline l'Ancien écrit que pour tout déplacement, la belle et capricieuse impératrice exige une suite de quatre cents ânesses, car c'est dans leur lait qu'elle plonge son corps pour donner à sa peau une blancheur et une fraîcheur incomparables. Juvénal assure que la jeune femme porte un masque pour protéger son visage du contact impur de l'air. Il s'agissait, vraisemblablement, d'une sorte d'emplâtre gras et régénérant que Poppée appliquait le soir à son coucher, devançant ainsi les procédés de la cosmétique actuelle.

En dépit de cette auto-adoration évidente et du temps que cela devait lui prendre, Poppée est une femme intelligente et lucide. Dans ses *Antiquités judaïques*, Flavius Josèphe assure qu'elle « craint Dieu » et la décrit comme une sympathisante du monde juif. Selon d'autres sources, Poppée, curieuse et perspicace qu'elle est, s'intéresserait au christianisme, attirée par l'étrangeté d'une religion qui a transformé Dieu en un prophète tourmenté, crucifié comme un vulgaire criminel dans une obscure province de l'Empire.

Nous ne saurons jamais quelle part de vérité renferment ces propos répandus pour différentes raisons, y compris dictées par des intérêts purement contingents. Il n'en demeure pas moins que le christianisme, tout naissant qu'il soit, suscite une grande curiosité et quelques vives inquiétudes. Comme tant d'autres, la nouvelle religion arrive d'Orient. Dans les années dont il est question dans ce chapitre, elle n'a pas encore atteint sa physionomie finale ; elle se caractérise cependant par des traits qui facilitent sa diffusion dans les couches les plus pauvres de la société, les esclaves et les soldats, comme cela a d'ailleurs déjà été le cas pour le culte du dieu Mithra, dont elle est assez proche sous certains aspects. Le christianisme, toutefois, touche aussi les classes les plus élevées de la société romaine et commence à compter quelques disciples jusque dans le cercle exclusif proche du trône.

Peu après ses trente-cinq ans, Poppée meurt soudainement. On dit qu'elle fut empoisonnée par son mari ; on dit que Néron, dans un accès de colère, l'aurait tuée à coups de pied, comme on le dira aussi, plus tard, de Constantin avec sa femme. Quelle qu'ait été la cause de sa mort, l'empereur veut pour elle des funérailles grandioses : le corps est transporté au forum en procession solennelle, et Néron en personne prononce la *laudatio* depuis la même tribune d'où Antoine avait prononcé l'éloge funèbre de César. Son corps est embaumé et, selon Pline, l'Arabie entière n'aurait suffi à produire l'immense quantité de parfums que l'empereur aurait souhaité utiliser, perdu qu'il est dans le rêve de conserver intacte sa beauté.

Le célèbre et pour certains aspects mystérieux incendie de Rome en 64, l'un des événements majeurs de l'histoire de la ville et de celle de Néron, scelle à jamais l'union de la figure de l'empereur avec celle du mouvement naissant du christianisme, comme nous allons le voir ci-après.

Entre une heure et deux heures du matin le 19 juillet, un messager hors d'haleine arrive à Anzio, où l'empereur s'est retiré, pour l'informer que le cirque Maxime (ou Grand Cirque) est en flammes et que les palais impériaux sont menacés. Parti au galop de sa retraite, Néron arrive à Rome juste à temps pour voir l'ensemble du quartier transformé en brasier et une partie de sa propre demeure réduite en cendres. Six jours sont nécessaires pour dompter les flammes, et par mesure préventive on est obligé d'abattre des immeubles pour que l'incendie cesse d'être alimenté. Les dégâts sont immenses : les habitations et les magasins ont brûlé, mais aussi les temples et les sanctuaires, y compris celui qui est dédié à Vesta et contient les pénates du peuple romain, des chefs-d'œuvre de l'art grec et bien d'autres « œuvres antiques ». Plus du dixième de la surface urbaine globale est parti en fumée, y compris tout le quartier du forum situé au sud de la via Sacra.

La rumeur qui accuse Néron d'avoir mis le feu se répand aussitôt, et de nombreux témoignages, parfois importants, la confirment à plusieurs reprises. Dans son *Histoire naturelle*, Pline l'Ancien écrit comme si c'était un fait avéré : « Néron a fait brûler Rome. » Dans le même ton, Dion Cassius dit : « Il voulut mettre à exécution un projet qu'il avait toujours mijoté : détruire de son vivant Rome tout entière et l'Empire. » Encore au IVe siècle, un moraliste tel Boèce écrira dans *De la consolation de la philosophie* : « Quels crimes, quelles horreurs a commis Néron, monstre abominable qui mit le feu à la capitale du monde. »

Mais l'auteur qui nous intéresse le plus sur ce point est encore une fois l'historien Tacite, qui dans ses *Annales* nous fournit ce témoignage :

> « *Pour apaiser ces rumeurs, il offrit d'autres coupables, et fit souffrir les tortures les plus raffinées à une classe d'hommes détestés pour leurs abominations et que le vulgaire appelait chrétiens. Ce nom leur vient de Christ, qui, sous Tibère, fut livré au supplice par le procurateur Pontius Pilatus. Réprimée un instant, cette exécrable superstition se débordait de nouveau, non seulement dans la Judée, où elle avait sa source, mais dans Rome même, où tout ce que le monde enferme d'infamies et d'horreurs afflue et trouve des partisans. On saisit d'abord ceux qui avouaient leur secte ; et, sur leurs révélations, une infinité d'autres, qui furent bien moins convaincus d'incendie que de haine pour le genre humain*[1]. » *(*Annales, *XV, 44.)*

« Abominations », « haine pour le genre humain » : voici les caractéristiques que le grand historien attribue au christianisme et à ses disciples, pour les raisons que nous avons essayé d'élu-

1. Traduction de J.-L. Burnouf.

cider au début de ce chapitre. L'opinion courante, bien que cela ne soit pas prouvé, dit que Pierre, « prince des apôtres » aux yeux de l'Eglise, ait fait partie de cette multitude de martyrs.

Tacite, qui écrit un demi-siècle à peine après les faits, affirme ceci : « Nous ignorons si la catastrophe fut due au hasard ou à la méchanceté de l'empereur. » Avant d'ajouter que ceux qui essayaient de maîtriser les flammes étaient agressés par des gens qui lançaient des torches allumées en criant qu'ils exécutaient des ordres. Suétone est encore plus explicite : Néron mit le feu à Rome de manière si éhontée que de nombreux fonctionnaires, tout en ayant surpris ses serviteurs armés de torches sur leurs propriétés, n'osèrent pas s'interposer.

Pourquoi l'empereur, tout déséquilibré qu'il fût, se serait-il entaché d'un crime si énorme et si impopulaire ? D'après Tacite, ce fut le désir de fonder une ville encore plus belle que celle qui existait, en lui donnant son nom : Neropolis. Dion Cassius et Suétone partagent cette hypothèse : dans sa folie, ajoutent-ils, l'empereur enviait à Priam, roi de Troie, le plaisir subtil d'avoir assisté à la destruction de sa ville et de son royaume. Ces chroniqueurs d'autrefois, sans avoir été témoins directs des faits, ont écrit que pendant que l'incendie faisait rage, depuis « la scène de son palais » (Tacite), ou bien « depuis la tour de Mécène » (Suétone), ou bien encore « du haut du Palatin » (Dion Cassius), habillé comme un citharède, la tête couronnée de laurier, l'empereur chantait la ruine de Troie « en comparant les malheurs présents à cette défaite ancienne » dont Rome était née.

Qu'il soit ou non à l'origine de l'incendie, l'empereur est désormais en proie à sa folie : il déclame des vers, compose de la musique, joue, veut qu'on se souvienne de lui comme d'un acteur et d'un poète, et non comme d'un homme politique. Il s'installe dans sa Domus Aurea flambant neuve qui est en passe d'être terminée. La nouvelle qu'en Gaule (avec Vindex) et en Espagne (avec Galba), les légions sont en révolte, ne l'inquiète pas outre mesure. Après avoir eu raison de tant de complots et de rébellions – qu'ils aient été véritables ou présumés –, il croit pouvoir surmonter ceux-là aussi.

Ce n'est pas le cas. Les donations gratuites de blé au peuple se font rarissimes du fait du manque de réserves ; l'empereur a perdu le contact avec la réalité, ce qui est souvent fatal aux gouvernants. Fin mai, la rébellion éclate. Galba marche sur Rome. Néron fait le projet d'un nouveau voyage en Egypte, mais cette fois, les fidèles prétoriens qui l'ont toujours accompagné refusent de le suivre. L'empereur vient juste de fêter ses trente et un ans, et pour la première fois de sa vie, il est seul. Il se couche, mais sa nuit est peuplée de cauchemars. Il se lève et découvre que même les soldats de garde sont partis « en emportant avec eux les couvertures et même la pyxide avec le poison ». Il envoie alors chercher quelqu'un pour le tuer : il ne trouve personne. Suétone raconte :

> *« Phaon, son affranchi, lui offrit sa villa située vers le quatrième milliaire, entre la voie Salaria et la voie Nomentane. Il monta à cheval, pieds nus et en tunique, comme il était, enveloppé d'une casaque usée, la tête couverte et un voile sur le visage, n'ayant pour suite que quatre personnes*[1]. » *(*Vie de Néron, *XLVIII.)*

Le petit cortège arrive en cachette à la villa ; souhaitant éviter l'entrée principale, Néron se fraie un passage dans le sous-bois

1. Traduction de M. Cabaret-Dupaty.

en déchirant sa cape dans les ronces, et va s'allonger sur une couche de paille. Après avoir reposé un instant, il donne l'ordre de creuser une fosse à sa taille ; pendant que ses hommes s'exécutent, il s'exclame à plusieurs reprises, en pleine autocommisération : « *Qualis artifex pereo !* », « Quel artiste meurt avec moi ! » Il est bouleversé, il pleure, incite les quelques personnes présentes à se suicider pour l'encourager à faire de même par leur exemple : personne n'obéit. La situation se précipite.

> *« Déjà approchaient les cavaliers qui avaient ordre de l'amener vivant. Dès qu'il les entendit, il prononça en tremblant ce vers grec : "Le galop des coursiers résonne à mes oreilles" ; puis il s'enfonça le fer dans la gorge, aidé par son secrétaire, Epaphrodite. Il respirait encore lorsqu'un centurion entra. Feignant d'être venu à son secours, il appliqua sa casaque sur la blessure. Néron ne lui dit que ces mots : "Il est trop tard." Et ceux-ci : "Voilà donc la fidélité !" Il mourut en les prononçant. Ses yeux étaient hors de sa tête, et leur fixité saisissait d'horreur et d'effroi tous les spectateurs[1]. » (*Vie de Néron, *XLIX.)*

Néron meurt tandis que la nouvelle religion appelée « christianisme » continue de se répandre. Tertullien, théologien chrétien qui travaille à Carthage autour du IIe au IIIe siècle, dira en souvenir des persécutions de ces premiers fidèles : « *Semen est sanguis christianorum* », « Le sang des chrétiens est la semence pour de nouveaux chrétiens ».

1. Traduction de M. Cabaret-Dupaty.

II
Les hallebardes du pape

Le soir du 4 mai 1998, trois corps sans vie sont retrouvés au Vatican, dans un logement non loin des appartements privés du souverain pontife. Deux hommes et une femme, tués par balle.

Trois « cadavres excellents ». Le premier est le colonel Alois Estermann, quarante-quatre ans, commandant de l'armée vaticane, chef des célèbres gardes suisses. Homme de belle prestance, le colonel a reçu sa nomination ce jour même. Adossée au mur en position assise, sa femme, Gladys Meza Romero, quarante-neuf ans, d'origine vénézuélienne, diplomate de l'ambassade du Venezuela auprès du Saint-Siège. Couché par terre comme son colonel, il y a ensuite le caporal adjoint Cédric Tornay, le plus jeune des trois, né à Monthey, en Suisse, le 24 juillet 1974 ; il avait donc vingt-quatre ans.

Le triple meurtre plonge le Vatican dans l'affolement. Pas longtemps, toutefois : dans les quelques heures qui suivent, l'affaire est classée, même si l'enquête se poursuit, avec peu de résultats, pendant encore neuf mois environ. Les rumeurs, en revanche, vont bon train, surtout au-delà des frontières italiennes, car il reste un grand nombre de lacunes et de détails qui ne concordent pas avec la version officielle et, par conséquent, de doutes et de questions qui sont laissés sans réponse.

Les deux militaires faisaient partie du plus ancien et prestigieux corps de garde pontifical : une centaine de soldats sélectionnés dans ces vallées suisses, connues depuis toujours pour la valeur de leur jeunesse. Tacite, déjà, reconnaissait que « les Helvètes sont un peuple de guerriers, célèbre pour la valeur de ses soldats ». Ils sont traditionnellement chargés de garantir la sécurité du Saint-Siège, la protection du pape, la surveillance de l'enceinte du Vatican. C'est encore à eux que revient la tâche d'accompagner les cérémonies les plus solennelles, parés de leurs uniformes aux couleurs vives dont la légende veut qu'ils aient été conçus par Michel-Ange en personne.

Cette affaire policière n'a jamais eu une conclusion satisfaisante. Concernant le triple meurtre, il n'y a que deux certitudes. La première est que la version officielle ne correspond en aucun cas à la réalité des faits tels qu'ils se sont déroulés. La seconde est que, en dépit des innombrables prières envoyées au souverain pontife, la mère de Cédric Tornay ne reçut pas même ce réconfort minimal qu'un peu de charité chrétienne imposerait ; ni d'ailleurs, la moindre réponse vraisemblable. Muguette Baudat, tel est son nom, a dû se contenter de la version officielle selon laquelle son fils Cédric a assassiné les époux Estermann avant de se donner la mort.

C'est la version fournie à la presse quelques heures après les faits, par le porte-parole du Vatican Joaquín Navarro-Valls, ex-journaliste espagnol et membre de l'Opus Dei. Sa reconstitution du crime affirme que le caporal adjoint Tornay, furieux de ne pas avoir obtenu la décoration qu'il attendait (dite « Benemeriti »), aurait eu un accès de colère incontrôlée et se serait vengé sur le commandant qui la lui avait refusée, en le tuant avec sa femme. Ensuite, bouleversé, il se serait suicidé. Le porte-parole ajoute que le jeune homme souffrait de troubles psychologiques et faisait usage de drogue (cannabis) ; plus tard, les résultats de l'autopsie feront état d'un kyste trouvé dans son cerveau qui aurait pesé sur l'équilibre psychologique déjà précaire du jeune homme. En guise de conclusion, Navarro-Valls dira textuellement : « Je ne crois pas que l'autopsie pourra fournir des résultats différents de ceux que je viens d'exposer. »

Le 5 février 1999, un décret signé par l'avocat Gianluigi Marrone – juge unique du Vatican – établit que « sur la base des éléments fournis par l'enquête, on peut partager les conclusions du promoteur de la justice et par conséquent, la poursuite pénale ne semble pas pouvoir s'appliquer [...] [Il] déclare ne pas devoir engager de poursuites pénales au sujet de la mort du colonel Alois Estermann, de Mme Gladys Meza Romero, épouse Estermann, et du caporal adjoint Cédric Tornay, ordonnant la transmission des actes aux archives ».

Quant aux demandes réitérées de Madame Baudat, le porte-parole déclarera : « Je comprends et je respecte sa douleur, mais nous ne pouvons pas aller contre le strict respect d'une vérité établie par une enquête longue et méticuleuse. » Neuf mois pour arriver à une conclusion identique à celle que le porte-parole du Vatican avait avancée quelques heures à peine après les faits.

Au chapitre précédent, consacré à l'époque de Néron, les premiers chrétiens commençaient à peine à faire leur apparition, fervents disciples d'une foi qui entreprenait de se répandre en Occident, après avoir surgi en Israël comme un courant du judaïsme. En quelques pages – qui en réalité traduisent un saut temporel d'une vingtaine de siècles –, nous voici au cœur d'un crime d'Etat, face à des versions évasives, contradictoires, visiblement éloignées de la réalité, comme en témoignent les enquêtes menées en parallèle par différents supports de presse, écrite ou télévisuelle. Reconstituer les « secrets du Vatican » veut dire aussi essayer de trouver une explication à la distance intersidérale qui sépare les fidèles d'autrefois, qui allaient au martyre en chantant des louanges au Seigneur, des sinistres mécanismes qui réglementent la vie des organismes politiques et des Etats.

Le plan annexé aux accords du Latran, signés par Mussolini et le cardinal Gasparri le 11 février 1929, montre que l'Etat de la Cité du Vatican est pratiquement circonscrit par les remparts de la cité Léonine. Une première enceinte fut dressée par Léon IV entre 848 et 852 pour protéger la colline du Vatican et la basilique Saint-Pierre des invasions des Sarrasins qui avaient mis Rome à sac en 846, sous le pontificat de Serge II. Léon IV conçut ces remparts en s'inspirant largement du tracé imaginé par son prédécesseur, Léon III.

Les travaux furent effectués rapidement. Les *domuscultae* – fermes-forteresses créées au haut Moyen Age pour repeupler les campagnes – fournirent la main-d'œuvre nécessaire à cette entreprise d'envergure. Les Sarrasins capturés au cours de la bataille d'Ostie en 849 furent également mis au travail. Les remparts furent dressés en quatre ans grâce aux contributions financières de l'empereur Lothaire Ier et de Liutprand, roi des Lombards, et aux matériaux de construction issus de la démolition de bâtiments d'âge classique. Le pape était infatigable : il surveillait personnellement les travaux, donnait ses ordres aux ouvriers, bénissait, priait. Au cours des siècles suivants, la première enceinte fut remaniée et élargie à plusieurs reprises. Mais les véritables remparts du Vatican, ceux qui marquent aujourd'hui les frontières de l'Etat, seront finalisés seulement par la volonté de Pie IV, puis de Paul III et d'Urbain VIII.

Il est curieux de noter que suite à ces modifications successives, le célèbre Passetto di Borgo, de cheminement de frontière qu'il était, s'est transformé au fil des siècles en passage au beau milieu de l'agglomération urbaine, tel que nous le voyons aujourd'hui. En prenant, par conséquent, une tout autre fonction. Ainsi situé, ce passage secret offrait en effet une voie de fuite idéale, car il permettait de relier les palais du pape à la forteresse de Castel Sant'Angelo.

Cette « issue de secours », romanesque tant par son aspect que par son tracé – le passage a été restauré à l'occasion du jubilé de 2000 –, a alimenté de nombreux mythes et légendes populaires. L'Américain Dan Brown – écrivain non transcendant, mais scénariste très imaginatif – y situe une séquence rocambolesque de son *Anges et démons*.

Le passage, de 800 mètres de long environ, permettait d'assurer, en cas d'urgence, le transfert du pape et de sa suite des bâtiments du Vatican à la forteresse, par un parcours protégé et en hauteur. Ce fut Nicolas III, en 1277, qui imagina le premier cette utilisation de l'enceinte bâtie par son prédécesseur Léon IV. Une des urgences les plus dramatiques se présentera, comme on le verra, en mai 1527.

Le tracé des remparts a toujours eu, aussi bien avant qu'après les différents élargissements, une forme de fer à cheval ; celui-ci, au départ du château, entoure la basilique, profite de l'élévation du Janicule, redescend vers le Tibre. Des murailles puissantes, d'une épaisseur de quatre mètres à la base, jalonnées, selon le modèle romain, de quarante-quatre tours et de quelques portes qui pour la plupart existent encore aujourd'hui.

La démolition de la partie centrale des Borghi (dite « spina di Borgo[1] ») et l'ouverture de la via della Conciliazione ont

1. Littéralement « épine du Bourg ».

considérablement modifié l'aspect originel de ces lieux. Cependant, en dépit des nombreuses modifications et de certains démantèlements exigés par la circulation urbaine, les remparts « racontent » encore beaucoup de leurs aventures aux curieux qui s'attardent à lire et à regarder les plaques, les inscriptions et les blasons pontificaux qui les émaillent.

Dans la Rome papale, la cité Léonine fut pendant des siècles le véritable bastion de la monarchie pontificale. De retour de la captivité avignonnaise, qui avait duré de 1309 à 1377, les papes commencèrent à se rendre compte que le Vatican était plus facile à défendre que le Latran, leur premier lieu de résidence, grâce notamment à l'exceptionnelle forteresse de Castel Sant'Angelo. On commença ainsi à construire et à fortifier de nouveaux palais au sein de l'enceinte Léonine, les remparts furent restaurés, élargis, renforcés ; aussi, on ouvrit de nouvelles portes pour répondre à des besoins militaires et résidentiels accrus.

Une carte du XVIIIe siècle de Mariano Vasi (« *Vetus Planum Urbis Romae* ») montre les principales portes de la ville, parmi lesquelles la porte Turrionis, aujourd'hui détruite, remplacée par la porte Cavalleggeri, ainsi appelée pour la proximité d'une caserne de police montée : c'est ici que firent leur entrée les lansquenets de Charles Quint en 1527.

Au bout du *Passetto*, face à la place Saint-Pierre, commence la rue de Porta Angelica. Autrefois, cette rue conduisait, justement, à la porte homonyme. Suite aux accords de 1929 connus sous le nom de « conciliation », un mur moderne fut construit le long du côté gauche de la rue pour indiquer une véritable frontière entre les deux Etats. C'est ici que se trouve l'actuelle porte Sant'Anna, seule entrée pour les visiteurs et pour la plupart des citoyens du Vatican. Depuis plus d'un demi-siècle, les soldats pontificaux y montent la garde, les hallebardes du pape. C'est-à-dire la garde suisse.

C'est de cela que nous allons parler, des extraordinaires aventures de la plus ancienne armée du monde, la seule à recruter sur la base de la confession religieuse. Au cours de la longue histoire vaticane, il y eut d'autres corps militaires : deux d'entre eux, par exemple, furent créés au XIXe siècle – la garde noble et la garde palatine – pour ensuite être dissous. Le XVIe siècle, en revanche, avait connu la garde corse, dissoute elle aussi au bout d'un siècle environ.

La garde suisse, au contraire, continue d'exister depuis 1506, date à laquelle Jules II Della Rovere (le pape de Michel-Ange) demanda aux Etats Confederatis Superioris Allemanniae de lui permettre de recruter quelques dizaines de jeunes hommes pour constituer sa garde personnelle. Certains de ses prédécesseurs déjà, Sixte IV, Innocent VIII, Alexandre VI, avaient voulu organiser un corps d'armée, mais c'est avec Jules II que le régiment des gardes fut officiellement créé.

Le 22 janvier 1506, un contingent de cent cinquante mercenaires arrivés à pied de Lucerne par la via Francigena[1] fit son entrée à Rome. Le transfert avait été conduit par le commandant Kaspar von Silenen, accompagné du prélat Hertenstein. Les cent cinquante hallebardiers (*Gwardiknechte*) avaient fait une halte à Milan, où Hertenstein avait reçu cinq cents ducats de la filiale du comptoir des Fugger, en guise d'acompte papal sur la solde. Ensuite, les suisses s'étaient arrêtés à Acquapendente, dans le sud de la Toscane, pour encaisser deux cents ducats de plus. Le 21 janvier, ils arrivèrent enfin aux portes de Rome, et le lendemain, après avoir fait leur entrée dans la Ville éter-

1. Littéralement : la « voie des Français »

nelle, ils marchèrent de la porte del Popolo jusqu'à la colline du Vatican en passant par Campo de' Fiori. Une fois arrivés à destination, au bout de cette marche interminable en plein hiver (environ 750 kilomètres), ils se mirent en rangs pour se présenter au pape et prendre enfin leurs quartiers.

Le prélat alsacien Giovanni Burchard, maître de cérémonie à la cour papale et chroniqueur méticuleux, note dans son journal : « Le 22 janvier 1506, en fin de journée, un groupe de cent cinquante soldats suisses guidés par le capitaine Kaspar von Silenen a franchi la porte del Popolo et est entré à Rome. »

Jules II fut un pape guerrier plus que tout autre. Parmi ses objectifs, il comptait celui de renforcer l'Etat de l'Eglise et de réannexer plusieurs territoires rebelles. Pour sa garde personnelle, il s'était inspiré du roi de France, lequel, depuis 1497, confiait sa sécurité personnelle à une compagnie d'une centaine d'hommes armés. Au début, Jules II en voulait le double, mais il dut se contenter des cent cinquante que l'on réussit à recruter.

Aujourd'hui, ce corps de garde compte une centaine d'hommes, du commandant colonel aux officiers, sous-officiers et simples hallebardiers. Au prestige et à l'éclat de la garde contribue son uniforme, dont on dit qu'il a été conçu par Michel-Ange en personne. La veste Renaissance multicolore, où le jaune alterne avec le bleu et l'orange, reprend les couleurs de la maison des Médicis. Son style définitif est en réalité le fruit du long travail du colonel Jules Répond (commandant entre 1910 et 1921), qui s'est inspiré de Raphaël. De l'uniforme d'apparat font également partie la cuirasse et le casque espagnol, le célèbre morion garni de plumes d'autruche, qui se termine en pointe rehaussée à l'avant et à l'arrière. La tenue de travail est plus sobre : elle se compose d'un pantalon et d'un pourpoint bleu agrémenté d'un grand col blanc. L'uniforme des gardes suisses fait désormais partie du folklore du Vatican et donc de Rome.

Les critiques n'ont pas manqué pour autant : Stendhal, par exemple, ne semble pas enthousiaste. Dans ses *Promenades dans Rome*, voici ce qu'il écrit en date du 7 mars 1828 :

> *« Le voyageur remarque à l'extrémité de la partie ronde de la colonnade à droite certaines figures grotesques, vêtues de bandes de draps jaune, orange et bleu ; ce sont de bons Suisses armés de piques et habillés comme on l'était au* XVe *siècle. »*

Quelques décennies plus tard, en 1864, Hippolyte Taine voit les gardes suisses de la Sixtine et les décrit comme étant *bariolés* et *vêtus d'un costume d'opéra*[1].

Mais le véritable baptême de sang du petit corps de garde et la preuve de sa fidélité extrême – pouvant aller jusqu'au sacrifice de la vie, ainsi que le prévoit le serment prêté – eurent lieu le 6 mai 1527, jour fatal pour Rome, qui connut une des invasions les plus dévastatrices de son histoire. Au bout de quelques heures de combats très meurtriers, une horde d'environ quatorze mille lansquenets sous les ordres de Georg von Frundsberg, fit irruption dans la ville par la porte Santo Spirito et la porte Turrionis. (Le mot « lansquenet », de l'allemand *Landsknechte,* est formé de *Land*, « terre », et *Knecht*, « serviteur ». Il s'agissait de corps d'infanterie réputés pour être de véritables professionnels du combat dans l'Europe du XVIe siècle.) Ces redoutables régiments composés de mercenaires de Bavière et du Tyrol et de quelques détachements espagnols furent les protagonistes du « sac de Rome ».

1. En français dans le texte.

Les lansquenets envahirent donc les quartiers de Borgo Santo Spirito et San Pietro, tandis que la garde suisse, rangée près de l'obélisque qui à l'époque gisait au sol à côté de la basilique, tentait une résistance désespérée. Au cours des affrontements à coups d'épée et de hallebarde, les suisses, en nette minorité, furent contraints de reculer jusque sous l'autel de Saint-Pierre. Cela ne fut pas suffisant. En poursuivant leurs combats au corps-à-corps, les envahisseurs pénétrèrent dans la chapelle Sixtine et dans les *stanze* de Raphaël. Par pur esprit de provocation, le nom de Luther fut gravé à la pointe de l'épée sur la fresque « La Dispute du Très Saint Sacrement », tandis qu'un autre graffiti louait l'empereur Charles Quint.

A l'époque, la mise à sac était un droit reconnu aux armées mercenaires qui ne recevaient pas de solde régulière. De cette autorisation sans limites faisait partie aussi le droit de viol, qui par conséquent était pratique courante. A Rome, les lansquenets enfoncèrent les portes des couvents pour violer les religieuses cloîtrées. La fougue et l'ampleur des crimes commis s'expliquent par le fait que les troupes allemandes se composaient de luthériens convaincus (la Réforme avait commencé seulement dix ans auparavant), qui voyaient dans le pape l'Antéchrist et dans Rome la Grande Prostituée. C'est pourquoi ils portaient en eux aussi, en plus de la tendance à l'abus habituelle chez les mercenaires, un redoutable esprit de revanche. Les conséquences pour la ville et ses habitants furent terribles. La garde pontificale sacrifia la plupart de ses hommes pour permettre à Clément VII et aux plus hauts dignitaires du Vatican d'emprunter le *Passetto* et de trouver refuge à Castel Sant'Angelo. Cent quarante-sept hallebardiers tombèrent sous les coups de l'ennemi, quarante-deux seulement survécurent à la tuerie.

Lansquenets et Espagnols, qui avaient envahi la ville en traversant les ponts Sixte et Saint-Ange, poursuivirent le sac et leurs crimes huit jours durant. Ils allèrent jusqu'à ouvrir et dépouiller les tombeaux des papes, y compris celui de Jules II, décédé seulement quelques années auparavant, en 1513. Au total, on dénombra plus de dix mille victimes et un butin de plusieurs millions de ducats. Aux vols et aux violences de tous genres, s'ajoutaient les provocations antipapistes. Lors d'un défilé organisé devant Castel Sant'Angelo – et donc sous les yeux de Clément VII confiné entre ces murs –, on se moqua des rites romains en criant longuement « *Vivat Lutherus pontifex !* » (« Vive le pape Luther ! »).

Le 5 juin 1527, un mois après l'irruption des troupes, le pape finit par signer sa capitulation, assortie de conditions très onéreuses : l'abandon des forteresses d'Ostie et de Civitavecchia, la cession des villes de Modène, de Parme et de Plaisance, le paiement de quatre cent mille ducats, une lourde rançon pour libérer de nombreux prisonniers. De plus, et cela concerne tout particulièrement le sujet de ce chapitre, la garde suisse devait être dissoute, remplacée par deux cents lansquenets : quatre compagnies d'Allemands et d'Espagnols. Le pape obtint cependant que les suisses ayant survécu puissent être enrôlés dans la nouvelle garde, mais douze d'entre eux seulement acceptèrent de se mélanger aux maudits lansquenets. Vingt ans s'écoulèrent, avant que Paul III, en 1548, décide de reconstituer le corps de hallebardiers pontificaux tel qu'il était à l'origine.

En souvenir de ces dramatiques journées, dans la rue des Penitenziari, on trouve aujourd'hui un buste de Bernardino Passeri sous lequel on peut lire ceci :

« Le 6 mai 1527 drapé dans l'étendard arraché de sa propre main aux hordes des Bourbons qui déferlaient ici tomba, pour défendre sa patrie, dans son propre sang et dans celui de l'ennemi Bernardino Passeri romain orfèvre et père de famille. Afin qu'un tel exemple serve d'enseignement et fasse des émules dans les générations futures la société des orfèvres de Rome à leur frère d'art et de cœur consacrent ce souvenir 25 octobre 1885 »

Nous trouvons un autre rappel de ces journées tragiques dans le fait qu'encore aujourd'hui, les nouvelles recrues de la garde suisse prêtent leur serment de fidélité au pape à la date anniversaire où leur sacrifice fut consommé, le 6 mai de chaque année. Ces nouvelles recrues, en uniforme de grand apparat, sont réunies dans la cour Saint-Damase pour y écouter le texte du serment scandé par l'aumônier : « Je jure de servir fidèlement, loyalement et honorablement le souverain pontife et ses successeurs légitimes, mais aussi de me consacrer à eux de toutes mes forces, en sacrifiant, si nécessaire, ma vie même en leur défense. J'assume également ces engagements vis-à-vis du Saint-Collège des cardinaux pour toute la durée du siège vacant. Je promets aussi au commandant capitaine et à mes autres supérieurs le respect, la fidélité et l'obéissance. Je le jure. Que Dieu et nos saints patrons m'assistent. » L'une après l'autre, les nouvelles recrues jurent, la main gauche sur le drapeau de la garde, la droite levée avec les trois doigts en éventail (symbole de la Trinité).

Après le bain de sang du mois de mai 1527, le corps de garde connut d'autres épreuves plus ou moins prenantes, dont une de grand relief qui eut lieu à Pérouse en 1859, connue sous le nom de « massacre de Pérouse ». Pendant la deuxième guerre d'Indépendance, un grand nombre d'habitants de cette ville, huit cents jeunes volontaires environ, avaient couru s'enrôler dans l'armée savoyarde, tandis qu'à Pérouse, se formait un comité insurrectionnel qui, après l'échec de la médiation avec l'émissaire du pape, proclama un gouvernement provisoire et offrit la ville à Victor-Emmanuel II de Savoie. On comprit aussitôt que Pie IX n'était pas prêt du tout à perdre cette partie de ses propriétés territoriales et qu'au contraire, il pourrait prendre comme prétexte l'atmosphère insurrectionnelle pour réprimer la révolte de manière exemplaire. Le gouvernement provisoire donna l'ordre au peuple de se préparer à défendre la ville.

Le 20 juin, les troupes pontificales – environ deux mille hommes, suisses pour la plupart, sous les ordres du colonel Anton Schmidt – se présentèrent aux portes de la ville. Les troupes de volontaires, mal entraînées et encore moins bien armées, tentèrent une résistance vite vaincue, qui vit la mort de dix soldats du pape et trente de Pérouse. Les suisses rentrèrent alors dans la ville pour y commettre les mêmes actes de violence que les lansquenets avaient perpétrés à Rome trois siècles auparavant.

Notons au passage l'attitude de Placido Acquacotta, abbé du monastère de Saint-Pierre, qui cacha des dizaines de citoyens terrorisés dans les méandres et les cantines de son couvent, leur sauvant la vie. Un exemple, celui-ci, comme nous en trouverons d'autres dans cet ouvrage, où de simples religieux se comportent de manière différente et bien plus « chrétienne » que leur propre hiérarchie, dont ils dépendent pourtant. Voici ce qu'en dit l'historien Pasquale Villari, dans l'ouvrage *Storia generale d'Italia* (« Histoire générale d'Italie ») dont il a dirigé les travaux :

> *« Trente maisons furent mises à sac, dans lesquelles – selon l'aveu de Schmidt lui-même – les femmes furent massacrées ; on envahit un monastère, deux églises, un hôpital et un institut d'orphelines dans lequel, sous les yeux des institutrices et des camarades de classe, deux jeunes filles furent contaminées. A l'abomination des saccageurs suivirent, en guise de corollaire légitime, la mise au ban du gouvernement municipal par Schmidt, les honneurs qui furent accordés à ce dernier et à ses acolytes par le pape, les funérailles solennelles et en grande pompe organisées par le cardinal évêque Pecci [*futur pape Léon XIII*] avec l'inscription diaboliquement provocatrice placée sur le catafalque :* Beati mortui qui in Domino moriuntur[1]. »

Aujourd'hui oubliés, les faits eurent à l'époque un grand retentissement international, notamment parce qu'une famille d'Américains en visite dans la ville, les Perkins, avait été victime des violences. Le *New York Times* du 25 juin de cette année-là, titrait « The massacre at Perugia », un article qui rapportait ceci : « Les troupes déchaînées semblaient avoir renié la moindre notion de loi et faisaient irruption à volonté dans toutes les maisons, en commettant des meurtres à glacer le sang et autres actes de barbarie sur les habitants sans défense, hommes, femmes et enfants. »

La question des responsabilités personnelles de Pie IX dans le massacre reste d'actualité, à savoir si les suisses reçurent, oui ou non – en plus de l'ordre de briser la révolte – l'autori-

1. « Bénis soient ceux qui meurent dans le Seigneur ».

sation, une fois gagnée la bataille, de s'adonner à des actes de violence sur la population. Quoi qu'il en soit, sa responsabilité est indéniable dans les décapitations qui suivirent, comme en témoigne l'ordre transmis au colonel Schmidt par le chevalier L. Mazio, substitut du ministre pontifical :

> « *Je soussigné, Commissaire Substitut Ministre, charge Son Excellence de récupérer les Provinces de propriété de Sa Sainteté Notre Seigneur, dont se sont emparées quelques factieux, c'est pourquoi je Vous recommande la rigueur afin de servir d'exemple aux autres, en les gardant éloignées de la révolution. En outre, j'accorde à Son Excellence la faculté de faire décapiter les rebelles que l'on trouverait dans les maisons, et d'imputer à la Province [*NdT : de Pérouse*] elle-même les frais des denrées ainsi que de la présente expédition, dans le but d'en économiser la dépense au Gouvernement.* »

Au cours des années suivantes, l'armée du pape connut une vie plus paisible. Les suisses assurèrent le pouvoir temporel du Vatican jusqu'au 20 septembre 1870, jour où les *bersaglieri* du général La Marmora, après avoir ouvert la brèche de Porta Pia dans les remparts, entrèrent dans Rome afin que la ville rejoigne le royaume d'Italie proclamé neuf ans auparavant. Le lendemain, les troupes pontificales étaient dissoutes, à l'exception de la garde suisse.

Une période de plusieurs siècles s'achève ainsi, pendant laquelle le pape eut une armée à son service pour défendre ses territoires, c'est-à-dire son pouvoir temporel. A partir de là, la garde suisse est exclusivement chargée de garantir la sécurité personnelle du pape, des palais du Vatican et de la ville pontificale de Castel Gandolfo.

Les accords du Latran – signés le 11 février 1929 entre l'Etat italien et l'Eglise catholique – marquent une étape importante dans la vie de ce corps de garde. Ces accords comportent un traité et un concordat en annexe. Par le premier, on reconnaît au Saint-Siège une juridiction souveraine, exclusive et absolue sur le Vatican. Le traité précise minutieusement les compétences vaticanes. Voici ce que déclare l'article 3 :

> « *L'Italie reconnaît au Saint-Siège la pleine souveraineté et l'autorité exclusive et absolue et juridiction souveraine sur le Vatican, tel qu'il est actuellement constitué, avec toutes ses pertinences et dotations, en créant de cette façon la Cité du Vatican dans les buts spécifiques et avec les modalités du présent Traité.* »

Un autre paragraphe reprend et précise la question des accès et des frontières :

> « *Il est entendu que la place Saint-Pierre, tout en faisant partie du Vatican, continuera d'être normalement ouverte au public et assujettie aux pouvoirs de police des autorités italiennes ; lesquelles s'arrêteront au pied des marches de la basilique, bien que celle-ci continue d'être destinée au culte public, et par conséquent elles s'abstiendront de gravir les marches et d'accéder à ladite basilique, sauf si elles y sont invitées par l'autorité compétente. Si le Saint-Siège, en vue de fonctions particulières, souhaitait soustraire temporairement la place Saint-*

Pierre à la libre circulation du public, les autorités italiennes, à moins qu'elles ne soient invitées à rester par l'autorité compétente, se retireront au-delà des traits extérieurs de la colonnade du Bernin et de leur prolongement. »

La création du nouvel Etat de la Cité du Vatican posa aussi une question délicate à la Confédération helvétique, du moment qu'il s'agissait de permettre à certains de ses citoyens de s'enrôler dans une « armée » étrangère. La question fut résolue par un délibéré du Conseil fédéral suisse, qui, quatre jours après la signature des accords, établit ceci :

« *Il est difficile de considérer la garde papale comme un corps armé étranger, au sens de l'article 94 du Code pénal militaire ; dans la mesure où cette troupe est une simple garde de police, quiconque pourra y prêter service sans l'autorisation du Conseil fédéral.* »

C'est toujours en 1929 que commencent les travaux pour la construction des locaux d'habitation des officiers et sous-officiers de la garde, et que l'on achève la restauration de la petite église des Saints-Martin-et-Sébastien que Pie V avait fait bâtir en 1568 dans le quartier des Suisses.

Le site Internet de la Curie romaine dresse très clairement la liste des qualités nécessaires pour devenir soldat du pape :

« *Je suis citoyen suisse. Je suis de foi catholique romaine. J'ai une réputation irréprochable. J'ai fréquenté l'école des recrues en Suisse. J'ai entre dix-neuf et trente ans. Je mesure au moins*

174 centimètres. Je suis célibataire. Je suis titulaire d'un certificat d'aptitude professionnelle ou d'un baccalauréat. »

Bref : sexe masculin, suisse, taille moyenne, célibataire, catholique et diplômé. La durée minimale du service est de deux ans. Le salaire mensuel d'environ 1 350 euros. On ne peut se marier qu'après l'âge de vingt-cinq ans, à condition d'avoir trois ans d'expérience et le grade de caporal, et de s'engager à servir l'Eglise de Rome pendant au moins trois années encore.

Mais quelles sont, concrètement, les tâches d'un suisse ? Les deux tiers du personnel sont attachés à la garde des différentes entrées des palais apostoliques : dans la cour Saint-Damase, dans celle du Belvédère, aux étages des Loggias, dans la salle Royale, face aux bureaux du secrétariat d'Etat, dans les appartements privés du pape. De plus, la garde surveille les accès extérieurs : accès du Petriano, Arc des Clochers, porte de Bronze et porte Sainte-Anne.

Les suisses sont de service d'honneur et de sécurité chaque fois que le pape est présent : lors des cérémonies à Saint-Pierre du Vatican, des audiences générales et au cours des visites de chefs d'Etats étrangers. Il y a ensuite les inspections, les marches, les exercices de tir, les répétitions de la fanfare, le chœur.

Les cent seize soldats sont répartis en trois escadrons qui alternent au cours des vingt-quatre heures. L'un est de service, l'autre de renfort, le troisième a quartier libre. Trois officiers et un groupe de sous-officiers travaillent sous les ordres du commandant colonel. En général, les officiers et le sergent-major travaillent en civil. Le chapelain du corps est l'équivalent d'un lieutenant-colonel. Les gardes se restaurent à la cantine interne, gérée par les sœurs albertines, servantes de Dieu.

Le drapeau de la garde pontificale est partagé en quatre champs par une croix blanche. Le premier affiche le blason du pape régnant, le quatrième celui de Jules II, les deux étant sur fond rouge. Les deuxième et troisième champs se rehaussent en revanche des couleurs du corps militaire : le bleu, le rouge et le jaune. Au point d'intersection des bras de la croix, se détache le blason du commandant en charge.

En mai 2006, quand la garde suisse a fêté le cinquième centenaire de sa fondation, le pape Benoît XVI a déclaré, entre autres, dans son homélie :

> *« Parmi les multiples expressions de la présence laïque au sein de l'Eglise catholique, il y a aussi celle, tout à fait singulière, des gardes suisses pontificales, des jeunes qui – motivés par l'amour du Christ et de l'Eglise – se mettent au service du successeur de Pierre. Pour certains d'entre eux, l'appartenance à ce corps de garde se limite à une période déterminée, pour d'autres cela se prolonge jusqu'à devenir le choix de toute une vie. Pour quelques-uns, et je le dis avec un vif plaisir, le fait de prêter service au Vatican fait mûrir la vocation sacerdotale ou religieuse. Pour tous, cependant, devenir gardes suisses signifie adhérer sans réserve au Christ et à l'Eglise, prêts pour cela à donner leur propre vie. »*

Prêts à donner leur propre vie, donc, ou à la perdre dans des circonstances mystérieuses, comme ce fut le cas d'Alois Estermann, de sa femme Gladys Meza Romero et du jeune caporal adjoint Cédric Tornay.

A 20 h 46 le 4 mai 1998, le téléphone sonne chez les Estermann, un petit appartement élégant près de la porte Sainte-Anne. Nous sommes ici au cœur du centre névralgique de la Cité du Vatican, dans le quartier des Suisses, à deux pas du donjon qui abrite la banque vaticane, le tristement célèbre Ior.

C'est un vieil ami qui appelle le colonel Estermann pour le féliciter de sa récente nomination, à peine neuf heures plus tôt, au titre de commandant de la garde. Dans la déposition qu'il fera le 7 mai, voici ce qu'il déclare :

> « *Nous avons parlé de la cérémonie du serment et de la météo. A un moment donné, il y a eu une interruption, comme si le combiné avait été posé contre la poitrine ou quelque chose de moelleux. Peu après, j'ai entendu des voix au loin, l'une qui pourrait être celle de sa femme, puis une sorte de brouhaha et un coup sec, suivi peu après par un autre coup sec et d'autres coups, plus loin.* »

Au même moment, une religieuse qui habite au même étage de l'immeuble entend des bruits sourds. Intriguée, elle sort sur le palier et voit grande ouverte la porte de l'appartement des Estermann. Il est 21 h 04. Elle passe timidement la tête à l'intérieur, elle crie. Ce qu'elle voit est horrible : du sang partout, au sol et sur les murs. Trois cadavres gisent par terre : deux hommes allongés et une femme assise, le dos contre le mur. Tous trois ont été assassinés avec une arme à feu.

Alois Estermann n'a pas été un officier quelconque. Sa carrière a été foudroyante, notamment depuis l'attentat perpétré contre Karol Wojtyla le 13 mai 1981. Ce jour-là, en effet, l'alors capitane Estermann honora jusqu'au bout le serment prêté en servant de bouclier au pape avec son propre corps, ou tout au moins c'est ce que prétend la version officielle des faits. Un geste héroïque pour certains ; un geste opportuniste et tardif pour d'autres (un coup avait déjà atteint le Saint-Père).

A 21 h 30, quelques minutes après l'horrible découverte, le petit appartement des époux Estermann devient le théâtre d'un va-et-vient incessant de hauts prélats, de fonctionnaires du Vatican et d'hommes du corps de surveillance, la police interne de l'Etat pontifical. A 22 heures, arrive Gianluigi Marrone, juge unique de la Cité du Vatican. Les trois cadavres gisent encore. Aucune demande d'aide ni de collaboration n'est présentée aux autorités italiennes. Le pape se recueille en prière dans le palais apostolique. La nouvelle dépasse tout de même les portes du Vatican : face à la porte Sainte-Anne, une foule de journalistes, de photographes et d'opérateurs de la télévision se réunit.

Dans la confusion des premières heures, il n'y a aucune certitude, si ce n'est celle qui concerne l'identité des victimes. Pourtant, peu après minuit (à 00 h 10, très exactement), le bureau de presse du Saint-Siège diffuse le bulletin n° 184, daté du 5 mai : « Le commandant du corps de la garde suisse pontificale, le capitaine colonel Alois Estermann, déclare-t-il, a été retrouvé sans vie dans son habitation avec son épouse Gladys Meza et le caporal adjoint Cédric Tornay [...] Tous trois ont été tués par des coups d'arme à feu. L'arme du crime a été retrouvée sous le corps du caporal adjoint, son propre pistolet d'ordonnance [...] Les données à disposition à l'heure actuelle permettent de formuler l'hypothèse d'un accès de folie du caporal adjoint Cédric Tornay. »

Peu de temps après, le directeur du bureau de presse, Joaquín Navarro-Vals, précise aux journalistes le déroulement des faits : le caporal adjoint aurait tué les époux Estermann avec son propre pistolet, pour ensuite se suicider. En guise de confirmation, le porte-parole du Vatican explique que Tornay, une heure et demie avant le double meurtre, a confié à un collègue une lettre adressée à sa famille. « Le Vatican a la certitude morale que les faits se sont déroulés ainsi », conclut péremptoire le docteur Navarro-Vals.

En devançant les résultats de l'autopsie, les interrogatoires et les études balistiques, trois heures seulement après ces assassinats, le Saint-Siège diffuse la version officielle fondée sur une « certitude morale », en mesure de clore l'affaire avant même de l'avoir ouverte. Ces trois cadavres sont « brûlants » : aussi bien en raison de leur identité que pour les lieux où ils ont été retrouvés.

Le 5 février 1999, le juge Marrone signe, comme il est dit au début de ce chapitre, le décret classant l'affaire : aucune poursuite pénale pour la mort du colonel Alois Estermann, de Madame Gladys Meza Romero et du caporal adjoint Cédric Tornay. Si l'affaire est officiellement classée, le jugement ratifiant la culpabilité de Tornay de manière explicite fait défaut.

Le Saint-Siège y remédie par le bulletin n° 55 du 8 février 1999, qui comble le vide laissé par le décret d'archivage : neuf pages – un collage d'extraits du rapport présenté à Marrone par le promoteur de justice, Nicola Picardi – qui clouent au pilori le jeune caporal adjoint : un meurtrier doublé d'un suicidaire, un fou, un malade notoire, consommateur de stupéfiants.

Le bulletin du Vatican affirme ceci : « L'autopsie a constaté la présence dans le crâne de Tornay d'un kyste sous-arachnoïdien de la taille d'un œuf de pigeon, ayant déformé la partie antérieure du lobe frontal cérébral gauche. » Mais aussi : « Les recherches chimiques et toxicologiques effectuées sur Tornay ont relevé des traces de cannabis. » Et ce n'est pas tout : « Une troisième cause concomitante [*du crime*] est représentée par la broncho-pneumonie en cours. » Autrement dit : fou, drogué et malade.

Cela étant, ce qui continue à faire cruellement défaut est le mobile qui d'une manière ou d'une autre a bien dû motiver l'acte de cet homme, tout mal en point qu'il fût. Le voici : « La nouvelle qu'il ne lui avait pas été accordé [*par le colonel Estermann*] la décoration de la Benemeriti. » Fou de rage, le cœur débordant d'amertume, Tornay aurait donc été victime « d'une réaction psychique aiguë, ayant annihilé toute inhibition ».

La dynamique présumée du crime est ainsi reconstituée : Tornay sonne à la porte, entre dans l'appartement, « tire deux coups de feu sur le colonel Estermann [...] un troisième coup est une balle perdue qui va se planter dans le vantail gauche de la porte de l'ascenseur [...] le quatrième coup atteint Madame Estermann [...]. Enfin, le caporal adjoint retourne l'arme contre lui-même. »

Cinq coups au total, tirés avec l'arme d'ordonnance du jeune officier : « Sous son cadavre, peut-on lire dans le bulletin, a été retrouvé un pistolet de marque Sig, mod. 1975, fabriqué en Suisse, calibre 9, immatriculé A-1-101-415, avec son chargeur, normalement muni de six balles, n'en contenant plus qu'une non tirée [...] c'est le pistolet d'ordonnance du caporal adjoint. » Les cinq douilles retrouvées sur les lieux du crime seraient donc celles de ce pistolet. Et c'est Tornay qui aurait tiré. Pas de doute possible : les experts ont retrouvé sur sa main droite, « des traces de poudre à tirer ». Aux yeux du Saint-Siège, l'affaire est on ne peut plus claire. Pourtant, quelques doutes persistent. Mieux : un grand nombre de doutes persistent.

Le juge unique Marrone lui-même, dans une interview accordée au quotidien *La Nazione* du 9 juin 2002, reconnaît : « Quand il arrive des choses si graves, sur lesquelles des doutes persistent, il faut s'efforcer d'atteindre la vérité avec le moins d'approximation possible. » Et ce n'est pas tout. Marrone écrit un courrier en date du 1er mars 2000 à la mère de Tornay au sujet du bulletin n° 55 du Vatican : « Les documents élaborés par le Saint-Siège ne peuvent recevoir la caution formelle de l'autorité judiciaire. »

Cela suffit à Muguette Baudat pour être convaincue que les choses se sont passées autrement que ce que les autorités vaticanes racontent et que son fils, le pauvre caporal adjoint, n'a été que la victime innocente d'une cruelle mise en scène, accusé à tort des deux meurtres pour couvrir le véritable mobile du massacre. « Je n'ai reçu que des mensonges et je suis désespérée », déclare Madame Baudat à l'hebdomadaire italien *Panorama*, le 18 juin 1998. « Trop de mystères, trop de mensonges de la part du Vatican. »

Le 6 juillet 2000, elle dépose une demande officielle de réouverture de l'enquête avec le concours de deux avocats parisiens, Jacques Vergès et Luc Brossolet. Ceux-ci s'efforcent à plusieurs reprises de demander l'accréditation auprès de l'autorité judiciaire vaticane. La réponse est toujours la même : c'est impossible.

Le 11 avril 2002, ils envoient une « demande à Sa Sainteté Jean-Paul II pour la réouverture de l'enquête », dans laquelle ils dénoncent un certain nombre de points qui restent obscurs. En premier lieu, la porte grande ouverte de l'appartement des Estermann, comme si quelqu'un en était parti à la hâte en oubliant de la fermer. Ensuite, le mystère des quatre verres sales retrouvés dans l'appartement, ce qui ferait penser à la présence d'une quatrième personne. Pour finir, les résultats de la deuxième autopsie effectuée en Suisse sur le corps du feu caporal adjoint ne font état d'aucun kyste dans son crâne. Mais aussi : « Le pistolet d'ordonnance avec lequel Tornay s'est donné la mort, poursuivent les deux avocats, prévoit des munitions calibre 9,41 mm [...] tandis que le diamètre du trou retrouvé dans son crâne ne mesure que 7 mm. » Comment se fait-il que le diamètre du trou par lequel la balle est ressortie soit plus petit que celui du calibre de la balle qui l'a provoqué ? Y aurait-il eu une deuxième arme ? Est-ce avec celle-ci que Tornay se serait suicidé ?

Et ce n'est pas tout. La trajectoire de la balle dans le crâne du caporal adjoint, la fracture des incisives supérieures et la position de l'arme du crime telle qu'elle a été retrouvée sous le cadavre du jeune homme conduisent les deux avocats français à émettre l'hypothèse que « l'arme a été introduite de force dans la bouche de la victime ». En effet, si Cédric s'était vraiment suicidé, le contrecoup aurait projeté le pistolet à un mètre, un mètre et demi du corps. Autrement dit, Tornay « aurait été suicidé ». Lui-même serait victime, donc – comme Alois et sa femme – et non meurtrier.

Quant à la lettre remise au caporal adjoint des hallebardiers Claude Gugelmann quelques heures avant de mourir, les avocats français doutent de son authenticité : il s'agirait manifestement d'un faux. Dans ce courrier, Tornay s'adresse à sa mère en lui demandant pardon pour « ce que j'ai fait » (sans plus de précisions), se plaignant d'être victime d'une grande injustice. Suite à l'analyse formelle et graphologique du texte, les deux avocats déclarent : « C'est un faux fabriqué à la hâte [...] par quelqu'un qui est, pour le moins, proche du Vatican, de langue maternelle italienne et visiblement peu documenté sur la carrière de Cédric Tornay dans la garde suisse, sur sa famille et sur ses projets. »

Et il y a plus. Il adresse la lettre à sa mère, mais sur l'enveloppe il se trompe de nom de famille : il l'envoie au nom de Madame Chamorel, soit celui que la femme portait lors d'un précédent mariage, clos depuis longtemps par un divorce. A noter que Tornay ne s'est jamais adressé à sa mère sous ce nom, dans aucun de ses autres courriers. Le détail inquiétant est que ce nom de Chamorel est celui qui figure sur une fiche remplie autrefois par Cédric et conservée dans les archives du corps de garde. Dans un polar classique, ce genre de détail aurait déjoué l'ensemble de la version officielle, en ouvrant la voie au dénouement. Dans l'épisode présent, au contraire, on doit se satisfaire d'ajouter une incohérence suspecte de plus aux nombreuses autres déjà relevées.

Pour parachever de compliquer l'affaire, voici surgir un mystérieux personnage, quelqu'un de très proche de Tornay : le diacre Jean-Yves Bertorello, mieux connu sous le nom de « père Yvan ». Ainsi qu'on peut le lire dans la demande adressée par les deux avocats au Saint-Père, Bertorello, « le 6 mai 1998, a rencontré Madame Baudat devant témoins et a affirmé à plusieurs reprises que Cédric a été assassiné, qu'il en a les preuves et qu'il est lui-même en danger de mort [...] le Saint-Siège, après avoir purement et simplement nié son existence, s'est engagé à prouver que [*Bertorello*] n'avait aucun lien avec le Vatican ».

Pour tirer l'affaire au clair, les deux avocats français demandent la réouverture de l'enquête. Le 17 avril 2002, leur demande est rejetée par le président de la cour d'appel du Vatican, monseigneur Francesco Bruno. « L'obstructionnisme de la justice vaticane », dénoncent les avocats, clôt définitivement le dossier judiciaire, mais non l'affaire humaine. En effet, entre autres aspects à déplorer dans cette histoire obscure, il faut souligner l'indifférence absolue manifestée par les autorités du Saint-Siège vis-à-vis de la souffrance d'une mère – celle de Cédric –, à laquelle on refuse jusqu'à la copie du rapport de l'autopsie de son fils. Raison invoquée : le Vatican n'a jamais ratifié les normes internationales à ce sujet.

Bien entendu, l'impossibilité de mener toute recherche n'a pas empêché les rumeurs et des reconstitutions, autres que l'officielle. Dès le 7 mai 1998, le quotidien allemand *Berliner Kurier* écrit qu'Alois Estermann aurait été, depuis 1980, un espion de la Stasi, le service secret de l'ex-Allemagne de l'Est. Des faits que le Vatican nie catégoriquement.

Deux livres font du bruit. Dans le premier, *Verbum dei et verbum gay* (« Parole de Dieu et parole de gay ») de Massimo Lacchei, on émet l'hypothèse d'un crime passionnel, en confirmant les rumeurs (jamais prouvées) de la présumée relation homosexuelle existant entre Cédric et le colonel Estermann. Lacchei sera cité au tribunal pour diffamation par Madame Baudat ; par la suite, il sera relaxé pour vice de forme.

Le deuxième ouvrage, *Bugie di sangue in Vaticano* (« Mensonges de sang au Vatican »), écrit par un collectif d'hommes d'Eglise et de laïques romains portant le nom de « Disciples de la vérité », évoque un conflit de pouvoir meurtrier, dont tous les acteurs feraient partie du Vatican. Le colonel, son épouse et le caporal adjoint auraient été les victimes du combat entre deux camps adverses, celui de « l'Opus Dei et celui du clan maçonnique, au sein de la curie ». Selon cette reconstitution, Alois Estermann – proche de l'Opus Dei depuis des années (cela a été publié, sans être démenti, par l'hebdomadaire italien *Epoca* en mai 1996) – aurait été l'homme fort que cette puissante organisation fondée par Escrivá de Balaguer voulait mettre à la tête de l'armée pontificale pour mieux garder le contrôle sur les palais apostoliques et les mouvements du Saint-Père. Pas seulement. Le « plan de l'Opus Dei » visait à transformer la garde suisse en un détachement militaire hyperefficace, de manière à neutraliser l'immense pouvoir du corps de surveillance, tenu depuis toujours « par la cordée maçonnique ». Le meurtre d'Estermann aurait donc servi à bloquer sans tarder les visées hégémoniques de l'Opus Dei. Tornay, lui, n'aurait été qu'une « victime sacrificielle », la couverture nécessaire pour classer rapidement l'affaire.

Voici la reconstitution du triple meurtre, selon la théorie des « Disciples de la vérité » : « Le caporal adjoint Tornay aurait été agressé à la fin de son service [...] et "suicidé" dans un local du sous-sol avec un pistolet avec silencieux calibre 7. Ensuite, son arme d'ordonnance aurait été utilisée pour assassiner les époux Estermann dans leur appartement [...]. Plus tard, le corps de Tornay aurait été transporté dans l'habitation des Estermann pour procéder à la macabre mise en scène du double meurtre et du suicide. »

Ce sont là les hypothèses, les soupçons et les conjectures d'une affaire qui garde, encore aujourd'hui, bon nombre d'aspects troubles et de questions sans réponse. Un triple meurtre commis au sein du Vatican, une intrigue mystérieuse mêlant intérêts personnels et omerta, une trame riche et complexe, digne du thriller d'un très grand auteur. Il est fort probable que nous ne connaîtrons jamais la vérité – pas au cours des prochaines années, en tout cas –, mais d'ores et déjà nous pouvons affirmer avec suffisamment d'assurance que, quelle que soit cette vérité, elle ne correspond pas à la version officielle qui en est donnée.

III

La croix et l'épée

Situé à côté du Colisée, l'arc de Constantin fait partie à la fois des monuments les plus célèbres et les plus méconnus de Rome. Derrière lui, s'ouvre une large voie qui longe le Palatin et aboutit à la place de la porte Capena, qui tire son nom de l'accès qui s'ouvrait autrefois ici dans l'ancienne muraille Servienne, où commençait la voie Appienne (via Appia). A proximité, se trouve une source d'eau très pure, dite « Fons Camenorum » – le mot « Capena » y trouve son origine étymologique –, à laquelle les vierges vestales s'approvisionnaient pour leurs rites. Mais revenons à l'arc et à l'homme pour lequel il fut dressé : l'empereur Constantin (280 environ – 337 après J.-C.), qui changea la face et le destin de l'Empire romain, l'homme qui légitima le christianisme, le fondateur de Constantinople, nouvelle capitale de l'Empire. Ce fut un personnage déplorable sur le plan humain, mais ce n'est pas à cette aune que l'on juge les grands hommes de l'histoire. Constantin fut un éminent politique, parmi les plus grands, selon certains historiens.

L'arc de triomphe qui célèbre ses entreprises est on ne peut mieux situé : il est très grand, très en vue, mais – j'insiste – fait partie des monuments les moins bien connus. En effet, au même titre que les deux colonnes Coclides (celle de Trajan et celle d'Antonin), si l'on veut en saisir la véritable signification, il faut le « lire ».

Le site où il fut bâti était consacré autrefois au culte de Rome éternelle ; ici, se dressait le grand temple de Vénus et Rome, construit par Hadrien et restauré par Maxence. Aujourd'hui, de cette montagne de marbre que l'on fit venir de Grèce, il ne reste que le cœur de l'abside, en simples briques, consacrée à la déesse Rome puis, au fond, l'abside consacrée à Vénus. Pauvres vestiges d'une des œuvres les plus imposantes jamais construites dans l'Antiquité. Elle était flanquée de la gigantesque statue de bronze représentant Néron, avant que celle-ci ne soit transformée en Apollon, dieu du Soleil, la tête couronnée de rayons, symbole de l'immortalité de la ville. Au Moyen Age, du temps des combats entre barons pour la suprématie citadine et papale, le site fut transformé en fortin, les monuments furent rasés et les parties en métal utilisées pour fondre de nouvelles armes et pièces de monnaie.

La lecture de l'arc est complexe, car il s'agit d'une œuvre pour ainsi dire de « récupération », réalisée à partir de « pièces » d'autres monuments. L'historien d'art Federico Zeri l'a longuement étudiée, et je fonde ces quelques observations sur les résultats de ses recherches. Les deux faces principales de l'arc sont scandées chacune par quatre grandes colonnes. Le monument est en marbre blanc, tandis que les colonnes sont en marbre jaune de Numidie (bien que la différence chromatique ne saute pas aux yeux à cause de la pollution). Dans chacun des emplacements situés au-dessus des arcs latéraux, se trouvent deux boucliers (huit en tout) enchâssés dans un rectangle. A l'origine, les rectangles étaient en porphyre, pierre rouge semi-précieuse de très grande valeur ; sa couleur rappelait celle de la pourpre, réservée exclusivement au couple impérial. De plus, le rouge du porphyre et le jaune des colonnes (l'or et la pourpre) étaient, et sont toujours, les couleurs de la ville de Rome (et aussi celles du maillot de son équipe de foot...). Précisons que dans l'Antiquité, les sculptures et les monuments étaient rehaussés de couleurs et que les statues n'étaient pas blanches, telles que nous les voyons aujourd'hui, mais peintes de manière réaliste.

Au sommet des colonnes se trouvent justement des statues : huit prisonniers daces. Les huit boucliers (*clipeus*) viennent, si l'on peut dire, d'Hadrien ; autrement dit, Constantin les a fait retirer d'un des monuments consacrés à son prédécesseur pour les utiliser comme ornement sur le sien. Deux scènes figurent sur l'arc principal : l'empereur à cheval recevant l'hommage d'un barbare agenouillé ; l'empereur victorieux faisant son entrée à Rome par la porte Capena citée plus haut. Cet empereur n'est pas Constantin, mais Trajan. Dans ce cas aussi, il y a eu spoliation.

Si ensuite on se penche sur le premier tableau en haut à gauche de la façade qui regarde le Palatin, on y voit l'empereur sur un piédestal au moment où on lui présente l'un des chefs barbares. La sculpture représentait Marc Aurèle, mais la tête fut remplacée par celle de Constantin. Il s'agit donc d'un autre vol. Deux des rares scènes d'époque constantinienne de l'arc sont les suivantes : celle qui célèbre la *Victoire du pont Milvius*, sous les *clipeus* sur la face côté Palatin, et celle qui illustre le *Siège de Vérone*. Les historiens d'art en soulignent la facture grossière, soldatesque, par rapport au raffinement des reliefs des âges précédents.

Pourquoi Constantin dépouilla-t-il les monuments des autres pour orner le sien ? Les spécialistes avancent plusieurs hypothèses. La première suggère qu'au IVe siècle on n'était plus en mesure de sculpter aussi bien que dans le passé. C'est démenti par des œuvres de grande qualité réalisées à cette même époque, telles que l'arc dit de « Janus quadrifrons ». Une autre hypothèse attribue ces spoliations à la nécessité de dresser rapidement un arc triomphal en l'honneur d'un empereur qui troublait la vie de Rome par la nouvelle religion dont il s'était fait le protecteur. Selon une troisième hypothèse, soutenue par Federico Zeri, les spoliations de Constantin seraient de nature idéologique : il aurait fait reprendre certaines des parties sculptées des monuments à Trajan, à Hadrien et à Marc Aurèle, en remplaçant leur portrait par le sien, parce que c'était lui, Constantin, qui incarnait le nouvel esprit impérial.

Vraisemblablement, il y a une part de vérité dans chacune de ces hypothèses ; il est possible que l'empereur ait vraiment été pressé de bâtir son arc de triomphe pour que la louange qui y est inscrite (en haut, au centre, face au Colisée) consacre son image aux yeux des Romains, troublés par ses innovations sur le plan religieux. Cette inscription – en lettres de bronze à l'origine, comme en témoignent encore les trous de fixation dans le marbre – rappelle que le Sénat et le peuple romain ont dédié le monument à l'empereur César Flavius Constantin Maxence Pius Félix Auguste, auteur de la défaite de ses ennemis par la grandeur de son esprit et *instinctu divinitatis*, inspiration divine. Par prudence, l'inscription ne précise pas de quelle divinité il s'agit.

On trouve à Rome d'autres reliques de Constantin : les plus voyantes – les plus innocentes, aussi – sont deux têtes. La première, colossale, se trouvait autrefois au Capitole, dans la cour du palais des Conservateurs. Elle couronnait une statue de douze mètres de haut, située dans l'abside de la basilique de Maxence. L'empereur y était représenté assis : il symbolisait l'idéal d'un pouvoir politique en contact avec la divinité, mais aussi la réciproque, c'est-à-dire une domination céleste qui descendait sur Terre grâce à lui.

Une autre tête, qui ressemble beaucoup à la première, a été

retrouvée par hasard en 2005 au cours des fouilles du forum de Trajan. Le portrait marmoréen, d'environ soixante-dix centimètres de haut, était coincé dans une canalisation d'égouts où il était arrivé on ne sait quand, soit parce qu'on voulait se défaire d'un empereur devenu odieux, soit, plus vraisemblablement, parce que la forme arrondie du crâne se prêtait au nettoyage du conduit bouché par les détritus.

« Ah, Constantin de quels maux fut mère / non pas ta conversion, mais cette dot / que reçut de toi le premier pape riche[1]. » C'est ainsi que Dante, au chant XIX de l'*Enfer* (vv. 115-117) de sa *Divine Comédie*, qualifie la « dotation » que Constantin, premier empereur à s'affirmer chrétien, aurait faite au pape Sylvestre Ier en « l'enrichissant ». La légende dit en effet que – la veille d'un combat décisif contre son rival Maxence, voire peut-être quelques instants avant la bataille finale près du pont Milvius – une croix apparut dans le ciel (ou un nuage en forme de croix), portant soit l'inscription « *In hoc signo vinces* », soit « *Hoc signo victor eris* », « par ce signe tu vaincras, tu seras le vainqueur ». La bataille contre Maxence fut gagnée, et le rival mourut au combat ou bien noyé dans le Tibre en essayant de s'enfuir. Ce succès fut à l'origine d'un événement qui bouleversa l'Antiquité et dont les retentissements se font sentir encore aujourd'hui, en Italie notamment.

Selon une autre légende, cependant, les choses se seraient passées tout à fait autrement. Bien avant la célèbre bataille, l'empereur aurait été guéri de la lèpre par des ablutions dans une eau miraculeuse, suivant la prescription du futur pape Sylvestre Ier. Que ce soit l'une ou l'autre de ces raisons, le fait est que Constantin fut le premier empereur à déclarer le christianisme *religio licita*,

1. Traduction de Jacqueline Risset.

c'est-à-dire autorisée parmi les cultes de l'Empire, ouvrant ainsi la voie à sa diffusion. Profondément reconnaissant soit pour sa victoire sur le rival, soit pour la guérison de l'affreuse maladie, il aurait conféré au pape et à ses successeurs des pouvoirs impériaux comparables aux siens, si ce n'est supérieurs.

L'événement a suscité d'innombrables controverses, luttes et souffrances, mais il a été aussi à l'origine de monuments admirables et d'œuvres de propagande anoblies par l'art, sans oublier l'influence qu'il a eue sur la toponymie de Rome, à commencer par cette « via della Conciliazione » (rue de la Conciliation) dont le nom, pour étrange que cela puisse paraître, est une des conséquences lointaines de la donation attribuée à Constantin. Une histoire qui mêle la légende, des enjeux politiques très concrets, des conflits de pouvoir et des évocations pas toujours cohérentes de la foi chrétienne.

La première question qui se pose est de savoir pourquoi Constantin décide de soutenir le christianisme. Au fond, il s'agit d'une religion nouvelle, en net contraste avec la tradition romaine, regardée avec hostilité par un grand nombre de personnes dans la mesure où elle menace la symbiose qui s'est créée entre l'esprit religieux et l'esprit civique, voire le « patriotisme », qui a été l'un des fondements de la force de Rome. Il est possible que l'empereur, homme politique rusé, ait compris la force vitale de la nouvelle foi et pensé qu'il pourrait s'en servir pour renforcer la cohésion culturelle et politique de l'Empire. Peut-être voit-il dans le Christ une manifestation du *Sol invictus*[1].

1. *Sol invictus* (« Soleil invaincu ») est une divinité solaire apparue dans l'Empire romain au IIIe siècle. Elle reprend des aspects de la mythologie d'Apollon et du culte de Mithra, connaissant une grande popularité dans l'armée romaine.

En effet, il fait coïncider les festivités les plus importantes du christianisme avec celles de cette religion solaire : le dimanche, soit le « jour du Seigneur », mais aussi le « jour du Soleil » (ce dont l'anglais témoigne encore aujourd'hui par le mot *sunday*) ; le 25 décembre, jour de la renaissance du Soleil (solstice d'hiver) et du dieu Mithra, devient aussi le jour de naissance de Jésus. A Constantinople, nouvelle capitale orientale, sont bâties des églises chrétiennes, mais l'empereur laisse également en fonction les temples païens. Constantin lui-même, d'ailleurs, garde toute sa vie la charge de *pontifex maximus*, en se convertissant officiellement au christianisme seulement au moment de sa mort.

A Rome, une petite chapelle où le geste impérial est illustré in extenso est liée par conséquent, elle aussi, à la mémoire et au mandat de Constantin. C'est un lieu extraordinairement fascinant consacré à saint Sylvestre, qui se trouve dans l'ensemble de la basilique des Quatre-Saints-Couronnés. Ici, un cycle de fresques illustre la célèbre « donation » par laquelle l'empereur cède au pape la suprématie sur Rome, l'Italie et l'Occident. J'ai longuement évoqué ce lieu dans mon ouvrage *Les Secrets de Rome*[1] au chapitre « Les tours de la peur ». Dans le cas qui nous occupe, il importe de savoir que c'était le pape Innocent IV au XIIIe siècle, engagé dans son combat contre l'empereur Frédéric II, qui avait voulu ces fresques qu'aujourd'hui nous pourrions qualifier d'outil de « propagande ».

Comme nous l'avons dit plus haut, la légende veut que l'empereur Constantin ait été miraculeusement guéri de la lèpre grâce aux conseils du pieux évêque Sylvestre. Le saint homme le fait plonger par trois fois dans les eaux du baptistère du

1. Corrado Augias, *Les Secrets de Rome : histoires, lieux et personnages d'une capitale*, traduit de l'italien par Monique Baccelli, Le Rocher, 2007.

Latran : à l'issue du rite de purification, les terribles signes de la maladie disparaissent. L'empereur – très reconnaissant, comme on peut bien l'imaginer – établit par écrit, dans un document connu sous le nom de « Donatio », ou « Constitutum Constantini », la suprématie du pape romain sur tous les régnants de la Terre. C'est à ce document que Dante fait référence quand il parle de « dot » et de « richesse ».

Ce que le grand poète ignore en écrivant sa *Divine Comédie*, c'est qu'en réalité aucune « dot » n'a jamais été accordée à Sylvestre. La donation est certifiée par un document apocryphe, un des faux les plus célèbres de l'histoire avec les *Protocoles des sages de Sion*, fabriqués à des fins antisémites par l'Okhrana, les services secrets du tsar. Dans le court texte latin, l'empereur déclare vouloir donner Rome, l'Italie et l'Occident au pape et à ses successeurs « jusqu'à la fin du monde », sous peine de la damnation éternelle. Par conséquent, le pontife romain jouit de droits régaliens sur ces territoires qui sont désormais sa propriété, lesquels, additionnés à ses droits spirituels en qualité de vicaire de Jésus-Christ sur Terre, font de lui l'homme le plus puissant de la planète, l'empereur des empereurs ; voire le souverain par lequel tous les autres doivent être sacrés pour jouir pleinement de leur légitimité.

C'est l'acte de naissance du pouvoir temporel des papes, de leur statut impérial. Et plus particulièrement, de ce faux document naît aussi la question italienne, dont les retentissements se feront sentir pendant des siècles et dans laquelle des esprits aussi brillants que Dante, Machiavel, Guichardin, l'Arioste, voire Alessandro Manzoni et le comte de Cavour verront la source d'un grand nombre de maux.

Nous ignorons la date de composition du document, mais la tradition fait remonter le texte à 324, soit un an avant le célèbre concile de Nicée convoqué par Constantin en personne. Aujourd'hui, la plupart des spécialistes situent cette date entre la seconde moitié du VIIIe et la première moitié du IXe siècle. L'époque se prêtait en effet à la création d'un texte à même de consolider le pouvoir papal, alors fortement contesté par des rois barbares qui se montraient souvent intolérants vis-à-vis de l'Eglise de Rome. En ces circonstances tumultueuses, les papes avaient commencé à prendre appui sur la monarchie des Francs, dont les souverains s'étaient convertis au catholicisme.

En 753, le pape Etienne II se rend dans l'abbaye de Saint-Denis, près de Paris, où sont conservées les reliques du saint éponyme, dont la légende veut qu'il ait été le premier évêque de la ville. Ici, le pape consacre le roi Pépin, qui en échange lui accorde de vastes territoires de la péninsule ; ils correspondent grosso modo aux régions actuelles de l'Emilie, de la Romagne et d'une partie des Marches. La conséquence de cette alliance est le couronnement de l'empereur Charles – dit le Grand (Charlemagne), fils de Pépin, dit le Bref –, que le pape Léon III célèbre solennellement dans la basilique de Saint-Pierre de Rome, la nuit de Noël de l'an 800. C'est la première fois, depuis l'abdication de Romulus Augustule en 476, qu'un souverain reçoit le titre impérial. Savamment guidé, le peuple présent dans la basilique entonne trois fois son cri d'exultation : « A Charles, le très pieux Auguste couronné par Dieu, au grand empereur qui apporte la paix, la vie et la victoire ! »

Après les Carolingiens, c'est au tour des Ottoniens de prendre les rênes du Saint Empire romain germanique, tout en confirmant la suprématie pontificale sur le pouvoir des empereurs, qui restait exclusivement politique et militaire. Un équilibre difficile, qui se maintient tant bien que mal jusqu'à la célébrissime querelle des Investitures, qui éclate entre le très énergique pape Grégoire VII (Hildebrand de Soana) et l'empereur Henri IV, l'un des enjeux étant de savoir si l'empereur aussi, et non seulement le pape, peut accorder des archevêchés. Un combat que la forte personnalité des deux protagonistes ne peut qu'exacerber, l'un et l'autre souhaitant renforcer leur propre pouvoir. Le 22 février 1076, Grégoire VII excommunie l'empereur en le déclarant déchu. Au préalable, cependant, c'était Henri IV qui avait déclaré le pape déchu, en affirmant que son titre de *rex romanorum* lui donnait le droit d'intervenir dans l'élection papale.

La querelle s'achève provisoirement par le célèbre épisode où l'empereur attend dans le froid et la neige trois jours durant, du 25 au 27 janvier 1077, à Canossa, que le pape veuille bien le recevoir. En réalité, les historiens sont partagés sur l'interprétation de cet épisode, à savoir si l'empereur se sentait vraiment humilié ou bien s'il fit ce geste par pur calcul diplomatique. Un geste certes cher payé sur le plan de son prestige personnel, mais aussi très habile dans la mesure où cela lui permet de retrouver sa liberté d'action. Mais c'est là une autre histoire, et nous allons reprendre celle du Constitutum.

La fermeté dont le pape fait preuve à Canossa est, dans une certaine mesure, le fruit d'un document extrêmement sévère écrit en 1075 par Grégoire VII en personne (semble-t-il), et qui va passer à la postérité sous le nom de « *Dictatus papae* ». Qu'il soit authentique ou non – certains en doutent –, le document reflète clairement les principes de ce que l'on appelle la « réforme grégorienne », qui instaure sans ambiguïté la suprématie papale. Articulé en vingt-sept points, ce document affirme par exemple, aux points 9 et 12, que le pape est la seule personnalité à laquelle tous les princes se doivent de baiser les pieds, et que lui seul peut déposer les empereurs. Au-delà des paragraphes qui touchent à l'ordonnance et aux compétences ecclésiastiques, notons également trois autres préceptes tout aussi frappants, qui affirment : que le pape « ne puisse être jugé par personne » (19) ; « qu'il puisse libérer les sujets du devoir d'obéissance à des hommes malfaisants » (27) ; « que l'Eglise romaine n'a jamais fait de fautes et n'en fera jamais pour l'éternité, selon les Saintes Ecritures » (22). Ce sont là des principes qui de toute évidence trouvent leur base juridique justement dans le Constitutum fabriqué, selon une hypothèse historique répandue, par la chancellerie même du Vatican. Un autre précepte décrété par ce document établit au point 23 la sainteté quasi automatique des papes, car « le pontife romain, s'il a été élu canoniquement, est sans doute sanctifié par les mérites de saint Pierre ».

Pendant environ trois siècles, le document qui assure le pouvoir temporel des papes a pour ainsi dire « hiberné », car il n'y a nul besoin de prouver *per tabulas* une suprématie que personne ne remet en question.

Les temps devenant plus difficiles, il est d'autant plus important d'apporter les preuves du fondement juridique qui a produit cette domination. Innocent IV, par exemple, pape de 1243 à 1254, va jusqu'à dire que ce n'est pas Constantin, mais le Christ en personne qui a conféré à Pierre et à ses successeurs tous les pouvoirs, y compris le pouvoir temporel. Dante fait partie de ceux qui critiquent la donation avec clairvoyance et vigueur – comme en témoigne le tercet cité plus haut –, au même titre que Jacopone da Todi, un poète franciscain faisant partie du courant rigoureux des frères spirituels, ennemi, comme Dante, de Boniface VIII (Benedetto Caetani, 1294-1303), le pape détesté par tous les partisans de la justice.

Rien aujourd'hui ne permet de se forger une meilleure opinion de Boniface. Cependant, nous pouvons juger de manière plus objective de la complexité de la situation politique à laquelle ce pape fut confronté. Ce fut sans doute un homme mauvais, qui arriva au seuil de Pierre après avoir éloigné (et vraisemblablement fait tuer) son prédécesseur Célestin V, mais ce fut aussi, en premier lieu, un homme incapable de comprendre les changements de son temps. Maintes et maintes fois il est arrivé aux papes romains – même récemment – de ne pas se rendre compte de l'anachronisme de certaines de leurs positions, comme si la hauteur de la charge, l'isolement même du monde, les rendaient sourds aux besoins réels des fidèles et, par cela même, aux impératifs d'une politique recevable. Boniface VIII se trouve face à une situation où la Sicile est aux mains des Aragonais et où le roi d'Angleterre conteste ses revendications sur l'Ecosse. Il y a aussi – surtout – le roi de France, Philippe IV dit le Bel, qui prétend taxer le clergé gallican et garder les revenus des impôts. Boniface refuse, le roi expulse les exacteurs du pape et confisque l'argent.

Le conflit est terrible et rappelle en filigrane, mais non sans violence, la querelle des Investitures qui avait vu s'affronter Grégoire VII et Henri IV. La légende veut que les émissaires de Philippe le Bel soient allés jusqu'à gifler le pape à Anagni, par un geste public très théâtral. Si l'un des protagonistes n'avait pas été l'« héritier de Pierre », il se serait agi d'un bras de fer classique entre deux souverains qui, outre de l'argent, se disputent une partie du pouvoir. L'un d'entre eux, cependant, est aussi le chef d'une religion qui ne veut pas céder parce qu'elle affirme avoir été investie de son rôle par Dieu en personne. L'historien du XIXe siècle Ferdinand Gregorovius brosse un portrait saisissant de Boniface dans sa monumentale *Geschichte der Stadt im Mittelalter Rom* (1859-1872) (« Histoire de la ville de Rome au Moyen Age »). Voici la description du cortège lors de son couronnement :

> « *Boniface montait un palefroi blanc comme la neige, couvert d'un caparaçon tissé de plumes de Chypre ; il portait la couronne de Sylvestre et l'habit papal solennel ; deux rois vassaux marchaient à ses côtés, Charles et Charles Martel, tenant les brides de son cheval.* » *(X, V, 3*[1]*)*

Le faste de la suite de Boniface contraste singulièrement avec la procession qui accompagna son prédécesseur à peine quelques mois auparavant. Le pauvre Célestin V, Pietro da Morrone, originaire du Molise, prit possession de sa chaire à dos d'âne, habillé en ermite. Il ne demeura pas longtemps sur le trône de Pierre, comme cela arriva plus d'une fois aux papes qui avaient voulu rester humbles pour être plus proches de l'Evangile. Célestin fut contraint d'abdiquer (il fit, comme le dit Dante, « le grand refus », *l'Enfer*, III, 59-60). Ensuite, il est quasiment sûr que Boniface ordonna son assassinat. Le pape Caetani fut tout le contraire de son prédécesseur : sûr de lui, arrogant, prêt au crime si nécessaire, mais aussi à inventer de toutes pièces une « année sainte » pour l'an 1300 qui sera son plus grand succès. Gregorovius poursuit :

> « *Jamais on n'avait vu une telle affluence. Jour et nuit, Rome offrait le spectacle d'armées de pèlerins arrivant ou quittant la ville [...] On voyait arriver des Italiens, des Provençaux, des Hongrois, des Slaves, des Allemands, des Espagnols et même des*

1. Traduit de la version italienne par Maria Grazzini.

> *Anglais [...] Ils portaient la cape des pèlerins ou le costume national de leur pays ; ils venaient à pied, à cheval, avec des chariots, portant les plus fatigués ou les malades, chargés de bagages [...] Quand, au loin, ils voyaient apparaître sous le soleil la sombre forêt des tours de la ville sainte, ils poussaient un cri de joie : "Rome ! Rome !" tels des navigateurs apercevant le rivage après un long voyage*[1]. »

Si le jubilé renforce la position personnelle du souverain pontife, cela lui permet surtout de renflouer ses finances. Les chroniqueurs de l'époque calculent une affluence d'environ deux millions de pèlerins. La cohue est telle, ajoute l'un d'eux, que « souvent j'ai vu des hommes et des femmes piétinés par la foule, et ce n'est qu'avec effort que j'ai moi-même, parfois, échappé à ce danger ». Dante aussi est à Rome en ces journées, et ce n'est pas par hasard qu'il situe le début de son poème au moment de la semaine sainte de l'an 1300. Gregorovius note ceci :

> « *En ces journées, il [Boniface] put s'enivrer de la plénitude d'un sentiment de pouvoir quasi divin, probablement comme jamais aucun pape avant lui. Il siégeait sur le trône suprême de l'Occident, orné des dépouilles de l'empire vaincu, "vicaire de Dieu" sur la Terre, la plus haute autorité dogmatique du monde, les clés de la bénédiction ou de la perdition entre ses mains ; il voyait des milliers d'hommes accourir depuis les pays les plus lointains vers son trône et se prosterner dans la poussière comme face*

1. Traduit de la version italienne par Maria Grazzini.

à un être surnaturel. Seuls les rois manquaient à l'appel. A l'exception de Charles Martel, pas un seul souverain ne vint à Rome pour confesser ses péchés et recevoir l'indulgence en retour. » (X, VI, 1[1])

Ces absences devraient inquiéter Boniface, et vraisemblablement c'est ce qui arrive. Nous ne pouvons pas savoir, en revanche, si trois ans avant la fin de son pontificat et de sa vie, ce pape arrogant a conscience du fait que ce jubilé qu'il a voulu marque certes l'apogée de la papauté, mais aussi le début de son déclin ; que c'est la fin de son existence, mais aussi celle de toute une époque de l'histoire de la papauté. La fin de cet homme sera terrible, c'est toujours Gregorovius qui raconte :

« Les derniers jours du malheureux vieillard au Vatican furent terribles au-delà de toute imagination. La douleur cuisante pour les mauvais traitements subis, un sentiment d'impuissance, la méfiance, la peur, la soif de vengeance, la solitude qu'aucun visage ami ne venait soulager [...] On dit qu'il s'enferma dans sa chambre refusant la nourriture ; que parfois, pris par la rage, il allait jusqu'à se cogner la tête contre les murs, et qu'enfin on le retrouva mort dans son lit [...] Ce fut le dernier pape à penser que la hiérarchie romaine régnait sur l'univers, comme avant lui Grégoire VII et Innocent III avaient eu l'audace de le faire. Mais de ces deux papes, Boniface ne fut qu'une pâle imitation inachevée. (X, VI, 3[1])

1. Traduit de la version italienne par Maria Grazzini.

Après avoir refermé cette parenthèse nécessaire sur Boniface VIII, revenons au Constitutum. Malgré l'opposition des milieux de la curie et l'usage parfois sans scrupule que l'on fait du document, les rumeurs sur son historicité se font de plus en plus insistantes. Les critiques sont nombreuses, même de la part de ceux qui, sans remettre en question l'authenticité du legs, considèrent que le pape devrait réserver les revenus de ses propriétés non pas à sa propre personne et à son Eglise, mais aux pauvres, selon l'exemple des apôtres de Jésus.

A plusieurs reprises, Dante lui-même revient sur le scandale que représente une Eglise riche dans un monde dominé par la pauvreté. Au chant XVI du *Purgatoire* (vv. 127-129), il écrit ceci : « Dis désormais que l'Eglise de Rome / pour confondre en soi deux pouvoirs / tombe dans la boue, et souille soi et sa charge[1]. » Au chant XXVII du *Paradis* (vv. 40-42), il donne la parole à saint Pierre pour lui faire dire : « L'épouse du Christ ne fut pas nourrie / de mon sang, de celui de Lin ni de Clétos / pour servir à acquérir de l'or[2]. » Parmi ceux qui se dressent le plus passionnément contre la corruption de l'Eglise, notons, au tournant des XIIIe et XIVe siècles, le philosophe Marsile de Padoue, qui va jusqu'à comparer le pape au serpent de l'Eden dissimulant Satan : « *Ille magnus, serpens antiquus, qui digne vocari debet diabolicus et sathanas.* » (« L'énorme Dragon, ou l'antique Serpent, celui que nous appelons le diable et Satan », [Apocalypse 12,9].) Marsile est l'un des premiers à reconnaître dans le pouvoir temporel de l'Eglise la source de nombreux maux italiens ; plus tard, dans la première moitié du XVe siècle, un grand humaniste d'origine allemande, Nicolas de Cues, sera

1. Traduction de Jacqueline Risset.
2. Traduction de Jacqueline Risset.

le premier à prouver que le Constitutum ne peut pas être authentique pour des raisons historiques. Il parvient à ces conclusions par la seule voie philologique, c'est-à-dire sur la base d'une étude scientifique scrupuleuse attestant que les sources anciennes ne font pas état de la moindre trace du document.

Ce haut prélat[1] place sa brillante démonstration dans une vision globale de l'Eglise qui doit, selon lui, représenter l'unité de toutes les confessions chrétiennes : c'est la thèse qu'il présente au concile de Bâle (1433) dans son texte *De concordantia catholica*. Dès lors, l'inauthenticité du document devient, comme on dirait aujourd'hui, « un fait d'actualité ». A peine quelques années plus tard, en 1440, un autre très brillant penseur, le Romain Lorenzo Valla, écrit un essai aussi court (à peine une centaine de pages) que convaincant. Son titre : *De falso credita et ementita Constantini donatione* (« La Donation de Constantin faussement accréditée et démentie »).

C'est une démonstration docte et irréfutable que le document ne peut pas être authentique pour des raisons historiques et linguistiques. Valla accuse, de plus, avec vigueur dialectique et de solides arguments à l'appui, la hiérarchie catholique d'être une des causes de la ruine de l'Italie, d'avoir fait de « faux papiers » par avidité de pouvoir, d'avoir fabriqué de toutes pièces le Constitutum dans un but de domination indigne de la religion que l'on prétend défendre, et de la sorte d'avoir offensé la mémoire des papes d'autrefois et des premiers chrétiens, en couvrant la charge pontificale d'un faste indigne de l'enseignement de Jésus. L'un des signes les plus célèbres de ce faste et de cette volonté de domination, est le « trirègne », la tiare papale en forme de haute coupole ceinte de trois couronnes, couvre-chef

1. Nicolas de Cues fut évêque, puis cardinal.

liturgique porté par le souverain pontife lors de la cérémonie de couronnement. Chacune des couronnes le représente respectivement en tant que père des rois, recteur du monde, vicaire du Christ sur Terre.

L'essai de Valla est largement diffusé de son temps, mais ne sera publié qu'en mars 1506 à Strasbourg, suscitant des réactions somme toute modestes ; cependant, le pavé a bel et bien été jeté dans la mare, les dates le prouvent. 1506 est l'année où l'on pose la première pierre de la nouvelle basilique Saint-Pierre de Rome. Le 31 octobre 1517, en affichant ses fameuses quatre-vingt-quinze thèses sur la porte de la cathédrale de Wittenberg, Martin Luther déchaîne un mouvement de contestation contre la corruption de Rome qui divise l'Eglise et l'Europe. C'est une terrible mise en garde, la pire qui soit pour la chrétienté en tant que communauté de fidèles. Mais cela ne fait pas beaucoup changer les mœurs corrompues de la hiérarchie.

Quelques années plus tôt, en mai 1493, le pape Alexandre VI Borgia, à la demande des souverains d'Espagne, est intervenu dans une querelle qui voit leur pays s'opposer au Portugal en matière de répartition des îles atlantiques. Pour justifier sa prise de position, il en a appelé encore une fois au Constitutum en dépit de son manque d'authenticité notoire, en promulguant la bulle *Inter caetera*, un document qui sanctionne juridiquement la naissance du colonialisme européen et inaugure l'expansion idéologique et culturelle du catholicisme romain sur les territoires outre-Atlantique. Dans ce cas aussi, la date est importante. L'objet du litige entre les deux nations catholiques concerne les terres nouvellement découvertes sur le continent américain. A cette occasion, le pape Borgia, si critiquable sur le plan religieux, a une intuition géopolitique remarquable : c'est en effet le premier chef d'Etat à comprendre que ces « îles » aux frontières encore floues peuvent ouvrir vers l'avenir. S'il n'avait pas été un pasteur d'âmes, il y aurait de quoi l'admirer pour cela.

La thèse de plus en plus acquise que le Constitutum est un faux ne compromet pas pour autant le pouvoir temporel des papes. Les questions de pouvoir ne sont déterminées ni par la foi, ni par les documents, mais par la force et par le sang versé. Une première limitation à l'influence terrestre de l'Eglise n'est pas dictée par la démonstration philologique de Lorenzo Valla, mais par la paix d'Augsbourg, dite aussi « paix de religion » (septembre 1555), qui met fin à la lutte entre catholiques et luthériens. Dès lors, les princes allemands sont libres d'adhérer à l'une ou à l'autre des confessions, avec un choix qui s'étend également à leurs sujets (*cuius regio, eius religio*[1]).

Selon un grand nombre d'historiens, cette paix est le premier pas vers la laïcité des Etats. Une de ses clauses stipule que, lorsqu'un prince-évêque catholique passe au luthéranisme, il lui est interdit d'emporter avec lui les biens de l'évêché et de l'abbaye, c'est-à-dire qu'il ne peut pas les transmettre en héritage à sa propre famille. Pour toutes les « conversions » antérieures à 1522, reste toutefois en vigueur le droit héréditaire des bénéfices et des propriétés ecclésiastiques. Les princes luthériens estiment que la clause est inacceptable et refusent de la voter. Elle est ajoutée par délibération de l'empereur germanique, ce qui rend la disposition plus faible que les autres. Cette ambiguïté de fond sera l'une des causes de la guerre de Trente Ans.

L'étape suivante de ce long et sanguinaire chemin à la conquête de la laïcité sera, presque un siècle plus tard, la paix de Westphalie (1648), qui met fin à la guerre de Trente Ans

1. « Tel prince, telle religion ».

en établissant une répartition de l'Europe qui restera globalement la même jusqu'à Napoléon. En résumé, il s'agit là de la naissance d'une communauté internationale proche de notre conception actuelle, laïque et non confessionnelle, où commence à percer l'idée de souveraineté de l'Etat.

Les hautes hiérarchies catholiques comprennent aussitôt quelles peuvent être les conséquences de ce principe, et la paix de Westphalie est considérée comme une défaite. La papauté perd un grand nombre de diocèses et de très nombreux monastères, et, plus grave, elle voit son rôle politique considérablement amoindri. Le représentant pontifical, Fabio Chigi, fait tout ce qui est en son pouvoir pour s'opposer au traité ; finalement vaincu, il refuse de le souscrire en le qualifiant de « paix infâme qui accorde tant aux hérétiques ». Sept ans plus tard, en 1655, ce même Fabio Chigi devient pape sous le nom d'Alexandre VII. C'est le pape du Bernin, qui dresse pour lui un somptueux mausolée à Saint-Pierre de Rome, un pape qui a fait beaucoup pour la beauté de Rome et a enrichi bien des membres de sa famille.

Parmi les grandes transformations auxquelles on assiste au XVIe siècle, il y a donc aussi celle-ci, où l'Italie est en première ligne, car le pouvoir temporel des papes se concentre principalement dans la Péninsule. Beaucoup de grands esprits comprennent que l'extension politique d'un pouvoir qui devrait être exclusivement spirituel représente un danger. Dans ses *Istorie fiorentine,* commanditées par le cardinal Jules de Médicis (qui fut pape sous le nom de Clément VII de 1523 à 1534), voici ce qu'écrit Machiavel tout en restant très prudent :

> *« Et il faut croire que les Papes depuis ce temps ont suscité toutes les guerres Barbares en Italie, y ayant*

attiré les Barbares et incité aux ravages et désolations qui y sont advenues. Le chemin est encore frayé et ouvert par la division et instabilité d'Italie. »

François Guichardin aussi, dans son *Histoire d'Italie* (1539), décrit en termes assez crus les dégâts et la corruption que l'exercice direct du pouvoir politique a produits dans l'Eglise :

> « *La sainteté des mœurs, la propagation de la religion, le zèle et la charité pour leurs ouailles n'occupèrent plus ces premiers pasteurs ; mais ne respirant que la guerre et le trouble, ils osèrent offrir le sacrifice de paix avec des mains dégoûtantes de sang, et tourner leurs armes contre leurs propres enfants. Tout leur soin fut de fabriquer d'artificieuses inventions pour accumuler des trésors. Ils n'eurent point de honte de faire servir les grâces et les armes spirituelles à contenter leur insatiable avarice, et de trafiquer des choses sacrées aussi hardiment que des profanes*[1]. »

Des paroles lucides et sans appel, un « j'accuse » que Guichardin rendra encore plus explicite dans ses *Ricordi. Conseils et avertissements en matière politique et privée*, où il va jusqu'à qualifier les hiérarchies ecclésiastiques de « tas de scélérats » et à souhaiter de les voir rester « ou bien sans vices, ou bien sans autorité ».

Il va de soi que tout le monde n'est pas du même avis. Dans la deuxième moitié du XVIe siècle, c'est le cas du philosophe Tommaso Campanella, qui considère que « plus grande était la

1. Par J. A. C. Buchon.

gloire de l'Italie dans le pontificat » et souhaite sans ambages la suprématie des papes sur les régnants de la Terre.

D'autres cependant, au sein même de l'Eglise, ont compris que désormais la bataille pour le Constitutum appartient au passé. Le cardinal Robert Bellarmin, par exemple – jésuite, esprit extrêmement brillant et inquisiteur sans pitié –, a même l'intuition que le démenti du document de Constantin ne nuira aucunement au pouvoir temporel des papes, car ces derniers bénéficient d'une investiture bien plus grande qui ne repose pas sur un document en papier. Déjà avant lui, en effet, le cardinal et historien de l'Eglise Cesare Baronio avait soutenu que l'invalidité du document pouvait non seulement ne pas être un dommage, mais clairement un avantage. Son raisonnement se fondait sur le fait que Pierre et ses successeurs avaient reçu tout pouvoir du Christ en personne. Par conséquent, le fait qu'un document impérial – et donc, en dernière analyse, produit par un mortel – reconnaisse ce pouvoir, devenait une diminution par rapport à l'investiture par le Christ et n'avait donc pas la moindre importance.

Ce chapitre n'a pas l'ambition d'être exhaustif au sujet du Constitutum, un thème sur lequel il existe déjà d'excellentes études ; son souhait est tout simplement de mettre en perspective ce faux notoire dans le cadre de l'histoire nationale italienne, au vu des conséquences que le prétendu legs de Constantin a eues, et continue d'avoir, en Italie.

A partir du XVIIe siècle, le pouvoir politique du Saint-Siège commence à décliner ; pas tant à cause de ce bout de papier grossièrement falsifié, qu'à la suite d'une série d'événements qui placent la hiérarchie romaine de plus en plus souvent en porte à faux par rapport à l'époque. La philosophie des

Lumières accélère le phénomène, les deux grandes révolutions du XVIIIe siècle (l'américaine et la française) sont contrecarrées entre autres par l'Eglise de Rome, dans une guerre où l'on se bat aussi bien sur le plan des armes que sur celui des idéologies. Les sociétés secrètes, la franc-maçonnerie en premier lieu, reconnaissent un adversaire dans le Vatican ; les hautes hiérarchies catholiques ripostent en qualifiant d'ennemis de Dieu les partisans des philosophies égalitaires, à commencer par les socialistes. Deux siècles durant, philosophes, historiens et hommes de science les plus illustres s'évertuent à pointer du doigt les religions positives comme l'un des plus grands obstacles au renouveau, à l'égalité entre les hommes, à la reconnaissance de leurs droits en tant que citoyens.

La rupture avec le passé qui s'opère en ces années est si profonde que la volonté restauratrice du Congrès de Vienne (1815) faisant suite aux bouleversements provoqués par Napoléon ne suffit pas à recomposer le tableau tel qu'il existait auparavant. Le pouvoir temporel des papes est déclaré déchu à trois reprises. La première a lieu en 1798, lorsque les troupes d'occupation françaises proclament la République romaine en mettant aux arrêts le pape Pie VI, qui meurt en prison à Valence l'année suivante. L'expérience est de courte durée, mais inédite depuis près d'un millénaire ; c'est donc un signe extrêmement fort, mais qui n'est pas entendu. La deuxième intervient en 1809 : les relations entre le Vatican et Napoléon s'étant détériorées, l'empereur des Français déclare la fin du pouvoir temporel en même temps que l'annexion des territoires pontificaux. La troisième s'opère en 1849 quand une autre République romaine – née, cette fois, de l'ardeur des patriotes – connaît une brève et glorieuse vie (février-juin) en proclamant, entre autres, une des constitutions les plus avancées d'Europe. La quatrième fois est la bonne : elle a lieu le 20 septembre 1870 lorsque Rome rejoint le tout récent royaume d'Italie pour en devenir la capitale.

Au vu de l'évolution de la situation politique du reste de l'Europe, les épisodes cités témoignent du fait que la donation de Constantin et le pouvoir temporel finissent par se transformer en une question éminemment italienne où l'enjeu est le contrôle de la Péninsule. Une question de pouvoir, donc. Compliquée cependant par une tradition séculaire, la peur des changements, qui sont nombreux à cette époque, et la crainte des hiérarchies de voir vaciller, avec la foi, la liberté spirituelle de l'Eglise.

En vain, le comte Camille de Cavour, principal artisan de l'unité italienne, s'était efforcé de rassurer le pape, jusqu'aux derniers mois de sa vie. C'est justement son intérêt spirituel, avait-il suggéré, qui conseillerait au souverain pontife d'abandonner la revendication anachronique du pouvoir temporel. En tant que président du Conseil, il était revenu à plusieurs reprises sur le sujet, en lui proposant d'amples garanties : « Saint-Père, nous vous donnerons cette liberté que trois siècles durant vous avez demandée en vain à toutes les grandes puissances catholiques... nous sommes prêts à proclamer en Italie ce grand principe : l'Eglise libre dans un Etat libre. »

Rien ne peut vaincre chez Pie IX et ses hiérarchies une méfiance plus psychologique que politique. La devise « l'Eglise libre dans un Etat libre », loin de les rassurer, sonne comme une menace à leurs oreilles. Sans oublier que le vif anticléricalisme d'une partie du mouvement du Risorgimento augmente ces craintes. Garibaldi, par exemple, ne cache pas son aversion vis-à-vis de l'Eglise. En reprenant sommairement les arguments de Guichardin, voici ce qu'il écrit à une amie anglaise : « La théocratie papale est la plus horrible des plaies dont mon pauvre pays est affligé ; dix-huit siècles de mensonges, de persécutions, de bûchers et de complicité avec tous les tyrans d'Italie ont rendu cette plaie inguérissable. »

Au sein du catholicisme existe d'ailleurs un courant assez puissant qui partage l'approche de Cavour et reconnaît le danger que représente le pouvoir temporel pour la liberté de l'Eglise et pour l'efficacité de son enseignement. C'est ce qu'écrit le prêtre et philosophe Antonio Rosmini ; et aussi le plus grand écrivain catholique italien, Alessandro Manzoni : « Je crois que lorsque la religion fut privée en France de la splendeur extérieure, lorsqu'elle ne put exercer que la force de Jésus-Christ, elle put parler plus haut et fut plus écoutée[1]. »

La question durera longtemps. Comme nous l'avons rappelé, c'est seulement le 11 février 1929 que le chef du gouvernement italien de l'époque, Benito Mussolini, signe les accords du Latran et le concordat avec l'Eglise. L'Etat du Vatican reconnaît, en échange, la légitimité du royaume d'Italie. Nombreux sont ceux qui jugent l'accord défavorable à la nation à cause d'un grand nombre de ses clauses, et notamment le montant exorbitant de l'annexe financière. Pie XI, le pape régnant de l'époque, fait en revanche un commentaire très ouvertement favorable aux accords : « Nous estimons qu'à travers eux nous avons redonné Dieu à l'Italie et l'Italie à Dieu. » En faisant preuve d'une grande lucidité, l'intellectuel communiste Antonio Gramsci écrit dans ses *Cahiers de prison* :

> *« La capitulation de l'Etat moderne à laquelle on assiste à travers les concordats est dissimulée par l'identification verbale entre concordats et traités*

1. *Osservazioni sulla morale cattolica, 1819-1820* (« Réflexions sur la morale catholique, 1819-1820 »).

internationaux. Mais un concordat n'est pas un traité international commun : dans le concordat se produit, de fait, une interférence de souveraineté sur un même territoire étatique, car tous les articles d'un concordat font référence aux citoyens d'un seul des Etat contractants, sur lesquels le pouvoir d'un Etat étranger justifie et revendique certains droits juridictionnels. Le concordat est donc la reconnaissance explicite d'une double souveraineté sur un même territoire étatique. Que signifie, concrètement, dans le monde moderne la situation qui se crée dans un Etat par les stipulations concordataires ? Cela signifie que l'on reconnaît publiquement à une caste de citoyens d'un même Etat un certain nombre de privilèges politiques. La forme n'est plus celle du Moyen Age, mais le fond est le même. »

Des accords signés en 1929 tire son nom cette « via della Conciliazione » (rue de la Conciliation) évoquée plus haut. A l'issue de la Seconde Guerre mondiale, les accords du Latran sont accueillis dans la Constitution de la République italienne (en vigueur à partir du 1er janvier 1948), dont l'article 7 dit ceci : « L'Etat et l'Eglise catholique sont chacun de son côté indépendants et souverains. Leurs relations sont régies par les accords du Latran. » Voix favorables 350 ; voix contre 149. Guidés par Palmiro Togliatti, les communistes votent en faveur de l'adoption, ce qui ne manque pas de susciter des controverses. L'article 7 contredit l'esprit général de la Charte de la Constitution, et notamment la lettre de l'article 3, qui stipule : « Tous les citoyens ont la même dignité sociale et sont égaux face à la loi, sans distinction de sexe, de race, de langue, de religion, d'opinion politique, de conditions personnelle et sociale. » Des années durant, on a répété que le Parti communiste italien de Togliatti avait bradé la laïcité de l'Etat en échange de son maintien au gouvernement. Si tel a été le cas, ce fut un mauvais calcul, et sa permanence au pouvoir fut de courte durée. Après la défaite électorale de 1948, les communistes furent relégués dans l'opposition, où ils restèrent près de trente ans.

Beaucoup d'eau a coulé sous les ponts du Tibre au cours des dix-huit siècles qu'a duré cette histoire. Tout compte fait, la fausse donation de Constantin est un épisode presque « burlesque », à ceci près qu'il a eu des conséquences tragiques dont les retentissements dans le temps ont été d'une longévité rare, si ce n'est unique. L'histoire d'Italie a été lourdement influencée par cette « interférence de souveraineté », comme l'a appelée Gramsci.

Dans l'histoire se sont mêlées et superposées l'arrogance, la soif de possession, la crainte sincère pour le sort de l'institution ecclésiastique, mais aussi les hypocrisies, les ambiguïtés, les demi-vérités et les ruses, qui accompagnent la politique depuis toujours. Pourtant, l'histoire de la donation de Constantin est aussi un outil de connaissance précieux, en particulier depuis que l'invalidité du document a été prouvée. Le Constitutum et ses conséquences nous aident à comprendre que même une organisation qui se prétend inspirée par la divinité ne parvient pas à se soustraire aux faiblesses, aux craintes et aux mensonges, comme n'importe quelle autre institution. Ce qui rend le Saint-Siège humain, très humain. Trop, peut-être.

IV
La rançon de la gloire

La basilique Saint-Pierre du Vatican, l'église des papes, est l'un des plus grands temples jamais construits en hommage à une divinité. L'histoire de sa construction est une aventure humaine et spirituelle quasiment unique au monde. L'histoire complexe de la vénérable bâtisse – d'abord sous la forme voulue par l'empereur Constantin, puis sous son apparence définitive qui date de la Renaissance – marquent des étapes fondamentales de l'évolution de la religion catholique, notamment en raison de la symbolique qui a accompagné ces événements.

Basilique monumentale, pouvant accueillir jusqu'à vingt mille personnes, elle mesure cent quatre-vingt-quatorze mètres de long et sa coupole culmine à plus de cent trente mètres. Elle occupe plus de deux hectares de superficie. Les treize statues de la façade mesurent presque six mètres de haut. Dans les nefs, on dénombre cent quarante-huit colonnes qui atteignent le plafond à quarante-quatre mètres de hauteur. Les sculptures que le Bernin a intercalées entre les quatre pilastres du milieu mesurent cinq mètres de hauteur chacune, tandis que les gigantesques angelots qui soutiennent les bénitiers sont hauts de deux mètres ; on compte trente autels et cent quarante-sept tombeaux de papes. Grandiose aussi bien par sa taille que par sa structure, la basilique devient clairement unique si l'on songe aux trésors qu'elle renferme et à la grandeur des artistes qui se sont employés à l'orner.

Son image est si célèbre qu'elle est presque usée par la « consommation » visuelle à laquelle elle est constamment soumise. C'est ainsi que la plupart de ceux qui la regardent ne la « voient » pas vraiment, et n'en sont pas aussi surpris et éblouis qu'ils devraient l'être ; et si la diffusion de sa silhouette sur toutes sortes de supports fait une formidable publicité à l'Eglise, parallèlement, elle fait écran à l'unicité architecturale et artistique de l'ouvrage. Petit à petit, la basilique Saint-Pierre a fini par devenir Saint-Pierre tout court, comme si elle était là depuis toujours, immuable dans le temps, archétype éternel, symbole même de la religion catholique, siège de son souverain pontife.

L'histoire de la basilique a été mouvementée, parfois dramatique. Chaque étape de sa construction a été longuement débattue, étudiée, puis mise en œuvre jusqu'à la réalisation actuelle afin de lui conférer le plus de significations conceptuelle et symbolique possible, comme pour la charger d'une mise en garde et en faire en même temps l'objet d'une très grande fascination, signe d'un pouvoir démesuré.

Ce chapitre ne raconte pas pour autant l'histoire de la basilique ; pas dans sa totalité, en tout cas. D'excellents ouvrages existent déjà sur le sujet, l'affaire est longue et compliquée, émaillée d'épisodes du plus grand intérêt. Une partie de ces épisodes seulement seront traités ici, en évoquant les raisons pour lesquelles certaines œuvres qui caractérisent et enrichissent la basilique ont été placées précisément à l'endroit où elles se trouvent, dans quel but elles furent commanditées, avec quels avantages en retour et à quel prix ; et je précise qu'en matière de prix je n'entends pas que des questions d'argent. D'ailleurs, dans les chapitres suivants, il faudra revenir aussi bien sur Saint-Pierre que sur certains des artistes qui y ont travaillé, tant la basilique est – entre autres – un répertoire et un condensé d'histoire ; elle évoque les béatitudes célestes, tout en renfermant des monuments et des tombeaux qui rappellent des événements humains très concrets, voire controversés ; elle cite – bien sûr – la vie des saints, mais aussi celle de rois et de reines, de femmes et d'hommes illustres qui ont beaucoup œuvré, mais pas pour la religion, c'est pourquoi on peut légitimement se demander ce qui leur a valu d'avoir leur sépulture dans le plus grand temple de la chrétienté.

Dans les temps les plus anciens, le Vatican recouvrait une aire insalubre et quasiment à l'abandon qui culminait dans une petite élévation de terrain peu après la rive du Tibre. Comme nous avons pu le voir, au cours des premières décennies de notre ère, Caligula puis Néron y avaient fait bâtir un cirque qui se trouvait à gauche de l'emplacement actuel de la basilique. L'un des nombreux cirques de la ville – on dirait « stades », si l'on voulait trouver un équivalent actuel –, c'est-à-dire un lieu d'amusement et de passion, de foule et de cris, où le défi athlétique se transformait souvent en événement public, si ce n'est politique. Ces constructions étaient souvent imposantes, tant par leur audace architecturale que par leur capacité d'accueil. Par exemple, le cirque de Caligula et de Néron s'ornait au milieu du mur central d'un obélisque égyptien en granit rouge (celui-là même qui se trouve aujourd'hui au centre de la place, devant la basilique) dont le transport jusqu'à Rome, en l'an 37, avait nécessité la construction d'un navire spécial. Quant à la capacité d'accueil, les gradins du cirque Maxime pouvaient recevoir jusqu'à deux cent cinquante mille spectateurs.

En 67, un an avant la mort de Néron, la légende veut que

dans ce cirque ait été exécuté l'apôtre Pierre, Kepha le pêcheur, chef de la communauté chrétienne de Rome, condamné à la crucifixion, mais – à sa propre demande – la tête en bas, c'est-à-dire renversé par rapport à la pénible posture de son maître. On dit que son corps fut inhumé dans une ruelle qui longeait le cirque, dans une misérable tombe creusée à même la terre. Quelques siècles plus tard, l'empereur Constantin, le premier à reconnaître la légitimité de la nouvelle religion, accéda volontiers à la demande des chrétiens de Rome qui voulaient bâtir une basilique en ce lieu même, en souvenir de cet ancien martyre.

C'est ainsi que vers l'an 320, les architectes de l'Empire se mirent à l'œuvre. Ils devaient dresser la basilique de manière à ce que son centre coïncide exactement avec cette minuscule parcelle de terre où l'on disait que l'apôtre Pierre avait été enterré, ce qui était d'ailleurs la raison même de l'existence du sanctuaire. Pour ce faire, l'axe principal de la bâtisse devait être orienté est-ouest, mais – puisque le terrain déclinait du nord vers le sud – on fut contraint de commencer par d'imposants travaux de terrassement avant de pouvoir poser la première pierre. Et aussitôt, l'ouvrage fut qualifié de « folie ».

Concrètement, il s'agissait de déblayer une grande partie de la colline Vaticane, de drainer le terrain, qui présentait de nombreuses zones marécageuses, de prévoir des fondations suffisamment solides pour supporter le poids considérable de la future construction. Il fallait aussi dégager l'ancienne nécropole qui se trouvait sur une partie de ces terres, où païens et chrétiens gisaient depuis fort longtemps les uns à côté des autres. En 326, un an après le concile fondateur de Nicée, c'est Constantin lui-même qui sonna le début des travaux en empoignant une pelle et commençant à creuser les fondations, comme le feront d'autres chefs d'Etat après lui.

Les vestiges retrouvés lors de récentes fouilles archéologiques semblent prouver que les travaux furent réalisés rapidement. Comme la suivante, cette première basilique se caractérisait par sa taille imposante : la façade mesurait soixante-quatre mètres, les cinq nefs à l'intérieur faisaient quatre-vingt-dix mètres de long, la nef centrale était large de vingt-quatre mètres et haute de plus de trente (les nefs latérales atteignaient respectivement dix-huit et quinze mètres de haut). On ignore si le monument édifié sur la tombe de Pierre était plus bas de presque cinquante centimètres du plan de piétinement en raison d'une erreur de calcul ou par une volonté délibérée ; l'ensemble était enfermé dans une châsse ornée de marbres de trois mètres de haut, et la tombe revêtue de plaques de bronze.

La basilique constantinienne était précédée d'une cour spacieuse dite « Paradis ». Au milieu, fut installée (au moins à partir de l'an mille) une fontaine d'eau jaillissante (la Pigne) qui se trouve aujourd'hui dans la cour homonyme du Vatican. Avec cette eau, les fidèles célébraient des rites de purification en se lavant le visage et les mains avant d'accéder à la basilique. Le signe de croix que l'on fait aujourd'hui après avoir trempé ses doigts dans l'eau du bénitier est la trace symbolique de ces ablutions d'autrefois. Ainsi, la pauvre tombe de Pierre inhumé à même la terre s'était transformée en un précieux mausolée.

Mais c'est presque en même temps, malheureusement, qu'apparaissent les premières dérives : ceux qui souhaitaient voir graver leur nom sur le mur à côté du tombeau – et ils étaient nombreux – devaient faire un don aux diacres chargés du service. Cette pratique connaîtra un développement considérable et sera à l'origine de malaises profonds au cours des siècles suivants.

Les dépenses pour la construction étaient considérables, d'autant plus que l'empereur avait prévu pour les fidèles un lieu d'accueil et de méditation où prier l'apôtre et premier *pontifex* sur les lieux mêmes de son martyre, de manière à ce que son exemple nourrisse la foi de chacun. Quant à Constantin, sa foi et sa reconnaissance furent attestées par l'inscription gravée sur l'arc qui se trouve entre la nef et le transept : « *Quod duce te mundus surrexit / in astra triumphans / hanc Constantinus victor tibi condidit aulam* » (« Sous ton guide le monde a ressuscité / triomphant jusqu'aux étoiles / ainsi le victorieux Constantin te consacre cette salle »).

Constantin déploie la plus grande énergie au service de la nouvelle religion. En ces mêmes années, outre Saint-Pierre, il fait dresser d'autres basiliques de dimensions assurément impériales, toutes disposées en étoile autour du tissu urbain le plus dense : Saint-Jean de Latran, commencée avant Saint-Pierre, qui mesure presque cent mètres de long ; Sainte-Croix-de-Jérusalem, voulue par sa mère Hélène, dont on dit qu'elle avait rapporté de Terre sainte un fragment de la Vraie Croix de Jésus ; la basilique Saint-Sébastien sur la voie Appienne, soixante-quinze mètres de long ; le mausolée de sa fille Constance, sur la voie Nomentana, connue aujourd'hui sous le nom de Sainte-Constance (une des plus belles et fascinantes églises paléochrétiennes).

Dans l'Antiquité classique, Rome avait été une ville peuplée de statues : figures en toge dans les forums, empereurs à cheval, thermes grandioses et nymphées ornés d'images humaines, temples aux divinités païennes embellis de colonnes et de mosaïques. Avec la construction de ces grandes basiliques à partir du IVe siècle, puis au cours des deux siècles suivants, la Rome des monuments antiques se transforme. De nombreuses sculptures tombent en ruine, certaines par pure négligence, d'autres par choix idéologique. Le christianisme a tendance à sublimer ses propres symboles, préfère une figuration moins matérielle à celle qui était chère aux Romains, illustre ses divinités par la peinture et la mosaïque plutôt que par la sculpture. Puis, à partir du ve siècle, le remplacement des anciens édifices romains par les églises chrétiennes commence à se répandre également en centre-ville. Dès lors, on voit surgir l'église des Saints-Jean-et-Paul sur le mont Celio, Saint-Marc sous le Capitole, Saint-Laurent de Lucina, Sainte-Marie du Trastevere, Sainte-Sabine de l'Aventin, Saint-Clément près du Colisée, Sainte-Marie-Majeure de l'Esquilin.

La Rome chrétienne – qui succède à celle de l'Antiquité classique et la remplace – efface non seulement la présence, mais la mémoire même de ce qui l'a précédée. Là où se dressaient les statues et les autels dédiés aux dieux païens, elle place les siens propres, elle remplace les divinités protectrices des différentes activités par ses propres saints, et les rites anciens par sa doctrine. Au bout de quelques décennies à peine, il ne reste presque plus de traces des anciennes religions. Il y a les textes, certes ; ceux de la philosophie, de la littérature, du théâtre, des sciences naturelles, que les patients et ingénieux moines copistes – qui souvent sont aussi des artistes et d'illustres graphistes – s'emploient à recopier méticuleusement, quand ils sont en mesure de les lire. Quant aux cultes les plus populaires et la grande tolérance religieuse que Rome permettait, il n'en reste pas la moindre trace.

Le plus fervent partisan du christianisme, Paul de Tarse (saint Paul) couvre d'injures, dans son Epître aux Romains, la mémoire des coutumes anciennes et des cultes qui s'y référaient : « Leurs femmes ont changé les rapports naturels en rapports contre-nature. Ainsi, les hommes, délaissant le rapport naturel avec la femme, se sont pris de passion les uns pour les autres en commettant des actes ignominieux, les hommes avec les hommes [...]. Dieu les a abandonnés à la merci d'une intelligence dépravée, ce qui fait qu'ils commettent des choses indignes, débordant de toute sorte d'injustice, de méchanceté, de cupidité, de malice ; pleins de jalousie, d'homicide, de rivalité, de fraude, de malignité ; diffamateurs, médisants, ennemis de Dieu, outrageux, superbes, fanfarons, ingénieux dans le mal, rebelles vis-à-vis de leurs parents, insensés, déloyaux, sans cœur, sans miséricorde. » Un portrait sans pitié qui dévoile toute la colère dont était capable ce converti de la dernière heure, à l'intelligence flamboyante et à l'ardeur démesurée.

Pourtant, c'est justement la Rome impériale (et païenne) que Constantin a en tête quand il commande ou favorise la construction des nouvelles basiliques avec l'intention précise de proclamer, en le rendant manifeste, le pouvoir chrétien. Dans sa solennité, le mausolée que le grand empereur Hadrien s'était fait construire sur la rive du Tibre (connu aujourd'hui sous le nom de Castel Sant'Angelo) en est l'un des prototypes. Hadrien avait misé sur l'aspect monumental de la construction, Constantin fera de même. Au fil des siècles, le modèle impérial conférera son aspect caractéristique au rôle des nouveaux papes : les dimensions des bâtiments, la richesse des parements, la solennité des rites, le parfum pénétrant des encens, le charme des chœurs, les reflets de la lumière dans l'or des mosaïques, tout évoque l'idée d'un pouvoir que l'on veut supérieur à celui des anciens empereurs, car les papes chrétiens ont aussi, en plus de ceux-là, le pouvoir suprême d'absoudre les péchés et de garantir la vie éternelle. L'Eglise se fait ainsi l'héritière de l'empire, porteuse d'une mission de civilisation universelle égale, voire supérieure, à celle que Rome avait incarnée dans le monde classique.

Les mosaïques paléochrétiennes représentent souvent le Christ comme un empereur sur son trône, drapé d'une toge dorée, *Dominus dominantium* (Seigneur des seigneurs), entouré des apôtres dépeints comme des sénateurs romains. La nouvelle Eglise fait sien l'idéal universaliste de l'ancien Empire en déclin, s'inscrivant dans son sillage. Quant aux papes, on dit généralement que le premier d'entre eux qui revendique le titre de *pontifex maximus* est Damase, pape entre 366 et 384, bien que l'appellation (abrégée en Pont. Max.) commence à apparaître sur les frontons des églises et des bâtiments seulement beaucoup plus tard.

L'élection de Damase est particulièrement dramatique, car le clergé romain est partagé entre deux factions qui s'opposent sur des questions aussi bien de doctrine que de pouvoir. Sont donc élus deux papes – Ursin et Damase – fortement antagonistes. L'historien Ammien Marcellin, l'un des plus grands auteurs de l'Antiquité tardive, témoin extraordinaire de la décadence impériale, écrit ceci dans ses *Rerum gestarum* :

> « *L'ardeur de Damase et Ursin pour occuper le siège d'évêque dépassait toute ambition humaine. Ils finirent par s'affronter comme deux partis politiques, jusqu'au combat armé, avec morts et blessés [...] Damase l'emporta à l'issue de nombreux affrontements ; dans la basilique de Sicinnio, où les chrétiens s'étaient réunis, on dénombra cent trente-sept morts et beaucoup de temps dut s'écouler avant que les esprits ne retrouvent la paix. Il n'est pas étonnant, si l'on considère la magnificence de la ville de Rome, qu'un but aussi recherché enflamme l'ambition d'hommes astucieux, donnant lieu à des luttes féroces et acharnées. En effet, une fois cette place atteinte, on jouit paisiblement d'une fortune assurée par les donations des matrones, on se promène élégamment vêtu à bord d'un carrosse et*

on participe à des banquets dont le luxe dépasse le faste impérial. » (XXXI[1]*)*

Damase finit par l'emporter, même si la manière utilisée pour obtenir la victoire entache sa renommée d'homme de religion. Quoi qu'il en soit, ce qui nous importe, c'est qu'il s'agit du premier évêque de Rome à fonder sa suprématie non pas sur la délibération des conciles ou sur des édits d'autre nature, mais directement sur l'Evangile, le célèbre « texte pétrinien » (Matthieu, 16, 18) : « Tu es Pierre et sur cette pierre je bâtirai mon Eglise, et les portes des enfers ne vaincront pas contre elle. » Une proclamation considérée comme une étape essentielle de la fondation d'une véritable dynastie papale, telle qu'elle s'affirma par la suite.

Mais revenons-en aux basiliques chrétiennes qui reprennent les codes des bâtiments publics de la Rome classique – notons d'ailleurs que ces derniers avaient une double vocation civique et sacrée, puisque la religiosité romaine mêlait les deux sphères. Ainsi, de même que Romulus et Remus avaient fondé la ville ancienne, saint Pierre et saint Paul deviennent les deux figures fondatrices d'une Rome nouvelle, sous le signe de la croix. Au fur et à mesure qu'elle s'éloigne de l'originel et rigoureux monothéisme juif, la nouvelle religion crée son propre panthéon. Loin du Jéhovah solitaire de la Bible, voici divinisée une famille tout entière, les parents et l'enfant. Autour d'eux, on voit apparaître de nombreuses figures divines ou semi-divines qui au fil des siècles deviendront des milliers. Chaque lieu, chaque activité, chaque partie du corps aura son protecteur à qui s'adresser, exactement comme on le faisait dans l'ancien panthéon païen.

Dans une ville de plus en plus délabrée, où les palais et les

1. Traduit de la version italienne par Maria Grazzini.

édifices, les aqueducs et les temples sont dépouillés ou tombent en ruine, la magnificence et l'immensité des nouvelles basiliques, et notamment celles de la principale, donnent immédiatement au visiteur ou au pèlerin la nette impression qu'un nouveau pouvoir a succédé à l'ancien et que c'est à lui, désormais, qu'il faut s'adresser pour tout besoin concernant la vie terrestre comme la vie céleste.

Il faut donc que la basilique Saint-Pierre soit à la hauteur de ces aspirations démesurées de foi et de domination, et que tout le monde – des fidèles les plus humbles aux monarques régnants – ait, en y pénétrant, l'impression immédiate d'un pouvoir dont dépend sa légitimité, voire son existence. Aucune religion n'avait jamais eu cette audace.

Avec le temps, cependant, la basilique que Constantin avait fait construire avec tant de splendeur se détériore considérablement. Vers la moitié du XVe siècle, le grand architecte et humaniste Leon Battista Alberti attire l'attention du pape Nicolas V (né Tommaso Parentucelli) sur le fait que dans la nef centrale les murs ne sont plus d'aplomb d'au moins un mètre. Florence a récemment fait construire sa nouvelle cathédrale Santa Maria del Fiore, couronnée par la somptueuse coupole de Brunelleschi : une « montagne » d'une élégance exquise qui se dresse impérieuse, domine la ville et les collines environnantes. Nicolas V, originaire de Toscane, ressent cela comme un défi. Il choisit le Vatican comme siège papal et s'interroge sur la manière de le fortifier. Il fait bâtir quatre donjons aux coins de Castel Sant'Angelo, renforce l'enceinte Léonine par de plus hauts bastions, commande la bonification des ruelles du quartier des Borghi, qui était devenu un repaire de voleurs et un véritable coupe-gorge (dans un courrier envoyé en 1450 à Côme de Médicis, le prêtre florentin Rosello Roselli le décrit en ces termes : « Cette terre est un antre de voleurs ; chaque jour on vole et on tue les hommes comme des agneaux ; et encore, tous ces morts ne suffisent pas, mieux, on les coupe en morceaux comme des navets. »)

Le pape est une figure controversée, des ragots irrévérents commencent à circuler à son sujet qui alimentent la tradition populaire. Sa réputation de franc buveur, mais aussi celle de faire promptement éliminer ses ennemis sont à l'origine de ce distique anonyme : « Depuis que Nicolas est pape et assassin / à Rome coule le sang et rare est le vin. » Au deuxième chapitre du XIIIe livre de son *Geschichte der Stadt im Mittelalter Rom* (1859-1872) (« Histoire de la ville de Rome au Moyen Age »), Ferdinand Gregorovius donne un jugement sévère sur la cour pontificale :

> « *La Rome papale de l'époque était déjà moralement corrompue, le clergé dépravé et haï. Les cardinaux vivaient comme des princes, leur débauche n'offensait pas seulement la morale des républicains, mais aussi celle d'un grand nombre de simples citoyens. Les membres de la curie, une foule immense de prélats gorgés de prébendes voulant en accumuler toujours davantage, offraient un spectacle répugnant d'arrogance, de cupidité et de corruption morale*[1]. »

Le pape Nicolas parvient à faire beaucoup de choses de son vivant, mais pas tout ce qu'il aurait souhaité. Il a cependant le mérite d'avoir fait comprendre que le problème de la vénérable (et vétuste) basilique constantinienne ne peut pas être ignoré plus longtemps. Son projet sera repris par un autre pape au fort tempérament, Sixte IV (Francesco Della Rovere), qui règne une douzaine d'années, de 1471 à 1484. Son œuvre majeure

1. Traduit de la version italienne par Maria Grazzini.

est la reconstruction de la *capella magna* des saints palais qui aujourd'hui porte son nom : c'est la chapelle Sixtine, une œuvre d'une importance telle – notamment à cause des vicissitudes artistiques dont elle a été le théâtre – qu'elle mérite d'être traitée à part dans l'un des chapitres suivants.

Sixte fait construire de nouvelles routes et un nouveau pont (le pont Sixte) en aval de l'ancien pont Sant'Angelo, qui, aux périodes de grande affluence de pèlerins, donne lieu à d'impressionnants embouteillages (à l'occasion de l'année sainte de 1450, les fidèles qui se pressaient à l'entrée et à la sortie étaient si nombreux que deux cents personnes environ moururent suffoquées dans la foule, noyées dans le Tibre ou piétinées par les chevaux). Dans la ferveur de l'action, le pape est secondé par un jeune cardinal, lequel, comme cela arrivait souvent à l'époque, est aussi son neveu : Giuliano Della Rovere.

Giuliano aussi devient pape ; il figure même parmi ces souverains pontifes qui marquent leur époque par la force de leur tempérament et l'ampleur de leurs ambitions. Des hommes de cette trempe n'ont rien de religieux ; ce sont des conquérants capables de se draper aussi bien des parements sacrés que de la cuirasse du combattant, de brandir avec la même efficacité l'aspersoir ou l'épée. Giuliano est élu en 1503, à l'âge de soixante ans, après un conclave qui ne dure qu'une journée. Il marque un pontificat mémorable, comme on le comprend aussitôt du nom qu'il choisit de porter : Jules II, en faisant clairement référence à Jules César. Pape politique et guerrier, il est à l'origine de projets grandioses, partisan d'une monarchie nationale dont le successeur de Pierre, en véritable *pontifex maximus*, doit être l'empereur et le chef incontesté. Il a pour modèle l'empereur Auguste, et une formidable énergie le guide dans ses projets, aussi bien que dans les arts, qu'il ne voit pas, cependant, en tant que pure expression esthétique, mais comme un outil évident de sa politique.

Il reprend d'une main ferme les projets jamais achevés de Nicolas V et en réalise de nouveaux. En 1506 – trois ans à peine après son élection –, il charge l'un des plus grands architectes de l'époque, Donato Bramante, de concevoir un nouvel édifice pour remplacer la désormais vacillante basilique constantinienne. C'est une aventure qui dure plus d'un siècle et à laquelle prennent part plusieurs papes. Les structures extérieures sont terminées en 1621, mais il faudra attendre encore longtemps avant que l'intérieur soit achevé. Le peuple murmure qu'une entreprise de cette envergure ne prendra jamais fin.

Le chantier confié à Bramante commence rapidement : le 18 avril 1506 la première pierre est posée. L'idée maîtresse est de ne pas démolir tout de suite l'ancienne église, mais de creuser de nouvelles fondations à l'extérieur de la bâtisse existante. La démolition commence l'année suivante, donnant lieu à bon nombre de critiques et de controverses concernant le *modus operandi*, notamment parce qu'au bout de quelques mois de travaux, l'ancienne construction présente l'aspect déplaisant de tout ouvrage en cours : elle est mutilée en partie, abîmée dans ses structures et quasiment dépourvue de toiture.

En 1513, le septuagénaire Jules II décède, et en l'espace de dix ans à peine ses deux successeurs meurent aussi. En 1534, après la disparition de Clément VII Médicis, la chaire pontificale est occupée par Alessandro Farnèse sous le nom de Paul III, qui sera un bon pape, bien que son pontificat s'illustre par un népotisme marqué, y compris la nomination au titre de cardinal de deux adolescents, dont l'un est son fils naturel. Et c'est lui, justement, le pape Farnèse, qui à la fin de 1546 propose à Michel-Ange de prendre la direction de la « fabrique de Saint-Pierre ». L'artiste a soixante-douze ans, sa santé n'est pas florissante, la charge est lourde ; au début il tergiverse, il essaie de repousser un engagement que même lui, créateur puissant, ressent comme éprouvant. Mais le pape insiste. Vasari écrit que, dans ce choix, il semble véritablement « inspiré par Dieu ». Finalement Michel-Ange accepte, mais à une condition : s'il doit diriger les travaux, il veut être seul responsable des opérations, et personne ne doit remettre en cause ses décisions.

C'est du jamais vu, une demande qui a des revers professionnels, mais aussi politiques ; on peut même imaginer que Michel-Ange l'a formulée dans l'espoir de se voir opposer un refus. Mais nous qui connaissons l'issue de l'affaire pouvons dire que le pape fit le meilleur choix. Cependant qui, en ce temps-là, pouvait être certain du résultat d'une œuvre qui avait déjà coûté des années de travail et « moult deniers », et qui se destinait à devenir le centre d'une religion en crise, brisée par la Réforme luthérienne et par le schisme du roi d'Angleterre Henri VIII ? L'artiste est illustre, ses œuvres admirables, mais la direction du chantier de la « fabrique » est une expérience nouvelle, ne serait-ce qu'en raison des dimensions titanesques de l'entreprise. Cependant, contre toute attente, le pape accepte. Le 1er janvier 1547, il confie l'œuvre à Buonarroti par un *motu proprio* et un mandat quasi illimité, en lui conférant par écrit « toute autorité et qu'il puisse faire et défaire ce qu'il y avait, accroître ou diminuer, et changer chaque chose à loisir ».

Les changements ne se font pas attendre. Michel-Ange refuse le projet de Sangallo, le jugeant trop compliqué, trop coûteux et trop « allemand », c'est-à-dire gothique ; il fait abattre des murs du transept qui viennent d'être construits, modifie le dessin de la coupole telle qu'elle avait été conçue par Bramante quarante ans auparavant. On devine les protestations, les jalousies, les rancunes suscitées par des choix aussi radicaux. On dit que c'est de la vanité, de l'argent gaspillé, des ambitions éhontées.

Un organisme spécial est mis en place, la congrégation des Députés, pour assurer l'inspection générale de la construction du temple et des dépenses y afférant. Et c'est justement de ladite congrégation que s'élèvent les critiques les plus vives, car ses membres se sentent dépossédés de responsabilités qu'ils pensent leur revenir. En mars, une réunion présidée par le pape Farnèse en personne se tient à Castel Sant'Angelo. Certains députés prétendent que si l'on accède aux demandes de l'artiste florentin, on doit démolir les deux tiers de ce qui a déjà été construit. Est-ce sensé ? A-t-on jamais vu un tel gâchis d'argent et de travail ? D'autant plus que les besoins de financement du chantier de Saint-Pierre ont été l'une des causes de la rébellion luthérienne. Sans oublier que le projet de Sangallo avait été approuvé par le pape en personne, alors que maintenant il faudrait tout démolir.

Mais Paul III est intraitable : en rappelant son pouvoir souverain, il confirme que de tous les projets présentés, celui de Buonarroti lui semble le meilleur, et que par conséquent c'est sur cette base que l'on va procéder dorénavant.

Michel-Ange reprend l'idée de Bramante d'un plan en croix grecque (quatre bras de même longueur) s'inscrivant dans un carré, surplombé d'une grande coupole au niveau de l'intersection des deux axes. C'est pourquoi il fait renforcer les murs porteurs en leur donnant la taille cyclopéenne que nous leur connaissons aujourd'hui, tout en « vidant » l'intérieur de la basilique des colonnes prévues par Bramante et des couloirs circulaires imaginés par Sangallo. Il dessine le projet de la coupole et met en route sa construction. En 1564, l'année de sa mort, l'ouvrage est achevé, excepté le tambour de la coupole : de puissantes colonnes jumelées alternent avec d'imposantes fenêtres.

Ce sera au pape Sixte V (Felice Peretti, qui régna de 1585 à 1590) de donner un nouveau départ au chantier et à bien d'autres œuvres. Aussitôt après son élection, il commande un grand nombre de nouveaux travaux. Jules II avait fait tracer la via Giulia et la Lungara sur les rives du fleuve ; Léon X et Paul III avaient conçu le célèbre Trident (Ripetta-Corso-Babuino) qui irradiait vers le centre-ville à partir de ce que l'on appelle aujourd'hui la porte del Popolo (du Peuple) ; Grégoire XIII, lui, avait voulu la via Merulana pour permettre la liaison entre le Latran et Sainte-Marie-Majeure.

Durant le quinquennat de son règne, Sixte V mène des travaux tous azimuts. Par exemple, il fait installer les statues de saint Pierre et de saint Paul au sommet des deux célèbres colonnes Coclides, celle de Trajan et celle d'Antonin ; il fait restaurer plus de vingt kilomètres d'aqueducs – l'Acqua Felice (l'Eau heureuse), dite plus tard « Pia » (pieuse), mais aussi « Marcia » (pourrie) –, il fait tracer des routes rectilignes, grandioses pour l'époque. Il esquisse aussi une artère de presque quatre kilomètres (qui s'appelle d'ailleurs via Sistina dans sa dernière partie) : celle-ci, en partant de Sainte-Croix-de-Jérusalem, atteint Sainte-Trinité-des-Monts, après avoir passé Sainte-Marie-Majeure et enjambé le Quirinal au niveau des Quatre-Fontaines. Cependant, pour ce qui concerne notre histoire, le plus important est qu'en janvier 1588, ce pape à l'énergie débordante convoque les architectes Giacomo Della Porta et Domenico Fontana et leur demande d'achever la coupole de la basilique le plus rapidement possible.

Les architectes prévoyaient un délai de dix ans : sous l'effet du harcèlement pontifical, l'œuvre est terminée en vingt-deux mois. Giacomo Della Porta imagine plusieurs variantes, tout en s'engageant à respecter les délais exigés par la volonté papale. Il emploie un escadron d'au moins huit cents ouvriers qui travaillent jour et nuit pour achever la complexe structure : le 15 juin 1590 la dernière pierre est posée. Sixte V a soixante ans et meurt deux mois plus tard. Il a quand même le temps de voir terminée cette entreprise spectaculaire qui donne à Saint-Pierre son couronnement et à la ville l'un de ses symboles.

En seulement cinq ans de règne, ce pape dynamique est également le promoteur d'une autre entreprise presque aussi spectaculaire que celle que nous venons de décrire : le déplacement de l'obélisque égyptien. L'imposant monolithe avait été transporté d'Alexandrie à Rome sur ordre de l'empereur Caligula, au Ier siècle de notre ère. Désormais, il gît à terre, à l'abandon, dans ce qui avait été autrefois le cirque de Néron ; il s'agit de le faire parvenir jusqu'à l'informe espace irrégulier compris entre l'éternel chantier de la basilique et les ruelles humides et malfamées du quartier des Borghi, clos par Castel Sant'Angelo du côté du fleuve.

L'entreprise présente d'énormes difficultés, pas seulement pour le transport à l'horizontale, mais surtout pour hisser le monolithe à l'aplomb parfait sur son socle. La seule ressource dont on dispose est la force des hommes et des animaux de trait amplifiée par les treuils qui démultiplient le poids grâce à un système de cordages. La réalisation du projet nécessite sept mois d'études, le concours de centaines d'hommes et de chevaux, des dizaines de treuils gigantesques. L'exécution matérielle exige quatre mois de préparatifs, d'avril à septembre 1586. On bâtit à cette occasion une « voie suspendue » pour le transport à l'horizontale et un double château en bois pour dresser l'obélisque à la hauteur nécessaire. Un édit papal menace de mort quiconque s'aventure sur la place, entravant ainsi la périlleuse entreprise.

Carlo Maderno – un descendant de Domenico Fontana et comme lui architecte de la fabrique de Saint-Pierre – nous a laissé une description particulièrement détaillée de l'événement, environ un siècle après les faits. Voici ce qu'il écrit :

« Fontana sonda ce que comme poids pouvait lever et mouvoir un treuil, revêtu de cordages solides, par le pas de quatre robustes chevaux et de chars bien assurés, au maximum de la force qui ne puisse briser la grosse corde. Il reconnut que chaque treuil levait environ vingt mille livres. Il destina donc quarante treuils pour soulever huit cent mille livres, et deux leviers au long bras, poussés par les treuils, pour dresser le poids restant de l'obélisque harnaché, d'un million quarante-trois mille cinq cent trente-sept livres. »

Pour que l'entreprise arrive à bonne fin, il faut que ces dizaines de treuils travaillent de manière parfaitement synchronisée et coordonnée. Le maître d'œuvre, qui doit avoir une vision d'ensemble des forces en action, donne ses ordres – comme on peut s'en douter – sans micro, ni porte-voix. C'est donc dans le silence le plus absolu que les ouvriers – qui sont d'ailleurs muets d'émotion – se mettent à leur ouvrage au signal des trompettes, qui rythment les opérations.

Grâce à ces préparatifs minutieux et aux grands moyens déployés, la phase finale se déroule presque sans accidents :

« Chacun [arrivé] à son lieu et office, on se mit à l'œuvre avec la plus grande attention. Avant cela, une fois que tous furent agenouillés et après avoir de nouveau imploré l'assistance de Dieu, commença

l'architecte, qui siégeait éminemment comme directeur principal, à faire sonner la trompette ; c'est pourquoi tous avec égale application commencèrent à mettre en branle les cent quarante chevaux des quarante-quatre treuils avec huit cents hommes au travail. Tous étaient si attentifs que, dans le plus grand ordre, suivit l'union de la force des machines, et du plan horizontal on [le] vit se dresser sur pied avec une telle rapidité, que cela produisit stupeur et émerveillement dans l'assemblée, d'en voir l'érection avec tant d'agilité. Tant et si bien qu'il fut à l'aplomb à l'endroit prédestiné à vingt-trois heures du jour dit [10 septembre 1586] où par la joie de l'achèvement d'une si superbe entreprise, des allégresses sans fin eurent lieu. »

Le seul danger se présenta au moment crucial, quand la tension des cordes devint telle que de celles-ci commença à s'échapper de la fumée ; peu de temps après, elles auraient pris feu, avec les désastreuses conséquences que l'on peut imaginer. Selon le récit populaire, ce fut un marin ligurien, qui en bravant la consigne de silence absolu, lança le célèbre cri : « De l'eau aux cordes ! » Ce qui fut fait, et sauva l'entreprise.

Quelques décennies plus tard, le pape Paul V (Camillo Borghese) a l'idée de redonner à la basilique un plan en croix latine, qu'il préfère aux bras de même longueur imaginés par Michel-Ange. Il charge l'architecte Carlo Maderno de prolonger la nef, en déplaçant donc la façade plus avant, pour augmenter la capacité d'accueil de la basilique notamment. Grosso modo, on revient au projet longitudinal ou « allongé » d'origine, proposé par Sangallo, que Michel-Ange avait corrigé. Maderno exécute les ordres avec intelligence. Quiconque regarde Saint-Pierre aujourd'hui voit que sa façade, comme sa coupole, est scandée par de larges fenêtres qui alternent avec de grandes colonnes. Pas moins de six d'entre elles sont regroupées au milieu, comme si elles devaient soutenir le tympan, tout en soulignant la loggia centrale proéminente réservée aux célébrations les plus importantes : la proclamation d'un nouveau pape et les bénédictions solennelles.

Le premier projet de Maderno ne plaît pas beaucoup au pape, qui trouve que la hauteur de l'édifice est trop élevée par rapport à sa profondeur. Le souverain pontife propose donc à l'architecte d'élargir la façade de chaque côté, de manière à la rééquilibrer dans le sens longitudinal. Au-delà des lésènes[1] qui clôturent l'ensemble, on ajoute alors deux grandes fenêtres supplémentaires qui surplombent un arc au niveau du sol et qui, en haut, sont ornées des deux grandes horloges que Giuseppe Valadier dessine à la fin du XVIIIe siècle.

Voilà l'édifice qu'en 1656, le Bernin est chargé de magnifier en le dotant d'une place spectaculaire. Le résultat, tel que nous l'avons sous les yeux, semble aujourd'hui évident et il est difficile d'imaginer qui, mieux que lui, aurait pu réussir cette admirable double colonnade qui enlace l'étendue, les fontaines, l'obélisque et la foule de fidèles qui la remplit souvent.

Combien la nouvelle basilique a-t-elle coûté ? Sans doute une somme d'argent impressionnante, proche en cela de la taille de la construction et des ambitions dont elle est le témoin. Cependant, sa structure et sa coupole titanesques sont peu de choses

1. Bandes verticales de faible relief pratiquées dans l'épaisseur d'un mur, formant par une ombre projetée une décoration d'allure variable.

par rapport aux ornements et aux innombrables enrichissements artistiques qui vont progressivement embellir la basilique. Si ses dimensions ne laissent aucun doute sur le pouvoir extraordinaire de ceux qui l'ont dressée avec autant de magnificence, l'installation définitive des nefs et des ailes extérieures ajoute à ce pouvoir le sceau de la gloire.

Quand le Bernin – encore lui – imagine le triomphe d'or et de lumière de la *Chaire de Pierre* au fond de l'abside, il donne par cela la meilleure interprétation de l'idée royale que les papes ont bâtie au fil des siècles en s'attribuant des prérogatives impériales. Ce grand artiste conçoit une nuée d'anges, des faisceaux de rayons dorés, des nuages, quatre statues monumentales des docteurs de l'Eglise latine et grecque, des angelots soutenant les clefs et le trirègne, puis enfin, au centre de tout cela, la chaire qui selon la légende aurait été celle de Pierre, alors qu'en réalité le trône fut offert au pape en 875 par Charles II dit le Chauve.

La gloire, justement, est proclamée de la manière la plus éblouissante, solennelle et explicite. D'ailleurs, il n'y a pas au monde d'organisme, de dynastie ni de gouvernement, d'institution ni de chaire, qui égale l'Eglise de Rome par le faste spectaculaire de ses cérémonies : inhumations, couronnements, béatifications. Dès lors, quand on se pose la question du prix que le déploiement d'un tel faste a pu coûter, on ne parle pas seulement d'argent. Bien sûr il en fallut, et pour en trouver suffisamment on ne recula pas devant la simonie la plus effrontée, comme la scandaleuse vente des indulgences qui fut à l'origine de la rébellion luthérienne.

En 1507, sous le royaume de Jules II, est promulguée la bulle *Salvator noster* par laquelle on annonce l'octroi d'indulgences spéciales à tous ceux qui feront un don ; la collecte de l'argent est déléguée aux évêques. On appelle cela « commerce sacré », sorte de dispense valable dans l'au-delà grâce à laquelle les fidèles peuvent s'économiser des années de purgatoire et qui permet également au donateur d'en faire bénéficier ses chers disparus. Les dépenses de la cour pontificale ouvrent de véritables gouffres dans les bilans, car ces deniers vont bien sûr à la fabrique de Saint-Pierre, mais aussi au paiement des intérêts que les banquiers européens qui financent le Vatican exigent avec ponctualité.

Vraisemblablement, la fracture que connut la chrétienté se serait produite malgré tout, mais il ne fait aucun doute que ce commerce indigne l'accéléra. A la fin du mois d'octobre 1517, le moine augustin Martin Luther, professeur d'exégèse biblique d'origine paysanne, affiche – selon la légende – ses quatre-vingt-quinze thèses sur le portail de la cathédrale de Wittenberg, en y résumant les points par lesquels il conteste la pratique des indulgences. Une des questions soulevées est la suivante : « Pourquoi le pape, plus riche que Crassus, ne paie pas de sa propre poche les travaux pour l'église de Saint-Pierre au lieu de la faire construire grâce à l'obole des pauvres croyants ? »

Pour la première fois depuis sa fondation, l'Eglise – qui a voulu s'appeler « catholique » c'est-à-dire universelle – voit ce trait caractéristique mis en péril. Il ne s'agit pas de ces « hérésies », petites ou grandes, qui ont accompagné son développement notamment à ses débuts. Cette fois, c'est une véritable et dramatique cassure à laquelle l'ambitieux Henri VIII ajoutera, quelques années plus tard, le schisme anglican selon lequel, entre autres, le Premier ministre anglais ne peut pas être de confession catholique. C'est seulement en 1829, que le duc de Wellington (vainqueur de Napoléon à Waterloo) obtient du roi George IV l'approbation du *Catholic Emancipation Act*, une loi pour l'émancipation politique des catholiques qui ôte les empêchements en leur permettant d'être élus, voire de guider le gouvernement de Sa Majesté. Laquelle majesté, d'ailleurs, continue de se targuer du titre de *Defensor fidei* qu'Henri VIII mérita grâce à son traité extrêmement sévère contre Luther. Ce sont là des contradictions que l'on rencontre souvent quand la foi et la politique sont trop intimement mêlées dans une religion.

Environ un siècle et demi après le début du mouvement protestant, en 1656-1657, le jésuite Pietro Sforza Pallavicino, cardinal et historien, écrit une *Istoria del Concilio di Trento* (« Histoire du concile de Trente ») remarquable par son objectivité, bien que commanditée directement par le pape. Le titre complet de son travail est *Istoria del Concilio di Trento, scritta dal P. Sforza Pallavicino, della Comp. Di Giesù ove insieme rifiutasi con autorevoli testimonianze un istoria falsa divolgata nello stesso argomento sotto nome di Petro Soave Polano.* (« Histoire du concile de Trente, écrite par P. Sforza Pallavicino, de la Compagnie de Jésus, où, en même temps, des témoignages autorisés réfutent un récit mensonger diffusé sur le même sujet sous le nom de Petro Soave Polano ».) Il s'agit là de la réponse catholique à un traité très polémique publié quelques années auparavant. En dépit de cela, l'auteur précise : « L'édifice matériel de Saint-Pierre ruina en grande partie son édifice spirituel ; car, dans le but de collecter les millions d'écus que nécessitaient les travaux immenses de cette église, il convint au successeur de Jules de faire ce qui servira de source à l'hérésie de Luther, qui a appauvri l'Eglise de nombreux millions d'âmes. »

Que chacun juge de son côté si le jésuite Sforza Pallavicino avait ou non raison, et en tout état de cause, du bilan à tirer de cette histoire.

V
L'Eglise silencieuse

Il y eut comme un signe de mauvais augure au moment de l'élection papale. C'est le mois d'août 1978, Paul VI vient de mourir après quinze ans de règne. Le conclave chargé de nommer son successeur a été étonnamment rapide, quatre scrutins dans la même journée, en à peine plus de vingt-quatre heures. Résultat : cent une voix pour sur cent onze participants. Parmi les deux courants qui s'opposent – le conservateur (qui soutient l'archevêque de Gênes, Giuseppe Siri) et le progressiste (qui appuie l'archevêque de Florence, Giovanni Benelli) –, c'est finalement lui qui l'a emporté : Albino Luciani, vénitien, soixante-six ans, un homme pieux ; trop, peut-être, pour une telle charge.

Un signe de mauvais augure, disais-je : la traditionnelle fumée blanche qui annonce l'élection commence cette fois par se lever grise dans le ciel, pour tourner vite au noir, malgré la quasi-unanimité des voix. Quelques instants plus tard, la radio vaticane donne l'annonce officielle, puis, aussitôt après, l'ouverture de la fenêtre centrale de la façade de Saint-Pierre ôte les derniers doutes : Jean-Paul Ier se présente aux fidèles enthousiastes. La fumée noire s'est désormais dissipée dans le ciel de Rome. Le nouveau pape aimerait parler à la foule des croyants, lui ouvrir son cœur aussitôt. Mais le maître de cérémonie indique, impérieux, que le protocole exige que l'on se limite à une simple bénédiction.

Malgré tout, on comprend vite que ce pape a quelque chose de spécial. Il s'exprime davantage comme un curé que comme un souverain, il sourit souvent, emploie des mots gentils, rougit facilement, et l'admet. Il avoue même la crainte qui l'a saisi en apprenant qu'il a été choisi pour être le successeur de Pierre (« *Tempestas magna est super me* » soit « Une grande tempête est sur moi »). C'est aussi vraisemblablement la raison pour laquelle, pour la première fois dans l'histoire millénaire de la dynastie pontificale, il choisit de porter un nom composé, Jean-Paul Ier, comme invoquant la protection de ses deux grands prédécesseurs.

Aujourd'hui, chacun sait que son pontificat fut l'un des plus courts de l'histoire, trente-trois jours à peine, et que sa mort fut soudaine. Mais pour essayer de comprendre pourquoi tant de doutes sont restés sur les causes réelles de son décès, il faut d'abord rappeler la quantité de changements que ce pape doux fut capable d'opérer ou d'annoncer en ce mois où il lui fut permis de régner. Il commence aussitôt, et avec force, à revoir des détails de procédure ou de cérémonie qui sont loin d'être insignifiants et qui, de plus, ont une grande visibilité médiatique : il abolit le *pluralis majestatis*[1], bien que *L'Osservatore Romano* corrige ses textes avant publication ; il abolit la tiare, ou trirègne, en confirmant en cela la volonté de Paul VI ; il abolit la chaise gestatoire[2] portée à bras par les « sediari » et suivie de deux flabellums[3], dans une chorégraphie à l'égyptienne

1. Traditionnellement, le pape s'exprimait à la première personne du pluriel et non du singulier.

2. Chaise à porteurs (les « sediari »).

3. Flabellum : grand éventail monté sur une hampe, porté devant le pape lors des cérémonies. Cet usage se retrouve dans l'Egypte antique des pharaons.

digne, tout au plus, d'un décor d'opéra ; il abolit aussi la messe de couronnement, qu'il remplace par une « cérémonie solennelle pour le commencement du ministère pétrinien » ; enfin, il refuse de s'asseoir sur le trône au cours des cérémonies solennelles.

Ses premiers discours sont étranges, inouïs. Il dit que si Dieu est père, il est encore davantage mère ; il en appelle en cela à l'Ancien Testament, mais viole ce faisant une tradition consolidée. Le pape Ratzinger, selon lequel « Dieu n'est que père », s'empressera de restaurer l'ancienne coutume. Jean-Paul Ier parle souvent de sa personne en termes très humains, en racontant certaines de ses expériences, son ancien ministère, et aussi en admettant ses faiblesses. On comprend très vite que c'est un pape humble ; tout aussi rapidement, on commence à dire que *peut-être* il n'est pas fait pour la complexité de sa charge, que son élection a été une erreur (en tant que chroniqueur, j'ai de cela un souvenir très précis). On émet même l'hypothèse que, vraisemblablement, ce ministère ne durera pas. Et en effet, il ne dura pas. Il y a de nombreux siècles de cela, pour aller prendre possession de la chaire pontificale, Célestin V avait fait le voyage à dos de mulet, peut-être à dos d'âne. Boniface VIII n'eut pas beaucoup de mal à l'écarter du trône. Jean-Paul Ier se disait serviteur de Jésus et de l'Eglise, et dans son cas aussi, la charge fut de courte durée.

Le cas du pape François, en apparence similaire, est en réalité différent. S'il est vrai qu'il a fait, lui aussi, profession d'humilité, sa position en faveur des « affligés » est soutenue par une connaissance approfondie du monde tel qu'il est, et par une expérience solide de la politique, acquise en Argentine à l'époque des colonels.

Le jour de sa mort soudaine, un détail surprend : la présence, sur son bureau, de l'hebdomadaire *Il Mondo* ouvert à la page d'une enquête intitulée : « Sa Sainteté... est-ce convenable ? » En s'adressant au pape en personne, le journal s'interrogeait sur l'opportunité pour le Vatican d'intervenir « sur les marchés du monde entier, comme n'importe quel autre spéculateur ». Il poursuivait : « Est-il convenable qu'il dispose d'une banque par laquelle, de fait, il facilite l'exportation de capitaux et l'évasion fiscale de citoyens italiens ? »

Nous verrons d'ici peu à quel point la présence de cet hebdomadaire dans sa chambre peut être chargée de sens. Il est indiscutable qu'aux yeux du pape Luciani la question des richesses – c'est-à-dire de la finance vaticane, désinvolte au point de devenir arbitraire – est, plus qu'un souci, un véritable cauchemar. Pendant ces courts trente-trois jours, il revient sur le sujet à plusieurs reprises ; s'il en avait eu le temps, il aurait clairement souhaité écrire une encyclique sur la pauvreté dans le monde ; il rêve d'un retour de l'Eglise à la pauvreté évangélique des origines et aussi qu'au moins un pour cent des revenus du clergé soit dévolu aux pauvres. L'Eglise ne doit avoir ni pouvoir, ni richesses, dit-il.

Mais il a aussi d'autres idées. Il pense, par exemple, que le rôle si marginal des femmes au sein de l'Eglise mérite d'être redéfini. Il pense qu'on ne peut pas interdire les anticonceptionnels *sic et simpliciter*, sans tenir compte des circonstances particulières qui parfois en conseillent, voire en imposent l'utilisation, comme en témoignent des épisodes dramatiques. Il pense qu'une banque, et en particulier la banque du Vatican, doit avoir un but éthique, c'est-à-dire apporter de l'aide aux moins aisés. (En 2006, presque vingt ans après sa mort, l'économiste bengali Muhammad Yunus sera récompensé par le prix Nobel de la paix pour une idée assez proche : le « microcrédit », c'est-à-dire un système de petits prêts en faveur d'entrepreneurs trop pauvres pour les obtenir auprès des grandes banques.) C'était presque un révolutionnaire, ce pape Luciani, il ne pouvait pas rester à ce poste avec la curie qui l'entourait, les responsabilités et les précédents. Et en effet, il n'y est pas resté.

Un autre signal inquiétant, très sérieux celui-là, se vérifie quelques jours après son élection quand la revue *O.P. – Osservatore Politico* (« Observateur politique ») de Mino Pecorelli – qui sera assassiné l'année suivante – publie la liste d'une centaine d'ecclésiastiques inscrits à la franc-maçonnerie. Cette publication est généralement considérée comme un outil que les services secrets (ou une partie d'entre eux) utilisent pour faire passer des messages de différente nature, voire des avertissements et des menaces.

Par ailleurs, on connaît bien les liens de Pecorelli avec Licio Gelli, chef de la loge maçonnique déviée P2. Quel peut être le sens de la publication d'une telle liste ? Dans celle-ci figurent, entre autres, le secrétaire d'Etat du Vatican (l'équivalent du président du Conseil), Jean Villot ; le « ministre des Affaires étrangères, Agostino Casaroli ; le vicaire de Rome, Ugo Poletti ; le très puissant directeur de la banque vaticane, Paul Marcinkus ; le directeur adjoint de *L'Osservatore Romano*, Virgilio Levi ; le directeur de la radio vaticane, Roberto Tucci.

Albino Luciani a dû en retirer l'impression d'être cerné. La divulgation du pacte maçonnique secret qui lie ces hommes est pour le pape une invitation à la prudence, à prêter attention à ses actes, à ne pas faire trop de remous dans un contexte qui a trouvé un équilibre solide et profitable. Si on voulait la traduire en des termes plus prosaïques, cette liste dirait : « du calme Sainteté, prudence, laissez tomber ! »

Ces antécédents sont à l'origine des soupçons d'assassinat qui suivirent la mort soudaine d'Albino Luciani. Une hypothèse nourrie par les nombreuses incohérences et réticences (une fois de plus !) dans la reconstitution des faits. Dans un premier temps, on dit que le décès a eu lieu à vingt-trois heures. Plus tard, on évoque plutôt quatre heures quarante-cinq du matin suivant. La découverte du corps est attribuée à son secrétaire John Magee, mais la veille on avait dit que c'était la fidèle religieuse Vincenza Taffarel qui l'avait retrouvé. Une troisième version – insistante – affirme que le premier à pénétrer dans la pièce a été, au contraire, Jean Villot en personne. On dit aussi qu'au moment du trépas, les mains du pape serraient, dans l'ordre : le livre *L'imitazione di Cristo* (« L'Imitation de Jésus-Christ »), quelques pages de notes, une liste de nominations à attribuer le lendemain, l'esquisse d'un discours. Quoi qu'il en soit, il est certain que des objets personnels sont emportés de sa chambre aussitôt après la découverte du corps : lunettes, pantoufles, notes, une boîte de médicaments pour l'hypotension.

Ces éléments sont-ils suffisants pour en conclure à l'assassinat ? Ou tout au moins, pour en formuler l'hypothèse ? C'est l'avis de l'écrivain d'investigation britannique David Yallop, qui s'est occupé du Vatican à plusieurs reprises et qui a publié un livre accusateur sur la mort du pape Luciani : *In God's Name*[1]. Un ouvrage qui a connu un grand succès, car il s'en est vendu six millions d'exemplaires dans le monde. Quelle est la thèse de Yallop ? Que le pape Luciani touchait à deux sujets à haut risque : l'un relatif à la doctrine, l'autre éminemment concret et pratique.

Le premier concerne l'hostilité de l'Eglise vis-à-vis de toute sorte de contraception, que Jean-Paul Ier semble vouloir remettre en question. Aux yeux de quelques très hautes personnalités de

1. David A. Yallop, *Au nom de Dieu*, Bourgois, 1991, trad. Claude Gilbert.

la curie, parmi lesquelles le secrétaire d'Etat Jean Villot, toute innovation en la matière est une trahison par rapport à la ligne de conduite fixée par Paul VI dans son encyclique *Humanae vitae* (juillet 1968).

L'autre argument est plus important encore, car il concerne la gestion financière du petit Etat, et touche notamment au fonctionnement d'une banque comme l'Ior[1], avec ses trafics, sa clientèle douteuse et ses manquements éhontés au financement des « œuvres de religion ». Comme nous le verrons plus en détail dans l'un des chapitres suivants, on n'a jamais pu établir clairement si le numéro un de l'Ior, monseigneur Marcinkus, a été instrumentalisé par son entourage, ou bien s'il a lui-même eu l'idée d'exploiter ce vaste réseau de connaissances en Italie, en Europe et aux Etats-Unis. Quelques jours avant la mort de Jean-Paul Ier la nouvelle avait filtré que le pape avait l'intention de se défaire d'une grande partie des richesses vaticanes pour en destiner les revenus à la construction de logements et d'écoles dans les régions du monde qui en avaient le plus besoin, dans les pays où la misère montrait son visage le plus outrageant.

Bref, le pape Luciani semble bien décidé à reconduire l'Eglise à la pauvreté des origines, ce qui apparaît comme tout à fait inacceptable aux yeux d'un grand nombre de personnes, d'autant plus que cela impliquerait l'éloignement de certains des hommes les plus influents de la curie. Les articles de l'époque relayaient la rumeur de vives dissensions entre le souverain pontife et le secrétaire d'Etat, le cardinal Jean Villot, qui auraient clairement dégénéré en un conflit ouvert.

Face à une mort si inattendue, il aurait fallu dissiper le

1. Ior, soit *Istituto per le Opere di Religione* (Institut pour les œuvres de religion).

moindre doute en procédant à l'autopsie du cadavre, mais cela ne fut pas permis ; un refus inexplicable qui donne corps aux conjectures les plus malveillantes sur les causes du décès, aggravées par un détail supplémentaire : le bulletin officiel attribue la mort à un infarctus du myocarde, une hypothèse en soi vraisemblable dans la mesure où un infarctus peut frapper même une personne jouissant en apparence d'une excellente santé. Contredite cependant, ladite théorie, par le fait que le visage du défunt pape ne montre pas ces signes de souffrance qu'une attaque cardiaque aurait immanquablement provoqués. C'est à partir de cet ensemble de circonstances que David Yallop bâtit son raisonnement, selon lequel la mort soudaine serait, certes, due à une crise cardiaque, à ceci près qu'elle aurait été provoquée par un poison puissant. Face à ce tourbillon de rumeurs relayées par les plus grands médias internationaux, il aurait été souhaitable que l'Eglise étudie en profondeur les causes du drame, qu'elle les éclaircisse et qu'elle publie les résultats. Tout au contraire, la voie choisie fut, une fois de plus, celle d'un silence inquiétant.

Mais quittons un instant le Vatican et ses mystères pour nous rendre, pour les raisons d'analogie que nous verrons d'ici peu, dans une autre des merveilles de Rome : la basilique Saint-Paul-hors-les-Murs.

Les soirs d'été, au coucher du soleil, les mosaïques de la façade s'enflamment sous les rayons du soleil qui dardent depuis l'horizon. C'est à cette heure que la basilique Saint-Paul rayonne dans toute sa beauté : sur le fond or, se détachent les silhouettes du Christ bénissant entouré des saints Pierre et Paul ; en dessous, l'Agnus Dei avec à l'arrière-plan les vénérables remparts de Rome ; dans le bandeau le plus bas, quatre prophètes de l'Antiquité enchâssent les trois fenêtres, en confirmant le lien entre la Bible des Hébreux et le Nouveau Testament des chrétiens.

Les événements séculaires qui ont marqué cette basilique suffiraient, à eux seuls, à remplir un livre entier. Construite, selon la légende, à l'endroit même où Paul de Tarse fut enseveli après sa décapitation, elle fut consacrée en 324 par le pape Sylvestre Ier, reconstruite et consacrée à nouveau en 390, avant de devenir, au Moyen Age, le cœur d'un petit bourg féodal rassemblé autour de son enceinte ; le bourg fut habité jusqu'en 1348, quand un tremblement de terre fit s'écrouler le clocher et une partie des modestes habitations des environs. La basilique fut à nouveau décorée et restaurée, et elle dressa sa magnificence jusqu'à ces journées dramatiques de la mi-juillet 1823, où un terrible incendie la détruisit en grande partie. Quelques jours auparavant, le pape régnant, Pie VII (né Chiaramonti), s'était cassé une jambe. On pourrait croire à un banal accident, mais l'insuffisance des compétences médicales de l'époque fit que la fracture se révéla incurable. Son agonie fut longue et douloureuse. Quand la basilique prit feu, on ne l'en informa pas pour lui épargner une douleur supplémentaire. Il mourut un mois plus tard, en août, et eut la consolation posthume d'être enterré à Saint-Pierre dans un somptueux mausolée conçu par Bertel Thorvaldsen.

Reconstruite encore une fois avec obstination, Saint-Paul n'enferme pas la même profusion d'œuvres d'art que des basiliques telles que Sainte-Marie-Majeure ou Saint-Jean. Cependant, il en émane une aura très particulière ; que ce soit ou non de manière délibérée, la reconstruction réussit une double combinaison : l'austérité du christianisme des origines mêlée au faste du catholicisme du XIXe siècle ; l'Occident avec l'Orient, la terre d'origine du Juif Shaul de Tarse avec le continent européen ; Rome ville d'Europe et Rome en tant qu'ultime ramification du Moyen-Orient sur le chemin du soleil. Le quadruple portique qui accueille le visiteur est tout à fait emblématique de ce point de vue. La mosaïque éblouissante de la façade du fond, la monumentale statue de saint Paul en plein milieu qui enserre ses symboles dans ses mains : le livre et l'épée, les palmiers, les colonnes de granit qui se dressent en triple rangée sur dix mètres de hauteur... l'ensemble est tout à la fois majestueux et presque familier, romain et exotique.

Mais il y a mieux. A l'intérieur, le superbe ciborium du XIIIe siècle, le candélabre sculpté qui porte le cierge pascal, la grande mosaïque de l'abside avec ses images stylisées qui évoquent cet « âge du milieu » où l'on assista à la lente naissance d'une nouvelle religion dite « chrétienne ». Et le transept, au contraire, avec sa pompe, ses volumes majestueux, le plafond qui s'enrichit des blasons pontificaux, les lésènes en marbre blanc à veines violettes (dit « pavonazzetto ») qui scandent les murs, les deux autels en malachite et lapis-lazuli (don du tsar Nicolas Ier) : un faste qui rend pleinement hommage à la royauté d'un pontificat qui se place en héritier de la gloire impériale de Rome.

Cette basilique, il faut l'imaginer dans sa forme et à son emplacement d'origine, quand le site était encore perdu au milieu de la campagne, à deux ou trois kilomètres des remparts citadins, dans la pauvre plaine où se dessine l'un des paresseux virages du Tibre. Le fleuve, la mer, l'Empire, les provinces, la turbulente terre de Palestine avec ses prophètes visionnaires, sa foi entêtée en un Dieu unique... c'est ainsi que tout a commencé. Il faut penser aussi à l'homme auquel l'église est consacrée. Son image accueille le visiteur dès l'entrée, pour ensuite figurer à nouveau plusieurs fois à l'intérieur, peinte ou sculptée, tandis que les fragments de son sépulcre et de ce qui reste de son corps décapité seraient conservés sous l'autel, dans une crypte qui apparaît derrière une grille de laiton.

Qui fut vraiment Paul de Tarse pour l'Eglise catholique – Shaul ou Saul de son nom juif originel ? Qui fut-il au-delà de ce qu'en dit l'hagiographie, de ces qualités indiscutables et de l'action à plusieurs égards révolutionnaire qui fit de lui – arrivé en dernier dans le cercle très restreint du christianisme des origines – le premier d'entre tous ? Le plus actif ? L'homme appelé à juste titre l'« apôtre des gentils », c'est-à-dire des païens, capable d'étendre la prédication de Jésus au-delà des frontières des communautés juives ? L'homme qu'on qualifia même de « véritable fondateur du christianisme » ?

Presque tout ce que nous savons de lui, c'est lui-même qui nous le dit. En effet, les informations fournies par les Actes des Apôtres – qui lui consacrent entièrement les chapitres 13 à 28 – ne sont pas toujours considérées comme dignes de foi par les historiens. On préfère se fonder sur les données attestées par les sept Epîtres retenues autographes, des quatorze que la tradition lui attribue.

Shaul naît à Tarse, en Cilicie, entre l'an 5 et l'an 15 de notre ère, dans une famille de pharisiens hellénisés, son père étant devenu citoyen romain. Il écrit : « Moi aussi, en effet, je suis juif, de la descendance d'Abraham, de la tribu de Benjamin. » Après avoir fait des études à Jérusalem auprès de Gamaliel, il est invité à Damas à la demande du grand prêtre – selon une des versions des faits –, qui lui confie la tâche de ramener à l'ordre une communauté bouleversée par ceux qui reconnaissent en Jésus le messie et font référence à son enseignement. Selon une autre version apparemment plus vraisemblable, il aurait fait le voyage à Damas de sa propre initiative.

Mais restons-en à la première version. La tâche délicate qui lui est confiée nous fait comprendre que le grand prêtre a repéré chez ce jeune homme des qualités particulières. En effet, la mission est difficile : dans un langage moderne, on pourrait parler de quelque chose à mi-chemin entre la répression policière et le rappel à l'ordre d'une ligne de conduite plus orthodoxe. Dès son plus jeune âge, Paul s'est montré extrêmement motivé, débordant d'énergie, avec une vision claire de ses objectifs et doté de toute l'ardeur nécessaire pour les atteindre. Il s'est fait remarquer en tant que persécuteur des disciples de Jésus, il a approuvé la lapidation d'Etienne, il y a assisté personnellement. Vraisemblablement, on le décrit comme ayant été plus cruel qu'il ne l'a vraiment été. Cependant il y a forcément une base de vérité, ne serait-ce qu'en ce qui concerne sa détermination énergique.

Shaul entame donc ce voyage au cours duquel il aura une vision qui brisera sa vie en deux de manière dramatique, et qui reste l'un des épisodes les plus bouleversants du christianisme des origines. « Soudain, il fut enveloppé d'une lumière venant du ciel, et en tombant à terre, il entendit une voix qui lui disait : "Shaul, Shaul, pourquoi me persécutes-tu ?" Il répondit : "Qui es-tu, ô seigneur ?" Et la voix : "Je suis Jésus que tu persécutes. Lève-toi et entre dans la ville, il te sera dit ce que tu dois faire." »

L'éblouissement de cette vision est tel que Shaul reste aveugle jusqu'au moment où un disciple de Jésus du nom d'Ananie lui rend la vue par imposition des mains. C'est ainsi que plus tard, Shaul ou Paul raconte les événements, bien que nous ne puissions pas exclure que la « vision » et la cécité qui s'ensuivit aient été la conséquence d'une simple crise d'épilepsie. Notons au passage que le récit de la conversion sur la route de Damas

– que les Actes des Apôtres rapportent à trois reprises – est à peine évoqué dans les Epîtres de Paul.

Et puisqu'il arrive à Damas dans le rôle de persécuteur potentiel, à juste titre, les « frères » se méfient de lui et le renvoient à Tarse, où il étudie et médite plusieurs années. Les autres, en attendant, Pierre le premier, poursuivent leur prédication avec succès. A cette époque, ce même Pierre a l'audace d'accepter une invitation à déjeuner de la part d'un centurion romain appelé Cornelius. Pour un Juif pratiquant, s'asseoir à la table d'un *goy* revient à manger de la nourriture non casher, c'est-à-dire impure. Mais Pierre aussi a une vision, et dans celle-ci Dieu en personne l'autorise à rompre l'interdit de Moïse sur la nourriture. En interprétant l'événement au sens large, Pierre en déduit que cette même autorisation divine lui permet aussi de fréquenter les païens.

L'épisode, qui figure dans les Actes des Apôtres, attribue donc à Pierre une sorte de primogéniture sur la prédication au-delà du cercle juif. Cependant, il pourrait s'agir aussi d'une sorte de « précédent » qui lui est attribué pour légitimer l'action que Paul développera par la suite avec son énergie habituelle. Le débat entre les spécialistes est vif sur ce point, et son dénouement n'est pas simple. Ce qui en revanche ne fait pas le moindre doute est l'âpreté de la controverse qui divise les Juifs : il y a ceux qui souhaitent rester fidèles aux préceptes de Moïse et ceux qui sont favorables à l'adhésion à ce nouveau courant qui promet – à travers Paul – d'alléchantes facilités concernant la nourriture, mais aussi et surtout l'abolition de la circoncision pour les païens convertis.

Paul est doté d'une grande énergie physique et intellectuelle, mais aussi d'un tempérament très coléreux : la combinaison de ces éléments contribue, comme il fallait s'y attendre, à exacerber encore davantage la polémique, qui touche aussi aux fondements mêmes du salut et de comment y parvenir. L'observance de la loi de Moïse ou la foi en Jésus dit le Christ ? Apparemment, Pierre est d'accord avec Paul en matière de prééminence de la foi, mais en dépit de cela, il a recommencé à observer les anciennes règles, vraisemblablement sous la pression de quelques Juifs chrétiens.

Dans son Epître aux Galates, Paul se met à l'œuvre avec la plus grande détermination. Ayant compris que beaucoup dénaturent sa prédication, incités en cela « par ceux qui sèment le trouble et veulent subvertir l'Evangile du Christ », il écrit furieux : « Si nous-mêmes ou un ange venant du ciel vous annonçait un Evangile différent de celui que nous vous avons annoncé, que ce soit l'anathème ! Je répète ce que j'ai déjà dit : si quelqu'un vous annonce un Evangile différent de celui que vous avez reçu, qu'il soit voué à la malédiction divine. » Il précise aussitôt où il puise la certitude de détenir la vérité : « L'Evangile que j'annonce n'est pas à mesure d'homme ; car je ne l'ai ni reçu, ni appris d'un homme, mais par une révélation de Jésus-Christ. »

Sans le dire de manière explicite, Paul laisse entendre clairement que Pierre n'a pas respecté l'accord de Jérusalem qui lui reconnaissait l'exclusivité en matière de conversion des gentils non circoncis.

L'apôtre réclame sa suprématie. Il dit : « Attention, c'est moi et personne d'autre, le plus fidèle interprète de Jésus. » Les spécialistes font remarquer qu'à l'issue de l'assemblée de Jérusalem et de la vive dispute qui s'ensuit, Pierre disparaît des Actes. Par la suite, le texte est presque entièrement consacré à Paul.

Résumer la doctrine de Paul, si complexe qu'elle fait l'objet d'une exégèse sans fin, n'est pas envisageable. Je me limiterai à évoquer quelques points à titre d'information générale. Paul développe la théorie selon laquelle Jésus le Christ doit mourir, puis ressusciter pour apporter le salut tant aux Juifs qu'aux gentils. Il met en exergue le culte de la Résurrection et l'importance de rappeler la Passion du Christ. Dans sa première Lettre aux Corinthiens, il écrit : « Si le Christ n'avait pas ressuscité, vaine serait notre prédiction et vaine notre foi. Nous serions les faux témoins de Dieu, car nous avons témoigné du fait qu'il a ressuscité le messie, tandis que, s'il est vrai que les morts ne ressuscitent pas, il ne l'aurait pas ressuscité. » Il fallait avoir une foi sans faille pour croire à des mots comme ceux-ci, contredits par l'expérience commune qui voit dans la mort un voyage sans retour.

Pour atteindre son but, Paul doit aussi réussir une autre opération doctrinale : dépolitiser la figure du Christ, remplacer le prophète qui avait prêché seulement pour les « brebis égarées d'Israël » par l'annonciateur du salut universel. Le « libérateur » d'Israël devient ainsi le « rédempteur » de l'humanité. En généralisant son message aux gentils, en se fondant sur la foi en Lui et non sur l'observance de la Loi (d'ailleurs, il écrit : « [...] nulle chair ne sera justifiée par les œuvres de la Loi »), il donne une dimension mondiale aux mots de Jésus, apporte la divulgation de la parole de Dieu à tous les hommes de la Terre, et fait devenir la nouvelle foi *katholiké*, c'est-à-dire universelle.

Ce n'est plus la religion d'un seul peuple ; la règle qui impose à chaque nouveau-né la religion de ses pères est abolie, le choix de la foi dépend désormais de la conscience de chacun. Et la foi suffit à gagner le salut. Si – comme le soutient un vaste courant de spécialistes – on ne peut pas tout à fait dire que Paul est le véritable fondateur du christianisme, il est indiscutable, en revanche, qu'il donne à la nouvelle foi une dimension inconnue avant lui et qu'il pose les bases pour qu'elle devienne une religion.

Quel est donc le lien entre la figure d'Albino Luciani, mort au bout de trente-trois jours de règne seulement, et la basilique dédiée à Paul de Tarse ? Le lien est indirect, mais non moins significatif. C'est justement dans cette basilique qu'un jeune abbé fut contraint à la démission par le Vatican à cause de « ses désobéissances répétées », parce qu'il entendait « l'Eglise comme une société démocratique, toute tournée vers le social ». Cet abbé était Giovanni Battista Franzoni, l'un des nombreux représentants de cette « Eglise silencieuse » qui accompagne depuis toujours l'histoire du catholicisme. Une Eglise minoritaire, parfois tolérée, plus souvent combattue par la hiérarchie, et qui n'a jamais obtenu la suprématie. Pour être plus précis, cette Eglise, sortie du silence une première fois et très brièvement avec le pape Luciani, est réapparue depuis le 13 mars 2013 avec le pape argentin qui s'est donné pour prénom François – fait sans précédent.

« L'Eglise, disait Pier Paolo Pasolini dans ses *Ecrits corsaires* de 1975, ne peut être que réactionnaire ; elle peut être seulement du côté du pouvoir ; elle ne peut qu'accepter les règles autoritaires et formelles de la cohabitation. » Pourtant, comme l'écrit l'historien catholique Pietro Scoppola dans le quotidien italien *La Repubblica* le 9 février 2007, « il y a une religiosité populaire qui, bien que sous des formes parfois proches de la superstition, garde des réserves profondes d'humanité et de solidarité. Il existe un phénomène important de bénévolat chrétien parfaitement étranger à tout dessein hégémonique, tant dans sa culture que dans sa pratique. Il existe des réserves et des institutions culturelles discrètes, mais bien enracinées dans le tissu social, qui sont de plus en plus ouvertes au dialogue et à la collaboration [...] Il y a désormais une Eglise du silence qui souffre d'une sorte de marginalisation officielle, mais qui constitue les réserves d'une véritable alternative ».

Chacun sait qui a été le plus célèbre défenseur de cette Eglise que nous disons ici « silencieuse » : François d'Assise, paladin d'un christianisme mystique, lequel, avec sa charge « subversive », s'est toujours opposé à la religion dans le sens institutionnel du terme. François se rebella contre son père, il abandonna toute richesse pour se consacrer à Dieu et se faire le serviteur des laissés-pour-compte de la Terre. Un « saint révolutionnaire », a-t-on écrit, que Rome regardait avec suspicion. Son ordre allait nourrir le mouvement de moines mendiants du XIIIe siècle qui condamnait la corruption de ces ecclésiastiques trop intéressés par les questions matérielles, qui étaient impliqués dans la lutte sanguinaire pour les investitures.

François fut le premier, mais non le dernier, à faire entendre la voix de ce christianisme mystique. Quelques années après sa mort (1226), un autre franciscain écrit avec son *Stabat Mater* le plus bel hymne jamais dédié à Marie. Il s'appelle Jacopone da Todi. Il a intégré l'ordre en 1278 en tant que frère laïque, en faisant le choix du courant le plus rigoureux des spirituels, ou « fraticelles », qui s'oppose à la faction prédominante des conventuels. Ces derniers, qui ont le soutien du pape Boniface VIII, souhaitent assouplir la rigueur de la règle de François. Dans son défi au pouvoir constitué et dans le but de défendre l'esprit originel de l'ordre franciscain, Jacopone en arrive à remettre en cause la validité de l'élection du pape en charge. Il est d'abord excommunié, puis condamné à perpétuité et enfermé dans la prison conventuelle de San Fortunato à Todi. Il sera libéré seulement en 1303, après la mort de Boniface VIII.

Un autre paladin du mouvement des moines mendiants n'échappera pas, en revanche, à la vengeance de l'Eglise. Il s'agit de frère Dolcin (Fra Dolcino) un hérétique montagnard qui prêche l'égalité, la pauvreté et l'émancipation des femmes, la révolte contre les seigneurs féodaux et contre ceux de la hiérarchie ecclésiastique. Encore aujourd'hui son souvenir est très vivace parmi les mouvements contestataires piémontais. Dans la région comprise entre la ville d'Ivrée et le Valsesia, on trouve parfois, gravée sur les murs, l'inscription : « Dolcin est vivant. »

En 1291, frère Dolcin intègre le groupe des apostoliques – l'un des nombreux mouvements de moines mendiants qui fleurissent à l'époque – de Gherardo Segarelli. Accusé d'hérésie, le mouvement est réprimé par l'Eglise, et Segarelli condamné au bûcher le 18 juillet 1300. Frère Dolcin prend les commandes. Au cours de ses prédications dans la région de Trente, il fait la connaissance de la jeune Margherita Boninsegna – femme d'une très grande beauté selon les chroniqueurs de l'époque –, qui devient sa compagne et le seconde dans ses prédications.

En 1304, les apostoliques se retranchent dans le Valsesia, où une rébellion est en cours contre l'oppression des grands féodaux. Les dolciniens s'associent aux rebelles, mais une armée puissante, guidée par les évêques de Novare et de Verceil, est diligentée contre eux. Les dolciniens résistent vaillamment jusqu'au jour où, épuisés par le long siège et le manque de vivres, ils sont capturés dans la semaine sainte de l'an 1307. Presque tous les prisonniers sont tués ; frère Dolcin est condamné à mort après un procès sommaire. A bord d'un char que l'on promène dans les rues de Verceil, on le torture, on lui arrache le nez et le pénis avec des tenailles chauffées à blanc. Il supporte ces tourments sans crier ni se plaindre. On finit par le brûler vif sur le bûcher au bord du Sesia.

Son nom est devenu une véritable légende. En 1907, à l'occasion du six centième anniversaire de son martyre, on dresse un obélisque de douze mètres de haut au sommet du mont Massaro, en présence d'environ dix mille personnes, des ouvriers pour la plupart. En 1927, au début de l'ère fasciste, les Brigades noires l'abattent à coups de canon. Il faudra attendre presque cinquante ans pour qu'un autre monument, plus petit, soit installé au même endroit, en 1974.

Le mouvement franciscain et celui des moines mendiants sont donc réprimés par le Vatican ; leur portée révolutionnaire est écrasée par la force. Pourtant, le mouvement contestataire et minoritaire du catholicisme ne s'éteint pas pour autant. La dissidence catholique coule pendant des siècles comme une nappe souterraine, parallèlement au pouvoir de Rome. Les « catholiques des catacombes » ne disparaissent jamais tout à fait, même s'ils restent quasiment invisibles pendant des siècles en attendant des années moins hostiles. Il faudra attendre le XXe siècle pour voir cette Eglise des laissés-pour-compte refaire surface avec force, grâce en grande partie au concile Vatican II.

Avant, cependant, il y avait eu don Milani avec ses écrits (*L'Obéissance n'est plus une vertu*) et ses affirmations (« Je réclame le droit de dire que les pauvres aussi peuvent et doivent combattre les riches »). On le classa parmi ceux que l'on appelait les « catho-communistes » et on lui fit un procès pour apologie de délit (il avait défendu le droit à l'objection de conscience au service militaire). Il mourut avant que le jugement de son procès ne fût rendu.

Le concile Vatican II (1962-1965) ouvre une période nouvelle pour l'Eglise. C'est la revanche des progressistes et c'est aussi le refus de siècles de tradition autoritaire. En Amérique latine, de nombreux curés disciples de la théologie de la libération embrassent la lutte marxiste. En Europe, on assiste à la naissance d'organisations de « prêtres ouvriers ». En Italie, on voit fleurir les communautés chrétiennes de base. C'est au sein de ce vaste mouvement largement articulé, que voit le jour la communauté de Saint-Paul, née à Rome à la fin des années soixante, dont Giovanni Battista Franzoni devient l'abbé.

Voici ce que dit de lui Pier Paolo Pasolini en 1974 : « Sous prétexte d'un passage de l'Evangile ou des Epîtres de Paul, pas un seul prêche de don Franzoni n'aboutit pas implacablement à une attaque contre le pouvoir. »

Ses prises de position contre le concordat et contre la guerre au Viêt Nam, comme sa solidarité avec les luttes ouvrières de 1969, lui valent la franche hostilité du Vatican. En juin 1973, par sa lettre pastorale « *La terra è di Dio* » (« La terre appartient à Dieu »), don Franzoni dénonce les collusions vaticanes avec la spéculation immobilière à Rome. Peu de temps après, il donne sa démission de la charge d'abbé. De nombreux fidèles restent proches de lui, et c'est avec eux qu'il entame un nouveau chemin ecclésial ; la communauté naît ainsi.

En 1974, Franzoni se déclare favorable à la liberté de vote des catholiques au référendum sur le divorce. Les résultats confirment la loi sur le divorce avec une majorité de presque soixante pour cent des voix. Le 27 avril, don Ambrogio Porcu, procureur des bénédictins, lui notifie la suspension a *divinis, latae sententiae*. Franzoni réagit en affirmant que la punition est illégale ; deux cents prêtres signent un appel en sa faveur ; les vicaires généraux de certains diocèses font part de leur solidarité. Le lendemain, cependant, le cardinal Ugo Poletti exprime sa « pleine approbation » de la décision : don Franzoni est suspendu.

Au moment des élections législatives de 1976, l'ex-abbé fait savoir qu'il votera pour le Parti communiste. Le 2 août de la même année, on le « rétrograde » à l'état laïque. C'est le cardinal Poletti qui est à l'origine du décret, qu'il motive par « le trouble profond que l'attitude de don Franzoni a produit et continue de produire au sein du peuple de Dieu » ; ses « actes de désobéissance répétés », voire le refus, deux ans après sa suspension *a divinis*, de donner le « moindre signe de repentance effective ».

La réponse de Franzoni est cinglante : « Dans l'Eglise, nous y sommes, mais marginalisés et suspects ; nous y serons à nouveau dans la plénitude de nos titres et de nos ministères quand dans l'Eglise on n'exigera plus l'amputation de nos choix politiques... Nous ne serons pas les seuls, nous les prêtres frappés, à y rentrer de nouveau, nous le ferons avec tous les camarades, hommes et femmes, que nous avons rencontrés entre-temps dans les luttes à l'usine et aux champs, dans les combats de quartiers ou dans la solidarité avec les peuples du tiers-monde. Quand il y aura de la place pour tout le monde dans l'Eglise, chacun affirmant à haute voix ses choix politiques, alors ce sera un jour de grande fête. »

L'hostilité de l'Eglise officielle envers ce prêtre courageux rappelle l'hostilité que les autorités du Vatican ont manifestée envers les prêtres latino-américains qui, dans les années 1970 et 1980, pratiquaient ce qu'on appelle la « théologie de la libération ».

Quelle fut alors l'attitude du cardinal Bergoglio, futur pape François ? Sa position peut être définie comme « habilement modérée ». D'un côté, il affirmait ne pas partager les dérives d'une théologie ouvertement favorable au communisme, dans laquelle s'étaient engagés ses frères jésuites – en 1979, par exemple, pendant le conseil épiscopal latin-américain, il a déclaré sans ambiguïté son opposition à ce mouvement. D'un autre côté, pendant les années de la dictature, il s'est engagé à titre personnel, offrant sa protection – une protection affichée, donc dangereuse – aux prêtres proches de ce courant, leur offrant des refuges sûrs, ou les aidant à sortir clandestinement du pays.

Mais revenons en Italie. En février 2007, « l'interventionnisme insistant de la Conférence épiscopale italienne », guidée par le cardinal Camillo Ruini, contre le projet de loi dit « Dico » (les droits pour les couples concubins hors du mariage) incite la communauté de Saint-Paul à intervenir par une lettre « s'opposant à la ligne de conduite indiquée par la hiérarchie catholique », qui s'intitule « *Possumus, Lettera aperta alla Chiesa cattolica italiana* » (« *Possumus*, Lettre ouverte à l'Eglise catholique italienne »). « Nous estimons qu'il n'appartient à aucune Eglise ni religion d'indiquer aux citoyens et au Parlement quelle doit être la bonne interprétation de la loi naturelle. D'ailleurs, dans son interprétation, l'Eglise romaine s'est contredite à plusieurs reprises au cours de l'histoire et pourrait continuer à se tromper encore aujourd'hui. Sa mission, ainsi que celle de ses consœurs les autres Eglises, consiste à annoncer l'Evangile de Jésus […] C'est justement en tant que catholiques, et pour des raisons théologiques, que nous affirmons notre désaccord ouvert face aux prises de positions de la CEI, qui nous semblent loin de l'Evangile. »

La communauté de Saint-Paul n'est pas la seule à s'opposer aussi fermement aux positions officielles de l'Eglise. Toutes les communautés chrétiennes de base se rangent ensemble contre le diktat du Vatican opposé aux unions de fait. Le 30 mars 2007, leur secrétariat national produit un document qui vaut la peine d'être lu, ne serait-ce qu'en partie :

> « *Comme beaucoup d'autres, nous travaillons depuis des années au plus près des laissés-pour-compte dans la "ville des familles normales". C'est ici que nous avons trouvé des enfants abandonnés pour des raisons d'honneur, des mères célibataires diabolisées et abandonnées à la solitude la plus noire, des handicapés rejetés, des détenus privés de toute famille, des gays désespérés, des couples qu'on ne respecte pas parce qu'ils sont hors normes, des mineurs abusés par leurs propres parents, des femmes violées sous prétexte du devoir conjugal. Aujourd'hui, les mères célibataires peuvent marcher la tête haute sans être obligées, par les parents et les curés, d'avorter en s'adressant aux faiseuses d'anges, ou bien d'abandonner leur enfant pour sauver l'honneur de la famille. Les personnes handicapées ont cessé d'être la honte de leurs parents, à cacher dans des instituts parce qu'ils seraient le signe de quelque péché. Les gays vivent leur vie au vu et au su de tout le monde. Les jeunes n'ont plus besoin de cacher leurs relations de manière hypocrite. Et les violences au sein de la famille commencent à venir au grand jour. Il faut redécouvrir les voies de l'ouverture planétaire de la famille, riche en histoire évangélique aussi, dans les expériences des jeunes générations et des nouveaux sujets sociaux, sans cacher les limites et les risques qui vont de pair*

avec toute ouverture vers ce qui est nouveau, mais sans diaboliser non plus qui que ce soit, car nous estimons que cette ouverture permet de sauver la famille humaine et le mariage lui-même. »

Les communautés de base trouvent un autre représentant de premier plan en la personne de don Enzo Mazzi, fondateur de la communauté de l'Isolotto de Florence, un quartier de banlieue au sud-ouest de la ville, qui a vu le jour en novembre 1954 avec l'inauguration d'un premier lot de mille logements, dans ce qui avait été conçu pour être la première ville satellite de la capitale toscane : des logements sociaux, une église et une paroisse. C'est ici que se forme la communauté de base de don Mazzi à la fin des années soixante. « Obéir à la hiérarchie catholique, déclare-t-il, signifie presque toujours désobéir aux impératifs les plus profonds, les plus authentiques et évangéliques du peuple. »

Un autre prêtre « gênant » signe cet appel : don Franco Barbero, fondateur de la communauté chrétienne de base de Pinerolo. Le 25 janvier 2003, « le prêtre qui bénit les couples gays » perd sa charge cléricale suite à la mesure prise par la congrégation pour la Doctrine de la foi, signée par le préfet de l'époque, le cardinal Joseph Ratzinger. Ce qui déplaît à l'Eglise de Rome n'est pas seulement le mariage homosexuel qu'a célébré le prêtre, mais aussi ses écrits (plus de vingt textes de christologie), dans lesquels don Franco soutient que l'infaillibilité du pape est une idéologie qui ne trouve pas le moindre écho dans la Bible ; que l'exclusion des femmes du sacerdoce est le pur produit du machisme et de la phobie sexuelle de la vision du monde du Vatican ; que la naissance virginale de Jésus est une légende, car il avait des frères et des sœurs charnels ; que si le célibat est un choix merveilleux, il ne peut pas être imposé, puis, pour finir, que les homosexuel(le)s ont droit au même respect que les hétérosexuel(le)s.

Aujourd'hui, cinq millions d'Italiens environ (douze pour cent de la population adulte) sont engagés dans le vaste monde associatif catholique. Une armée de fidèles dont les idées ne convergent pas toujours avec les positions officielles, qui exprime souvent un sentiment d'appartenance singulier et une sensibilité indépendante, si ce n'est critique, par rapport au Vatican. Pax Christi, Noi siamo la Chiesa (« Nous sommes l'Eglise »), La Rosa Bianca (« La Rose blanche ») sont certaines de ces associations catholiques progressistes qui réclament le renouvellement de l'Eglise. Ces mouvements de différentes natures qui comptent un nombre de membres variable, partagent tous, en revanche, une grande motivation sur le plan théologique et social.

Un autre exemple important est celui de la Cittadella, un ensemble de bâtiments au cœur de la ville d'Assise qui se veut « un carrefour et un espace de convivialité, presque un laboratoire des diversités, dans la conviction que chaque culture et chaque religion est porteuse de valeurs authentiques ». Les religieux et les laïques de la Cittadella incitent à la réflexion et à la prière, au dialogue et à la confrontation avec les témoins de notre temps : artistes, réalisateurs de cinéma, scientifiques, théologiens, psychologues, philosophes engagés pour la dignité de la personne humaine.

En septembre 1961, Pasolini participa à l'une de ces rencontres et séjourna ici quelques nuits. Comme cela arrivait à tous les visiteurs, il trouva dans sa chambre un exemplaire des Evangiles. De prime abord, il crut à une provocation de la part de ses hôtes, bien qu'au fond, s'il était à Assise c'était bien pour parler d'un film sur Jésus. Le titre de l'œuvre à venir, *L'Evangile selon saint Matthieu*, fut trouvé à cette occasion. Le réalisateur écrira dans ses *Regole di un'illusione* (« Règles d'une illusion ») :

> *« D'instinct, j'allongeai la main sur la table de nuit, je pris le livre des Evangiles qui se trouve dans toutes les chambres et je commençai à le lire depuis le début, c'est-à-dire le premier des quatre Evangiles, selon saint Matthieu. Et de la première page j'arrivai à la dernière – j'en ai le souvenir précis – presque en me défendant, mais avec joie, des clameurs de la ville en liesse. Enfin, en refermant le livre, je découvris qu'entre les premiers bourdonnements et les dernières cloches qui saluaient le départ du pape pèlerin [le pape Roncalli, Jean XXIII, en visite à Assise], j'avais lu en entier ce texte si dur, mais aussi tendre, si hébraïque et irascible qu'est justement le texte de Matthieu. L'idée d'un film sur les Evangiles je l'avais eue à d'autres occasions, mais ce film est né là, ce jour-là, à ces heures. »*

Cette « Eglise de frontière », proche des laissés-pour-compte, ouverte à la confrontation et éloignée du pouvoir de la curie romaine, trouve un autre illustre représentant en la figure de don Luigi Ciotti, consacré prêtre en 1972 par le cardinal Michele Pellegrino, qui lui confie la rue pour toute paroisse. Son engagement social avait commencé en 1966 par la création du Gruppo Abele, qui travaille dans les centres de détention pour mineurs et qui aide les victimes de la drogue. En 1982, don Ciotti participe à la constitution de la CNCA (Coordination nationale des communautés d'accueil), deux cent soixante organisations qui œuvrent dans tous les secteurs à problèmes et sur la question de la marginalisation, avec « une approche laïque et pluraliste ». En 1995, il fonde Libera, un réseau d'associations engagées dans la lutte contre la mafia, qui utilise les biens confisqués aux boss de la pègre pour des actions d'utilité sociale. Don Ciotti non plus n'a pas échappé aux problèmes avec les institutions et avec l'Eglise : « Car tant que tu donnes un coup de main à ceux qui sont en difficulté, tu es quelqu'un de bien, a-t-il confié à Marco Politi dans l'ouvrage *Il ritorno di Dio* (« Le Retour de Dieu »). Mais quand tu commences à soulever des questions, à dénoncer les injustices, alors tu commences à devenir gênant. »

Il y a dans le catholicisme une richesse d'élaboration évangélique souvent méconnue, qui affleure seulement de manière sporadique. Je ne citerai que quelques-unes des très nombreuses personnalités qui en témoignent : du grand théologien (dissident) Hans Küng au cardinal Carlo Maria Martini, des prêtres des *favelas* d'Amérique du Sud aux curés du sud de l'Italie engagés dans la lutte contre la mafia.

Même si le pape Albino Luciani a été un serviteur obéissant de l'Eglise, ses premières initiatives ont aussitôt montré sans ambiguïté quel était son sentiment profond et quelle direction aurait pris son pontificat si les circonstances – ou les hommes – le lui avaient permis. Il se peut qu'Albino Luciani ait été assassiné. Ou peut-être pas. Ce qui est certain, c'est que ses brèves journées de règne ont été profondément troublées par la découverte de la distance abyssale qui séparait l'Evangile de la charge dont il avait été investi. Une fois les célébrations terminées, il s'est retrouvé très isolé dans l'immensité du Vatican avec ses affaires et ses intrigues, entouré d'une curie qu'il sentait loin de lui, si ce n'est hostile à ses propos et à sa foi, renfermée qu'elle était dans ces palais, très éloignée des espoirs et des combats d'un grand nombre de fidèles et de tant de simples prêtres. Giuseppe Siri, archevêque de Gênes, confia en privé que la cause de la mort du pape Luciani était peut-être à rechercher dans son émotivité exacerbée, dans le trouble profond qui ne l'avait pas quitté depuis le jour de son élection.

On a aussi émis l'hypothèse que la cause de sa mort avait été une douleur immense : un crève-cœur, comme on dit. Que cette douleur ait été brutalement « finalisée » à l'aide d'un poison est une hypothèse que nous ne pouvons ni confirmer ni exclure.

VI
Deux génies rivaux

Il existe à Rome un magnifique carrefour qui ne peut malheureusement être admiré qu'au péril de sa vie, et qui est donc ignoré la plupart du temps. Si je disais qu'il s'agit de l'intersection entre la route Pia et la route Felice, peu comprendraient. Une toponymie actualisée permet de le situer : c'est le croisement de la rue du 20-Septembre et de la rue des Quatre-Fontaines. Les Romains appelaient la première Alta Semita, car elle suit la ligne de faîte d'une colline, conduisant de la porte Pia au Quirinal ; elle a aujourd'hui pour décor, d'un côté, l'admirable porte dessinée par Michel-Ange, de l'autre, un bel obélisque égyptien et l'ensemble des Dioscures.

L'autre rue, perpendiculaire à la première, relie Sainte-Marie-Majeure à la Trinité-des-Monts ; elle fut inaugurée, nous l'avons dit, par Sixte V et a elle aussi deux obélisques pour arrière-plan. Du reste, ce n'est qu'un hasard si la perspective de la porte Pia n'est pas elle aussi fermée par un obélisque. En 1822, le pape Pie VII décida en effet de placer sur le Pincio un charmant obélisque de neuf mètres qui se trouvait depuis des années au Vatican, dans la cour de la Pigna. L'abbé Cancellieri le supplia de le placer plutôt sur la grosse tour de la porte Pia, pour que l'on puisse, depuis ledit carrefour, admirer quatre obélisques d'un seul coup. Finalement, c'est le pape qui l'emporta, et l'obélisque se dresse aujourd'hui dans le jardin du Pincio, à côté de la Casina Valadier. Il avait été érigé sur ordre de l'empereur Hadrien, en mémoire de son favori Antinoüs, ce qui lui confère une note de délicate mélancolie.

C'est dommage que l'on ne puisse pas s'arrêter calmement au milieu de ce carrefour, traversé jour et nuit par une circulation effrénée. Les quatre perspectives seraient toutes dignes d'attention, ne serait-ce qu'en raison des événements qui ont fait la longue histoire de ces lieux. Les fontaines que le pape Sixte fit placer aux quatre coins sont moins admirables : ce sont des ornements modestes comparés aux nombreuses et incomparables fontaines qui existent à Rome. Immobile sur un trottoir, on peut cependant effectuer une opération moins risquée, mais non moins digne d'intérêt : contempler la façade de l'église Saint-Charles-aux-Quatre-Fontaines, affectueusement appelée – et pas seulement pour ses dimensions réduites – Petit Saint-Charles. C'est l'un des chefs-d'œuvre de Francesco Borromini. Le grand architecte la dessina en 1634 pour l'ordre espagnol des Trinitaires déchaux, un ordre pauvre et austère de moines dont le but principal était de récolter des fonds pour libérer les chrétiens emprisonnés par les « Turcs ».

Borromini est important pour Rome, mais son rôle serait encore plus évident s'il avait vécu à une autre époque ou dans une autre ville. En somme, s'il n'avait pas été écrasé par la puissante et envahissante présence d'un autre génie, Gian Lorenzo Bernini, le Bernin. Mais il se trouve que ces deux excellents artistes travaillèrent côte à côte (bien souvent l'un contre l'autre), nous laissant, à nous qui sommes arrivés plus tard, la possibilité de confronter deux visions différentes d'une religiosité qui était née, dans les deux cas, sous le couvert du Vatican et durant les terribles années de la Contre-Réforme. Le Bernin s'ouvrait au monde et l'embrassait tout entier dans l'étendue de son génie ; Borromini, au contraire, se renfermait de plus en plus sur lui-même, jusqu'à la fin angoissante dont nous parlerons.

Le Bernin exerça son talent dans tous les domaines, y compris celui que nous appellerions aujourd'hui des « relations publiques ». En définitive, il fit toujours ce qu'il voulait, mais avec l'air de vouloir satisfaire avant tout son commanditaire. En cela aussi, Borromini fut tout le contraire : il se montra irritable et revêche, ne fit jamais rien pour plaire au monde, affichant son indépendance à une époque terrible, qui exigeait avant tout obéissance. Qui visite Rome a la chance de pouvoir admirer, entre autres, deux chefs-d'œuvre de ces artistes, qui se trouvent à quelques mètres l'un de l'autre : le Petit Saint-Charles de Borromini et Saint-André du Quirinal du Bernin.

Commençons par le Petit Saint-Charles. Sur le petit terrain dont les religieux disposaient, Borromini, qui avait alors trente-cinq ans, réussit à faire entrer un dortoir pour vingt frères et un réfectoire ; puis la bibliothèque, un cloître et enfin une église, avec sa crypte souterraine. Les travaux du cloître commencèrent en février 1635 ; trois ans plus tard, on commença l'église, mais son chantier fut interrompu à plusieurs reprises, accumulant beaucoup de retard, principalement à cause de la façade, qui demeura longtemps dépouillée et sur laquelle l'artiste reviendrait à un âge plus avancé sans jamais réussir à la compléter. Quand il mourut, seul l'ordre inférieur était terminé ; c'est son neveu Bernardo qui la termina.

La façade en saillie de la partie centrale fléchit sur les ailes en deux profondes concavités et se termine en hauteur par un couronnement pointu à l'abri du minuscule clocher. Le mouvement est frénétique, il n'y a pas une zone, même minime, qui n'ait été dessinée, pensée, agrémentée d'un ornement, d'une niche, d'une statue, d'une moulure, d'un symbole. De chaque côté du portail, deux fenêtres ovales, sous chacune d'elle, une tête de cerf dont les bois forment un cercle, dans lequel figure la croix des trinitaires, et sous les têtes, une guirlande.

Au-dessus du portail se trouvent trois statues, mais leur placement est l'œuvre du neveu Bernardo. La figure centrale, dédiée à saint Charles Borromée, est enfermée dans une niche surmontée par deux grandes ailes, au-dessous desquelles se trouvent deux anges, et à côté des anges, deux colonnes couronnées par deux chapiteaux de styles variés, aux ornements complexes. L'entablement, dans la partie centrale, se déploie en une balustrade animée ; puis encore des niches, des colonnes, des panneaux, des palmes, des croix, une fenêtre à baldaquin, deux autres anges soutenant un ovale qui contenait à l'origine une peinture de la Trinité qui fut perdue. Cette description de la façade, loin d'être complète, donne déjà une idée de la quantité énorme d'informations et de symboles que l'artiste plaça dans une superficie si réduite.

Passé le seuil, on se retrouve dans un espace elliptique où domine une couleur claire, presque blanche, sur laquelle tranche seule la dorure des petites fenêtres et des corniches des autels. Les parois sont aussi animées que l'extérieur, avec une alternance du concave et du convexe, des colonnes, des niches – certaines dotées d'une voûte tréflée, d'autres de coquilles, d'autres encore enrichies de feuilles pointues. Et puis, des profils, des modénatures, des encorbellements, des plans inclinés, des jeux de courbes. Le plafond (l'intérieur de la coupole) est en soi un chef-d'œuvre, avec son enchevêtrement de caissons en stuc saillants qui forment une alternance dense d'hexagones et d'octogones où s'intercalent les croix des trinitaires. Dans les pendentifs, quatre médaillons de stuc.

Dans les anses[1] des murs, l'architecte a creusé une cage d'escalier, l'entrée de la sacristie et deux minuscules chapelles, l'une à droite de l'entrée, l'autre à gauche du maître-autel. C'est là que sont conservés, dans une urne, les restes de la bienheureuse Elisabeth Canori Mora, tertiaire de l'ordre de la Trinité, femme très malheureuse et très pieuse, ayant derrière elle une vie familiale mouvementée, qui s'acheva par de remarquables œuvres de piété. Dans un couloir du couvent sont exposés les deux disciplines (l'une de corde, l'autre de fer) avec lesquels elle se mortifiait durement.

Du même côté de la rue, à une dizaine de mètres en direction de la place du Quirinal, se dresse l'église Saint-André, l'un des nombreux chefs-d'œuvre de Gian Lorenzo Bernini, érigée quelques années après : le Petit Saint-Charles fut consacré en 1646, la restructuration de Saint-André commença en 1658.

Bien que Saint-Charles émerveille par son réseau dense et mouvementé d'ornements et de trouvailles, on retire une impression d'austérité de fond. Malgré une imagination presque convulsive, la construction n'en reste pas moins sévère, pauvre, à cause de l'enduit qui domine les espaces. Entrer dans Saint-André fait l'effet d'un coup de poing. Tout à coup, après ce blanc semblable à la chaux, voilà le faste et l'éclat de couleurs variées : marbres polychromes, peintures somptueuses, ornements surchargés des chapelles, anges aux vêtements qui semblent agités par un souffle de vent, à l'attitude théâtrale, emphatiques, potelés, magnifiques. Ni Borromini ni le Bernin ne demandèrent d'argent pour leurs travaux, mais tous deux exigèrent, en guise de compensation, de pouvoir les exécuter en

1. En architecture, une anse est une courbe se rapprochant de l'ellipse, formée de trois portions de cercle, employée pour certains couronnements de baies ou de voûtes.

toute liberté. C'est aussi pour cette raison que les deux églises les révèlent, et sans doute ces deux œuvres suffiraient-elles à nous faire comprendre quels genres d'hommes ils étaient.

Les formes, tout d'abord : les deux églises sont de plan ovale, mais il y a une différence considérable entre la forme elliptique conçue par Borromini et le parfait ovale du Bernin. Différente aussi, la lumière qui inonde les deux édifices : blanche et froide dans Saint-Charles, dorée, chaude, rassurante, luxueuse dans Saint-André. Différentes les décorations, mais il ne faut pas oublier que l'une des églises était destinée aux pauvres trinitaires, l'autre aux puissants jésuites. Et en effet, la chapelle la plus somptueuse de Saint-André est dédiée à saint Ignace[1]. Les deux chefs-d'œuvre sont si radicalement opposés que l'on pourrait penser à deux religions distinctes, si certains symboles ne les unissaient. Mais ce sont justement ces différences qui nous ont permis de mieux comprendre ce que l'on entendait par le terme « baroque » et d'y lire plus nettement un véritable manifeste « politique » de l'Eglise.

Le terme « baroque » se réfère-t-il à un style précis ? A une indication spatio-temporelle ou bien à une culture plus générale ? En réalité, le baroque qualifie un mouvement d'une telle vitalité que l'on pourrait plus facilement le définir par une négation : est baroque tout ce qui n'est pas classique. Si le philosophe Benedetto Croce l'a qualifié à tort de « non-style », presque de « mauvais goût », il avait pourtant vu juste en le considérant avant tout comme l'indicateur d'un climat culturel et spirituel reconnaissable.

C'est exactement ce que l'on voit dans ces deux églises. Leurs sensationnelles divergences renvoient non seulement aux

1. Saint Ignace de Loyola, fondateur de la Compagnie de Jésus.

personnalités différentes de leurs architectes, mais aussi à des conceptions spirituelles éloignées.

Chaque artiste connaît des impératifs dans son métier, mais ceux d'un architecte sont sans doute les plus contraignants, car il doit travailler avec des éléments que l'on ne peut pratiquement pas modifier : les matériaux et l'espace. Quand le jeune Borromini s'attaqua au chantier de Saint-Charles, il savait devoir bâtir tout ce que les bons moines lui demandaient, tout en ne disposant que de vingt-quatre mètres le long de l'actuelle rue du 20-Septembre, dans lesquels il fallait faire rentrer l'église et le cloître ; de plus, le terrain était de forme irrégulière, et l'un des angles occupé par la fontaine. Contraint, ou peut-être stimulé, par ces difficultés, l'artiste étudia chaque détail, l'enrichit par quantité de finesses et de solutions ingénieuses : du plan aux balustrades, des niches au clocher, jusqu'à l'extraordinaire intérieur de la coupole. Sans oublier la façade, naturellement : des idées si hardies qu'elles confèrent à cet espace extrêmement réduit une articulation et une respiration sans pareilles.

La visite au cloître est incontournable ; on y accède par une petite porte à côté du maître-autel. Le plan est rectangulaire, mais à pans coupés, et les colonnes divisent l'espace sur deux niveaux. La balustrade du niveau supérieur est soutenue par d'élégantes colonnes, tête-bêche. Au centre, un beau puits octogonal, dont Borromini dessina jusqu'à la structure de fer forgé qui le couronne. Dans ce petit espace, la lumière joue aussi son rôle, modelant différemment, suivant les heures de la journée, les ombres des arcs, des balustrades, des colonnes. On affirma à l'époque que cette petite église rentrerait dans l'un des piliers de la coupole de Saint-Pierre. C'est vrai, mais il est vrai aussi que ce serait une erreur, malgré la profonde religiosité de l'artiste, de réduire à l'art sacré sa violente tension créative.

Ce qui compte, c'est le caractère chaleureux et recueilli de ces espaces minuscules, le miracle d'avoir su créer un enchantement qui évoque, comme aucun autre lieu, l'appel calme et serein du sacré. D'un point de vue biographique, Saint-Charles fut la première commande par laquelle Borromini se vit attribuer, parmi le cercle restreint de ses admirateurs, la réputation d'artiste capable d'allier l'ingéniosité du projet à l'économie des coûts. Il ne retira pas un sou de cette entreprise, comme en témoignent les documents : « Nous pouvons affirmer que pour notre chantier, il n'a jamais voulu percevoir un seul jules[1] », écrit le frère Juan de San Bonaventura, prieur de l'ordre, ainsi que contrôleur attentif des travaux de l'église. Lequel, ébloui, note aussi que cette petite église est si belle, « si rare de l'avis de tous, qu'il semble n'en exister de semblable en matière de procédés et fantaisie, rareté et merveilleux, dans le monde entier ».

Le frère ajoute une autre observation subtile, assurant que l'œuvre était « bien basée sur les Anciens et sur les écrits des meilleurs architectes ». Il conclut en rapportant que les moines reçurent beaucoup de demandes pour voir les dessins du projet, de la part de nombreux étrangers, même venus d'Inde. Les derniers éloges, il les réserve à l'habileté professionnelle avec laquelle l'architecte avait supervisé les ouvriers et les travaux, en commençant par répartir :

> *« [...] les matériaux aux artisans de telle façon que, ce travail qui aurait dû durer plusieurs jours, il l'a rendu facile bien qu'il fût très ardu, comme s'il faisait un travail aisé et ordinaire : car Francesco en personne dirige la truelle du maçon, oriente la petite truelle du*

1. Monnaie de Toscane et de Rome frappée sous Jules II.

stucateur, la scie du menuisier, le ciseau du tailleur de pierre, le marteau du briqueteur et la lime du forgeron, de sorte que ses réalisations sont de grande valeur mais pas les coûts, comme le lui reprochent ses rivaux. »

A Rome, on n'avait jamais vu un architecte de renom faire une chose pareille. La chronique du frère nous montre, en effet, un homme de grand talent, désireux d'échanger avec les artisans, capable de guider chacun dans son art, tout comme un chef d'orchestre suggère aux divers musiciens le dynamisme ou la respiration d'une phrase. « Francesco », le nomme le moine. C'était en effet le véritable nom de l'homme couramment appelé Borromini. Francesco Castelli, né en Suisse, à Bissone (canton du Tessin), modeste village de pêcheurs sur le lac de Lugano, le 27 septembre 1599. Sur Gian Lorenzo Bernini, nous en savons beaucoup plus, car on a beaucoup écrit sur lui, et ses œuvres sont depuis des siècles placées aux endroits les plus célèbres de la ville, aux yeux de tous. Les chroniques, déjà de son vivant, négligent Borromini, car rares sont les épisodes colorés de son existence, et les biographes, comme on le sait, ont besoin de chair et de sang pour exciter leur imagination et celle de leurs lecteurs.

Le Bernin, avec son génie rutilant, occupe tant le centre de la scène – et cela pendant des décennies – que la Rome du XVIIe siècle semblerait vide sans lui. Du reste, il commence très tôt, découvert par le cardinal Scipione Borghèse, neveu de Paul V, qui le considère, à juste titre, comme un *enfant prodige*[1]. Le Bernin travaille sans arrêt, conférant à la ville une physionomie devenue définitive par bien des aspects. C'est le favori des puissants, il domine la vie papale, c'est-à-dire celle

1. En français dans le texte.

de la Cour, emplit de sa présence les vastes et fastueux espaces, reçoit continuellement des commandes publiques et privées. Il est habile, séduisant, charme ceux qui l'écoutent, il est conscient de son talent, éclectique, vif, ne fait rien pour dissimuler sa créativité plurielle. Il est peintre, sculpteur, architecte, décorateur, scénographe, costumier de théâtre, maître en matière de pyrotechnie. On dira de lui qu'il a incarné le dernier génie universel de la Renaissance. On dira aussi que, tout comme Wagner et Beethoven, il n'a pas eu de successeurs, ridiculisant ceux qui tentèrent de l'imiter.

En effet, ce n'est pas lui, mais l'autre, le mélancolique Borromini, qui sème pour l'architecture future, même s'il faudra des décennies pour le découvrir. Borromini, le rival, voire à certaines occasions l'ennemi, l'homme qui ose le défier et qui, une fois, parvient à faire détruire l'une de ses créations pour y mettre la sienne. Si le Bernin est naturellement théâtral, Borromini – un homme de peu de mots et encore moins de vêtements – sait inventer des courbes, des ornements et des dispositifs sans précédent ; comme l'a observé le moine de Saint-Charles, il part des modèles classiques, mais sait ensuite comment les tordre et les faire vibrer en les adaptant à son goût, aux impératifs de la construction, à l'esprit de l'époque, de façon « rare et extraordinaire ».

Francesco Castelli est un garçonnet de neuf ans quand il quitte les rives – pas toujours heureuses – de son lac, pour s'installer à Milan. Il travaille comme apprenti tailleur de pierre à la fabrique de la cathédrale et apprend les secrets de la maçonnerie qui, exécutée au plus haut niveau, est un artisanat très fin, en aucun cas inférieur à celui de l'ébéniste ou du maître forgeron. Quand, des années après, il fait bâtir la façade de l'oratoire de Saint-Philippe-Neri, adjacent à la Chiesa Nuova de l'avenue Vittorio, il veut la modeler « comme s'il s'agissait d'un seul morceau de terre cuite ».

Ne pouvant réaliser son dessein, il s'ingénie à trouver une solution analogue. Les briques romaines, comme on peut le voir dans les anciennes constructions, sont très fines et régulières. Il les prend pour modèle. Il en fait faire de semblables, ordonne qu'on les pose avec une très fine couche de mortier entre elles, pour réduire au maximum l'épaisseur des joints. De cette façon, il réussit à se rapprocher grandement de l'idée de « terre cuite » qu'il avait à l'esprit et à satisfaire la volonté des commanditaires, qui lui avaient demandé « positivité et modestie » : il rend « pauvre » la façade d'un oratoire qui devait se dresser à côté de la majestueuse Chiesa Nuova de Santa Maria in Vallicella. Que ce fût un chef-d'œuvre, même le Bernin l'admit, du bout des lèvres. Il objecta seulement que le caractère de l'édifice aurait été plus adapté à un « pavillon de campagne » qu'à un bâtiment religieux.

A peine sorti de la délicate période de l'adolescence, Francesco décide d'aller à Rome. Il quitte donc Milan et se dirige, à pied, vers la capitale catholique. Il dort dans les couvents, mange où il peut. C'est un garçon qui sent brûler deux flammes en lui : celle de la religion et celle de son métier. A Rome, il trouve à se loger chez un cousin maternel, Leone, qui habite dans la ruelle de l'Agnello (aujourd'hui ruelle Orbitelli), non loin de l'église Saint-Jean-Baptiste-des-Florentins, le long du Tibre, et qui travaille à la fabrique de Saint-Pierre, comme contremaître. Ce Leone, en effet, est lui aussi tailleur de pierre ; il vient de cette région du canton du Tessin où l'art de tailler ou de modeler la pierre est très répandu et qui, outre Borromini, a fourni des noms illustres à l'architecture : Carlo Maderno (dont Leone a épousé la nièce, Cecilia) et Domenico Fontana pour ne citer que les plus célèbres.

En somme, Francesco, comme tous les immigrés, commence

lui aussi par travailler grâce au milieu familial. Sur les livres de paye de Saint-Pierre, il apparaît sous le nouveau nom de Francesco Bromino ou Borromino. On dit que c'est en raison de sa dévotion et de celle de sa famille pour le saint archevêque Charles Borromée. Bissone et certaines zones de la Lombardie faisaient en effet partie des provinces Borromées (dont témoignent les îles Borromées, sur le lac Majeur). Il se peut aussi, plus banalement, que le nouveau nom ait servi à le distinguer des nombreux Castelli qui travaillaient sur les chantiers.

Le premier à lui témoigner toute sa confiance se trouve être justement Maderno, qui fait appel à son jeune concitoyen pour l'aider dans son « atelier », dirait-on aujourd'hui, en lui faisant faire des dessins ou même inventer des détails. Parfois, quand il lui demande de mettre au propre des projets, il lui permet d'apporter quelques modifications. Maderno est brusque avec son élève, même si l'on sent, sous la rudesse et l'irascibilité, qu'il porte à son quasi-parent par alliance une estime qui frôle parfois l'affection. Le grand architecte fait plus que ses soixante-cinq ans (nous sommes vers 1620), souffre de calculs biliaires et a tellement de mal à marcher qu'on doit le transporter en chaise à porteurs. Même s'il ne le montre pas, ce jeune taciturne et ingénieux, qui va et vient dans l'atelier et semble capable d'anticiper ses désirs, est pour lui une grande consolation.

Le Borromini de vingt ans est silencieux. Quand il ne travaille pas, il étudie. Pendant les pauses des chantiers, alors que les autres se détendent, lui consulte des livres, trace une courbe insolite, cherche une solution inattendue. Sa bibliothèque est fournie, il possède des volumes qui embrassent de nombreux domaines : mathématiques, hydraulique, physique. Mais on y trouve aussi les œuvres classiques, ainsi que des volumes de « chimie », comme on dirait aujourd'hui, mais qui comprenaient alors des matières aux frontières du surnaturel et de la magie : les transformations alchimiques, les symboles et les propriétés cachées dans la nature des choses et des mots. Il est, du reste, assez probable que Borromini ait fait partie de cette sorte d'ancêtre de la franc-maçonnerie – née officiellement seulement en 1717 – qu'était la « corporation des maçons ».

Son aspect, du moins lorsqu'il est jeune, est agréable ; son biographe Filippo Balducci le décrit comme « un homme grand et de belle allure, aux membres épais et robustes, à l'âme forte et aux nobles et grandes idées ». Mais une gravure anonyme de lui, à un âge déjà avancé, nous renvoie l'image d'un visage inquiet et sévère, assombri par une névrose évidente ; une « mélancolie » qui ne l'abandonnera jamais, alliée à une sombre religiosité que les accidents de la vie renforceront, jusqu'au fatal geste final. N'importe quel médecin qui l'examinerait aujourd'hui diagnostiquerait aisément un « syndrome maniaco-dépressif », mal obscur de l'âme alors inconnu, dont on entrevoyait les symptômes, mais pour lequel personne n'envisageait de possibilité de traitement.

Ce mal de l'âme de l'artiste, en tout cas, se manifeste même dans ses vêtements, toujours noirs et coupés à l'ancienne mode espagnole, en vogue dans sa jeunesse. D'après un autre biographe, Passeri, « il voulut toujours apparaître avec la même allure et le même vêtement démodé, sans vouloir suivre les usages qui se pratiquaient à l'époque ». Par ailleurs, Borromini avait commencé à travailler dans cette Lombardie qui, pendant deux siècles (jusqu'en 1714) était restée sous la domination espagnole, celle que Manzoni dépeint dans son roman *Les Fiancés*[1].

1. *Les Fiancés* d'Alessandro Manzoni est le premier roman moderne de l'histoire de la littérature italienne. Son auteur est l'un des écrivains les plus illustres du Risorgimento et du romantisme italiens.

La mélancolie de Borromini ne va évidemment pas sans en rappeler une autre : celle, célèbre, du Tasse. Mais chez le poète de *La Jérusalem délivrée*, la démence avait des aspects plus visibles, elle se manifestait par des comportements si tapageurs que ses protecteurs étaient contraints de l'enfermer dans des endroits surveillés. La mélancolie de Borromini, au contraire, restait tournée vers l'intérieur, les manifestations externes se limitant à quelques âpretés de tempérament, à des rapports humains difficiles, pourrait-on dire, à une chasteté contre-nature. A la naissance de Borromini, le Tasse était mort depuis quatre ans : les deux artistes ont vécu dans des sociétés profondément différentes ; pourtant, dans leur façon d'aborder la vie, on peut percevoir plus d'une similitude. Plus grave fut la folie du Tasse, plus rude la névrose de Borromini, auquel fut épargnée la souffrance de l'internement, mais qui – d'après ce que nous savons et contrairement au poète – ne connut pas l'affection d'une femme ou d'un ami.

La seule présence féminine à ses côtés fut sa fidèle domestique Mattea, qui resta à son service de nombreuses années. A la fin de la journée, Francesco se retirait chez lui, avec pour seule compagnie les livres et les projets auxquels il travaillait jusque tard dans la nuit, à la lueur fumante d'une lampe à huile. Sa seule et rare distraction était de se rendre, certains soirs, à l'oratoire de l'hôpital Santo Spirito pour écouter Giacomo Carissimi interpréter ses musiques à l'orgue. C'est grâce à ces compositions, dont Palestrina fut l'initiateur, qu'est née la forme musicale connue sous le nom d'oratorio – encore un des visages de la Contre-Réforme.

Gian Lorenzo, ou plutôt Giovan Lorenzo, était né à Naples, car son père, Pietro, sculpteur, originaire de Sesto Fiorentino, avait trouvé du travail au chantier de la chartreuse de San Martino. Mais la famille demeura très peu de temps dans la ville. En 1605, alors que Gian Lorenzo n'avait que sept ans, les Bernini étaient déjà à Rome. Tout ce qui fit défaut à Borromini, d'un an son cadet, le Bernin l'eut à foison : sympathie, reconnaissance, renommée, argent, gloire.

Au début du XVIIe siècle, en Europe, travaillaient des génies qui marqueraient leur époque, de Shakespeare à Rembrandt, de Galilée à Descartes et Newton. Rome aussi vivait une phase exceptionnelle en matière d'art, où étaient à l'œuvre Caravage, les trois Carrache et Rubens, pour ne citer que quelques exemples. Mais à Rome, plus encore que dans les autres territoires pontificaux, les règles strictes établies par l'Eglise sévissaient même dans le domaine artistique, suite au traumatisme de la Réforme de Luther.

La plupart des œuvres de cette époque reflètent en effet très clairement l'intention dévotionnelle et édifiante avec laquelle elles avaient été commandées et exécutées. D'autant que, en l'absence d'une bourgeoisie comme celle, par exemple, des Pays-Bas, les commanditaires étaient presque exclusivement les princes de l'Eglise, des cardinaux riches et cultivés, désireux d'embellir leurs demeures, villas et jardins. Pietro Bernini avait été convoqué à Rome par le pape Paul V, élu souverain pontife de compromis, mais qui avait en réalité beaucoup de tempérament. Il commanda entre autres la chapelle familiale, dite justement « Paolina », dans la basilique Sainte-Marie-Majeure. C'est là que Pietro réalisa ce que l'on considère comme son chef-d'œuvre, une *Ascension de la Vierge* où des figures tarabiscotées d'anges musiciens escortent la mère de Jésus dans les cieux, tandis que des apôtres assistent – un peu inquiets, dirait-on – au prodige. Beaucoup d'artistes de l'époque étaient des enfants de l'art ou formés dans les ateliers. Gian Lorenzo est plus que ça : il vit dans l'atelier de son père, en apprend les secrets, respire cet air-là. Cela devait arriver, car, comme Rossini ou Mozart, plus tard, comme Picasso ou Stravinski, Bernini fils n'avait pas besoin d'apprendre son métier : il coulait dans ses veines.

Le pape Paul V a fait cardinal et a pour secrétaire son neveu préféré, Scipion. C'est lui qui, intrigué par les bruits qui courent à propos de ce prodigieux jeune homme, le fait appeler. Le fils de Gian Lorenzo, Domenico, écrit dans la biographie de son père que, lors de cette rencontre si importante, le garçon fut magistral : « Il fit preuve d'un tel mélange de vivacité et de modestie, de docilité et de promptitude, que l'âme du prince en fut ravie, et il voulut aussitôt le présenter au souverain pontife. » Avec cette seconde et plus importante entrevue, Gian Lorenzo entre triomphalement dans sa destinée.

En effet, pour le tester, Paul V lui demande de dessiner un visage au pied levé et en sa présence. Loin d'être intimidé, le Bernin demande au pape avec une charmante candeur quel visage il désire, d'homme ou de femme, de quel âge et avec quelle expression. Le visage de saint Paul, répond le pape. Une demi-heure après, le visage est terminé. Et d'une facture telle, que le pape, émerveillé, dit aux cardinaux rassemblés autour de lui : « Ce garçon sera le Michel-Ange de son époque. » C'est encore Domenico qui rapporte cette phrase, et il se peut qu'il ait exagéré par amour filial. Mais l'admiration de Paul V est certaine, puisqu'il fait tomber dans les petites mains de Gian Lorenzo douze pièces d'or. La première somme gagnée grâce à son talent extraordinaire.

Mais le sujet de ce livre est la politique papale, y compris artistique, et non l'histoire de l'art. Je me limite donc à rapporter des épisodes qui illustrent le rapport entre les deux grands artistes et celui qu'ils entretenaient avec le pouvoir, dont tous deux dépendaient. Le peintre et historien Filippo Baldinucci résume l'existence de Borromini par une formule efficace : « Il se nourrit avec sobriété et vécut chastement. Il estima beaucoup son art, pour l'amour duquel il ne lésina pas sur le travail. »

Une vie si réservée ne pouvait évidemment pas lui profiter. Rome était, comme elle l'a toujours été, une ville dont la religiosité affichée et extérieure n'était qu'une facette parmi d'autres dans un système qui alimentait une corruption diffuse, sinon une profonde mollesse, un désenchantement qui basculait souvent dans le cynisme. Même sans son caractère revêche et sa rigueur obstinée, la moralité intègre de Borromini aurait suffi à le montrer sous un mauvais jour. Son rival le Bernin savait comment se placer au centre de la scène, comment accaparer l'attention et la bienveillance de l'assistance, quelle qu'elle soit. Borromini, au contraire, donnait l'impression d'être un homme hautain, en un mot : antipathique.

Ils étaient tout aussi différents dans leur rapport à l'argent. D'après le biographe Leone Pascoli, Borromini « en matière de bénéfices, était assez délicat, il ne réclama jamais le prix de ses efforts à quiconque, et ne voulut jamais s'unir aux contremaîtres pour ne pas être soupçonné d'intelligence ou de participation ». On peut facilement imaginer combien un tel comportement put apparaître excentrique dans la Rome de l'époque.

Dès qu'il reçoit la charge de la fabrique de Saint-Pierre, le Bernin demande de l'aide à Borromini, notamment pour la partie technique de la construction, car il est plus qualifié. La collaboration commence mal. Le Bernin semble profiter de son rang supérieur pour exploiter le travail de son collègue, lui faisant des éloges verbalement, mais sans les accompagner des compensations dues. Baldinucci écrit :

> *« Des constructions de ce pontificat menées à bien par Borromino, c'est le Bernin qui tira les profits et les salaires aussi bien de la fabrique de Saint-Pierre que de celle du palais Barberini, ainsi que l'argent des mesures et il ne donna jamais rien à Borromino pour son travail de plusieurs années, mis à part de bonnes paroles. »*

En février 1631, Borromini a trente-deux ans, ce n'est plus le jeune tailleur de pierre arrivé à Rome quinze ans plus tôt. Pourtant, on ne le paie que vingt-cinq écus pour tous les travaux exécutés comme « assistant de l'architecte » dans le chantier du palais Barberini. Quand Borromini apprit la nouvelle, il se serait écrié, au dire d'un biographe : « Je ne suis pas fâché qu'il ait obtenu l'argent, je suis fâché qu'il jouisse des honneurs de mon travail. » Pourtant, il continue de collaborer avec le Bernin, car, il ne faut pas l'oublier, il est impossible de faire autrement. Mais l'hostilité demeure, parfois espiègle, parfois mêlée de rancune.

Trois papes influencent la vie professionnelle de Borromini. Le plus favorable est sans aucun doute Innocent X (Giambattista Pamphili), monté sur le trône en 1644 pour succéder à Urbain VIII Barberini. C'est un homme très habile, mais inculte, ainsi décrit par un chroniqueur : « Il n'est ami ni des Belles-Lettres, ni des orateurs, ni des poètes, si bien que beaucoup s'efforcent en vain de lui présenter des écrits, car il ne les apprécie pas et ne s'y intéresse guère. »

En plus d'être rude de tempérament, le pape Pamphili se met facilement en colère, devenant violent et, comme si cela ne suffisait pas, il est aussi très laid. Il semble que la seule personne capable de le radoucir soit Olimpia Pamphili, née Maidalchini, femme de pouvoir et d'intrigues, mariée en secondes noces à un frère du pape, d'où son nom de famille, et maîtresse en titre dudit souverain pontife, dont elle a soutenu l'élection. Le malheureux Innocent meurt en janvier 1655, après une longue agonie, au cours de laquelle ses parents et dame Olimpia emportent tout ce qu'ils peuvent de la demeure papale. La dépouille est abandonnée pendant trois jours dans un entrepôt derrière la sacristie de Saint-Pierre. Ce sont les ouvriers qui montent la garde de nuit pour que le corps en décomposition ne soit pas déchiqueté par les rats. Plus tard, son neveu Camillo fera ériger pour lui un monument dans Sainte-Agnès, place Navone.

La réputation de dame Olimpia persiste si longtemps que, quand le peintre impressionniste Edouard Manet peint, en 1863, le célèbre portrait d'une femme nue sur un lit, regardant droit devant elle, prenant pour modèle la Vénus du Titien, il l'intitule Olympia, en référence, probablement, à la grande courtisane de la Contre-Réforme romaine. L'artiste veut suggérer que les courtisanes sont les reines de la société parisienne du second Empire, tout comme Olimpia Pamphili avait été celle de la cour papale.

Eh bien, c'est justement le pape Innocent X, homme dépourvu de grâce, qui prend Borromini en affection. Sentiment favorisé par la nomination de Virgilio Spada comme aumônier secret. Le père Spada est un prêtre cultivé, déjà prieur des philippins à l'époque où Borromini travaillait à l'oratoire. Fort de sa nouvelle charge, c'est lui qui signale au pape la valeur de l'artiste et l'exemplaire correction dont il fait preuve.

Le pape, qui désire se débarrasser des favoris de son prédécesseur, lui confie la charge d'achever le palais de la Sapienza et la construction de l'église. Geste généreux, mais, une fois de plus, Borromini doit modifier un projet déjà réalisé en partie par un autre. Et une fois de plus, il réussit. Un chroniqueur de l'époque note que pour l'honorable Borromini « le mélange des angles, des lignes droites et courbes, ainsi que le manque de lumière naturelle n'étaient pas un souci, car il savait que le triomphe d'un architecte était lié aux difficultés ».

Le Bernin non plus n'a pas peur des défis. On raconte à son propos que, parfois contraint par les circonstances à faire un portrait sans avoir le modèle sous les yeux, il s'exclame : « Qui veut savoir ce qu'un homme sait doit le mettre en difficulté ! » Gian Lorenzo bénéficie presque toujours de faveurs, même s'il est entouré, cela se comprend, d'un nombre incalculable de jalousies. Quoi qu'il en soit, le pape qui lui est le plus favorable est Urbain VIII Barberini, homme et politique ambitieux, qui veut faire de l'art un instrument privilégié pour exhiber le triomphe de l'Eglise, sa puissance, qui est aussi mondaine et guerrière, suite au traumatisme de la Réforme. Le pape Barberini fut le grand protecteur de l'artiste. Il court à Rome la rumeur perfide que « si Gian Lorenzo ne le borde pas, le pape ne dort pas ». Il y en a aussi qui surnomment le Bernin « le chiot du pape ». Une familiarité telle, qu'à un moment donné, le souverain pontife oblige l'artiste à se marier pour faire taire les mauvaises langues.

Dès 1627, le pape Urbain commande au Bernin sa propre tombe. L'artiste y travaille des années, réinterprétant la tombe de Michel-Ange pour les Médicis qui se trouve à Florence. Siégeant majestueusement à quatre mètres de hauteur, la statue du pape, qui mesure le double de sa taille réelle, domine, le bras levé dans l'acte de la bénédiction, solennellement enveloppée dans de lourds vêtements rituels. A ses pieds, deux femmes, la Charité et la Justice, et surtout, au centre, le sarcophage, sur lequel un squelette voilé soutient le cartouche URBANUS VIII BARBE-

RINUS PONT.MAX (Urbain VIII Barberini Souverain Pontife). Dans le monument se mêlent des marbres de couleurs variées, du bronze bruni et doré, une scansion architecturale accentuée, des effets manifestement pittoresques : il suffirait à expliquer ce qu'était le « baroque » à Rome et quel aspect sut lui donner le plus génial de ses artisans.

Si pour le Bernin tout est – presque toujours – facile, pour Borromini, au contraire, les difficultés sont toujours nombreuses, y compris, justement, en ce qui concerne l'église de la Sapienza. Quand on entre dans la cour de l'édifice par l'entrée située sur l'avenue Rinascimento, on se rend compte, par exemple, de l'imagination dont l'artiste dut faire preuve pour modifier une construction abandonnée à mi-parcours par un autre. Le précédent architecte, Giacomo Della Porta, avait déjà construit la paroi concave qui fermait la cour, pensant ériger, dans l'espace restant, une église ronde insérée dans une forme quadrangulaire.

Borromini change tout, établit un plan constitué de deux triangles équilatéraux qui se croisent en formant une étoile à six branches : *maghèn David*, le bouclier, l'étoile juive de David, symbole de sagesse, particulièrement approprié à l'église de la Sapienza. En outre, il projette un plan centré, comme il l'avait déjà fait pour Saint-Charles, mais destiné ici à favoriser avant tout l'écoute de la prédication, ce qui était important dans une église destinée aux professeurs et élèves du Studium Urbis.

Le plan renferme une symbolique complexe, car les deux triangles croisés qui forment l'étoile de David représentent le sceau de Salomon, qui synthétise la pensée hermétique et maçonnique. L'agencement et le croisement des lignes représentent les quatre éléments de l'univers : le feu, l'air, la terre, l'eau. Il y a cent onze étoiles sur la coupole, un nombre qui peut s'écrire 1+1+1, dont la somme est égale à trois, symbole du Ciel et de la perfection (*Omne trinum est perfectum*), de la Trinité et d'autres éléments magiques, sans oublier les trois étapes du cheminement mystique : purification, illumination, communion avec Dieu.

On voit souvent apparaître, dans les travaux de Borromini, des allusions aux symboles magiques, maçonniques, ésotériques, mystiques. Ils abondent aussi dans l'oratoire des philippins : les cœurs flamboyants et les lys relèvent de la symbolique chère à Philippe Neri ; les couronnes et les palmes (parfois de forme stylisée) sont liées à la vie éternelle, mais elles peuvent aussi faire référence au saint des saints dans le temple de Salomon, quand elles sont associées à des têtes de chérubins et à des colonnes salomoniques. L'étoile à huit branches que Borromini a utilisée dans la bibliothèque symbolise les Pères de l'Eglise. Et ainsi de suite.

Dans l'église Saint-Yves, le symbole le plus sensationnel est le couronnement de la lanterne, une étrange flèche en spirale qui s'élève encore aujourd'hui au-dessus des toits de Rome. Que représente ce singulier et fascinant pinacle ? La tour de Babel ? Une vigne ? Un coquillage ? Une couronne flamboyante ? Ou bien l'historien d'art Maurizio Fagiolo aurait-il raison quand il écrit : « La spirale, théorème et emblème de l'immense sagesse divine, s'entortille dans les airs comme le serpent de l'éternité. » Parmi les nombreuses interprétations, je préfère celle de la tour de Babel, souvent représentée (depuis les ziggourats mésopotamiennes) sous la forme d'un cône aux marches ascendantes. (La plus célèbre ziggourat qui existe encore aujourd'hui – même si elle a été ravagée par la guerre – est le minaret Malwiya à Samarra, en Irak, haut de cinquante-deux mètres, tout en briques d'argile et qui remonte au XIIIe siècle, chef-d'œuvre de l'art islamique.)

La coupole de Saint-Yves attire à son créateur des ennuis

pratiques et, pourrait-on dire, contractuels. Les commanditaires pensent en effet que l'architecte n'a pas bien calculé la répartition des poids et que « les lourdes charges placées sur la coupole » pourraient causer de sérieuses fissures dans l'édifice. Le recteur du Studium Urbis lui fait porter une sommation par laquelle « ledit recteur se dresse contre celui-ci [l'architecte] pour tout dégât qui pourrait être constaté dans les quinze années à venir, conformément au règlement citoyen ». Très calmement, sûr de ses calculs et fort de son expérience, Borromini répond en garantissant par écrit la stabilité de la construction :

> *« Je soussigné, conformément à l'obligation qu'ont les architectes, selon le droit civil, d'entretenir durant une quinzaine d'années leurs constructions, à laquelle j'entends me soumettre [...] j'engage ma responsabilité, celle de mes héritiers et mes biens devant la Chambre Apostolique, pour tous les dégâts qui pourraient survenir dans la construction de la chapelle et de la coupole de la Sapientia. »*

Trois siècles et demi plus tard, comme on peut le voir, la coupole est encore bien solide.

Le Bernin aussi connut quelques humiliations malgré sa chance habituelle. Grave fut celle, par exemple, due à la mauvaise idée du pape Urbain d'ériger deux clochers aux extrémités de la façade de Saint-Pierre. En 1637, conformément aux instructions du souverain pontife, l'artiste fut chargé du projet. L'entreprise avait été tentée par le passé, mais finalement on avait décidé de remettre la chose à plus tard, suite à des problèmes liés à la nature « sableuse » du terrain et à l'état des fondations. Maderno lui-même avait été critiqué quand il avait agrandi la basilique, car on ne voyait plus qu'une partie de la coupole depuis la place, comme c'est, du reste, toujours le cas aujourd'hui. Malgré cela, le pape ordonna que l'on érige les clochers pour rendre l'ensemble plus majestueux.

Le Bernin accepte la charge, prévoit deux hautes tours à trois étages pour un total de soixante-dix mille écus : un montant énorme, plus du double des trente mille que Maderno avait mentionnés dans son devis. Avant de passer à l'exécution, il prend la précaution de recueillir des avis autorisés, notamment ceux de la Congrégation de la révérende fabrique et de deux talentueux contremaîtres. Il est établi d'un commun accord que les fondations sont suffisantes pour soutenir les nouvelles constructions. Filippo Baldinucci écrit : « C'est pourquoi il fut permis au prudent artisan de se mettre à l'œuvre en toute sécurité. »

Il n'en fut pas ainsi. Le Bernin avait conservé les bases bâties par Maderno, pensant ériger par-dessus son projet, qui était, comme d'habitude, assez élaboré. A la fin du mois de juin 1641, le pape en personne alla inspecter les travaux. Ce qu'il vit ne lui plut pas beaucoup, car des fissures étaient apparues sur la façade. Il ordonna rapidement d'abattre la construction, après avoir réprimandé l'artiste publiquement. On raconte que le Bernin fut si humilié qu'il en tomba malade. Par ailleurs, le pape mourut en juillet 1644, laissant les caisses de l'Etat dans une situation désastreuse, due aux énormes dépenses entreprises pour la basilique, mais aussi à cause de la guerre menée contre la famille Farnèse pour conquérir le duché de Castres.

Entre 1646 et 1649, Borromini travaille à la restauration de la révérende basilique Saint-Jean de Latran, *mater et caput* des églises du monde entier, qui était totalement en ruine, à tel point que sa première idée fut de tout démolir et de tout reprendre du début. Les remaniements devaient être faits rapidement, car l'année sainte 1650 était imminente. Mais, pendant les travaux, une « tragédie » éclate : en décembre 1649, à quelques jours de l'inauguration, un clerc du nom de Marco Antonio Bussoni est retrouvé mort, portant des traces de coups évidents.

On ouvre une enquête, car la police reçoit un billet anonyme demandant d'investiguer sur ce qui est manifestement un assassinat. Les investigations permettent de résoudre l'énigme. Bussoni avait été surpris alors qu'il vandalisait certains marbres de la basilique « en brisant les coins et les angles ». Borromini, informé des faits, avait ordonné aux ouvriers de le punir. Fut-ce un ordre imprudent ? Peu clair ? Les ouvriers avaient-ils exagéré ? Toujours est-il que le malheureux mourut sous les coups et que son frère Giuseppe dénonça Borromini pour homicide dans un acte authentique qui incluait la détention provisoire du suspect. C'était une honte que l'artiste ne pouvait supporter. Pour l'éviter, il adressa une supplique au pape, lui demandant d'exiger une enquête et d'annuler celles qui pourraient suivre. Il lui rappela les mérites dont il avait fait preuve pour restaurer la basilique, sa moralité et que, à l'inverse, Bussoni avait été surpris en train de commettre des dommages sacrilèges.

Le jugement alla dans le sens espéré, mais avec une sentence contradictoire : Borromini, *ex speciali gratia*, fut acquitté, mais chassé pour trois ans à Orvieto. Suite à une autre intervention de Virgilio Spada, l'exil fut ensuite considérablement réduit. Deux ans plus tard, en 1652, le pape, lors d'une cérémonie publique dans la basilique Saint-Pierre, lui remettait la croix de l'ordre du Christ et lui conférait le titre de chevalier.

Les deux rivaux travaillèrent ensemble à deux reprises au moins, ou, en tout cas, l'un en face de l'autre. La première fut pour la construction du baldaquin de Saint-Pierre, l'un des chefs-d'œuvre du Bernin, auquel Borromini collabora longtemps. Au moment de la commande, le Bernin avait vingt-six ans, mais il était déjà si conscient de son talent qu'il demanda pour l'œuvre une somme totale de deux cent mille écus. Notons que Borromini n'avait signé son premier contrat professionnel qu'à trente-cinq ans. Le terme de baldaquin désigne, comme on peut le lire dans le Robert, un « ouvrage de tapisserie en forme de dais et garni de rideaux soutenu par des colonnes ». Dans les pratiques de l'Eglise catholique, le pape, hissé sur la chaise gestatoire, bénissait la foule des fidèles à l'abri d'un baldaquin. Dans un sens plus large, le baldaquin est la couverture de tissu précieux qui recouvre les trônes, les autels, les lits des seigneurs. Le mot dérive de « Baldac », ancien nom de Bagdad, ville d'où provenaient les tissus précieux.

Le Bernin, se référant à l'origine du nom, construisit avec de la pierre, du bois et du bronze le plus somptueux baldaquin que l'on ait jamais imaginé. Un travail formidable, même pour un artiste aussi expérimenté que lui : il s'agissait de remplir un espace très vaste dominé par l'énorme coupole de Michel-Ange. Le projet et l'exécution de l'œuvre prirent à peu près dix ans, et ce n'est qu'après de longues recherches et élaborations que l'on parvint à trouver la solution définitive. Les quatre colonnes qui soutiennent le couronnement sont torses, clin d'œil aux colonnes « orientales » de la basilique de Constantin et au décor pampiniforme du temple de Salomon à Jérusalem. D'ailleurs, l'artiste donnait volontiers du « mouvement » aux matériaux utilisés, que ce soit la pierre ou, dans ce cas, le bronze – que l'on obtint, pour la petite histoire, en démantelant les revêtements du Panthéon. C'est à cette occasion que Giulio Mancini, médecin du pape, inventa la célèbre épigramme « *Quod non fecerunt Barbari, fecerunt Barberini* » (« Ce que les Barbares n'ont pas fait, les Barberini l'ont fait. »)

En haut des colonnes se trouvent quatre anges, derrière lesquels se déploient de grandes volutes en forme de dos de dauphins, qui se réunissent au centre pour soutenir un globe surmonté d'une croix. Le résultat est d'une théâtralité spectaculaire et d'une surprise totale. L'un des buts que l'artiste s'était fixés.

Le dais reprend l'idée de mouvement et de légèreté, tout comme les ornements latéraux qui, enrichis de dentelles et de freluches, imitent le tissage d'un tissu précieux. Le Bernin aimait ces illusions pleines de virtuosité où il donnait libre cours à son sens de la scénographie et qui seront l'un des fondements de l'esthétique baroque. Mais il oublie l'essentiel. Son baldaquin rivalise avec une coupole de plus de cent mètres de haut, sous une nef centrale de quarante-quatre mètres. Avec ses trente mètres de haut, il égale presque un immeuble de dix étages, mais dans un tel contexte, il apparaît de proportions plus gracieuses qu'imposantes. Borromini est intervenu à plusieurs reprises au fil de la construction, surtout pour le dais, que le Bernin voulait coiffer d'une statue trop lourde. Finalement, on opta pour une sphère dorée, qui reprend d'ailleurs celle qui couronne la coupole extérieure, soutenue par des volutes de bois qui font penser à des dauphins – une solution harmonieuse, conçue en grande partie par Borromini.

En 1653, le pape Innocent X voulut que Borromini prenne en main le chantier de construction de l'église Sainte-Agnès, place Navone. Les destins des deux hommes se croisèrent alors de nouveau, bien que de façon indirecte. Tout d'abord, Borromini ordonna la démolition du premier jet, conçu par ses prédécesseurs, et l'expulsion de ces derniers. Evidemment, cette décision entraîna de vifs ressentiments à son égard, d'autant plus que, deux ans plus tard, le pape mourut dans les horribles circonstances évoquées plus haut. Son neveu Camillo Pamphili reprit alors la supervision du chantier, et les rapports avec Borromini devinrent orageux.

Les adjudicataires seraient parvenus à monter les ouvriers contre l'architecte. Pour couronner le tout, don Camillo, fier d'avoir retrouvé sa suprématie, accablait Borromini de critiques sur la solidité des murs, la conformité des fondations. L'ambiance devint vite insupportable. Le biographe tessinois de Borromini, Piero Bianconi, la décrit de manière très efficace :

> *« Les maçons ne savaient ni comment, ni quoi faire, ils restaient des jours entiers à se tourner les pouces pendant que l'architecte semblait incertain, irrésolu, instable [...] le soleil caressait la coupole bombée, frôlait la flèche rosée qui se dressait au milieu de la place, les géants blancs gesticulaient au-dessus du fracas de l'eau et lui rappelaient le détesté Bernin. »*

Les « géants blancs » auxquels Bianconi fait référence sont les magnifiques statues de la fontaine des Quatre-Fleuves, surmontée d'un obélisque, que le Bernin avait érigée au centre de la place (1648-1651), l'une de ses admirables créations parmi les plus spectaculaires, peut-être la plus belle de Rome : mouvementée, de proportions adaptées au lieu, enrichie de détails d'une théâtralité magnifique qui complètent la beauté de l'ensemble. Pour ne citer que quelques exemples : le serpent de mer, le lion qui débouche de la grotte pour s'abreuver, la palme qui semble secouée par le vent. Borromini aussi avait pris part, des années auparavant, au projet de canalisation pour acheminer l'Aqua Virgo jusqu'à la place Navone. Mais son projet avait été refusé parce que « trop dépouillé, plat, austère » : en somme, écrasé par la magnificence de celui du Bernin. Les statues des quatre fleuves représentent les quatre parties du monde alors connues : le Danube, le Nil (le visage voilé, car on ne connaissait pas sa source), le Gange, le Río de la Plata. Sur la voûte des rochers repose un obélisque égyptien que l'on avait retrouvé en morceaux dans le cirque de Maxence, sur la via Appia. Le Bernin l'avait fait réassembler et restaurer.

En tout cas, les dates de leurs travaux respectifs démentent la légende selon laquelle les statues de la fontaine adresseraient des gestes de dédain et de refus à la façade de Sainte-Agnès conçue par Borromini : le Río de la Plata lève un bras inquiet, comme si la façade allait s'écrouler ; le Nil a le visage voilé pour ne pas voir une telle horreur. La vérité est que quand Borromini travailla à Sainte-Agnès, la fontaine des Quatre-Fleuves était déjà à sa place : l'intention dénigrante du Bernin n'existe donc que dans l'imagination collective.

L'arrivée du nouveau pape, Alexandre VII (Fabio Chigi), remit le Bernin au centre de la scène romaine et lui rendit son rôle d'architecte de la Cour. Le souverain pontife fit à l'artiste des commandes grandioses, comme la colonnade de la place Saint-Pierre, la Scala Regia du Vatican et l'église Saint-André du Quirinal, par laquelle nous avons commencé notre récit. Borromini fut seulement autorisé à terminer les travaux qui lui avaient été confiés. Il était évident qu'Alexandre VII ne l'aimait pas, et si ses travaux avançaient lentement, perclus de difficultés, c'était principalement à cause du manque de moyens. Dans de nombreux cas, il ne réussit pas à en voir le bout.

Il n'est pas facile d'apprécier Borromini au premier abord, surtout pour un profane à qui échappent les nombreuses qualités techniques de ses projets. Le Bernin est beaucoup plus avenant, il n'y a pas une œuvre dans laquelle son génie ne soit évident, parfois même de façon insolente. Mais Borromini a pour caractéristique de s'avérer inoubliable une fois découvert, même dans ses œuvres mineures. La colonnade en trompe l'œil du palais Spada, place Capo di Ferro en est un exemple. Borromini intervint à plusieurs reprises dans cet édifice, aujourd'hui siège du Conseil d'Etat. Dans l'une des ramifications de la cour, il trouva à sa disposition un étroit « couloir », d'un peu plus de huit mètres de long, pratiquement inutilisable. Il le transforma en une colonnade qui donne l'impression de faire plus de vingt mètres de long, grâce à une utilisation réfléchie de la perspective. C'est l'un des joyaux cachés de Rome, mais c'est aussi le signe, minime mais précis, que les certitudes rationnelles de la Renaissance étaient en train de disparaître, remplacées, comme dans le cas présent, par un jeu illusoire d'espaces inexistants.

Tout sépare les deux grands rivaux, pas seulement la fortune. Ils sont différents de par leur tempérament, leur vision du monde, leur recherche du plaisir et de l'amour en général, leur rapport à la sensualité dans le sens le plus large du terme : jouir de la vie au travers des sens. Toutes les œuvres du Bernin parlent de cette ouverture sensuelle. Toutes les œuvres de Borromini la nient. Le premier est catholique et païen, le second, même si formellement catholique, semble se rapprocher des grands réformateurs européens : Luther, Calvin, Zwingli. Le Bernin joue, insinue, plaisante dans son travail ; Borromini médite, montre, pressent. Le premier est tout : peintre, sculpteur, architecte, illusionniste, homme de lettres. Borromini est simplement et strictement architecte ; les figures humaines ne l'intéressent pas, encore moins les femmes. Le Bernin les façonne dans le marbre, et sous son ciseau la pierre acquiert la souplesse soyeuse de la peau.

Dans l'art de la Contre-Réforme, on ne pouvait représenter la beauté féminine que d'une seule façon : en faisant des saintes ou des héroïnes mythologiques. *Le Rapt de Proserpine par Pluton, roi des Enfers* (Rome, galerie Borghèse) est en fait un arrêt sur image qui annonce le viol imminent. Les doigts du ravisseur pénètrent dans les chairs de la cuisse et du dos de la jeune femme, et le geste désespéré de celle-ci pour tenter de se libérer rend plus évidente encore la violence qui s'annonce. *La Transverbération de sainte Thérèse* (Rome, Santa Maria della Vittoria) a été décrite plusieurs fois comme étant d'une sensualité évidente. Une autre statue moins connue est tout aussi éloquente : celle de *La Bienheureuse Ludovica Albertoni* (Rome, San Francesco a Ripa), cueillie elle aussi dans un mouvement de contorsion et, on aurait envie de dire, gémissant de plaisir.

Borromini aura de moins en moins souvent la possibilité de vivre le désordre éreintant et créatif d'un chantier, ce qui contribue à la montée de sa maniaquerie latente, qui devient le trait saillant de son tempérament à la fin de sa vie. Il habite dans une petite maison de la ruelle de l'Angelo, près de l'église Saint-Jean-des-Florentins, misérablement meublée. Son aspect physique reflète le désordre de son esprit ; il apparaît « défait physiquement et le visage terrifiant ». Baldinucci raconte :

> *« Il avait l'habitude de souffrir d'une humeur mélancolique ou, comme disaient certains de ses proches, d'hypocondrie. C'est à cause de cette maladie, ainsi que des éternelles spéculations sur son art, qu'il se retrouva bientôt tellement plongé*

et absorbé dans sa méditation, qu'il fuyait autant qu'il le pouvait les conversations avec autrui en s'isolant chez lui, avec pour seule occupation celle de ruminer ses idées noires. »

Son neveu Bernard convoque plusieurs médecins pour l'examiner, mais la psychiatrie – qui reste aléatoire aujourd'hui – n'avait pas encore vu le jour. Le seul conseil sensé que les médecins réussissent à donner est que l'on surveille ses gestes pour qu'il ne soit pas violent contre lui-même. Pour le reste, mieux vaut s'en remettre aux prêtres. Baldinucci écrit :

« *Peu de jours avant sa mort, il jeta aux flammes tous les dessins qu'il avait faits pour les sculptures et qu'il n'avait pu effectuer. Et ce, par crainte qu'ils ne tombent aux mains de ses ennemis, qui se les seraient appropriés ou qui les auraient modifiés.* »

Dans la nuit du 2 août 1667, après des heures particulièrement agitées et violentes, il coince son épée dans une traverse du lit, s'appuie contre la pointe et pousse de toutes ses forces contre celle-ci. La lame le transperce de part en part, et Francesco Massari, le contremaître qui travaille dans la maison, accourt aux hurlements du malheureux artiste dément. Le coup a été terrible, mais il ne l'a pas tué. On crie au secours, des renforts arrivent en brandissant leurs épées et des gens d'armes se précipitent dans la maison. Borromini a le temps de dire au confesseur venu pour les derniers sacrements qu'il s'est infligé seul l'horrible blessure, et raconte sa colère, son emportement :

« *Finalement, m'étant souvenu que mon épée était dans ma chambre à la tête du lit, suspendue à ces maudits chandeliers et ne supportant plus d'avoir*

> *perdu la raison, désespéré, j'ai pris l'épée et, l'ayant sortie de son fourreau, j'ai coincé le manche dans le lit et mis la pointe contre ma hanche, puis je me suis jeté de toutes mes forces contre cette épée pour qu'elle pénètre dans mon corps, et elle m'a transpercé.* »

Après une journée de souffrances, la terrible blessure le tue. Le tourmenté Borromini expire à six heures du matin, le 3 août 1667. Les gazettes relatent brièvement la nouvelle : « Le chevalier architecte Francesco Borromini est mort, suicidé. » La cérémonie funèbre est elle aussi modeste. Elle a lieu sous la coupole de Saint-Jean-des-Florentins, où se trouve la tombe de Carlo Maderno, à côté duquel il a demandé d'être enterré.

Borromini meurt à soixante-huit ans ; Gian Lorenzo Bernini à quatre-vingt-deux. Il vit donc quatorze ans et trois papes de plus que lui. Son fils Domenico écrit qu'en 1680, il a souffert d'une « longue fièvre, suivie d'une crise d'apoplexie qui le laissa sans vie ». Il résiste au choc, mais la partie droite de son corps reste paralysée, y compris son bras. Il en rit, se dit heureux, comme le rapporte son fils : « Qu'elle se repose un peu, cette main qui a tant travaillé. » Il survit deux semaines et, alors que ses forces diminuent, ne perd jamais la lucidité ni la bizarrerie qui le caractérisaient. Il meurt chez lui le 28 novembre 1680, et il est escorté par une foule immense jusqu'à sa sépulture dans Sainte-Marie-Majeure.

Différents en tout, jusqu'au trépas.

VII
L'aventureuse histoire d'un palais

La place du Quirinal est l'une des plus belles du monde, avec ses trois côtés fermés et le quatrième ouvert sur un belvédère qui embrasse le profil lointain des collines et la grande coupole qui se détache sur le ciel à l'occident. Certains soirs d'été, on peut voir de cette terrasse le coucher de soleil se transformer en un tourbillon de bleu clair, d'indigo, de rose et de bleu foncé, qu'aucun peintre n'oserait imaginer, de peur de paraître excessif. Une beauté touchante, qui n'émane pas seulement de ce que le regard peut saisir, mais qui provient aussi des événements croisés dont le sommet de ces collines fut le théâtre : présences immatérielles, vagues de mémoire, pages d'une histoire proche et lointaine, souvent dramatique, parfois équivoque, dans certains cas décisive. On peut dire que l'histoire du Quirinal – la place, le palais, ou plutôt les palais, les fontaines, les jardins – reflète presque toute l'histoire de Rome et de la papauté qui l'a gouvernée pendant des siècles.

On dit que le nom peut dériver de Cures, ville d'origine des Sabins qui furent les premiers habitants de la colline. C'est là que Constantin fit bâtir ses thermes, aussitôt entourés de villas, de sorte que le quartier devint vite résidentiel. Abandonné au Moyen Age, il ne fut redécouvert qu'au XVIe siècle, quand on exhuma des thermes les statues des Dioscures, Castor et Pollux, pris pour des dompteurs de chevaux. C'est pour cela que la colline est plus connue sous le nom populaire de Monte Cavallo (mont Cheval). Le pape Sixte V fit placer les deux colosses sur la place, de chaque côté de la fontaine. Le groupe, surmonté d'un obélisque, achève la physionomie de la place. Quant aux Dioscures, il s'agit de deux belles statues, des copies – finement exécutées – d'originaux grecs du ve siècle avant J.-C., que l'on attribuait à Phidias et Praxitèle. L'inscription sur leur socle perpétue une erreur et une série d'équivoques, à mi-chemin entre la farce et la rectification politique, remémorées aujourd'hui à qui sait regarder.

Dans la seconde moitié du XVIIIe siècle, Pie VI chargea en effet l'architecte Giovanni Antinori de déplacer les statues pour installer entre elles l'obélisque provenant du mausolée d'Auguste, dont le jumeau se trouve aujourd'hui sur l'Esquilin. Une première tentative échoua en 1783, et l'ironie populaire transforma l'inscription « OPUS FIDIAE » en un railleur « OPUS PERFIDIAE PII SEXTI ». Une deuxième tentative réussit trois ans plus tard, et l'enthousiasme pour cette entreprise – difficile, vu la pauvreté des outils de l'époque – dicta une formule emphatique dans laquelle l'obélisque lui-même racontait à la première personne son histoire millénaire, concluant : « INTER ALEXANDRI MEDIUM QUI MAXIMA SIGNA / TESTABOR QUANTO SIT MINOR ILLE PIO » (« Placé entre ces deux sublimes statues d'Alexandre /, je témoignerai combien ce dernier est inférieur à Pie »).

Quand les Français instaurèrent la République jacobine en 1798, l'allusion si réductrice à Alexandre fut considérée comme une provocation envers Napoléon, et la dernière ligne devint donc, avec moins d'emphase : « TESTABOR SEXTI GRANDIA FACTA PII » (« Je témoignerai des grandes œuvres de Pie VI »). Mais le tailleur de pierre, dans sa hâte, oublia un détail, si bien que sous le « S » de *Sexti* on voit encore la queue du « Q » de *Quanto*. En 1818, l'agencement du magnifique monument fut enfin terminé par Pie VII. Raffaele Stern conçut une nouvelle fontaine, pour laquelle il utilisa une vasque provenant du forum romain, où elle servait d'abreuvoir aux vaches.

Les Dioscures, l'obélisque et la fontaine donnent déjà, à eux seuls, une idée des événements dont chaque détail de cette place a été témoin. On pourrait aussi citer le jardin qui se trouve dans la rue du Quirinal, en face du palais : pour le créer, on démolit deux églises et autant de couvents. On voulait que l'empereur Guillaume, invité du roi d'Italie en 1888, ait la vue la plus large possible depuis la fenêtre de ses appartements. Elle englobait entre autres la chapelle Pauline, qui est de mêmes dimensions que la chapelle Sixtine du Vatican, la loge des Bénédictions – au-dessus du portail principal – dessinée par le Bernin, tout comme la robuste tour à sa droite, instrument de défense muni d'artillerie. Cette fois-là aussi il fallut démolir et abattre une partie de la villa Colonna adjacente pour laisser un espace de tir suffisant aux canons.

On doit l'agencement définitif de la place à Virginio Vespignani – architecte et urbaniste très actif durant ces années du XIXe siècle –, sous l'impulsion du pape Pie IX. Il fallait y intégrer une route, devenue indispensable à cause de l'urbanisation progressive et des nouveaux quartiers. Vespignani nivela le terrain de la place en créant un escalier qui descend vers la rue Dataria et un beau raccord qui entame le flanc ouest de la colline par une courbe à quatre-vingt-dix degrés. Pour le creuser, il dut démolir la bordure d'accès aux écuries et bâtir un haut mur d'enceinte qu'il fit orner de niches abritant des statues. L'effet est très suggestif, comme on l'écrivit déjà à l'époque, car en montant vers la place, « c'est un ravissement que de voir surgir presque tout à coup les volumes grandioses du palais Apostolique, du palais de la Consulta et du groupe éblouissant formé par les chevaux, l'obélisque et la fontaine ».

Les appartements préparés pour l'arrivée de Napoléon méritent une place à part. Celui-ci ne réussit jamais à mettre les pieds à Rome, mais il voulait faire du Quirinal son deuxième palais après celui de Paris, et avait donné pour cela le titre de *roi de Rome*[1] à son fils. Rome et Paris devaient devenir les deux capitales de son empire. Il n'eut pas le temps de mener à bien son projet, car en l'espace d'une dizaine d'années son destin se consuma, se concluant par l'humiliation et son agonie à Sainte-Hélène.

A l'été 1809, l'armée française avait occupé Rome une nouvelle fois et le pape Pie VII, comme son prédécesseur, était parti en France comme prisonnier. Si on s'en tient à son efficacité, en faisant abstraction de tout autre élément, l'administration napoléonienne fit preuve d'une ouverture remarquable sous la houlette du baron Camille de Tournon, préfet de la ville, qui pouvait compter, entre autres, sur des collaborateurs du niveau de Canova, de Camuccini, de Valadier et de Stern. On créa par exemple l'espace compris entre le pont Milvius et la porte du Peuple, en construisant une longue route rectiligne parallèle à la route Flaminia (aujourd'hui boulevard Tiziano) et en projetant un endiguement du Tibre entre deux hauts murs, là où il traverse la ville. On s'attela aussi à l'assèchement des marais Pontins, déjà commencé sous Pie V et qui ne sera achevé que sous le fascisme. On créa des espaces pour des cafés, des restaurants, des salles de sport, des théâtres, des activités de loisir en plein air. Mais on pensa aussi aux morts, avec le nouveau cimetière du Verano.

1. En français dans le texte.

Mais ce qui nous intéresse surtout, c'est qu'on se prépara à transformer le palais du Quirinal en véritable palais royal. Raffaele Stern fut nommé architecte des palais impériaux le 28 février 1811, et il avait en tête un palais qui « réunirait le caractère et la magnificence de celui des Césars dont nous admirons encore les vestiges imposants ». Il trouve l'édifice dans un piteux état. Il écrit, sincèrement affligé :

> *« Ce qui existe et qui était habité par le pape est irrégulier et trop petit pour recevoir notre Auguste Monarque [...] L'édifice est dépourvu de tout, les fenêtres ont des cadres de vitres de mauvaise qualité, le sol de tommettes est en mauvais état, le mobilier du pape était constitué de misérables tapisseries en damas, de quelques tables et bancs de bois. »*

La correspondance et les rapports avec Paris sont incessants ; il faut concilier deux exigences : préparer les appartements avec le maximum de faste et faire avancer la restructuration le plus rapidement possible. Le chantier débute en novembre de la même année. Il est gigantesque, trois mille ouvriers au moins s'y appliquent : restauration des voûtes, des frises, des portes, ajouts de blocs de marbre récupérés en général sur d'anciennes colonnes, mais aussi construction des nécessités, telles que les toilettes. (Comme le fait remarquer Marina Natoli dans sa belle monographie sur le palais – publiée en 1989 par la Libreria dello Stato – « Les toilettes du Quirinal furent, après celles construites par Napoléon Bonaparte au palais Nuñez, les premières réalisées à Rome. ») Martial Daru, intendant des biens de la Couronne, semble peu satisfait des travaux, trouvant que les ouvriers romains avancent avec moins de diligence que les parisiens, même s'ils font preuve d'un savoir-faire indiscutable.

Le préfet Camille de Tournon, frappé par ce savoir-faire, écrit dans ses mémoires :

> « *Les nombreux statuaires qui se trouvent à Rome emploient, pour la préparation des blocs de marbre à utiliser, un nombre considérable de petits tailleurs de pierre dotés d'une intelligence et d'un savoir-faire remarquables [...] l'incision et même la sculpture de la "pietra dura" et des coquilles, creuses ou en relief, est une industrie qui exporte ses magnifiques produits dans toute l'Europe. A l'époque, elle employait plus de quatre-vingts éléments, sans compter les brillants artistes qui les dirigeaient.* »

Les vicissitudes militaires de Napoléon empêchèrent l'aboutissement de l'œuvre. Après la victoire de Leipzig, les Austro-Prussiens entrent à Paris à la fin du mois de mars 1814. Le 4 avril, l'Empereur abdique et débarque un mois après sur l'île d'Elbe. Le 24 mai, à dix-neuf heures, le pape Pie VII rentre à Rome en franchissant la porte du Peuple, suivi des éminents cardinaux Mattei et Pacca dans leur carrosse.

Le palais du Quirinal ne connaîtra jamais plus une telle ferveur artistique, ni de projets d'une telle grandeur. Stern continue d'offrir ses services, mais sous le gouvernement papal les moyens ne sont plus ceux d'autrefois. La situation va s'aggraver après la mort de Pie VII, en 1823, jusqu'à toucher le fond avec Pie IX. Comme l'a écrit Giuliano Briganti dans sa monographie sur le Quirinal, « ce que l'on fit ne fut qu'ajout inutile ou, pire encore, irrespectueuse et inculte violation ».

Beaucoup des œuvres créées pour Napoléon furent démantelées, et les choses ne s'améliorèrent pas quand le palais devint celui des Savoie, après 1870. Citons par exemple l'infâme décision, à l'occasion de la venue d'Hitler à Rome, de détruire l'aile où avait été aménagé le charmant appartement de l'empereur français. D'après Marina Natoli, les rares restes de cette époque « ne sont quasiment, aujourd'hui, que des fragments archéologiques », l'ombre de ce qui avait été l'une des premières cultures artistiques au monde.

Ce livre est consacré à certains épisodes de l'histoire politique du Saint-Siège : il faut donc y revenir. Sixte V est le premier pape à mourir dans le Quirinal (en 1590), mais c'est Clément VIII qui l'habita de façon permanente à partir de 1592. Le palais fut la résidence pontificale jusqu'à la nuit tragique du 5 juillet 1808, qui marqua le début des événements auxquels nous avons fait allusion en début de chapitre. Les choses se passèrent ainsi : le 2 février 1808, le général Miollis occupe Rome au nom de l'empereur français. Un acte inouï, d'autant que le pape régnant, Pie VII, s'était rendu à Paris le 2 décembre 1804 pour assister au sacre à Notre-Dame. Dans le très célèbre tableau de David, on voit Napoléon, déjà couronné de lauriers, déposer la tiare sur la tête de l'impératrice Joséphine. Le pape est assis dans un coin, l'air mélancolique, et son placement reflète, à lui seul, la précarité de leurs rapports.

Les choses n'allèrent pas en s'améliorant. Le 17 mai 1809, l'Empereur promulgue depuis Vienne un décret par lequel l'Etat romain est annexé à l'Empire français, entraînant la chute du pouvoir temporel du souverain pontife. La raison juridique, pour ainsi dire, est que l'influence exercée par un prince étranger à l'intérieur de l'Empire peut se révéler contraire à la sécurité ; il est donc conseillé de révoquer la donation faite par Charlemagne à l'évêque de Rome. On peut lire dans le document que :

« [...] considérant que lorsque Charlemagne, empereur des Français et notre auguste prédécesseur, fit donation de plusieurs comtés aux évêques de Rome, il ne les leur donna qu'à titre de fiefs et pour le bien de ces Etats, et que par cette donation Rome ne cessa pas de faire partie de son empire ; que, depuis, ce mélange d'un pouvoir spirituel avec une autorité temporelle a été, comme il l'est encore, une source de discussions, et a porté trop souvent les pontifes à employer l'influence de l'un pour soutenir les prétentions de l'autre ; qu'ainsi les intérêts spirituels et les affaires du ciel, qui sont immuables, se sont trouvés mêlés aux affaires terrestres, qui par leur nature changent selon les circonstances et la politique des temps[1]. »

Il s'agit de motivations en partie fondées, en partie alléguées comme prétexte, très proches en tout cas de celles que Cavour utilisera quelques dizaines d'années plus tard pour tenter de résoudre de façon pacifique l'épineuse question romaine : les « affaires du Ciel » et les affaires politiques vont rarement de pair et impliquent souvent des compromis risqués, point sur lequel s'accordait d'ailleurs la pensée catholique la plus libérale.

La réaction du souverain pontife est ferme : Napoléon est excommunié, et dans sa bulle *Quum memoranda* datée du 10 juin 1809, Pie VII fait écrire : « Que les souverains apprennent encore une fois qu'ils sont soumis à notre règne et à notre commandement par la loi de Jésus-Christ. Nous sommes, nous aussi, les dépositaires d'une souveraineté, et bien plus noble. »

1. Napoléon, décret du 17 mai 1809.

Peu avant l'aube du 5 juillet, une centaine de soldats français, aidés d'une poignée de « Jacobins » romains, escaladent les fenêtres du palais qui font face à l'église Saint-André dans la rue du Quirinal. Le geste est outrageux. Par la suite, Napoléon dira qu'il s'agissait d'une initiative personnelle du général Miollis, qui craignait une insurrection populaire, ou d'un ordre du général Radet. En tout cas, ce n'était pas lui qui les avait mandatés. Les soldats font irruption, les gardes suisses obéissent à l'ordre de ne pas réagir et se laissent désarmer. Alors que dans la plaine de Wagram, au nord-est de Vienne, Napoléon est sur le point d'affronter l'une de ses plus grandes batailles, à Rome, le général Radet se présente à Pie VII en le sommant de renoncer au pouvoir temporel, au nom du gouvernement impérial.

Le pape ne se laisse pas intimider et réplique même courageusement : « Nous ne pouvons ni céder ni abandonner ce qui ne nous appartient pas. L'empereur pourra nous réduire en morceaux, mais ne pourra obtenir cela de nous. Après tout ce que nous avons fait pour lui, devions-nous nous attendre à une telle conduite ? » Le général lui fait savoir qu'il devra le conduire ailleurs. Le souverain pontife réclame deux heures pour se préparer, qu'on lui refuse. Il demande à quitter Rome en compagnie de personnes de confiance, mais on ne l'y autorise pas non plus. Alors, dans un geste magnifique et d'une grande théâtralité, Pie VII s'empare simplement de son bréviaire et d'un crucifix, et part en exil dans son carrosse.

Après bien des difficultés, la malheureuse aventure se termina positivement. La chute de l'empire napoléonien mit fin au conflit, Pie VII put finalement quitter Fontainebleau où il était exilé et rentrer à Rome. Assisté du brillant secrétaire d'Etat Ercole Consalvi – ordonné cardinal sans même avoir été prêtre –, le pape se dédia à la reconstruction de son Etat, que le congrès de Vienne lui avait presque intégralement restitué. Quelle subtile ironie que cette histoire commence et finisse dans la même ville après seulement six ans !

Quelques décennies plus tard, en 1848, lors d'un épisode encore plus dramatique, le palais fut de nouveau violé. En Italie et dans l'Etat de l'Eglise, 1848 est une année d'agitation et de bouleversements. A Rome, la situation est particulièrement confuse. Comme souvent dans pareil cas, la grogne populaire, privée de soupape de sécurité politique, se répand de manière anarchique ; s'alternent les requêtes raisonnables et les prétentions les plus absurdes. Les extrémistes ont beau jeu d'alimenter l'irritabilité diffuse. En septembre, le pape confie le gouvernement à Pellegrino Rossi, homme de premier ordre, pair de France, professeur d'économie politique, envoyé à Rome comme ambassadeur de France, nommé comte pour son habileté diplomatique.

Rossi doit tenter de redorer le blason du souverain pontife et, en même temps, de mettre sur pied une administration moins arriérée, en menant d'indispensables réformes économiques et sociales. Il aurait probablement réussi cette importante mission, mais il n'eut pas le temps d'essayer. Deux mois après sa nomination, le 15 novembre, alors qu'il monte les escaliers du palais de la Chancellerie apostolique pour ouvrir la session du Parlement, deux ou trois activistes le poignardent à la gorge et le tuent. Rossi avait commencé à laïciser le règne du pape et il était favorable à une « Ligue italienne », c'est-à-dire à une fédération où chaque Etat conserverait son autonomie. Prudent réformisme que le sien, que les circonstances permettaient, et qui le fit justement mal voir par les plus enflammés, devenant la proie de leurs agitations insurrectionnelles, tragédie éternelle de tout processus politique. Cavour, dans son premier discours au Parlement italien, définira Pellegrino Rossi comme l'une des plus belles et importantes figures du Risorgimento.

Après sa mort, la rébellion qui ne s'était jusqu'alors manifestée que sporadiquement se transforme en révolte ouverte. Pie IX s'enferme dans le palais du Quirinal, assiégé par la foule. C'est une révolte confuse, sans orientation politique reconnaissable. Les manifestants réclament que le pape déclare la guerre à l'Autriche, qu'il abolisse les privilèges, qu'il donne naissance à une Assemblée constituante italienne, qu'il s'ouvre aux réformes. La foule vocifère, crie, s'agite, se presse contre la porte ; les gardes suisses, plus apeurés que menaçants, ouvrent le feu ; les insurgés, après une première débandade, se réorganisent ; il y a aussi dans leurs rangs des soldats et des gardes municipaux, des personnes qui maîtrisent les armes. La fusillade devient intense, alternant avec des tentatives d'assaut. Il y a des morts et des blessés des deux côtés, et le secrétaire du pape est tué.

Sous le choc de cette tragédie, le souverain pontife décide de quitter Rome. Sa fuite est rapidement organisée avec l'aide de l'ambassadeur bavarois Karl von Spaur. Dans la nuit du 24 novembre, déguisé en simple prêtre et se faisant passer pour le précepteur des Spaur, Pie IX fuit à Gaeta, sous la protection du souverain du royaume des Deux-Siciles.

Pie IX, Giovanni Maria Mastai Ferretti (1792-1878), a eu beaucoup de poids aussi bien dans l'histoire de l'Eglise catholique que dans celle de l'Italie, principalement pour deux raisons concomitantes : un long règne de trente-deux ans, et les extraordinaires changements qu'il dut affronter au fur et à mesure. Rappelons que son enfance croise les années de la Révolution française et que sa jeunesse traverse l'époque de Napoléon et de la Restauration. Plus tard, il assiste aux mouvements révolutionnaires de 1848 et à l'enracinement des idéaux du Risorgimento, qui remettent son règne en question. A un âge avancé, il verra les soldats piémontais s'emparer de sa résidence, et le Quirinal devenir le palais royal des « usurpateurs » de Savoie. Une extraordinaire parabole, une longue vie, une époque agitée, qui aurait dû être affrontée avec une vision intellectuelle et politique, une souplesse d'une certaine ampleur. Ce ne fut pas le cas.

Giovanni Mastai Ferretti avait été nommé archevêque de Spolète à trente-cinq ans seulement, et devint cardinal en 1840. Six ans plus tard, le 16 juin 1846, au quatrième scrutin et avec une majorité de trente-six voix sur cinquante votants, il est élu pape. Lors du vote final, il avait battu le cardinal Lambruschini, fièrement réactionnaire, ce qui laissa espérer que sa papauté s'orienterait vers un certain réformisme, bien que modéré. Les patriotes italiens l'accueillirent en effet favorablement et certains virent en lui l'incarnation de cet idéal « néoguelfe » cité par le prêtre Vincenzo Gioberti dans son livre *Del primato morale e civile degli italiani.* Gioberti avait une conception fédérale de l'unité italienne, un programme politique centré sur des idées répandues en France, qui visaient à concilier religiosité et nation, catholicisme et libéralisme.

Tout particulièrement en Italie, un pape favorable à un tel projet aurait représenté un atout de la plus grande importance. Manzoni, Rosmini, Pellico et Tommaseo[1] avaient accueilli favorablement l'idée rassurante de passer à une Italie fédérale avec modération et sans effusion de sang. Certaines personnalités catholiques et les jésuites s'y étaient par contre opposés, crai-

1. Quatre grandes figures de la littérature, de la philosophie et du Risorgimento italiens.

gnant – à juste titre – les dangers liés à la confusion entre ordre politique et ordre religieux.

Parmi ceux qui s'étaient enflammés pour ces idées, on trouve, au début du moins, Giuseppe Montanelli – grand-père du célèbre Indro[1] –, homme de lettres, officier, député, esprit romantique. Dans ses *Mémoires d'Italie*, il écrira à propos de son engouement initial : « Nous nous trompâmes, et pourtant, louée soit cette erreur ; car sans le "Vive Pie IX !", qui sait quand les foules italiennes se seraient enflammées pour la première fois pour la vie nationale, dont elles gardent aujourd'hui – qu'on le veuille ou non – gravée dans leurs mémoires l'image qui, tôt ou tard, générera l'accomplissement. » Jugement hautement désenchanté mais probablement réaliste sur ce qu'étaient alors les occasions et prétextes capables d'exciter l'enthousiasme populaire.

Le nouveau pape commença bien : il concéda une amnistie pour les détenus politiques, mit en place des institutions garantes, assura une liberté – limitée – de la presse. Rome, qui jusqu'en 1815 n'avait eu qu'un « journal bihebdomadaire » et aucun quotidien jusqu'en 1846 (!), assista à l'éclosion soudaine d'initiatives journalistiques d'un libéralisme modéré. Pie IX abolit aussi les discriminations envers les Juifs et leur résidence forcée dans le ghetto, autorisa la construction d'une courte ligne ferroviaire, concéda la Constitution du 14 mars 1849 et, le plus important d'un point de vue politique, envoya un corps expéditionnaire de son armée combattre l'Autriche dans le conflit en cours, la célèbre Première Guerre d'indépendance. Cela ne dura pas longtemps. Fin avril déjà, il fit clairement comprendre qu'il voulait abandonner la cause italienne :

1. Indro Montanelli (1909-2001), écrivain, historien et grande figure du journalisme italien.

« Nous occupons sur Terre la place de Celui qui est auteur de paix [...] nous aimons d'un même amour paternel tous les peuples et toutes les nations. » La conséquence concrète et immédiate fut que ses troupes, en marche vers les frontières du nord de l'Etat de l'Eglise, furent rappelées.

Pourquoi cela arriva-t-il ? Le débat sur ce soudain changement d'opinion fut long, et les opinions, divergentes. On a parlé de « trahison de la cause nationale », on a fait allusion à des pressions insistantes des jésuites – qui étaient opposés à cette intervention –, on a aussi dit que le pape se sentait « utilisé » par les « Italiens » et recula pour cette raison. Il se peut que la vérité soit un peu toutes ces raisons à la fois, mais il avait aussi compris – chose fondamentale pour un homme politique tel que doit l'être le pape – qu'être chef d'une Eglise et d'un Etat, titulaire d'un double pouvoir, spirituel et temporel, avoir le double rôle de pape et de roi, imposait des contraintes et une prudence que même sa volonté ne pouvait dépasser.

La volte-face, ou la trahison, le refus, la prise de conscience, appelez-la comme vous voudrez, fut l'une des prémices, probablement la plus incisive, des événements tragiques qui se déroulèrent quelques mois plus tard. On pourrait penser qu'un homme politique plus clairvoyant, ou moins conditionné par la tradition et la doctrine, aurait pu tirer des conséquences bien différentes de ces obstacles, en réexaminant par exemple la question du pouvoir temporel, qui était parvenue à maturation. C'est facile à dire après coup. Quoi qu'il en soit, ce ne fut pas sa réaction.

J'ai parlé de ce qui se passa à Rome après la fuite du pape à Gaeta et de la brève et glorieuse aventure romaine dans le chapitre « Frères d'Italie » de mon livre *Les Secrets de Rome,* paru en France aux Editions du Rocher, et j'y renvoie ceux que cela intéresserait. Suivons ici Pie IX dans son exil qui ne dura pas longtemps : dix-sept mois, de novembre 1848 à avril 1850.

Pour reconquérir le trône, la politique papale joue sur deux tableaux. D'une part, on sous-estime l'action du gouvernement républicain, de l'autre, on incite les puissances catholiques européennes à intervenir. En février, dans un discours à l'intention du corps diplomatique, le pape dit :

> « *Nous nous adressons à Vous pour que vous ayez l'obligeance de transmettre nos sentiments et nos protestations à vos Cours et à vos gouvernements. Les sujets pontificaux tombés – encore une œuvre de la faction hardie, ennemie funeste de la société humaine – au plus profond de l'abîme de la misère, Nous, prince temporel, mais surtout chef et souverain pontife de la religion catholique, transmettons les pleurs et les suppliques de la majorité desdits sujets pontificaux, qui demandent d'être libérés des chaînes qui les oppriment. Nous demandons par la même occasion que soit maintenu le droit sacré du pouvoir temporel du Saint-Siège, dont il jouit légitimement depuis des siècles et qui est universellement reconnu.* »

Dans une allocution au Sacré Collège des cardinaux, qui se tint en avril de l'année suivante, il met en garde :

> « *Qui ne sait donc pas que la ville de Rome, siège principal de l'Eglise catholique, est maintenant devenue, hélas !, une forêt de bêtes haletantes, regorgeant d'hommes de toutes les nations, qui, apostats, hérétiques ou maîtres, comme ils se*

définissent, du communisme ou du socialisme, et animés de la plus terrible haine envers la vérité catholique, oralement ou par écrit, ou de quelque autre façon, cherchent par tous les moyens d'enseigner ou de répandre des erreurs pestilentielles, de corrompre les cœurs et l'âme de tous, pour qu'à Rome même, si possible, on abîme la sainteté de la religion catholique, l'irréformable règle de la foi ? »

En même temps, le secrétaire d'Etat, le cardinal Antonelli, envoie aux chancelleries d'Espagne, de France, d'Autriche et du royaume des Deux-Siciles, un message dans lequel on peut lire, entre autres :

« Les biens de l'Etat pontifical sont victimes d'un incendie dévastateur déclenché par le parti destructeur de toute constitution sociale, qui, sous de spécieux prétextes de nationalité et indépendance, a tout mis en œuvre pour parvenir au comble de ses iniquités. Le décret dit “fondamental” offre un acte qui déborde de tous les côtés de la plus noire félonie et de la plus abominable impiété. »

Avant de conclure : « [Le pape] s'adresse de nouveau à ces puissances, et plus particulièrement aux catholiques, qui ont manifesté avec tant de générosité leur ferme soutien [...] sûr qu'elles voudront agir avec la plus grande sollicitude en intervenant moralement pour qu'Il [le pape] soit rendu à son Siège. » Le cardinal évoque une « intervention morale », mais il fait allusion à une intervention armée. Et c'est effectivement ainsi que le message sera interprété, et c'est ce qui arrivera.

L'action politique du pape est ininterrompue et sans ambiguïté. C'est une attaque frontale, un défi sans médiation. Depuis Gaeta, il déclare que le gouvernement républicain n'a aucune valeur ni légitimité et il interdit aux « bons chrétiens » de participer aux élections – qu'il définit comme un « acte sacrilège » – sous peine de se voir excommunier. Il éloigne effectivement du vote les modérés, ce qui entraîne l'élection (le pourcentage des votants est élevé : cinquante pour cent, avec des pics à soixante-dix) d'une assemblée avec une majorité d'extrémistes.

Comment interpréter cet acte ? Fut-ce une erreur politique ? Ou une ruse habile ? En éloignant les modérés du suffrage et en laissant par conséquent la place aux extrémistes, la jeune République se retrouverait avec un gouvernement fortement orienté à gauche (dirions-nous aujourd'hui), donc plus facilement sujet aux excès et cible probable des critiques. Cela arrive de nouveau avec le *Non expedit,* après la brèche dans la porte Pie, le 20 septembre 1870, qui confirme sa politique myope et intransigeante.

On peut imaginer dans quel état d'esprit le pape fit son retour à Rome dès que cela fut possible. Si durant la première phase de son pontificat, son comportement était apparu ambigu à certains, le moindre doute était désormais levé. Son œuvre de restauration était profonde et authentique, y compris le rétablissement de la peine de mort, que la République romaine avait abolie. Pie IX misait sur l'action pastorale (séminaires, prêtres, missions auprès des « infidèles », congrégations) et sur les œuvres sociales pour aller à la rencontre de l'éveil populaire qui ne pouvait être ignoré. Mais même sur les sujets relatifs à la doctrine et sur ceux qui étaient proprement théologiques, sa vision se confirma comme étant résolument réactionnaire. Le 8 décembre 1854, il proclama le dogme de l'Immaculée Conception en précisant dans sa bulle *Ineffabilis Deus* :

> *« Nous déclarons, Nous prononçons et définissons que la doctrine qui enseigne que la Bienheureuse Vierge Marie, dans le premier instant de sa Conception, a été, par une grâce et un privilège spécial de Dieu Tout-Puissant, en vue des mérites de Jésus-Christ, Sauveur du genre humain, préservée et exempte de toute tache du péché originel, est révélée de Dieu, et par conséquent qu'elle doit être crue fermement et constamment par tous les fidèles*[1]. »

Ce geste marque profondément son pontificat et suscite une vive émotion au sein du monde catholique, même si beaucoup de fidèles ont aujourd'hui oublié sa véritable signification et le confondent avec le dogme sur la virginité de Marie.

Dix ans après, Pie IX promulgue l'encyclique *Quanta cura*, qui contient en appendice le fameux *Syllabus*, c'est-à-dire une sorte de catalogue des erreurs de la modernité.

Le temps file, les nouveautés se succèdent dans tous les domaines, les innovations et les bouleversements dans l'industrie, dans la politique, dans les luttes sociales, dans les moyens de communication sont inéluctables ; c'est comme si le monde dans lequel le pape et sa génération avaient vu le jour était en train de décliner rapidement. Pie IX, en tant que chef spirituel, voit avant tout dans ce déclin le risque que son Eglise ne soit plus le centre, le point de référence de la moralité humaine. L'angoisse le pousse à écrire une condamnation affligée à propos des :

> « *[...] machinations criminelles d'hommes iniques, qui projettent l'écume de leurs désordres comme*

1. Constitution apostolique *Ineffabilis Deus* du pape Pie IX pour la définition et la proclamation du dogme de l'Immaculée Conception le 8 décembre 1854.

les vagues d'une mer en furie et promettent la liberté, eux, les esclaves de la corruption : ébranler les fondements de la religion catholique et de la société civile par leurs fausses opinions et les plus pernicieux écrits, faire disparaître toute trace de vertu et de justice, corrompre les âmes et les esprits, détourner des justes principes de la morale ceux qui ne sont pas sur leurs gardes, en particulier la jeunesse inexpérimentée, la dépraver pitoyablement, l'entraîner dans les pièges de l'erreur, et enfin l'arracher du sein de l'Eglise catholique, voilà le sens de tous leurs efforts[1]. »

Le *Syllabus* résume ses angoisses. C'est un document dans lequel il condamne sans détours le progrès et tout ce que ces temps nouveaux amènent avec eux : le libéralisme, la civilisation moderne, la liberté, y compris celle de la presse et de pensée. Pie IX juge que le divorce, l'abolition du pouvoir temporel, l'hypothèse que le catholicisme ne soit plus la seule religion d'Etat et l'idée même que l'Eglise puisse être séparée de l'Etat sont de graves erreurs. Il considère inadmissible la pratique publique d'autres cultes, la manifestation publique d'opinions, d'idées, de pensées. Le socialisme est défini comme une « erreur funeste ». Le souverain pontife considère les sociétés libérales qui sont en train de s'affermir un peu partout en Occident comme une damnation, il est presque obsédé par cette idée, craignant – à juste titre – que la modernité ne s'accompagne de l'indifférence religieuse. Dans la même encyclique, il se plaint tristement :

1. Encyclique *Quanta cura*, §2, Lettre encyclique de sa sainteté le Pape Pie IX du 8 décembre 1864.

« Mais qui ne voit et ne sent parfaitement qu'une société dégagée des liens de la religion et de la vraie justice ne peut plus se proposer aucun autre but que d'amasser et d'accumuler des richesses, ni suivre d'autre loi dans ses actes que l'indomptable désir de l'âme d'être esclave de ses propres passions et intérêts[1] *? »*

Ces mots cueillent indubitablement l'un des aspects de la modernité. La société de masse est en effet aussi cela : la cupidité et l'opacité des valeurs sont certainement les caractéristiques de nombreuses cultures européennes dominées par la frénésie de l'argent et de la consommation. Les dangers que le pape perçoit, enfermé dans la citadelle de saint Pierre, sont ceux que les plus grands penseurs contemporains ont pointés du doigt, surtout dans la deuxième moitié du XXe siècle. Le pape Mastai voit donc le mal possible, mais néglige tout le reste : les conquêtes sociales, les avantages de la liberté, la diffusion du savoir, les progrès dérivant d'une recherche scientifique finalement libérée des liens d'obéissance à une doctrine. Et en particulier, de la part d'un homme qui se prétend politique, il propose un remède erroné quand il réclame le retour pur et simple à l'absolutisme, désormais obsolète et impossible.

Le 6 décembre 1864, deux jours avant la publication du *Syllabus*, Pie IX annonce à la congrégation des Rites son intention de convoquer au plus vite un concile général, c'est-à-dire une réunion de tous les évêques du monde, pour discuter des sujets que l'époque impose avec violence par rapport à la vie ecclésiastique. Ce sera le vingtième dans l'histoire de l'Eglise et

1. *Quanta cura*, §7.

il se tiendra pour la première fois dans la basilique Saint-Pierre, prenant ainsi le nom de « Vatican I ». Il faudra des mois de préparation difficile avant qu'il puisse effectivement avoir lieu. De plus, la guerre entre l'Italie et l'Autriche éclate en 1866, et les troupes françaises qui étaient postées à Rome pour défendre la papauté sont retirées. Ce n'est que le 29 juin 1868, par la bulle *Aeterni Patris*, que l'assemblée est finalement convoquée.

La première session s'ouvre le 8 décembre 1869 avec presque huit cents cardinaux venus du monde entier. Quel était le but d'un événement si solennel ? Les historiens en citent deux principaux qui correspondent d'ailleurs aux décisions les plus importantes prises par l'assemblée. La première était de sanctionner par le vote des pères conciliaires les positions que le pape avait adoptées dans le *Syllabus*. Dans ce document, le souverain pontife avait condamné la modernité, en pointant du doigt les aspects négatifs. Il s'agissait maintenant de renverser les perspectives pour établir quelle doctrine l'Eglise de Rome devait proposer pour s'opposer au rationalisme, au libéralisme, au matérialisme et surtout à la « très funeste » doctrine politique du socialisme.

Le 24 avril 1870, la constitution *De fide catholica* est adoptée à l'unanimité (six cent soixante-sept présents) : elle établit la nature dogmatique de cette religion en précisant, entre autres, de quelle façon la Bible doit être considérée comme étant inspirée par Dieu.

Mais les affrontements majeurs eurent lieu au sujet de l'autre décision, la plus importante, qui portait sur la primauté du pape et sur son infaillibilité quand il s'exprime *ex cathedra* sur des questions de foi. Même si le sujet n'était pas officiellement à l'ordre du jour quand le concile s'ouvrit, tous savaient qu'on en parlerait, et le débat avait vertement divisé les participants dès la phase préparatoire. Beaucoup d'évêques, venant notamment de France, d'Allemagne, d'Autriche, et en partie des Etats-Unis, considéraient comme dangereuse une affirmation aussi catégorique, tant à l'extérieur, par rapport aux autres religions, qu'à l'intérieur, car le pape se retrouvait avec un pouvoir énorme entre les mains et pouvait étouffer toute discussion collégiale.

La mesure décrétait en effet que le souverain pontife, étant soutenu, voire inspiré par le Saint-Esprit, ne peut se tromper quand il proclame un nouveau dogme ou élabore une doctrine de façon définitive. Ce n'est pas un hasard si la constitution sur l'infaillibilité du 18 juillet 1870 s'intitule *Pastor Aeternus* et si son « dispositif » déclame :

> « *Nous définissons comme un dogme révélé de Dieu : le souverain Pontife romain, lorsqu'il parle* ex cathedra, *c'est-à-dire lorsque, remplissant sa charge de pasteur et de docteur de tous les chrétiens, il définit, en vertu de sa suprême autorité apostolique, qu'une doctrine en matière de foi ou de morale doit être admise par toute l'Eglise, jouit, par l'assistance divine à lui promise en la personne de saint Pierre, de cette infaillibilité dont le divin Rédempteur a voulu que fût pourvue son Eglise, lorsqu'elle définit la doctrine sur la foi et la morale. Par conséquent, ces définitions du Pontife romain sont irréformables par elles-mêmes et non en vertu du consentement de l'Eglise. Si quelqu'un, ce qu'à Dieu ne plaise, avait la présomption de contredire notre définition, qu'il soit anathème*[1]. »

1. *Pastor Aeternus*, première constitution dogmatique, chapitre 4, « Le magistère infaillible du Pontife romain », 4e session (18 juillet 1870).

Les deux décisions, foi et infaillibilité, sont liées par plusieurs aspects. Le rapport entre foi et morale est par exemple d'actualité encore aujourd'hui. Les mystères de la foi, affirmait le document, ne peuvent être saisis par la nature humaine mais, inversement, la vérité révélée ne peut jamais contredire les résultats de la recherche rationnelle. En renversant encore une fois la perspective, toute affirmation qui contredise les vérités éclairées par la foi doit être tenue pour fausse. Mais on peut déduire de la constitution que la foi n'est pas assimilable à une doctrine philosophique susceptible d'être perfectionnée dans le temps ; les vérités de la foi sont établies une fois pour toutes ; confiées à la protection et à l'infaillible interprétation de l'Eglise, elles ne peuvent être modifiées sous prétexte d'une interprétation plus approfondie. Dans la conclusion, en somme, l'enseignement doctrinal s'unit à l'infaillibilité pontificale.

Ce dogme fut fermement voulu par le pape, soutenu en cela par les jésuites. Si les milieux laïques protestèrent, les catholiques plus libéraux s'y opposèrent aussi. Déjà au cours de la discussion, des pamphlets anonymes (*Ce qui se passe au concile, La Dernière heure du concile*[1]) avaient commencé à circuler dans le Vatican, dans lesquels on critiquait l'impossibilité de discuter librement ainsi que l'arrogance du pape, qui s'attribuait, disait-on, un pouvoir contraire à l'enseignement de l'Evangile lui-même.

Pendant ce temps, s'il y avait eu en 1866 la guerre entre l'Italie et l'Autriche, les nuages encore plus orageux du conflit entre la France et l'Allemagne s'amoncelaient au-dessus de l'Europe. Prenant pour prétexte cette catastrophe que tous considéraient désormais comme imminente, beaucoup d'évêques abandon-

1. En français dans le texte.

nèrent Rome. Il s'agissait en fait de presque tous les représentants de la minorité opposée au dogme de l'infaillibilité, et leur départ était un expédient pour se soustraire au vote et à un consentement qu'ils ne voulaient pas donner. Il y eut aussi un petit groupe d'évêques, principalement d'Europe centrale, qui, réuni dans une secte appelée « Eglise des vieux-catholiques », créa un véritable schisme. Le résultat fut qu'au vote final, le lundi 18 juillet 1870, veille de la guerre franco-prussienne, le pape obtint la prérogative de la suprématie et de l'infaillibilité avec seulement quatre cent trente-trois évêques votants sur huit cents présents au début. Le but était atteint, mais au prix plutôt élevé d'une rupture profonde au sein même du catholicisme.

Pie XII se servit par exemple de cet extraordinaire pouvoir quand il proclama en 1950 le dogme de l'Assomption de la Vierge Marie dans une formule très solennelle, dictée justement par le désir de ne pas laisser de place à des interprétations divergentes : « Nous prononçons, déclarons, et définissons comme un dogme divinement révélé que l'Immaculée Mère de Dieu, la Vierge Marie, après avoir achevé le cours de sa vie terrestre, fut élevée corps et âme à la gloire céleste[1]. »

Les critiques de certains théologiens ne cessèrent pas pour autant, parmi lesquels Hans Küng et son élève August Bernhard Hasler, qui concentra son fort désaccord sur l'impossibilité de bien distinguer les limites de cette prétendue infaillibilité, étant donné l'élasticité de l'allocution *ex cathedra* : « L'imprécision des concepts permet aussi bien une application étendue du dogme de façon à augmenter le pouvoir du pape, qu'à une interprétation plus restreinte qui, face aux enseignements erronés du passé, peut toujours permettre de soutenir qu'ils

1. Constitution dogmatique *Munificentissimus Deus*, § 44.

ne rentrent pas dans le soi-disant “magistère infaillible”. » Du reste, ni le dogme de l’Immaculée ni celui de l’infaillibilité n’ont jamais été acceptés par les autres confessions chrétiennes, pour des raisons à la fois doctrinales et de rapports de forces.

La quatre-vingt-neuvième et dernière session du concile eut lieu le 1er septembre. Une semaine après, les troupes piémontaises entraient dans les Etats de l’Eglise et le 20, peu avant huit heures, après avoir ouvert une brèche dans le mur d’Aurélien à cent mètres de la porte Pie, elles pénétraient dans Rome, mettant fin à la domination temporelle des papes. Pie IX se considéra prisonnier dans le Vatican ; l’intendant de la Maison pontificale refusa de remettre les clés du Quirinal, entre-temps verrouillé, si bien que l’on dut forcer les portes pour y entrer : le souverain pontife voulait que la violence subie soit manifeste. Un mois après, jour pour jour, le 20 octobre, Pie IX prolongeait le concile à durée indéterminée par la bulle *Postquam Dei munere,* et il ne fut effectivement conclu qu’en 1960 par le pape Jean XXIII pour la préparation du concile Vatican II.

Pendant ce temps, les grands bouleversements européens se poursuivaient. Si la défaite de Sedan mettait fin au fragile empire de Napoléon III, ce même conflit permettait au roi de Prusse Guillaume d’être proclamé empereur allemand dans la galerie des Glaces du château de Versailles. Mais les conséquences de l’assaut de la porte Pie furent tout aussi importantes pour le jeune royaume d’Italie, car le désaccord entre le pape et le roi aurait de lourdes et durables conséquences sur la vie des Italiens. En septembre 1874, la Sacrée Pénitencerie, organe politique du Vatican, publia le célèbre *Non expedit* (« il ne convient pas »), où il déconseillait vivement aux catholiques de participer à la vie politique du royaume. Il faudra attendre 1905 pour qu’un autre pape, Pie X, atténue l'interdiction et 1919 pour que Benoît XV, en le révoquant, autorise le prêtre Don Luigi Sturzo à fonder le Parti populaire italien, qui donnera ensuite naissance à la Démocratie chrétienne.

Quelles sont les raisons d'une réaction si ferme de la part de l'Eglise ? La plus évidente est naturellement la perte du pouvoir temporel. Après des siècles de domination, le saint pontife romain se voyait privé de ses fonctions de souverain et de tout ce que cela entraînait en matière de statut, d'intérêts, de poids politique mondial. Qui plus est, l'épisode de la brèche fut suivi de nombreuses expropriations de biens qui touchaient directement les finances et les prérogatives accessoires du pouvoir temporel. Cavour (mort prématurément en 1861) avait exhorté le pape – avec lucidité, mais en vain – à prendre conscience du fait que le maintien d'un pouvoir à la fois spirituel et politique était totalement anachronique dans la nouvelle Europe. En mars 1861, il avait encore affirmé dans un discours à la Chambre des députés :

> « *Toutes ces armes dont le pouvoir civil doit se munir, en Italie et à l'extérieur, deviendront inutiles quand le saint pontife sera réduit au pouvoir spirituel. Ainsi, son autorité, loin d'être diminuée, grandira d'autant plus dans la seule sphère qui lui revient.* »

Cavour avait alterné les exhortations et les paroles rassurantes :

> « *Quelle que soit la façon dont l'Italie arrivera à la Ville éternelle, qu'elle y arrive par un accord ou sans, une fois à Rome, dès qu'elle aura déclaré le pouvoir temporel déchu, elle proclamera le début de*

la séparation et mettra immédiatement en œuvre la liberté de l'Eglise sur les bases les plus larges. »

Face à ces considérations, Pie IX ne recula pas d'un iota : en plus des pertes matérielles, il voyait dans le royaume d'Italie l'affirmation de la pire idéologie du siècle, c'est-à-dire le matérialisme, qu'il avait fermement condamné dans le *Syllabus*. Il voyait dans le rationalisme libéral dérivé de la philosophie des Lumières la prétention d'établir une suprématie de la raison sur la foi, ultime conséquence de cette Révolution française qui avait dégondé la vieille société théocratique. Après 1870, il n'hésita pas à excommunier collectivement la classe dirigeante de l'Italie unifiée, puis, en 1873, le roi Victor-Emmanuel II en personne. De son point de vue, cela ne faisait aucun doute qu'il était l'un des papes les plus fidèles à la mission spirituelle dont il se sentait investi.

L'expropriation de certains biens matériels joua son rôle, mais le fond du litige était idéologique, donc irréductible. Pie IX s'enferma de son propre chef entre les quatre murs du Vatican, car il voulait que le monde sache quelle injustice avait été commise en imposant la séparation de l'Etat et de l'Eglise. En Italie et en Europe, les fidèles brandissaient l'icône du pape prisonnier. Les prêtres et les religieuses vendaient comme relique sacrée la paille sur laquelle, disaient-ils, le Saint-Père était contraint par le gouvernement italien de passer misérablement ses nuits.

Tout cela nourrissait sa rancœur et renforçait sa conviction que les nouvelles doctrines portaient le mal. Il ne condamnait ni la vision politique, ni la doctrine économique du socialisme, mais sa conception de la famille, le changement de rôle de la femme, une morale domestique qu'il jugeait antithétique par rapport à la morale chrétienne, un instrument « pour tromper et corrompre l'imprudente jeunesse » en l'éloignant de l'enseignement de l'Eglise et en la livrant sans défense à des idéaux uniquement terrestres. La séparation de l'Eglise et de l'Etat, la liberté souveraine réciproque sur laquelle Cavour – qui la jugeait rassurante – insistait, était justement considérée par le souverain pontife comme la pire des menaces.

Par ailleurs, il est compréhensible que, pour une institution comme l'Eglise catholique, qui se considère comme dépositaire de la seule vérité possible, toute hypothèse différente apparaisse provocatrice, voire blasphématoire. Les successeurs de Pie IX conservèrent cette méfiance envers les droits de l'homme conquis à la fin du XVIIIe siècle. Pie XI, le pape Ratti, déclarera en plein XXe siècle : « S'il y a un régime totalitaire, totalitaire de fait et de droit, c'est le régime de l'Eglise, car l'homme appartient totalement à l'Eglise, il doit lui appartenir, puisque l'homme est une créature du bon Dieu [...] Et le représentant des idées, des pensées et des lois de Dieu, ce n'est que l'Eglise[1]. » Jean-Paul II, le pape Wojtyla, dans l'encyclique *Evangelium vitae,* a quant à lui affirmé et répété que « la démocratie, en dépit de ses principes, s'achemine vers un totalitarisme caractérisé[2] » quand elle vote en opposition avec l'éthique soutenue par l'Eglise. La même idéologie, le totalitarisme, est revendiquée avec fierté si elle est attribuée à l'Eglise et condamnée si elle est pratiquée par une démocratie.

Le féroce contentieux entre le royaume d'Italie et la papauté suscita la réaction opposée des cercles libéraux, qui s'adon-

1. Pie XI, lors d'une audience accordée à des pèlerins français le 18 septembre 1938, cité par Giovanni Miccoli in *Les Dilemmes et les silences de Pie XII. Vatican, Seconde Guerre mondiale et Shoah,* traduit de l'italien par Anne-Laure Vignaux, Paris, Editions Complexe, 2005. p. 167.

2. *Evangelium vitae*, *L'Evangile de la vie*, lettre encyclique.

nèrent à de nombreuses manifestations d'anticléricalisme. Elles allaient des boutades les plus vulgaires – Garibaldi lui-même avait défini Pie IX comme « un mètre cube de fumier » – à la peur obsessionnelle de voir dans toute organisation catholique une obscure machination contre la nation. On alla jusqu'à se demander s'il fallait considérer les catholiques comme des citoyens de plein droit. Par ailleurs, les catholiques réagirent à leur tour en répandant l'idée que le Risorgimento et l'unité italienne étaient liés aux intérêts maçonniques européens et que Cavour en personne, affilié à cette secte, recevait des ordres de la franc-maçonnerie internationale, qui décidait depuis Londres de la politique étrangère du petit royaume piémontais.

Pour beaucoup de fidèles catholiques, Pie IX incarna une figure dotée d'une immense popularité et de prestige. On a dit, très justement, que c'est avec lui que commença le « culte de la personnalité » du souverain pontife, car au-delà de la politique qu'il jugea bon d'adopter et de la fermeté avec laquelle il la défendit, ses qualités humaines, sa bonhomie et sa chaleur furent remarquables.

Pie IX mourut à Rome le 7 février 1878 à l'âge de quatre-vingt-six ans. Il fut enterré au Vatican, mais seulement de façon provisoire. Trois ans plus tard, en effet, quand son tombeau dans la basilique Saint-Laurent-hors-les-Murs fut terminé, sa dépouille y fut transférée. D'un commun accord entre le préfet et le préfet de police de Rome, il avait été convenu que le transfert se ferait de nuit pour éviter tout incident. Mais les milieux cléricaux laissèrent filtrer la nouvelle en espérant que les manifestations d'affection qui avaient eu lieu à plusieurs reprises lorsque le pape était en vie se reproduiraient à cette occasion. Les anticléricaux firent de même, eux aussi mobilisés, mais pour des raisons opposées.

Le gouvernement du quatrième cabinet Depretis avait refusé de mettre en place un service d'ordre trop tapageur, toujours dans l'espoir infondé d'une certaine confidentialité. Toujours est-il que le corbillard et son escorte trouvèrent le long du parcours une foule immense avec pancartes et banderoles. D'un côté on acclamait le pape-roi, de l'autre on répondait en criant : « Le pape-porc au fleuve ! » en menaçant de jeter la dépouille dans le Tibre. Des cailloux volèrent, des bâtons tournoyèrent et les bagarres prirent une telle ampleur que le cortège continua sa route le plus rapidement possible, suivi d'une foule beuglante. Le pape régnant, Léon XIII, protesta vigoureusement : on aurait presque dit que la « question romaine » allait être rouverte. Le préfet perdit sa place, tandis que le ministre des Affaires étrangères dut s'excuser auprès des principaux gouvernements européens.

Le 3 septembre 2000, le pape Jean-Paul II béatifia Pie IX sur la place Saint-Pierre.

VIII
Deux tombeaux

Au sommet de la porte du Peuple, sur la face qui regarde la place homonyme, une grande plaque de marbre blanc porte cette inscription : « FELICI FAUSTOQUE INGRESSUI – ANNO DOM MDCLV ». Quelle est donc l'entrée heureuse et profitable évoquée ici, qui a eu lieu en 1655 ? Et quel personnage a bien pu mériter que l'on grave aussi durablement dans les mémoires le souvenir de son arrivée ?

La dédicace s'applique à Christine de Suède, une des femmes les plus remarquables de son époque, grande animatrice d'« académies », mais aussi personnage fort irascible, effronté, inconstant. Christine eut affaire à certains des plus grands et des plus controversés de ses contemporains, de Louis XIV au cardinal Mazarin, du pape Alexandre VII au sulfureux abbé Vanini ; elle s'efforça de rivaliser avec eux de ruse ou de magnificence, mais fut souvent vaincue en ces duels. Une de ses meilleures biographes, Veronica Buckley, affirme que Christine eut sans doute un esprit très vif, mais, dans sa quête désespérée de grandeur, l'étincelle du génie lui fit défaut ; en dressant le bilan de sa vie, on pourrait la décrire comme une « perle baroque, brillante et précieuse, malgré ses imperfections ».

La rue qui longe le jardin botanique qu'elle fonda à Palazzo

Corsini (Riario à l'époque) porte aujourd'hui son nom. Mais ce qui compte le plus, c'est que la reine est une des rares femmes à avoir en Saint-Pierre du Vatican un somptueux mausolée – conçu par Carlo Fontana – et en dessous, dans les cryptes, une sépulture qui – par un hasard qui ne lui aurait sans doute pas déplu – se trouve être placée à côté de celle de Jean-Paul II. Sur son sarcophage sont gravés les mots « CORPUS CHRISTINAE ALEXANDRAE GOTHORUM SUECORUM VANDALORUMQUE REGINAE – OBIIT DIE XIX APRILIS MDCLXXXIX ». (« [Ci-gît] la dépouille de Christina Alexandra, reine des Goths, des Suédois et des Vandales. Elle périt le 19 avril 1689 ».)

Au printemps 1689, quand elle meurt, elle est âgée de soixante-trois ans. Elle est arrivée à Rome trente ans plus tôt, après avoir renoncé au trône de Suède en faveur de son cousin. Qu'est-ce qui l'a poussée à abdiquer ? Mais aussi : qu'est-ce qui lui a fait traverser l'Europe pour se convertir au catholicisme et venir s'installer dans la ville des papes, berceau de la Contre-Réforme ? C'est une histoire compliquée qui mêle les pulsions les plus intimes de l'âme et les intérêts politiques, le hasard et les années terribles que le continent vit à l'époque des faits. L'ensemble de ces circonstances conduit Christine, née luthérienne, homosexuelle notoire et responsable d'un terrible assassinat, jusqu'à la gloire de Saint-Pierre.

Elle est la fille de Gustave-Adolphe le Grand et de Marie-Eléonor de Brandebourg, et les quiproquos commencent dès sa naissance. Elle naît le 8 décembre 1626, à moitié enveloppée dans la poche amniotique. Un hasard étrange, chargé de présages, veut qu'elle naisse la même année où l'on consacre la basilique de Saint-Pierre. Elle a une voix forte, une grande vitalité et, vraisemblablement, une hypertrophie clitoridienne qui fait que les sages-femmes, interloquées, la prennent pour un garçon.

Ce n'est que le lendemain, après une visite médicale plus attentive, que l'on découvre son sexe véritable. Le roi, à ce que l'on dit, n'en est pas troublé outre mesure ; en riant, il aurait fait le commentaire suivant : « Elle sera astucieuse, puisqu'elle nous a tous trompés. » Gustave-Adolphe, roi valeureux au tempérament colérique, meurt au combat. Il a été le défenseur acharné de la Réforme de Luther et l'ennemi déclaré de la corruption papale. Des circonstances qui aggravent le scandale que suscite l'annonce de la conversion de Christine.

Le quiproquo initial autour de son sexe l'accompagne toute sa vie durant et pourrait être l'explication la plus simple à son homosexualité. Au cours de sa vie, elle revient à plusieurs reprises sur ce sujet qui est aussi la raison principale de son abdication. Déjà assez âgée, elle tombe un jour de sa calèche lancée à grande vitesse dans les jardins de Palazzo Corsini et reste à terre les jupes retroussées, de sorte que personne n'ose s'approcher pour la secourir. En reprenant ses esprits, elle se relève toute seule et dit en riant : « Voilà, vous savez désormais que je ne suis ni un homme, ni un hermaphrodite, comme quelqu'un voudrait le faire croire. »

Après avoir hérité du trône à l'âge de six ans, elle prend la tête du pays à l'âge de dix-huit ; lorsqu'elle abdique en faveur de son cousin Charles-Gustave, elle a vingt-huit ans. Elle a régné dix ans, non sans plaisir si l'on en croit ce qu'elle dit : « Le trône a été mon berceau, je venais de naître qu'aussitôt il fut nécessaire que j'y accède [...] J'étais si jeune que je ne pouvais me rendre compte ni de la disgrâce, ni de la chance que j'avais ; je me souviens toutefois, d'avoir été heureuse de voir toutes ces personnes à mes pieds, qui me baisaient la main. »

Parmi les événements mémorables de son royaume, notons l'arrivée à la cour du philosophe René Descartes, avec lequel la jeune femme, cultivée et curieuse, souhaite apprendre la philosophie et perfectionner ses connaissances en mathématiques. Le malheureux, qui arrive à Stockholm à contrecœur et seulement à la suite de sollicitations nombreuses, est obligé de lui donner ses cours à cinq heures du matin, qui plus est en prenant soin de ne pas porter de couvre-chef en présence de la souveraine. A quarante ans, Descartes écrit le *Discours de la méthode*, qui marque un véritable tournant dans la pensée humaine et en matière de refus de toute sorte de dogmatisme ; à présent, à cinquante ans passés, il se retrouve à donner des cours en claquant des dents. Il ne résistera pas à la rigueur de l'hiver scandinave : il meurt en février 1650 des suites d'une pneumonie, en regrettant – on suppose – la douceur du climat de sa Touraine natale.

Il faut dire que, récemment, on pose une autre hypothèse sur les véritables circonstances de sa mort. En 2009, le professeur Theodor Ebert de l'université d'Erlangen publie un livre intitulé *Der rätselhafte Tod des René Descartes* (« La Mort mystérieuse de René Descartes », non traduit en français), dans lequel il soutient que ce n'est pas le froid, mais le poison qui a tué le grand philosophe. En faisant des recherches dans les archives, Ebert a découvert le rapport établi par le médecin de Descartes diagnostiquant « un hoquet persistant, expectoration de couleur noire, respiration irrégulière ». Des symptômes qui peuvent être dus à un empoisonnement par arsenic, une substance – écrit-il – « familière » à l'Eglise depuis toujours. Selon cet universitaire, le mobile de l'assassinat aurait été l'enseignement même du philosophe, qui semblait faire obstacle à la pressentie conversion au catholicisme de la reine. Une hostie empoisonnée administrée par le père augustin François Viogué aurait fait office d'arme du crime. Le prêtre, d'ailleurs, nourrissait une haine telle pour le philosophe qu'il lui refusa l'extrême-onction, parce que, dit-il, « [il voulait] l'envoyer tout droit en enfer ».

Mais l'épisode qui éloigne à jamais Christine du trône est l'énième demande que lui adressent les plus hauts dignitaires de l'Etat pour qu'elle prenne enfin un époux, afin de donner un héritier au royaume et à la dynastie. Dans un premier temps, la reine quitte furieuse la salle du Parlement ; ensuite, elle confirme son refus des noces plus calmement : « Il m'est impossible de me marier, explique-t-elle. Je ne souhaite pas vous en donner les raisons, sachez seulement que cela m'est tout simplement impossible. Le mariage suscite chez moi un tel sentiment de dégoût, que j'ignore quand je pourrai le vaincre. » Par la suite, elle déclare à plusieurs reprises que l'acte sexuel lui apparaît comme un geste de soumission à l'homme de la part de la femme, et que cette seule pensée lui est insupportable. Elle dit aussi : « Je ne tolère pas l'idée d'être utilisée par un homme comme un paysan utilise ses champs. » Elle se contredit, cependant, quand elle ose affirmer devant la reine mère de France (ou bien Anne d'Autriche, selon d'autres versions) : « "Baiser", voilà ce pour quoi sont faites les jolies femmes. »

Cette répulsion pour le sexe a-t-elle concerné aussi ses relations avec les femmes ? La question est controversée, bien que certaines de ses passions féminines soient notoires. La plus célèbre est celle qu'elle entretient avec la très belle comtesse suédoise Ebba Sparre, une dame de la cour que Christine appelle affectueusement « Belle ». Un jour, elle la présente à l'ambassadeur anglais en l'appelant, non sans provocation, « mon aimée, ma compagne de lit [*my bed-fellow*] ». Installée à Rome depuis plusieurs années, elle lui envoie encore des lettres tendres et langoureuses : « Que serais-je heureuse si seulement je pouvais vous voir, Belle ; cependant, même si je vous aimerai toujours, je ne puis vous revoir, et par conséquent jamais je ne pourrai être heureuse. Je suis à vous, comme je l'ai toujours été, peu importe dans quelle région du monde je me trouve. Vous suis-je chère comme autrefois ? » Mais aussi : « Tu ne dois pas douter d'une amitié qui a survécu à trois années de séparation. Si tu réfléchis au pouvoir que tu as sur moi, tu dois aussi te rappeler que j'ai eu ton amour douze années durant. Je t'appartiens, tu ne me perdras jamais, ce n'est qu'à ma mort que je cesserai de t'aimer. »

Comme l'attestent ses nombreux portraits, Christine n'est pas belle, bien que l'on s'efforce de rendre ses traits plus délicats ; c'est ce que confirment aussi les témoignages de ses contemporains. Voici ce qu'écrit le voyageur anglais Edward Browne dans une lettre de 1665 : « Elle est de petite taille, ronde et un peu difforme ; d'habitude, elle porte une veste violette, une large cravate et une perruque d'homme ; elle est toujours joyeuse et libre dans ses attitudes. » Bien des années plus tard, en 1688, un Français, toujours dans un courrier, la décrit dans des termes encore moins flatteurs : « Elle est de petite taille, grosse et corpulente. Son corps, sa voix et son visage sont ceux d'un homme. Elle a un gros nez, de grands yeux bleus, des sourcils blonds et un double menton où poussent des touffes de barbe. »

L'événement politique le plus important de sa jeunesse est la paix de Westphalie, dont les traités signés le 24 octobre 1648 mettent fin à la célèbre guerre de Trente Ans entre les souverains luthériens de l'Europe du Nord et les Habsbourg catholiques. Une guerre qui a été particulièrement marquée par les massacres et les mises à sac, et a eu lieu principalement sur le sol de l'Empire allemand, qui en sort dévasté. Par ces traités, l'Europe trouve une nouvelle organisation qui va durer presque jusqu'à notre époque : la France entame son ascension – le futur Roi-Soleil n'a alors que dix ans –, tandis que commence le déclin de l'Espagne, qui a perdu les provinces des Pays-Bas. Comme nous l'avons vu dans l'un des chapitres précédents, le pape figure parmi les perdants, car, avec ces traités, il voit s'évanouir le rêve catholique d'un continent uni sous le trirègne de Rome.

Et Christine dans tout ça ? La reine de Suède, fille du grand Gustave-Adolphe, qui a perdu la vie dans cette guerre, devient l'un des garants de la paix. Si ses raisons personnelles font qu'elle refuse le trône, elle pourrait se limiter à l'abandonner, tout en restant un personnage de premier plan dans son pays. Elle pourrait endosser le rôle de défenseur de la tolérance religieuse, en honorant ainsi la mémoire de feu son père. Pourtant, elle choisit de faire tout autrement, et sur les raisons de ce choix les biographes sont partagés parce que les sources sont diverses et fragmentaires, et aussi parce qu'il est impossible de sonder l'âme humaine. La seule certitude est que son père, défenseur acharné de la Réforme, aurait vivement désapprouvé son geste.

Christine choisit Rome, le soleil de la Méditerranée, une nature plus douce, une lumière moins froide, capable de réchauffer même la misère et la saleté qui, dans la Ville éternelle comme dans sa Suède natale, ne manquent pas. Voici ce qu'écrit l'un de ses biographes : « Elle avait renoncé à la couronne, mais voulait rester une reine, être au centre des choses », ce que peut lui offrir Rome. Cependant, s'installer dans la ville des papes en tant que luthérienne est chose impossible et, en tout état de cause, peu appropriée. En tant que reine, elle a été, de droit, chef de l'Eglise de son pays, de même que le roi d'Angleterre (après Henri VIII) l'est de l'Eglise anglicane. S'installer à Rome signifie pour elle une conversion à la confession catholique.

La chose n'est pas simple. L'ex-souveraine quitte la Suède avec une suite de quatre gentilshommes seulement et fait une halte à Bruxelles, où elle est royalement accueillie dans le somptueux palais d'Egmont. Là, dans la chapelle privée qui jouxte sa chambre, la veille de Noël 1654, elle abjure le protestantisme et récite le Credo catholique. Ce n'est que le premier pas vers sa conversion, car en réalité, celle de Bruxelles n'est qu'une cérémonie privée qui ne peut certes satisfaire la bouillonnante Christine. En effet, quelques mois plus tard, elle se trouve à Innsbruck chez l'archiduc Ferdinand, et c'est dans sa chapelle royale qu'enfin, le 3 novembre 1655, l'ex-reine de Suède est officiellement accueillie au sein de sa nouvelle Eglise en grande pompe, avec tenues d'apparat, messe solennelle avec *Te Deum*, retentissements de trompettes, tirs de canon et liesse populaire.

Entre-temps, le trône de Rome a été pris par Alexandre VII. Christine lui envoie aussitôt une lettre de soumission totale que, courageusement, elle écrit en italien : « J'ai déclaré au monde, pour obéir à Sa Sainteté, que j'ai quitté avec la plus grande joie mon royaume où le fait de vous honorer fait partie des péchés inadmissibles [...]. » Après la blessure profonde de la Réforme, la conversion d'une reine, pour stratégique qu'elle soit, est une conquête importante pour l'Eglise catholique. Dès lors, on dirait que le pape comprend qu'il peut l'utiliser sur le « plan médiatique ». C'est pourquoi, outre la raison de la peste qui fait rage à Rome à cette époque, le voyage de Christine suit un itinéraire plus long et tortueux que nécessaire ; il faut du temps pour préparer comme il convient l'arrivée de cette reine nouvellement convertie : Mantoue, Ferrare, Bologne, Pesaro, Ancône, Lorette, Assise, Bracciano.

En réalité son arrivée se fait en deux fois, si l'on peut dire. La première a lieu presque en catimini, à la tombée de la nuit du 10 décembre 1655 ; ensuite, après quelques jours de repos, Christine quitte la ville pour atteindre le pont Milvius, où se rassemble un cortège majestueux de nobles, de hauts prélats, d'hommes d'armes, de voitures et de chevaux, qui l'escortent solennellement jusqu'à Saint-Pierre. Le pape a fait préparer à son intention un carrosse spécial, mais la jeune femme – qui vient juste de fêter ses vingt-neuf ans – préfère monter son palefroi blanc. C'est ainsi qu'en franchissant la porte du Peuple, elle fait son entrée dans la ville, parcourant les rues bondées d'une foule de curieux qui l'applaudit : elle porte un habit de velours vert, l'épée au flanc et un grand chapeau à plumes qui lui sert d'ornement en même temps que d'abri, compte tenu du ciel gris sous lequel Rome l'accueille. Notons au passage, que c'est un chapeau de ce genre que l'on fit porter à Greta Garbo en 1933, quand elle tourna *La Reine Christine*, dans la mise en scène de Rouben Mamoulian.

Alexandre VII est ravi de cette arrivée, bien qu'il ait hâte de mieux connaître cette femme exubérante pour savoir à quoi s'en tenir. Fabio Chigi, pape sévère et pieux, a vécu de longues années dans les pays germaniques et en a apprécié l'austère religiosité et la capacité au recueillement dans le silence, des qualités bien différentes de la foi tapageuse et « presque païenne » que l'on pratique à Rome. En guise de *memento mori* constant, il fait installer un cercueil dans sa chambre à coucher. Quant aux femmes, il réussit à éloigner du Vatican la redoutable Olimpia Maidalchini, qui avait séduit son prédécesseur et en avait été longtemps la maîtresse.

Olimpia vient juste de quitter la scène – elle meurt peu de temps après, frappée par la peste – que voici Christine de Suède :

elle est aussi intrigante que sa devancière, mais porte en elle une part de naïveté qui en fait une douce rêveuse plus qu'un véritable outil de pouvoir ou un danger. Le premier logement de Christine est une des plus belles demeures romaines : le palais Farnèse, avec la célèbre galerie ornée des fresques d'Annibal Carrache, véritable chef-d'œuvre de la fin du XVIe siècle. Après avoir grandi dans la rigueur du protestantisme et dans le froid glacial de son pays, l'ex-reine se trouve plongée d'un coup dans la splendeur baroque de Rome, dans une religiosité où le faste des cérémonies remplace souvent la profonde sincérité de la foi. C'est une ville de fêtes et de bals, de commérages et de stratégies de séduction, où les palais de la noblesse émaillent comme des joyaux la surface urbaine faite de baraques misérables, où l'aristocratie – de la noblesse comme du clergé – brille d'un vif éclat au milieu du petit peuple abandonné à l'ignorance la plus noire. Au fond, la ville est restée profondément païenne, et d'étranges objets nimbés d'un halo de légende sont vénérés comme d'authentiques reliques par les gens du peuple : le bras de Joseph d'Arimathie, l'un des trente deniers versés à Judas pour sa trahison, un fragment de la Véritable Croix de Jésus, l'un des pains que le Messie multiplia de manière miraculeuse, et même son prépuce, retiré au moment de sa circoncision.

Au cours des fêtes, les masques servent à dissimuler les malices et les galanteries interdites, les courses du carnaval voient s'affronter les ânes et les chevaux : on contraint les Juifs « déicides » à y concourir, même les plus âgés, qui sont raillés par la foule et deviennent la cible de projectiles de toutes sortes, des fruits pourris aux cadavres de chats. Bref, la Rome éternelle dans la splendeur comme dans l'abjection, prompte à la dérision et à la férocité comme à la générosité, toujours de manière un peu puérile, dans un cas comme dans l'autre.

Christine se proclame protectrice des « Juifs de cette ville de Rome » en août 1686, trois ans avant de mourir. C'est un acte de courage dans une cité où seulement un siècle auparavant on a « inventé » leur réclusion dans le ghetto.

Consciente de son rang de souveraine, Christine ouvre grand les salons de sa demeure à la fine fleur de la ville en matière d'ingéniosité, de pouvoir et de vivacité d'esprit ; une grande partie des cardinaux qui résident à Rome, une trentaine environ, prennent l'habitude de participer à ses soirées, heureux de l'accueil, festif et solennel à la fois, qu'elle leur réserve chaque fois.

Notons parmi ces invités les plus fidèles, le cardinal Decio Azzolino, originaire de Fermo, dans cette région des Marches réputée pour l'astuce de ses habitants. Azzolino ne fait pas exception à la règle : c'est un homme de taille plutôt petite, mais doté d'un esprit extrêmement vif. Parmi ses neuf sœurs, pas moins de cinq sont devenues religieuses, et l'un de ses frères s'est fait prêtre aussi. Dans les familles de la petite noblesse, il est de bon ton de mettre au service de l'Eglise les jeunes filles sans dot.

Du temps d'Innocent X, Azzolino, protégé par la redoutable donna Olimpia, a été nommé secrétaire de la *Cifra* à l'âge de vingt ans à peine, où il était chargé des codes secrets de la correspondance pontificale. Un poste « sensible », s'il en est, qui requiert des capacités techniques, un grand réalisme et un fort penchant pour les intrigues. Azzolino donne des preuves irréfutables de ces qualités en gravissant les marches de la carrière ecclésiastique jusqu'au rang de cardinal. Ce qui ne l'empêche pas pour autant d'avoir une vie sexuelle particulièrement intense, au moins jusqu'à sa rencontre avec Christine. Entre eux, c'est l'amour : durable, tendre, peut-être charnel (nul ne peut l'affirmer avec certitude), sans doute tissé d'élans, de jalousies et de vengeances, comme dans toute histoire d'amour qui se respecte.

Tous deux déjà âgés, on pouvait encore les voir se promener côte à côte dans les jardins du palais Corsini en échangeant calmement, faisant le commentaire des derniers livres lus, se confiant leurs soucis de santé respectifs ; le pas était devenu plus lent, les éventuelles ardeurs juvéniles avaient été apaisées par l'âge. De tous les fantasmes, les utopies et les rêves dont la reine s'était nourrie au cours des années, ce qui lui restait de plus concret maintenant qu'elle avait franchi le seuil des soixante ans était ce vieux cardinal qui autrefois avait été capable d'influencer l'élection du pape et qui désormais commençait à se séparer d'une partie de ses biens pour en destiner les revenus à des œuvres de bienfaisance.

Mais dans la « première » vie de Christine de Suède, un épisode vaut la peine d'être raconté, car il décrit à la fois le tempérament de la souveraine et la bienveillance politique hautement intéressée avec laquelle le pape et sa cour la regardaient. Il s'agit d'un assassinat, qui plus est commis avec une telle férocité qu'il se distingue même dans une vie aussi mouvementée que la sienne.

En novembre 1657, Christine se trouvait à Fontainebleau à l'invitation de Louis XIV, roi de France. Le but de sa visite était de savoir si enfin le futur Roi-Soleil allait l'aider à s'emparer du trône de Naples. Christine en effet – en faisant preuve d'une grande naïveté ou bien d'une ambition démesurée – avait cru pouvoir profiter des combats entre la France et l'Espagne pour se constituer son propre royaume. Louis XIV n'avait que dix-neuf ans à l'époque, mais son « tuteur » – le très astucieux cardinal Mazarin, né dans un village misérable au fin fond des Abruzzes, en Italie, et parvenu jusqu'à ce haut poste de la cour de France – lui avait fait comprendre que peut-être, tôt ou tard, la chose pouvait être envisagée.

En réalité, Mazarin ne pensait qu'à lui-même et à son roi, et ses promesses à demi-mot n'étaient que le moyen d'apaiser cette femme au tempérament bouillonnant, qui à Rome aurait pu, peut-être, se révéler utile. Les mois passaient, et le royaume de Naples devenait de plus en plus hypothétique. Pis encore. Des rumeurs insistantes affirmaient que Mazarin négociait la paix en grand secret avec l'Espagne, ce qui pour Christine signifiait clairement l'abandon définitif de son projet. L'ex-reine avait si longuement caressé ce rêve qu'elle avait même fait dessiner les uniformes des soldats de sa future armée : des vestes violet et noir, brodées d'argent. Et maintenant, tout risquait d'échouer et de fondre comme neige au soleil. Sa colère, mais peut-être aussi des raisons bien plus concrètes, la poussèrent à attribuer la responsabilité de cet échec de plus en plus probable au marquis Gian Rinaldo Monaldeschi, écuyer à la cour et vraisemblablement personnage fourbe, qui cependant ne méritait pas la fin atroce à laquelle Christine le condamna après l'avoir accusé de trahison.

L'horrible scène eut lieu le 10 novembre dans la galerie des Cerfs du château de Fontainebleau. Là, s'étaient réunis la reine, trois hommes, un prêtre et le malheureux marquis. Christine montra un paquet de lettres signées par son homme de confiance (Francesco Maria Santinelli) dans lesquelles on disait beaucoup de mal de sa royale personne. En réalité, ces courriers avaient été falsifiés par Monaldeschi lui-même, lequel, interrogé brutalement, admit les faits en prétextant des raisons aussi faibles que variées. L'homme était terrorisé, mais Christine demeura inflexible : les trois hommes avaient déjà posé la main sur la poignée de leur épée. Tout à coup, Monaldeschi se jeta aux pieds de la reine en implorant son pardon – un tableau conservé au château, rappelle cette scène – et s'adressa longuement à elle entre les sanglots. La reine l'écouta impassible. Puis, à la fin de ces longues péroraisons, elle dit au prêtre sur un ton glacial : « Préparez cet homme à mourir. » Et sur ces mots, elle quitta la galerie pour regagner ses appartements.

Il y eut plusieurs tentatives d'intercession : on alla jusqu'à rappeler à Christine que le château était une propriété royale et que l'assassinat d'un homme aurait violé aussi bien le droit que les lois de l'hospitalité. Christine répliqua que même à Fontainebleau elle conservait entière sa faculté de juger ses sujets, et que par conséquent, elle souhaitait que le prêtre fasse vite ce que son ministère lui imposait. Lorsqu'il fut clair que plus rien ne pouvait être tenté, d'un geste fulgurant, l'un des trois hommes plongea sa lame dans le ventre du marquis suppliant. Le coup ne fut pas mortel, notamment parce que Monaldeschi, par une prudence qui se révéla inutile, portait une cotte de maille sous son vêtement. D'autres coups s'abattirent sur lui, mais encore une fois aucun ne fut fatal. Ensanglanté, mutilé de quelques doigts tranchés par le fer de ses agresseurs qu'il essayait d'arrêter, le marquis se traînait par terre en gémissant, s'accrochant aux murs, se vidant de son sang et recommandant son âme à Dieu, dans une agonie interminable. Enfin, l'un des trois bourreaux parvint à le tuer en lui fendant la gorge de part en part.

De quoi le marquis s'était-il rendu coupable pour pousser la reine à une attitude aussi impitoyable ? Nul n'a jamais pu le découvrir jusqu'au bout. Ce ne fut certes pas la falsification des lettres, qui n'était qu'un complot grossier de courtisans. On a parlé aussi d'un amour qui se serait mué en haine, de confidences utilisées pour nuire à la reine, d'une conjuration visant à lui faire perdre le trône de Naples, de louanges cruellement démenties par les comportements. Pour finir, le communiqué officiel annonça que le marquis s'était rendu coupable de trahison politique, surtout pour donner une couverture vaguement légale à cette atroce exécution. Quoi qu'il en soit, la colère de Mazarin fut grande, et l'ahurissement du pape, considérable ; ce dernier alla jusqu'à ordonner à Christine de ne pas revenir à Rome pendant quelque temps. Un ordre que l'orgueilleuse reine s'empressa de ne pas respecter.

Toute sa vie durant, chaque fois que l'épisode était évoqué d'une manière ou d'une autre, Christine se dépêchait d'affirmer qu'elle avait agi pour le mieux. Elle adressa un courrier à Mazarin à ce propos : « Nous, gens du Nord, sommes plutôt sauvages par nature et pas très peureux [...] en ce qui concerne ce que j'ai fait avec Monaldeschi, je puis vous dire que, si je ne l'avais déjà fait, ce soir je n'irais pas me coucher sans le faire et je n'ai aucune raison de m'en repentir. » Le touriste qui visite aujourd'hui le château de Fontainebleau peut voir dans une vitrine la cotte de maille et l'épée avec lesquelles Monaldeschi essaya de sauver sa vie. Si on les observe attentivement, on a presque l'impression d'apercevoir des traces de sang entre les mailles, à moins qu'il ne s'agisse d'un peu de rouille.

L'assassinat du marquis jette une ombre sur la vie de Christine que personne n'oublie, même si l'affaire n'a pas de conséquences particulières. Une fois rentrée à Rome, la reine reprend sa vie de toujours : les académies, les réunions avec des personnages éminents et des artistes, son amitié amoureuse avec le cardinal Azzolino. A sa « cour », on croise souvent Alessandro Scarlatti – qui pour un temps est son maître de chapelle –, Arcangelo Corelli, le claveciniste Bernardo Pasquini et parfois le Bernin en personne. Parmi ses invités préférés, on compte les plus grandes cantatrices de la ville – Angelina Quadrelli, Antonia Coresi, Maria Landini –, mais aussi le castrat Antonio Rivani, dit « Cicciolino », un virtuose à la voix d'ange dont Christine est très jalouse sur le plan artistique.

Dans le bâtiment où se trouvaient autrefois les anciennes prisons de Tor di Nona, l'ex-reine fait installer un théâtre public, le premier à Rome, où jouent et chantent des femmes, ses « belles protégées » : le pape Clément X (1670-1676), en effet, a été contraint d'annuler une ancienne ordonnance qui interdisait aux femmes de fouler la scène, où elles se voyaient remplacée par des castrats avec leur voix de fausset ; une interdiction qui faisait partie de la plus générale misogynie catholique, alimentée notamment par les jésuites après le concile de Trente.

Mais l'hyperactivité de la souveraine ne se limite pas à la sphère mondaine. Outre l'organisation botanique du jardin du palais Corsini, Christine met en place une bibliothèque d'environ trente mille volumes et presque dix mille manuscrits, un cabinet de médailles important et un véritable laboratoire scientifique où elle commence à faire des expériences d'alchimie. Comme tous ceux qui s'intéressent aux sciences occultes, elle veut transformer le plomb en or. En ce qui la concerne, cependant, elle agit dans un but précis, qui frôle l'utopie ou une nouvelle illusion : avec l'or qu'elle pourrait « fabriquer », elle veut constituer une armée pour affronter les Turcs.

L'or, naturellement, ne vit jamais le jour et son idée d'armée fut classée parmi ses autres projets fous jamais réalisés. En 1676, le conclave – à la demande pressante de Louis XIV, devenu très puissant entre-temps – élit le pape Benedetto Odescalchi sous le nom d'Innocent XI. Le nouveau souverain pontife apporte avec lui un souffle de restauration et de conservatisme : les théâtres sont fermés, y compris celui de Tor di Nona, l'interdiction aux femmes de fouler la scène est rétablie et s'étend même aux cours de musique, celle-ci étant jugée comme un « art qui nuit à leur modestie ». Certains protestent, mais avec précaution : le nouveau pape est le premier à donner l'exemple d'une vie austère et, de plus, il serait imprudent d'ennuyer un souverain tout juste élu. Son prédécesseur, Clément X, avait accordé à Christine une rente de douze mille écus par an qu'Innocent XI s'empresse d'annuler. On dit que l'ex-bénéficiaire ne s'en offusqua pas outre mesure. Elle vit depuis toujours au-dessus de ses moyens, en se couvrant de dettes et puisant dans des ressources mystérieuses avec cette désinvolture que seuls possèdent ceux qui n'ont jamais manqué de rien.

Elle poursuit sa vie de toujours, et s'accorde quelques amours en plus de sa longue, habituelle et chaleureuse amitié amoureuse avec son cardinal. Parmi ses maîtresses, on compte la danseuse et chanteuse Angelica Voglia, connue sous le nom de « Giorgina ». Les relations de Christine avec les femmes ont toujours été curieuses et compliquées, mais au fond pas si étonnantes, contrairement à certaines de ses autres relations. Au cours d'un voyage en France, par exemple, elle tient à rencontrer Ninon de Lenclos, une célèbre courtisane contrainte de se retirer dans le couvent de Lagny pour ses excès à accorder ses faveurs. Christine s'entretient longuement avec elle en échangeant des confidences et en exprimant des propos au sujet de la religion qui offensent grandement le pape, quand on les lui rapporte. L'ex-souveraine déclare en effet que sa véritable religion est celle des philosophes de l'Antiquité et que tout le reste ne lui semble que farce ou imposture.

Vraisemblablement, elle est tout à fait sincère quand elle exprime sa vive appréciation d'une vie libre de tout lien, ouverte au désordre et, en définitive, païenne. C'est probablement pour ces mêmes raisons qu'elle déteste les femmes enceintes, elle qui a renoncé au trône pour ne pas obéir à l'obligation dynastique de devenir mère. Un jour, apprenant que l'une de ses servantes est enceinte, elle lui ordonne de ne plus se montrer en sa présence.

C'est ainsi qu'elle vit jusqu'à la fin, entourée de la cour la plus bariolée et invraisemblable que Rome n'ait jamais vue : grands esprits, artistes illustres, mais aussi escrocs, aventuriers, proxénètes et prostituées. Au cours des dernières années de sa vie, sa foi semble trouver une nouvelle vigueur, avec pour conséquence paradoxale l'irritation ou la déception à l'égard du faste de la cour pontificale. Elle écrit une lettre à son cher Azzolino : « Il est pénible de voir tant de millions du trésor de l'Eglise employés à des luxes si peu convenables et à la gratification de nullités absolues, qui ne semblent servir qu'à sucer le sang et la sueur des pauvres gens. »

Elle semble avoir compris qu'on lui accorde beaucoup et qu'on lui pardonne presque tout en raison de sa conversion. Elle ne peut pas savoir – et cela ne lui aurait sans doute pas déplu – qu'on lui dressera un fastueux mausolée dans la basilique Saint-Pierre du Vatican. Elle frôle le génie, mais elle est lesbienne, capricieuse, violente et responsable d'un assassinat. Sa présence dans cette basilique emplie de saints, de vierges et de martyrs (à commencer par le cofondateur Pierre) est incongrue. Même après sa mort, cependant, Christine garde l'atout qu'elle a eu de son vivant et qui lui a assuré la victoire : elle reste une des plus belles conquêtes de l'Eglise, une reine arrachée à l'hérésie luthérienne.

La basilique Saint-Pierre est remplie de monuments funéraires souvent remarquables, soit par leur facture, soit par les personnalités qu'ils honorent. Le mausolée de Christine de Suède et celui dont je vais vous parler maintenant doivent tous deux leur existence principalement à la stratégie politique des papes.

Dans la nef de gauche, à proximité de l'entrée, on peut voir un magnifique cénotaphe qu'Antoine Canova a sculpté dans le plus pur style néoclassique qui le caractérise. Une dédicace complexe proclame ceci : « IACOBO III JACOBI II MAGNAE BRIT REGIS FILIO KAROLO EDUARDO ET HENRICO DECANO PATRUM CARDINALIUM JACOBI III FILIIS REGIAE STIRPIS STUARDIAE POSTREMIS ANNO M.DCCC.XIX. » (« A Jacques III, fils de Jacques II, roi de Grande-Bretagne, à Charles Edward et à Henry, doyen des Pères Cardinaux, les derniers fils de la lignée des Stuart, l'année 1819 ».)

C'est donc en 1819 que l'artiste immortalise la famille Stuart qui à partir de 1371 régna pendant trois siècles sur l'Ecosse, puis sur la Grande-Bretagne tout entière jusqu'en 1714. L'étymologie du nom est curieuse, car *Stewart* ou *Steward*, devenu *Stuart*, indiquait à l'origine la charge de sénéchal (majordome, haut dignitaire) qu'au XIIe siècle le roi David Ier, souverain de ces terres, accorda à un membre de sa famille. Mais la période qui nous intéresse est bien plus tardive – c'est le XVIIe siècle –, bouleversée par les grands événements entrés dans l'histoire sous le nom de Glorious Revolution, la Glorieuse Révolution de 1688, une série de circonstances qui firent de la Grande-Bretagne la première des monarchies constitutionnelles.

Par malheur, Charles Ier Stuart, roi de Grande-Bretagne et d'Irlande (1600-1649) épouse une catholique, Henriette-Marie, fille d'Henri IV de France et sœur de Louis XIII. Au début du XVIe siècle, l'un de ses prédécesseurs, le puissant Henri VIII, contrarié par le fait que le pape lui a refusé le divorce, a donné vie à une nouvelle confession chrétienne sous le nom d'*Anglicana Ecclesia*. Il s'en est proclamé le chef et a investi de cette charge tous ses successeurs. Par conséquent, le mariage de Charles avec une « papiste » est considéré comme imprudent par tous ceux qui y voient – ou qui craignent – le début d'un nouveau rapprochement avec Rome.

Cette méfiance latente explose au grand jour à l'occasion de la dure politique fiscale que le roi Charles est contraint d'adopter pour financer ses guerres. Le conflit permanent entre la Couronne et le Parlement, et la disproportion entre la volonté du roi et le peu de pouvoir dont il dispose, jouent en faveur d'une guerre civile, comme cela arrive toujours quand un faible se montre arrogant. Bref : le 9 février 1649 le souverain est décapité. Un siècle et demi avant que les Jacobins prennent le pouvoir à Paris et fassent tomber la tête de Louis XVI (en 1793), ce sont les Anglais qui coupent celle de leur souverain.

Alexandre Dumas articule son roman *Vingt ans après* autour de la tentative d'Athos et d'Aramis de sauver la vie du malheureux Charles. Les deux vaillants mousquetaires sont accompagnés en Angleterre par Lord de Winter à la demande d'Henriette-Marie, sœur de Louis XIII et épouse de Charles Ier roi d'Angleterre, d'Ecosse et d'Irlande. Aramis, Athos et Lord de Winter sont chargés de venir en aide au souverain anglais. Tous trois le rejoignent à la frontière de l'Ecosse, où les troupes royales sont en train de se battre. Mais leur mission échoue, et Charles Ier est exécuté.

Après la mort du roi, ce n'est pas un autre souverain qui le remplace sur le trône, mais Oliver Cromwell, véritable tyran et chef des puritains, qui en endossant le titre de lord-protecteur du Commonwealth commence par proclamer son propre pouvoir, tout en échafaudant le projet d'une république éventuelle. La restauration des Stuart à la tête du pays voit se succéder deux frères sur le trône, les deux fils de feu Charles Ier : Charles II de 1660 à 1685, puis, pour une plus courte période, Jacques II, de 1685 à 1688.

Quand on dit que la Glorieuse Révolution a été un événement peu sanglant et de courte durée, ce n'est donc pas tout à fait exact. On peut dire que son déroulement fut rapide (en tout, elle ne dura que trois mois) et que ses victimes furent relativement peu nombreuses seulement si l'on ne tient pas compte des événements dont le roi Jacques II fut le protagoniste et qui furent, comme nous allons le voir ci-après, la suite et la conclusion du conflit commencé sous le triste et tumultueux règne de son père Charles Ier. Le duc d'York – son titre avant qu'il accède au trône pour une courte période – avait été le commandant de la Marine royale (Lord High Admiral). Quand en 1664, les Anglais s'emparent du territoire de la Nouvelle Hollande, c'est en son honneur que la ville la plus importante de la région, New Amsterdam, est rebaptisée New York.

La première épouse de Jacques, Anne Hyde, meurt en 1671 en laissant deux filles, Marie et Anne : comme dans les dynasties impériales romaines, les mêmes prénoms reviennent de génération en génération. Pour ses nouvelles noces, Jacques choisit une princesse catholique italienne, Marie-Béatrice d'Este, du duché de Modène, en suscitant aussitôt la méfiance du Parlement, où l'on murmure que Marie est une espionne au service du pape. Dans la tentative de rééquilibrer la situation, le régnant Charles II organise le mariage entre sa nièce Marie, fille du premier mariage de son frère Jacques, avec le protestant Guillaume d'Orange, stathouder (gouverneur) de la Hollande, qui élèvera ses enfants dans la religion réformée, en éloignant ainsi le danger d'un retour à la confession catholique.

Mais ce stratagème nuptial ne suffit pas à apaiser le mécontentement. L'un des ministres anglicans, Titus Oates, ex-jésuite, commence à répandre la rumeur d'un éventuel complot papiste visant à éliminer le roi Charles II et à le remplacer par Jacques le catholique. La princesse portugaise Catherine de Bragance, épouse de Charles, se révèle stérile, et bien que le souverain ait une douzaine d'enfants de ses différentes maîtresses, le trône n'a pas d'héritier légitime. Ce qui fait de son frère Jacques le plus probable des candidats à la succession.

Charles meurt en février 1685 après s'être converti lui aussi in extremis au catholicisme. Jacques, duc d'York, devient donc le nouveau roi : il est âgé de cinquante-deux ans, et dans un premier temps il est accueilli favorablement. Bientôt cependant, il est confronté aux révoltes et aux conspirations ; sa « Déclaration d'indulgence », qui proclame la liberté religieuse dans le royaume, est accusée de favoriser les catholiques, et non de les mettre sur le même plan que les anglicans. Les choses s'aggravent quand on découvre que la reine Marie-Béatrice est enceinte. Si c'est un garçon, il sera le premier de la lignée dans la succession, en écartant les Orange.

Or, s'il a été un soldat valeureux, comme souverain Jacques est un faible. Incapable de tirer les conséquences de la décapitation de son père, il répète la plupart de ses erreurs. Il affiche son catholicisme de manière ostentatoire, ce qui lui vaut l'opposition des cercles anglicans les plus prestigieux. Il défie l'emprise protestante en confiant, dès qu'il le peut, les postes de pouvoir aux catholiques : dans l'armée, le gouvernement, les universités. Il rétablit, pour la première fois depuis 1558, des relations diplomatiques avec le Saint-Siège, ce qui suscite la colère de beaucoup, d'autant plus que si Jacques est catholique à titre personnel, il est aussi, en tant que souverain régnant, le chef de l'Eglise anglicane. Un conflit d'intérêt évident, comme on dirait aujourd'hui.

Bref, le malheureux Jacques commet l'erreur la plus grave, la pire qui soit pour un leader politique : il ignore ou néglige l'opinion majoritaire de son peuple. Au cours du règne de son frère Charles, Londres a connu deux événements tragiques : en 1665, la ville a été le théâtre d'une terrible épidémie de peste, l'année suivante d'un incendie désastreux que l'on appelle The Great Fire et qui l'a détruite en grande partie. Les gens du peuple sont las de tant d'épreuves et des guerres de Religion, beaucoup semblent prêts à accueillir le message de John Locke et des philosophes des Lumières qui proposent la tolérance religieuse et l'adoption du principe qu'aucune foi ne doit être imposée ; s'il est permis de guider les hommes vers une Eglise, on ne peut pas les obliger à en embrasser la foi. Tout le contraire de ce que soutient, à Rome, le pape Innocent XI, qui vaut aux catholiques d'être qualifiés de « superstitieux » et d'« idolâtres ».

En mai 1688, une délégation anglaise se rend en Hollande pour demander officiellement à Guillaume d'intervenir. Le stathouder répond que si ce qu'on lui demande est un débarquement avec ses troupes, c'est-à-dire une intervention armée, il lui faut, pour légitimer son entreprise, la demande formelle de la part d'un nombre significatif de notables. L'invitation lui parvient le 30 juin, portant la signature de personnalités éminentes, bien que toutes ne soient pas du niveau que Guillaume aurait souhaité. Quoi qu'il en soit, les événements se font si pressants que le prestige insuffisant de cette poignée de signatures est vite oublié.

De plus, le 10 juin, Marie-Béatrice a mis au monde un petit garçon vif et en bonne santé, James Francis Edward, qui reçoit le titre rituel de prince de Galles. Le roi Jacques a désormais un héritier ; aux yeux des anglicans et des protestants, la naissance de cet enfant confirme leurs craintes de l'éventuel retour d'une dynastie papiste sur le trône d'Angleterre.

En d'autres termes, la position de Jacques s'aggrave jour après jour. L'archevêque de Canterbury et une bonne partie du clergé anglican refusent de lire depuis leur chaire la nouvelle édition de la Déclaration d'indulgence, comme le roi en a donné l'ordre. Furieux, le souverain veut traîner les évêques rebelles en justice, mais on lui déconseille de le faire. On lui rappelle que s'ils étaient acquittés, comme il n'est pas improbable qu'ils le soient, cela rendrait sa faiblesse encore plus évidente. Le roi insiste, et, comme prévu, le procès s'achève par un échec pour le souverain. Certains historiens datent de ce jugement le début du dernier acte de sa ruine.

Son autre erreur, fruit du tumulte du moment, est sa menace de suspendre la loi sur l'*habeas corpus* en vigueur depuis 1679 : celle-ci cautionne l'accusé dans un procès pénal et elle est une institution très importante dont le principe date de la Magna Carta Libertatum (la Grande Charte) souscrite en 1215 par le roi Jean sans Terre. Inutile de dire à quel point l'erreur est grande de menacer cette réforme fondamentale. Prévenu du risque d'une invasion, le roi était sûr que Guillaume – son propre gendre – n'oserait pas lui faire un tel affront : sa fille Marie l'empêcherait d'attaquer son père. Nous savons que les choses ne se passèrent pas ainsi : de nombreux exemples, dans l'histoire italienne comme dans celle de Rome et d'ailleurs, prouvent que les raisons du pouvoir prévalent toujours.

En effet, Guillaume hisse les voiles le 30 octobre 1688 et le 5 novembre accoste à Torbay, dans le Devon. C'est la première fois depuis 1066 qu'une armée débarque sur la côte anglaise avec des intentions hostiles. Encore une fois, le roi Jacques ne sait pas quoi faire : aller à sa rencontre avec ses troupes en laissant la capitale sans garnison, ou bien se retrancher avec l'armée autour de Londres au risque de devoir attendre indéfiniment l'arrivée de Guillaume. Les seuls officiers sur lesquels il peut compter sont les catholiques, lesquels, cependant, contrairement à ce que dit la rumeur populaire, n'occupent que dix pour cent des postes de commandement. A plusieurs reprises, au cours de ces journées dramatiques, Jacques rappelle à l'ambassadeur français et au nonce papal le destin d'Edouard II, d'Henri IV et de Richard II, tous trois morts assassinés par des membres de leur propre famille. Guillaume n'a donné à sa femme qu'une seule garantie : la personne de son père ne sera pas touchée. Pourtant, il est bien connu qu'il suffit, parfois, de peu de choses pour faire s'évanouir la promesse d'un puissant.

Parmi ses nombreuses craintes, le roi a aussi celle de voir son nouveau-né enlevé pour être éduqué dans la foi protestante. Il ordonne donc à l'un des rares fidèles qui est encore prêt à risquer sa vie pour lui de conduire sa femme et son enfant à la cour de France, chez son cousin Louis XIV. Jacques leur donne vingt-quatre heures d'avance, puis il essaie de s'enfuir à son tour, à la nuit tombée, après avoir donné l'ordre de dissoudre l'armée. Pris pour un prêtre, il est arrêté en chemin et contraint de rentrer à Londres. Guillaume, qui est déjà en pleine négociation pour la succession, apprend la nouvelle, agacé. Pour décider de l'avenir, il faut que le trône soit libre. C'est là que Jacques reçoit la proposition, ou bien l'ordre, de se rendre où bon lui semble, à condition de quitter l'Angleterre. Il va s'installer avec sa petite cour à Saint-Germain-en-Laye, à quelques kilomètres de Paris, dans une des résidences des souverains de France.

Voilà les faits, sommairement résumés, qui servent de préambule à la Glorieuse Révolution. Des événements, comme on l'a vu, intimement entremêlés qui, bien que racontés de manière extrêmement simplifiée, montrent bien la puissance des motivations des protagonistes : les idéaux politiques ou les instances religieuses qui déterminaient leurs actions, et surtout les extraordinaires intérêts matériels qui, presque toujours, eurent le dessus sur les sentiments et la religion. Pourtant, la somme d'éléments si disparates et de ces actions souvent motivées par l'intérêt personnel fut à l'origine d'un événement fondamental dans l'histoire de la civilisation occidentale. Le résultat final de ces luttes posa les limites que le Parlement anglais fut capable d'imposer à la Couronne. En Angleterre, et par la suite au-delà de ses frontières aussi, on affirma le principe politique que le pouvoir du roi devait être équilibré par un ensemble de contrepoids afin que personne ne puisse prendre le sceptre royal pour le bâton du tyran. Par ailleurs, en ce qui concerne l'histoire locale, plus aucun catholique ne siégea sur le trône d'Angleterre.

Guillaume débarque sur l'île le 5 novembre 1688 ; Jacques s'enfuit le 23 décembre ; le Parlement se réunit dans la deuxième quinzaine du mois de janvier ; le 13 février, Guillaume et Marie se voient offrir, conjointement, la couronne d'Angleterre.

Mais ce qui nous intéresse tout particulièrement dans cette histoire, c'est ce nouveau-né, fils de Jacques et de Marie-Béatrice, que l'on éloigne précipitamment de crainte qu'il puisse être élevé dans la foi protestante. En 1718, cet enfant – devenu un homme d'une trentaine d'années – s'installe à Rome, encouragé et somptueusement accueilli par le pape Clément XI d'abord, et par ses successeurs ensuite. Le souverain pontife lui fait cadeau du palais Muti Papazzurri, un très beau bâtiment au portail somptueusement orné de colonnes, qui se trouve juste en face de l'université Grégorienne de la place Pillotta. Par la suite, les papes ajoutent au don du palais une rente rondelette de douze mille écus, quand le malheureux prétendant au trône prend pour épouse Marie-Clémentine Sobieska, une riche princesse polonaise, catholique, de quatorze ans sa cadette, petite-fille de Jean Sobieski qui en 1683 contribua de manière décisive à la libération de Vienne du siège ottoman.

Mais il ne faut pas imaginer qu'un mariage à la signification politique et religieuse aussi forte ait été facile à organiser. Au contraire. La rumeur de ce projet nourrit tout un ensemble de stratégies et de contre-stratégies de la part de différents régnants, y compris le pape. Des coursiers traversent l'Europe au galop dans le plus grand secret, des experts diplomatiques se penchent sur les meilleures solutions et divers complots sont ourdis pour empêcher les noces. La jeune princesse se retrouve au centre d'une intrigue telle que de nos jours elle aurait inspiré à coup sûr une série télévisée à succès.

L'opposant le plus acharné à ce projet de mariage est George Ier de Hanovre devenu roi de Grande-Bretagne et d'Irlande, qui craint de voir la question catholique refaire surface sur ses îles, après avoir été résolue de manière si hasardeuse, qui plus est – comme beaucoup de ses sujets l'espèrent – de manière définitive. L'empereur d'Autriche Charles VI partage les inquiétudes du souverain ; sachant que Marie-Clémentine doit traverser ses territoires pour se rendre à Rome, il la fait arrêter et enfermer dans le château d'Innsbruck. Une demeure plutôt lugubre d'où, cependant, la princesse parvient à s'échapper après avoir dupé ses gardiens. Une fois qu'elle est arrivée à Bologne, afin d'éviter de nouveaux traquenards, on organise aussitôt un mariage par procuration avec James. Les noces en bonne et due forme sont célébrées à Montefiascone en septembre 1719. Le pape Clément XI – en dévoilant enfin le véritable sens politique de l'affaire – les proclame roi et reine d'Angleterre en leur accordant une escorte armée, en plus d'un logement en ville et d'un autre sur les collines au sud de Rome.

Les époux ont deux enfants : l'aîné, Charles Edward Louis Philip Casimir, l'année après les noces ; le second, Henry Benedict, en 1725. Cependant, malgré la ferme détermination avec laquelle il a été décidé, le mariage n'est pas heureux. Peu après la naissance du deuxième enfant, Marie-Clémentine est saisie d'une véritable obsession religieuse : elle se retire pour prier dans un couvent en accusant son mari tantôt d'adultère – ce qui est vraisemblable –, tantôt de vouloir confier les enfants à un précepteur protestant –, ce qui, à Rome, ne devait pas être chose aisée, même pour un souverain, déchu qui plus est.

La malheureuse princesse meurt, alors qu'elle est tout juste âgée de trente-deux ans, en 1735. Le pape Benoît XIV, le Bolognais Prospero Lambertini, commande au sculpteur Pietro Bracci, auteur du « Neptune » de la fontaine de Trevi, un somptueux monument funéraire que l'on peut admirer à Saint-Pierre du Vatican : l'œuvre rappelle le Bernin par son faste et le mouvement du drapé ; elle se compose de marbre, d'albâtre et de bronze, tandis que le portrait de la défunte princesse est représenté dans un ovale en mosaïque, porté par un angelot.

Charles Edward, l'aîné des enfants, continue à se battre pour reconquérir le trône avec le soutien inconditionnel de la papauté. A vingt-cinq ans, il débarque dans les îles Hébrides, où il parvient à hisser le drapeau de son père. Il obtient même le soutien de certains clans écossais, mais en revanche, il se révèle impuissant face la réaction anglaise : par conséquent, il doit se presser de hisser les voiles et de reprendre la mer. Si on avait surnommé son père « Old Pretender », lui, on l'appelle « Bonnie Prince Charlie », mais aussi « Young Pretender », un titre qui comporte un jeu de mots ambigu, puisqu'en anglais *pretender* signifie, bien sûr, « prétendant » (au trône), mais aussi « simulateur, imposteur ».

En réalité, c'est plutôt son frère Henry qui mériterait ce sobriquet, car il a repris le titre de duc d'York de son grand-père. En effet, à la mort de Charles Edward, Henry continue à réclamer le trône, bien que désormais, en Europe, il soit clair pour tout le monde que l'idée d'une restauration catholique en Angleterre est irréalisable. En 1747, alors qu'il n'a que vingt-deux ans, le pape Benoît XIV le nomme cardinal du diocèse de Santa Maria in Portico Campitelli. En 1761, un autre pape, Clément XIII, fait de lui l'évêque du diocèse Tuscolana, à Frascati. Et c'est justement dans la cathédrale de Frascati que le cardinal Henry Benedict, duc d'York, veut que soient célébrées les obsèques solennelles de son frère, quand celui-ci meurt en janvier 1788. La cérémonie se déroule avec solennité, comme il convient à un souverain : la couronne et le sceptre royal sont placés sur son cercueil.

La vie de ce cardinal-duc d'York ne comporte pas d'événements de grand relief, si l'on excepte la rumeur insistante sur ses préférences homosexuelles, qui étaient un peu trop ostentatoires pour son rang ; à Rome, qui plus est. La femme de lettres anglaise Hester Lynch Thrale (1741-1821), amie et biographe de Samuel Johnson que l'inscription tombale définit comme une femme « *witty, vivacious and charming* » (« vive, spirituelle et charmante »), écrit dans ses célèbres journaux intimes que le cardinal « s'affichait publiquement avec son amant », chose que les Italiens « considéraient comme une affaire de goût ».

Un autre témoignage de même nature nous vient de Giuseppe Gorani (1740-1819), grand personnage, soldat, homme de lettres et aventurier – la ville de Milan a donné son nom à une rue – faisant partie du mouvement lombard des Lumières, qui en 1789, dès qu'éclate la Révolution française, se rend aussitôt à Paris. Gorani partage les tendances sexuelles du cardinal, et il indique qu'il y a été initié à l'adolescence, dans le pensionnat milanais des pères barnabites. Dans ses mémoires, source de premier ordre sur les coutumes du XVIIIe siècle, voici ce qu'il écrit :

> « *Je m'occuperai donc de dire en toute simplicité ce que j'ai vu, sans prétendre en tirer des conclusions. Son palais [celui du cardinal] m'apparut rempli de jeunes adolescents à l'allure assez plaisante, habillés comme des abbés. Cela me fit soupçonner que Son Eminence royale pouvait avoir les mêmes préférences dont sont accusés certains de ses confrères.* »

Un témoignage similaire nous vient d'ailleurs de Gaetano Moroni (1802-1883), grand érudit et haut fonctionnaire pontifical, qui raconte – en la dissimulant à peine – la longue relation entretenue par le cardinal avec monseigneur Angelo Cesarini, qu'il nomma chanoine de la cathédrale de Frascati.

Des soupçons dont on fait peu de cas. En 1803, le cardinal-duc d'York est nommé doyen du Collège des cardinaux, ce qui explique l'inscription sur le cénotaphe de Canova : « DECANO PATRIUM CARDINALIUM » (« Doyen des Pères Cardinaux »). Il meurt en juillet 1807, et bien qu'il ait si longtemps réclamé le trône, son cercueil n'est orné ni du sceptre, ni de la couronne, comme cela avait été le cas de celui de son frère : seulement de la mitre et de la croix pastorale. Les dépouilles mortelles des frères Stuart sont ensuite transportées à Rome et placées dans les grottes de Saint-Pierre, avec celles de leur père, Jacques III. En 1939, le roi George VI commande un beau sarcophage de granit rouge, qu'aujourd'hui nous pouvons admirer dans les cryptes de la basilique Saint-Pierre du Vatican. *Requiescant.*

La conclusion que l'on peut tirer de ces deux beaux tombeaux et de leurs histoires touche encore une fois aux différences entre l'institution de l'Eglise et celle du Vatican, ce qui fait le propos même de ces pages. Aussi bien Christine de Suède que le cardinal-duc d'York furent homosexuels de manière déclarée et ostentatoire. Ce qui – cela dit en passant – n'enlève ni n'ajoute quoi que ce soit à leur personnalité, à ceci près que, encore de nos jours, au XXIe siècle, l'Eglise considère l'homosexualité comme une abomination ou peu s'en faut.

De toute évidence, le Vatican ne partage pas toujours cette opinion, en allant jusqu'à offrir à deux homosexuels notoires une fastueuse hospitalité dans la plus grande de ses basiliques, en mélangeant tout, les raisons de la théologie et celle de l'intérêt politique. Du reste, comme nous le verrons, une autre basilique romaine accueille la dépouille d'un meurtrier récidiviste, ce Renato de Pedi du gang de la Magliana, enterré à Saint-Apollinaire en remerciement d'on ne sait quelles faveurs obscures, en violant ouvertement le canon 1242, selon lequel « la sépulture dans les églises est chose interdite en soi, exception faite pour l'enterrement du souverain pontife ou bien, dans leur propre église, des cardinaux ou évêques émérites du diocèse ».

Les idéaux de la foi et les intérêts de la politique montrent, encore une fois, qu'ils répondent à des impératifs très différents. Certes, cela n'est pas nouveau. Il y a de nombreuses années de cela, des personnalités d'une tout autre envergure que l'auteur de ce livre ont déploré plus ou moins les mêmes faits. François d'Assise ou Martin Luther, par exemple.

IX
Le mystère des Templiers

De toutes les affaires, nobles ou cruelles, mémorables ou éphémères dont le Vatican a été le protagoniste au fil des siècles, de toutes les entreprises que la foi ou l'intérêt politique ont promues, aucune n'égale celle qui est liée à la vie et à la mémoire des chevaliers dits « Templiers ». Encore aujourd'hui, sept siècles après leur fin tragique, la force de ces événements légendaires nourrit les controverses, suscite l'embarras.

D'où viennent donc l'ampleur, la variété et la persévérance de l'aura qui nimbe encore ces moines guerriers ?

A Rome, les lieux qui rappellent la saga des Templiers sont assez peu nombreux, mais de tous émane une fascination extraordinaire. Ces sites évoquent un univers de foi et d'aventures, d'hommes forts et pieux, mais aussi d'aigrefins, de saintes vierges et d'aventurières sensuelles, lesquels, des siècles durant, ont donné vie à une des plus grandes épopées que l'Europe ait jamais connue. L'un de ces lieux les plus anciens est la maison des chevaliers de Rhodes, sur la place Grillo, avec sa vue somptueuse sur les forums de Trajan et d'Auguste.

Le bâtiment fut construit au XIIe siècle par les chevaliers de Rhodes, l'ancien nom de l'ordre souverain militaire de Malte. Encore aujourd'hui, on voit circuler à Rome des voitures immatriculées SMOM, acronyme de cette appellation. Le bâtiment en question appartient à l'ordre, et au cours des siècles il a été affecté à des utilisations différentes, tantôt sacrées tantôt profanes : habitation privée, atelier de menuiserie, couvent des dominicaines de Santissima Annunziata chargées de convertir les jeunes filles au catholicisme et de se consacrer corps et âme aux mystères divins. Pour le visiter, il faut en demander l'autorisation au prieuré des chevaliers situé via Condotti.

Toujours sur autorisation, on peut visiter aussi la demeure des chevaliers de Malte sur l'Aventin, qui est d'un charme rare également. Les premières constructions sont antérieures à l'an mille et font partie de cet ensemble d'églises et de couvents paléochrétiens qui, encore aujourd'hui, font de la via Santa Sabina d'en face, avec son air pieux, une des rues les plus mystiques de la ville, silencieuse et comme étrangère au tumulte de la Rome d'aujourd'hui.

La rue débouche sur une petite place bordée d'un mur élégant scandé par des obélisques, de petits temples et des stèles rehaussées d'emblèmes navals ou religieux, dans un style néoclassique d'avant-garde que Giovanni Battista Piranesi, dit Piranèse conçut en 1764 à la demande du cardinal Rezzonico, grand prieur des chevaliers. Sur la petite place, on trouve aussi un portail devenu célèbre parce qu'en collant l'œil au trou de sa serrure, on aperçoit dans le lointain la coupole de Saint-Pierre comme encadrée par une galerie de verdure. Un peu plus loin, un autre portail conduit au prieuré des chevaliers avec son église, Sainte-Marie-du-Prieuré, conçue aussi par Piranèse, à l'intérieur de laquelle repose la dépouille mortelle de l'artiste.

Hildebrand de Soane, qui devint pape sous le nom de Grégoire VII et s'illustra dans le bien comme dans le mal, fut l'un des moines de cet ancien monastère bénédictin qui au

XIIe siècle devint la propriété des Templiers, moines guerriers dont je m'apprête à évoquer le destin tragique. Deux siècles plus tard, le couvent est donné aux chevaliers de Rhodes, pour devenir ensuite le siège du grand prieuré des chevaliers de Malte. L'église est la seule construction que Piranèse, dessinateur et graveur du plus haut niveau, ait jamais « bâtie ». Si elle n'est pas particulièrement belle, l'espace alentour – le jardin magnifiquement soigné, le mouvement des constructions et le puits des Templiers du XIIIe siècle – forme un ensemble d'une harmonie extraordinaire. On a l'impression de ressentir la vibration du temps, son aura, presque ; en ces siècles lointains, on imagine à quel point la vue sur la ville devait sembler magique depuis ce fabuleux belvédère qui domine la vallée : les méandres du fleuve, les clochers, les coupoles, les collines qui arrêtent à l'ouest le parcours du regard.

L'église de Sant'Onofrio, sur le Janicule, est un autre lieu lié à la mémoire de ces chevaliers. Dans ce sanctuaire – qui date du XVe siècle, mais a été remanié à plusieurs reprises – repose le grand poète Torquato Tasso, dit le Tasse, qui vécut ses dernières années dans un petit appartement du couvent voisin. Ici, se trouve aujourd'hui le musée consacré au poète, où sont conservés les manuscrits, quelques menus souvenirs et la couronne de laurier avec laquelle on l'aurait coiffé au Capitole. L'ensemble de la construction est sous tutelle de l'ordre équestre du Saint-Sépulcre de Jérusalem. Des chevaliers, encore une fois.

Comme les précédents, ce lieu reste chargé d'un charme presque intact qui au fil des siècles a frappé de nombreux visiteurs, même les plus illustres. Goethe composa sa tragédie *Le Tasse*, après avoir visité les pièces habitées autrefois par le poète. Chateaubriand, ému par ces lieux, note dans ses *Mémoires d'outre-tombe* (livre XXX, fin chap. 13) :

> *« Si j'ai le bonheur de finir mes jours ici, je me suis arrangé pour avoir à Saint-Onuphre un réduit joignant la chambre où le Tasse expira. Aux moments perdus de mon ambassade, à la fenêtre de ma cellule, je continuerai mes* Mémoires. *Dans un des plus beaux sites de la Terre, parmi les orangers et les chênes verts, Rome entière sous mes yeux, chaque matin, en me mettant à l'ouvrage, entre le lit de mort et la tombe du poète, j'invoquerai le génie de la gloire et du malheur. »*

L'église et d'autres salles de cet ensemble renferment des œuvres remarquables, mais pour ma part, ce qui me frappe le plus, davantage que les œuvres elles-mêmes, est l'air qu'on respire dans ces lieux, le cloître, la colonnade, le portique et les sépulcres, parmi lesquels celui de Giuseppe Rondinini, « patricien romain » qui se fit construire ici un bien curieux monument funéraire : un squelette très réaliste qui enlace le sarcophage destiné à l'accueillir.

Même au cœur des plus âpres combats, l'atmosphère qui se dégage de ces lieux sut apaiser les esprits. En 1849, quand la glorieuse République romaine était sur le point de capituler sous le feu de l'artillerie de l'armée française, on proposa de faire fondre une des trois cloches, celle dite « du Tasse », pour en faire des boulets de canon. En dépit de ses inquiétudes sur l'issue du combat, Garibaldi donna l'ordre d'épargner la cloche par respect pour le poète et la spiritualité des lieux.

Mais la réalité des ordres militaires nous apparaît moins dans l'histoire que dans les échos prolongés et légendaires de la littérature, à commencer par le cycle du roi Arthur avec son épée invincible, ses chevaliers et les amours tourmentées de Lancelot. La vénération dont le tombeau du Tasse fait l'objet nous rappelle que sa *Jérusalem délivrée* fut pendant des siècles un ouvrage de référence de la culture européenne, aussi bien dans les milieux cultivés que dans les classes populaires.

Ce poème épique parle de merveilleux et de nobles aventures, de chevaliers et de dames guerrières, de poursuites et d'amour. Traduite dans de nombreuses langues, la *Jérusalem délivrée* fut aimée par les poètes baroques et portée aux nues par les romantiques ; elle a inspiré peintres, graveurs et cinéastes (Enrico Guazzoni, Carlo Ludovico Bragaglia). Le poète Giacomo Leopardi, en visite à Rome, s'émut aux larmes sur la tombe du Tasse.

Chateaubriand, outre le passage déjà cité, écrivait dans sa lettre du 21 mars 1829 à Madame Récamier : « Hier, entre deux conseils dans l'attente du nouveau pape, je me suis rendu à Sant'Onofrio [...]. Quelle solitude enchanteresse ! Quelle vue admirable ! Quelle chance de reposer là, entre les fresques du Dominiquin et celles de Léonard de Vinci ! J'aimerais y être enterré aussi, jamais je n'ai été tenté à ce point. »

Seulement quelques décennies avant le Tasse, l'Arioste avait traité le même thème, chanté les mêmes aventures dans son *Roland furieux*, l'un des chefs-d'œuvre de tous les temps. L'Arioste et le Tasse racontent les guerres entre chrétiens et sarrasins : l'un, du temps de Charlemagne, et l'autre à l'époque de la première croisade guidée par Godefroy de Bouillon. Cependant, même après la disparition de la chevalerie, son mythe a persisté, comme Cervantès en eut la brillante intuition en écrivant son chef-d'œuvre où un « hidalgo ingénieux », habité par les idéaux chevaleresques, s'autoproclame « Don Quichotte ».

La chevalerie au sens médiéval du terme ne doit pas être confondue avec le corps de chevalerie qui caractérise toutes les armées, depuis la nuit des temps. En effet, le mot « chevalerie » est complexe et chargé de significations, au sens propre comme au figuré. Dans l'aristocratie, le cheval est le symbole – mais aussi l'instrument – de la force, du pouvoir et de la richesse, qui peut transformer une profession en une véritable éthique de vie.

L'incroyable histoire des Templiers commence par une froide journée d'automne, le 27 novembre 1095, lorsque le pape Odon de Lagery – un Français qui règne sous le nom d'Urbain II, que les historiens considèrent comme le véritable successeur de Grégoire VII – clôt le concile qu'il a convoqué à Clermont, en Auvergne, au cœur de la France. L'Eglise cherche avec ténacité, pour ne pas dire « désespérément », à se réformer ; les principaux sujets d'inquiétude sont des phénomènes comme le nicolaïsme (le mariage des prêtres) et la simonie (le commerce d'objets et de privilèges sacrés). Urbain rappelle à l'ordre les prêtres et les laïques, y compris les souverains ; il les réprimande et leur indique la voie du salut : aller délivrer Jérusalem. Dans son *Histoire orientale*, Foucher de Chartres rapporte une des versions de cet appel :

> « *Que ceux qui jusqu'à présent se consacraient aux combats dictés par leurs intérêts personnels avec de graves dommages pour les fidèles, aillent donc combattre les infidèles ! Que ceux qui n'étaient que des brigands, deviennent les chevaliers du Christ ! Que ceux qui se battaient contre leurs frères et leurs familles, se battent désormais, de bon droit, contre les barbares [...] ici, ils étaient tristes et pauvres, là-bas, ils seront riches et heureux. S'ils étaient ici les ennemis du Seigneur, là-bas ils seront ses amis*[1]. »

1. Librement adapté de la version italienne par Maria Grazzini.

Des mots habiles, débordant de passion, qui invitent à poursuivre un but élevé et précis : non la mollesse d'une vie emplie d'entreprises futiles, voire malveillantes, mais une « guerre sainte ». L'appel, en réalité, a aussi d'autres finalités : réaffirmer le pouvoir de l'Eglise, en préserver le patrimoine et le pouvoir temporel, et poursuivre la réforme grégorienne en imposant sa loi à tous, à commencer par les régnants. Il suffit de penser, par exemple, aux normes strictes du mariage imposées aux souverains mêmes, et qui sont à l'origine de nombreux drames et schismes, dont la très célèbre affaire d'Henri VIII qui en 1534 donne naissance à l'Eglise d'Angleterre.

Le retentissement de l'appel de Clermont est tel que le pape acquiert une stature de véritable guide de l'Occident chrétien. En l'espace de quelques mois, des milliers d'hommes se mettent en route pour Jérusalem. Leur passage est marqué par des épisodes d'une rare violence. Dans la vallée du Rhin, on massacre les Juifs, dans les plaines hongroises, les paysans sont systématiquement pillés, les campagnes de l'Empire byzantin sont mises à sac. On trouve de tout, dans ces bataillons, comme cela arrive souvent dans l'armée, notamment quand elle est formée de volontaires. Les malfrats marchent avec les gentilshommes et les aventuriers à la recherche d'un butin avec tous les braves en quête d'un idéal.

La première croisade est probablement la plus célèbre, celle qui fonde le mythe et ouvre la légende qui se poursuit pendant près de deux siècles. Elle se divise, cependant, en deux épisodes : une première étape cruelle et illicite, et l'expédition officielle à proprement parler. Le noyau dur de l'armée est constitué par les Français, les Flamands et les Normands. Godefroy de Bouillon, duc de Basse-Lorraine, en est l'un des guides. En juillet 1099,

Jérusalem est prise d'assaut et conquise, l'infamie de la longue occupation musulmane est lavée dans le sang. Dans l'ancienne capitale, on instaure un royaume franc guidé par Baudouin II. Le Saint-Sépulcre a été libéré, le but a donc été atteint. On pourrait croire que cela marque le point d'arrivée, mais c'est tout le contraire qui se produit : ce n'est que le début.

C'est ici que les Templiers entrent en scène. En 1120, en effet, Hugues de Payns réunit un petit détachement de huit chevaliers de la Bourgogne et de la Champagne – d'autres sources parlent plutôt d'une trentaine d'hommes – et se met en route pour l'ancienne capitale de la Judée. Les chevaliers se font appeler « *pauperes commilitones Christi* », « humbles chevaliers du Christ » ; une fois arrivés à Jérusalem, ils s'installent dans une aile du palais de Baudouin qui se dresse sur les anciennes fondations du temple de Salomon, détruit par les Romains. Là, la petite compagnie bâtit un monastère qui tire son nom du temple : ce sont les moines templiers. Au centre de ce vaste espace connu aujourd'hui sous le nom d'esplanade des Mosquées, se dresse un complexe religieux avec deux mosquées : celle dite Al-Aqsa et la coupole du Rocher, toute dorée, l'un des joyaux de l'architecture musulmane qui de nos jours encore orne la ville de sa silhouette. A l'intérieur, se trouve le rocher où Abraham faillit sacrifier Isaac et où Jacob fit le rêve de l'échelle. Ce rocher, considéré comme le centre du monde et le cœur même des trois religions monothéistes, a été et reste l'un des points névralgiques de la spiritualité planétaire, et se trouve à l'origine d'un contentieux sans fin.

L'ordre des Templiers est à la fois monacal et guerrier. Dans son *Histoire orientale*, l'historien Jacques de Vitry, évêque d'Acre, décrit ainsi ces moines :

« Alors des chevaliers, amis de Dieu et pleins de foi, dans l'ardeur de leur charité, renoncèrent au monde pour vouer leur existence au service du Christ, ils se soumirent à un vœu et à une profession solennels et se placèrent dans les mains du Patriarche de Jérusalem, afin de fournir défense aux pèlerins contre les larrons et les hommes de sang que j'ai évoqué et afin de garder les chemins publics ; ils désiraient combattre pour le Roi des rois en vivant selon la règle des chanoines réguliers, dans l'obéissance, la chasteté et l'absence de tout bien personnel[1]. »

Par conséquent, si les Templiers font les trois vœux traditionnels des moines catholiques, ils en ajoutent un quatrième qui concilie l'inconciliable : servir avec les armes Jésus dit le Christ. Pour que cela soit légitime, il leur faudra, comme nous le verrons, élaborer un concept funeste et complexe de l'idée de la guerre. Les Templiers portent des habits très simples, des robes ou des capes blanches ornées d'une croix pattée écarlate, à l'épaule gauche ou au milieu de la poitrine. La remise de la cape est un acte solennel qui fait du postulant un Templier *ad vitam aeternam* : « Que ceux qui ont abandonné la vie des ténèbres reconnaissent qu'ils se sont réconciliés avec le Créateur par cette robe blanche, signe de pureté et de chasteté. »

Leur tâche principale consiste à protéger les pèlerins en patrouillant les routes qui mènent à Jérusalem et qui sont souvent le théâtre de vols et autres actes de violence. Ceux qui se rendent en Terre sainte pour rendre hommage aux lieux de

---

1. *Histoire orientale* de Jacques de Vitry, traduite et annotée par Marie-Geneviève Grossel, Honoré Champion Editeur, Paris, 2005.

la passion de Jésus peuvent être victimes de violences de toutes sortes, y compris sexuelles, de la part des brigands. La secte des Assassins, souvent responsable de ce genre d'entreprises, tire son nom du mot « haschisch », la substance hallucinogène que ses membres ont coutume de prendre avant d'attaquer. Sous l'effet de la drogue, ils tuent systématiquement leurs victimes pour les dépouiller de leurs biens.

L'ordre du Temple naît aux alentours de 1120 à Jérusalem, mais la date officielle de sa fondation est fixée au mois de janvier 1129, quand se réunit à Troyes un concile provincial auquel participent les prélats de la Champagne et de la Bourgogne et où, surtout, figure le très respecté moine cistercien Bernard de Clairvaux, un homme très influent, politique averti, conseiller des puissants et fin connaisseur de la doctrine. Dans un premier temps, Bernard hésite à reconnaître pleinement les Templiers et à leur accorder une trop grande importance, mais plus tard, il change d'attitude. Il change même à tel point qu'il écrit lui-même un document devenu célèbre : sa *De laude novae militiae* fait une apologie très avisée des Templiers. Bernard, avec une remarquable adresse rhétorique, y écrit entre autres :

> *« Une nouvelle chevalerie a fait son apparition sur les terres de l'Incarnation [...] que l'on se batte contre l'ennemi n'étonne guère, mais que l'on se batte aussi contre le Mal, c'est extraordinaire [...] ils ne vont pas au combat couverts de pendeloques, mais d'habits modestes et d'une cape blanche [...] ils ne rendent pas hommage au plus noble, mais au plus valeureux, ce sont les Chevaliers de Dieu, ce sont les Chevaliers du Temple. »*

Ils empruntent leur devise au psaume 115 (113B) de la Bible : « *Non nobis Domine, non nobis, sed nomini tuo da gloriam* » (« Non pour nous, Seigneur, non pour nous, mais pour la gloire de Ton Nom »). Cela sonne comme une sorte de talisman censé les protéger ; au moins dans le camp des chrétiens. Nous verrons par la suite que cela ne fut pas suffisant.

Mais comment se fait-il qu'un moine comme Bernard en arrive à faire un tel éloge d'un ordre armé, autrement dit d'un ordre qui se consacre à la guerre ? Le christianisme des origines avait refusé toute forme de violence. Plus tard, cependant, saint Augustin avait élaboré le concept de « guerre juste », c'est-à-dire de « guerre qui venge les injustices quand un peuple ou un Etat, auquel on doit faire la guerre, n'a pas puni les injustices des siens et n'a pas rendu à qui de droit ce qui avait été soustrait par ces injustices ». L'étape suivante avait consisté à formuler un autre concept, celui de « guerre sainte », c'est-à-dire celle que l'on fait pour défendre la foi chrétienne et l'Eglise contre ses ennemis externes (les païens, les infidèles), voire internes.

Le concept de « guerre sainte » (*jihad*) sera largement appliqué dans l'islam aussi, jusqu'à nos jours. Bernard étend le sens de ce principe de base, en prétextant que l'usage des armes de la part des Templiers n'implique pas d'homicide.

> « *La mort, quand elle est donnée ou reçue au nom du Christ, n'est aucunement un péché et fait gagner beaucoup de gloire. Dans le premier cas, en effet, on gagne pour le Christ, dans l'autre, on gagne le Christ lui-même, qui accueille volontiers la mort de l'ennemi comme un acte de justice, et plus volontiers encore il offre sa personne comme consolation au chevalier vaincu [...] Ce n'est pas*

*sans raison, qu'il [*le chevalier*] porte l'épée : il est ministre de Dieu chargé de punir les mauvais et de louer les bons. Lorsqu'il tue le mauvais, il ne commet pas un homicide, mais – si devrait-on dire – un "malicide" et figure à n'en pas douter parmi les vengeurs du Christ vis-à-vis de ceux qui agissent mal, et parmi les défenseurs des chrétiens.* »

Autrement dit, la guerre sainte est considérée comme la plus juste des guerres, un principe qui deviendra la base juridique même des croisades, dans la mesure où elle a pour but de délivrer les Lieux saints dont les infidèles se sont emparés de manière illicite. Le cri « Dieu le veut », qu'entonnent les croisés partant à l'attaque, résume la doctrine si astucieusement conçue dans la brièveté de la devise. Depuis lors, beaucoup d'armées de nombreuses nations ont essayé d'investir leurs soldats d'un rôle presque sacré. Même les hommes de la Wehrmacht, au cours du IIIe Reich, portaient gravée sur leur ceinturon la devise « *Gott mit uns* », « Dieu est avec nous » : une affirmation résolument blasphématoire, notamment dans ce cas de figure. Le bouclier idéologique élaboré par Bernard sert de toute façon à dissimuler, pendant de longues années, les finalités politiques et économiques considérables de ces expéditions, derrière l'abri inattaquable de la foi.

Grâce à une caution aussi habile et vigoureuse, la réputation des Templiers se répand très rapidement. En Europe, on parle de leurs entreprises et de leurs coutumes austères qui vont de plus en plus s'anoblissant d'un halo de légende. Les jeunes s'empressent de s'enrôler, les chevaliers du Temple deviennent nombreux et puissants, notamment parce que l'engagement s'accompagne presque toujours de donations généreuses : terres, domaines, sommes d'argent, joyaux. Ces présents viennent aussi de donateurs extérieurs à l'ordre ; en effet, beaucoup contribuent au financement de cette guerre rendue extrêmement onéreuse par la distance géographique à la « reconquête de la Terre sainte ».

L'entraînement militaire est excellent, la discipline d'une rigueur extrême : la chasse, les jeux de cartes et de dés sont interdits ; il est défendu de rire de manière inconvenante, de trop parler ou trop fort, de se laisser pousser les cheveux plus que la mesure donnée. Le sommeil aussi est strictement réglementé : les chevaliers dorment « en armes » et se lèvent avant l'aube, doivent toujours être prêts. Celui qui enfreint la règle est révoqué ou emprisonné ; certaines transgressions sont frappées de peines humiliantes : par exemple, manger seul assis à même le sol au lieu de s'attabler avec les autres, lesquels, de leur côté, en guise de rappel constant de l'austérité de leurs coutumes, doivent partager la nourriture de la même gamelle à deux, une pratique courante au Moyen Age. Une image récurrente montre d'ailleurs deux Templiers chevauchant la même monture, ce qui est un autre indice d'austérité, mais qui a souvent été interprété avec malice.

A chaque époque, les corps d'élite sont soumis à des règles très sévères. Une loi particulièrement stricte qui régit ces moines guerriers concerne l'interdiction du commerce avec les femmes, dont le contact est à tel point exécré que l'on ne peut même pas embrasser sa propre mère (« *mulier instrumentum diaboli* », « la femme est l'instrument du diable »). C'est la méfiance habituelle des ordres monastiques vis-à-vis de la féminité, agent du démon, bien qu'involontaire : « La compagnie d'une femme est dangereuse, car c'est avec le concours d'une femme que le diable antique a détourné beaucoup de gens du droit chemin qui mène au paradis. »

Les Templiers ne sont pas des chevaliers comme les autres : ce sont plutôt des soldats de première ligne entraînés aux missions les plus dangereuses, et c'est en cela que consiste la nouveauté de leur ordre. D'autres ordres de chevalerie existaient déjà : les chevaliers de Saint-Jean, par exemple, mieux connus sous le nom d'hospitaliers, ou les chevaliers de Malte. Il s'agissait cependant de corps à cheval qui se consacraient aux pèlerins invalides ou malades : leur participation aux opérations militaires restait exceptionnelle.

Les Templiers sont les premiers à prévoir l'utilisation systématique des armes, ce qui augmente l'attraction qu'ils exercent et la diffusion de leur renommée, étant revêtus de la double armure de la foi et de l'armée. Celui qui assiste au spectacle terrifiant d'une de leurs charges, les capes blanches au vent, les visages cachés par les heaumes parfaitement fermés, l'éclat de la lumière sur les lames qui moulinent, en retient une crainte durable. Avec le temps, la valeur, la détermination et le mystère contribueront à la construction du mythe.

Innocent II (Gregorio Papareschi) est le pape régnant de ces années, et son pontificat est loin d'être facile. En 1130, un schisme terrible divise la chrétienté, les factions opposées se battent de toutes leurs forces et avec acharnement. D'un côté, les cardinaux partisans d'Innocent II sont soutenus par l'empereur allemand Lothaire et par de nombreux potentats du centre et du nord de l'Italie. De l'autre, la faction des opposants se compose d'un groupe de cardinaux qui a élu un « antipape », Anaclet II (Pietro Pierleoni), soutenu par le Normand Roger II, roi de Sicile, des Pouilles et de Calabre. Par conséquent, les supporteurs de cette deuxième faction se trouvent majoritairement dans les régions du midi de l'Italie ; c'est probablement la première fois que l'on assiste à une division aussi nette entre ces deux aires géographiques de la Péninsule, mais cela se reproduira à plusieurs reprises au fil des siècles.

Innocent II reproche notamment à son adversaire d'être d'origine juive. L'antijudaïsme de l'Eglise de Rome a toujours été virulent, et une telle accusation pèse de tout son poids. Grâce à ses dons de manipulateur, entre autres, Innocent II finit d'ailleurs par l'emporter, et le malheureux « pape du ghetto » est contraint de se retrancher à Castel Sant'Angelo, où il rend l'âme en janvier 1138. A la mort d'Anaclet, la question du schisme s'apaise, mais la solution n'est que temporaire. Ce qui est en jeu est bien trop important, et la loi électorale bien trop bancale : les luttes intestines se poursuivent avec âpreté, même au cours des années suivantes.

Vraisemblablement, Bernard de Clairvaux a depuis le début l'intuition de l'issue du conflit, tant et si bien qu'il se range aussitôt du côté du vainqueur présumé, Innocent II, en prenant sa défense auprès du roi de France Louis VI, qui fait grand cas de ses conseils. Une fois le conflit réglé, Bernard fait accorder aux Templiers une protection papale particulière. En effet, en 1139, par la bulle *Omne datum optimum*, Innocent II place l'ordre des moines-guerriers sous son commandement personnel en le soustrayant ainsi à toute autre autorité ecclésiastique, y compris celle du patriarche de Jérusalem ; de plus, il exonère l'ordre du paiement de toute taxe ou impôt. Les mots qu'il emploie sont très révélateurs : « Dieu lui-même vous a chargés de devenir les défenseurs de l'Eglise et les adversaires des ennemis du Christ. » Tous les ordres religieux jouissent de privilèges qu'ils défendent avec acharnement contre les autres ordres, les séculiers, les pouvoirs laïques. Mais les Templiers sont des privilégiés parmi les privilégiés, dès lors que le pape seul a le pouvoir d'excommunier un chevalier de l'ordre ou un membre de sa « *familia* ».

De cette manière, en plus d'être très riche, l'ordre devient aussi très puissant. Les dons qu'il reçoit sont si importants que, malgré les grandes dépenses que nécessitent les campagnes militaires – le voyage, l'équipement, la construction des forteresses –, ses bilans enregistrent toujours des actifs considérables en biens mobiliers et immobiliers. Parallèlement aux actions militaires, se met ainsi en place une activité financière intense : plusieurs sources affirment que le chèque et la lettre de change ont été inventés par les Templiers. Quoi qu'il en soit, cela ne fait aucun doute qu'ils prennent en charge le transport de fonds vers des destinations lointaines, qu'ils perçoivent les dîmes au nom du pape, qu'ils accordent des prêts à des personnes d'un certain rang et assurent un service de trésorerie à la noblesse qui ne souhaite pas s'en occuper personnellement. Le maniement de l'argent s'est toujours révélé très profitable à ceux qui ont su le gérer. Cela se confirme dans le cas des Templiers et contribue à faire augmenter leur richesse et leur pouvoir. Nous verrons bientôt de quelle manière, dans une deuxième phase de l'histoire, cela deviendra la cause – ou le prétexte – de leur chute.

Les combats contre les musulmans connaissent des sommets de cruauté des deux côtés. L'un des épisodes les plus sanguinaires a lieu en 1153, au cours du siège d'Ascalon. Une tour chrétienne en feu s'écroule contre les remparts. La puissance de l'impact et les flammes provoquent une brèche. Cela fait des mois que les assiégeants tentent d'entrer dans cette ville qui semble imprenable. A la tête d'un détachement de chevaliers du Temple, Bernard de Tremelay commande sans tarder de faire irruption dans la cité.

Quarante chevaliers traversent au galop la brèche qui s'est ouverte dans les murailles. Malheureusement pour eux, personne ne leur emboîte le pas : au même moment, le gros des troupes est occupé ailleurs, et la charge reste un épisode isolé. Les musulmans, s'étant rendu compte du petit nombre des attaquants, n'ont pas beaucoup de mal à prendre le dessus. Les Templiers sont massacrés à coups de sabre, leurs corps décapités sont pendus par les pieds à l'extérieur des remparts, leurs têtes catapultées dans le camp des chrétiens. L'horreur du spectacle décuple les forces des assiégeants, qui arrivent enfin à s'introduire dans la ville et réservent aux ennemis le même traitement sans pitié.

Au cours de ces guerres, le plus valeureux des généraux musulmans est le légendaire Saladin, injustement connu en Occident comme le « féroce Saladin ». Il parvient à réunir sous son drapeau une armée de plus de deux cent mille hommes, et, en 1174, il réussit le véritable miracle – politique, puis militaire – de s'assurer le soutien de l'ensemble du monde musulman. En février 1179, Saladin envahit la Judée pour ensuite marcher vers le sud en direction de Jérusalem. Les Templiers, retranchés dans la forteresse bien équipée dite « gué de Jacob », lui barrent la route, l'obligeant à s'arrêter. En juin, cependant, l'implacable général revient à l'attaque, et cette fois, il gagne : la forteresse tombe, les Templiers sont passés au fil de l'épée. Le grand maître de l'ordre, Odon de Saint-Amand, tombe comme ses compagnons entre les mains de l'ennemi. Quand on lui annonce qu'il peut recouvrer la liberté moyennant le paiement d'une rançon, il refuse avec dédain. On l'emprisonne à Damas, où il meurt de privations.

La route vers Jérusalem semble désormais ouverte, bien qu'en réalité, il faille attendre de nombreuses années pour que Saladin et sa formidable armée réussissent à conquérir la Ville sainte. L'entreprise aboutit seulement en octobre 1187, au bout de plusieurs semaines de siège. Les symboles chrétiens, à commencer par la croix, sont renversés et remplacés par le croissant de lune de l'islam ; quant aux Templiers, leur « commanderie » est déplacée et installée dans la citadelle d'Acre, où elle demeure jusqu'en 1291.

Pendant de nombreuses années, des vagues de pèlerins et de combattants pour la chrétienté continuent de débarquer sur les côtes de Palestine, et même en Afrique du Nord. Ils sont mus par la foi, mais aussi par des intérêts militaires et commerciaux, voire par un désir d'expiation, sachant que, compte tenu des conditions du voyage et des risques qu'il comporte, le seul fait de l'entreprendre est un acte de pénitence en soi. Jérusalem est rendue aux chrétiens seulement en 1229, sans effusion de sang cette fois, après une négociation diplomatique entre l'empereur Frédéric II et le sultan d'Egypte Malik Al-Kamil, un esprit éclairé, amoureux des arts et des sciences ; un souverain que François d'Assise lui-même aurait souhaité rencontrer.

L'empereur Frédéric prend ses quartiers à Jérusalem, où il se coiffe solennellement de la sanglante et éphémère couronne du royaume. Un peu plus d'un demi-siècle plus tard, le 28 mai 1291, la capitulation de Saint-Jean-d'Acre, dernier rempart chrétien de la région, marque la fin du royaume de Jérusalem. Les Templiers se battent vaillamment depuis leur citadelle fortifiée qui ne compte pas moins de quarante mille habitants. Le 17 mai, cependant, les musulmans parviennent à ouvrir une brèche dans les murailles et à pénétrer dans la ville. La résistance des chevaliers est passionnée, beaucoup d'entre eux pourraient sauver leur vie en prenant la fuite par la mer, mais ils ne le font pas ; au contraire, alors qu'ils ne sont plus qu'une centaine, ils se barricadent dans la citadelle et arrivent à tenir tête aux assauts répétés pendant une semaine. Exténués, ils finissent par se rendre. Très peu d'entre eux rentrent en Europe. Vu la suite de l'histoire, il aurait probablement mieux valu qu'ils meurent au combat plutôt que dans les atroces supplices qui les attendent.

Je me suis efforcé de résumer les épisodes les plus significatifs d'une histoire longue et mouvementée, riche en rebondissements, avec de grands élans héroïques, mais non sans cruauté, qui commence par la première croisade de 1095-1096 selon d'autres sources – et s'achève presque deux siècles plus tard par le massacre de Saint-Jean-d'Acre. Les Templiers perdent un nombre de chevaliers que l'on estime entre douze et vingt mille. Quoi que l'on pense d'eux, la foi et la fidélité à leur serment ne font pas le moindre doute. Aujourd'hui, on peut s'interroger sur l'opportunité pour des moines de constituer un « corps d'élite » militaire et en tant que tels, d'être chargés des missions les plus dangereuses, les plus sanglantes. Toutefois, si l'on admet que les conditions politiques et religieuses de l'époque le permettaient, les Templiers sont irréprochables sur tous les autres plans. Mais ce n'est pas ce grief qu'on retient contre eux, à l'époque. C'est au contraire un bien cruel paradoxe qui fait leur perte.

Lors d'une réunion à huis clos qui se tient le 14 septembre 1307 près de l'abbaye de Maubuisson, le roi de France Philippe IV le Bel commande qu'on les arrête en masse. La suite sera tissée de trahisons, de délation, de férocité et de turpitudes, le tout sous des prétextes fallacieux de justice. Pourquoi l'ordre fut-il dénoncé ? Ces raisons sont complexes et méritent quelques mots d'explication. Le conflit entre le royaume de France et la papauté dure déjà depuis la fin du XIIIe siècle, du temps de Boniface VIII, un pape de triste mémoire, accusé par Dante de simonie, par Jacopone da Todi d'être un « nouvel antéchrist » et par d'autres encore d'avoir fait assassiner son prédécesseur, Célestin V.

Le conflit s'exacerbe au sujet de la perception de certains impôts que le pape estime revenir à l'Eglise, mais dont le roi ne veut pas se priver ; bref, des affaires d'argent très délicates, comme elles le sont toujours. En mars 1303, Philippe convoque au Louvre un Conseil d'Etat au cours duquel son fidèle conseiller Guillaume de Nogaret proclame un acte d'accusation en bonne et due forme contre Boniface, accusé de simonie, d'hérésie, de sodomie et d'assassinat. Apprenant cette nouvelle inquiétante, le pape, qui se trouve à Anagni, s'empresse de préparer la bulle d'excommunication du roi de France, mais il n'a pas le temps de la promulguer, car au matin du 7 septembre, des conjurés soutenus par la famille Colonna, ennemie du pape, font irruption dans ses palais au cri de « Vive le roi de France ! ». Assis sur le trône pontifical, revêtu de son habit papal, Boniface affronte la foule, muet.

C'est à cette occasion qu'a lieu le très célèbre – et probablement en partie légendaire – épisode dit de la « gifle d'Anagni » : ayant reçu l'ordre de conduire le pape à Paris coûte que coûte, Guillaume de Nogaret l'aurait frappé au visage de sa main gantée de fer. Ce fait très connu est une des prémices indirectes de ce qui arrivera à court terme. Boniface est libéré au bout de trois jours d'emprisonnement, mais son traumatisme est tel qu'il meurt quelques semaines plus tard.

Benoît XI, successeur de Boniface, tente une médiation entre les familles en conflit ; il n'y parvient qu'en partie, et pour finir, il n'occupe le trône que pour une courte période. En effet, il meurt des suites d'une dysenterie provoquée par des figues particulièrement savoureuses, mais vraisemblablement empoisonnées. Le protagoniste de notre histoire, celui qui saura donner un véritable tournant à l'affaire, est le nouveau pape, Clément V – Bertrand de Got, archevêque de Bordeaux –, avec lequel commence la période avignonnaise de la papauté. Selon certains historiens, l'astucieux Bertrand aurait acheté le trône de Pierre en accordant au roi, s'il devenait pape, toutes les dîmes du royaume pendant cinq ans. Dante aussi est convaincu que Bertrand, « pâtre sans loi », a acheté sa charge, notamment parce qu'il choisit de se faire couronner à Lyon et qu'à partir de 1309 il fixe la demeure papale en Avignon, un choix qui le place de fait sous l'influence de la couronne de France.

En proie à une véritable folie vengeresse, le roi Philippe veut intenter un procès à Boniface, même après sa mort. Clément, réagissant tout en finesse, ne s'oppose pas à cette demande absurde ; bien au contraire, il donne l'ordre que l'on commence à écouter certains textes, tout en se réservant la possibilité, plus tard, de tirer profit de ce geste diplomatique. Quand le toujours furieux Philippe lui intime de dissoudre l'ordre des Templiers, le pape Clément cède petit à petit, tout en profitant de l'occasion pour faire oublier l'affaire du procès posthume de son prédécesseur Boniface, une infamie que même un pape aussi désinvolte que lui aurait eu du mal à accepter.

Pour le roi, l'échange est tout à fait profitable. S'acharner contre un pape mort n'était qu'un caprice rageur, mieux vaut satisfaire Clément, qui semble donner de bonnes garanties d'obéissance. D'autant plus que l'animosité du souverain contre les Templiers se fonde sur des raisons extrêmement concrètes. A l'occasion d'un soulèvement populaire dû à l'iniquité des impôts et au fort taux d'inflation, les chevaliers l'avaient protégé du tumulte en l'abritant dans leur forteresse parisienne, le Temple. Cette construction monumentale, qui se dresse encore aujourd'hui dans l'actuel IVe arrondissement de Paris, comporte de nombreuses salles et cellules, et peut parfaitement faire office de prison ; c'est ici, d'ailleurs, qu'au cours de la Révolution, Louis XVI et sa famille passeront leur première période de réclusion. Pendant que le peuple et le pape lui-même qualifient le roi Philippe de « roi faussaire[1] », titulaire d'une monnaie fortement dévaluée, les chevaliers ont le courage – si ce n'est la naïveté – de montrer au souverain les coffres débordant de trésors de leurs souterrains.

Dans les étapes suivantes, ce jeu périlleux se poursuit ; Clément considère qu'il peut garder sous contrôle l'initiative royale en donnant les pleins pouvoirs aux évêques. Le roi impose certains de ses fidèles dans les commissions chargées de juger les chevaliers, sur qui pèsent de lourdes accusations. Comme cela arrive souvent dans les complots, l'affaire trouve son dénouement grâce à un délateur. Un dénommé Esquieu de Floryan, ex-détenu des prisons de Béziers, raconte qu'au cours de sa réclusion, il a connu un Templier chassé de l'ordre qui lui a confié des secrets honteux : les moines s'échangeraient des baisers concupiscents aboutissant souvent à des actes de sodomie ; ils vénéreraient une étrange idole ; le grand maître se permettrait d'exercer des fonctions de prêtre en donnant l'absolution. On pouvait être condamné au bûcher pour beaucoup moins que cela.

A l'époque, le grand maître de l'ordre est Jacques de Molay, un homme de soixante-quatre ans, d'humbles origines, né près

1. En français dans le texte.

de Belfort, en Franche-Comté. Quand il pressent qu'un grave danger menace l'ordre, il prend les devants et demande lui-même au pape d'ouvrir une enquête sur les chevaliers pour les laver des accusations absurdes colportées par la rumeur, tentative désespérée et inutile.

Le roi Philippe a donné des ordres secrets à ses baillis : à la date convenue, les messages qui leur ont été envoyés doivent être ouverts, et les ordres qu'ils portent, exécutés sur-le-champ. Guillaume Imbert, dominicain, confesseur du roi et Grand Inquisiteur de France, doit assurer l'exécution de ces ordres ; si nécessaire, même sans l'accord du pape. C'est ce qui arrive. Le message royal ordonne ceci : « Que tous les membres de l'Ordre susdit de notre royaume soient arrêtés sans exception aucune, emprisonnés et soumis au jugement de l'Eglise, et que tous leurs biens, mobiliers et immobiliers, soient confisqués et mis en notre pouvoir. »

La consigne ne peut pas être plus explicite, notamment pour ce qu'elle révèle des véritables motivations de la Couronne. Le roi Philippe – petit-fils de Saint Louis, un chrétien scrupuleux qui ne prenait aucune initiative d'Etat sans au préalable avoir écouté une messe ou deux – pense pouvoir faire d'une pierre deux coups : combattre l'hérésie et l'obscénité qui se répandent chez les Templiers et s'emparer d'un trésor qui lui permette de résoudre ses problèmes financiers, notamment en vue de la poursuite de la guerre contre les Anglais.

L'ordre royal devait être exécuté de manière rapide et simultanée. Ce qui fut fait. Le 13 octobre 1307, Guillaume de Nogaret procède personnellement à l'arrestation du grand maître en venant le chercher à l'aube au Temple de Paris. C'est ici même, dans les cachots, que l'on assiste à l'horreur des interrogatoires accompagnés des tortures les plus atroces. Le pape est profondément offensé par la nouvelle : il a été dépassé par les événements, son autorité et ses compétences ont été piétinées. Cependant, il attend deux semaines avant d'écrire au roi :

> *« En mon absence, vous, fils très aimé, avez fait violence aux Templiers et mis la main sur leurs biens. Vous êtes allé jusqu'à les jeter en prison […] nous vous avions informé que la question était déjà entièrement entre nos mains, nous souhaitions nous assurer personnellement de la vérité […] Dans cet acte inattendu, tout le monde verra, non sans raison, un mépris outrageux vis-à-vis de nous et de l'Eglise de Rome. »*

Des mots vains et surtout tardifs ; le pape doit attendre deux mois avant d'obtenir une réponse. Entre-temps, Guillaume de Nogaret, extrêmement habile quand il s'agit de se procurer des témoignages utiles à ses fins, fait rechercher et interroger bon nombre de chevaliers chassés de l'ordre ou ayant déserté. Désormais, il ne s'agit plus de la parole d'un ex-détenu qui rapporte des ragots secondaires. La vague d'arrestations repose sur quantité de procès-verbaux signés et authentifiés. Brisés par la torture, menacés de tourments encore plus cruels, entre les cris de souffrance, les chevaliers arrêtés avouent, pour la plupart, n'importe quel crime. Nogaret et le Grand Inquisiteur assistent personnellement aux atrocités des interrogatoires ; l'aveu d'une seule faute reprochée à l'accusé suffit à le déclarer hérétique, les autres accusations n'ayant plus la moindre importance.

Dans son essai *Le Dossier de l'affaire des Templiers*, publié à Paris en 1923, l'historien Georges Lizerand avance l'hypothèse que la cruauté des bourreaux aurait été évitée si le pape Clément avait fait preuve d'une plus grande fermeté et refusé d'accepter avec une telle résignation les procédures atroces ordonnées par le Grand Inquisiteur. D'autres papes après lui, au cours de l'histoire parfois récente, feront l'objet de reproches similaires de mollesse ou de « prudence » excessive. Dans des affaires comme celle-ci, la politique est toujours très mauvaise conseillère.

Du côté catholique, on a cherché récemment des circonstances atténuantes au pape Clément. Il n'en demeure pas moins qu'il n'a pas fait ce qui était en son pouvoir. Il aurait pu déposer le Grand Inquisiteur, qui en tant que prêtre lui devait l'obéissance. Il l'a fait, mais trop tard, encore une fois. Les historiens les plus bienveillants décrivent Clément comme un homme paisible et de bon cœur, incapable de tenir les rênes du gouvernement dans un moment aussi difficile. Qui plus est, face à un roi comme Philippe le Bel, froid et coléreux à la fois, en proie à une haine tenace qui quelques années auparavant l'a poussé à faire gifler Boniface. Il est possible aussi que le pape ait craint qu'une résistance trop prononcée puisse avoir des conséquences encore plus graves, par exemple le schisme avec le roi de France. Quoi qu'il en soit, la question reste entière et jamais résolue. La vérité est qu'au début le pape essaie de résister, mais que par la suite, pour des raisons que nous ne connaissons que partiellement, il cède au roi.

Nogaret souhaite décapiter l'ordre et cible le grand maître : il sait que s'il tombe, l'institution s'écroulera comme un château de cartes. Une des nombreuses versions du procès atteste qu'au bout d'un rude traitement, un dénommé Jacquot, qui a été écuyer du maître, avoue que celui-ci a abusé de lui pas moins de trois fois de suite dans la même nuit. Interrogé, Jacques de Molay nie tout en bloc ; soumis à un nouvel interrogatoire, il admet certains manquements : « Fondé à la gloire du Christ et de la foi chrétienne, et pour la conquête et la protection de la Terre sainte, l'ordre des Templiers, séduit par Satan, reniait le Christ roi depuis longtemps, en crachant sur la croix et en commettant *alia enormia* pendant la cérémonie d'admission. » Par la suite, il se rétractera, mais désormais son sort est fixé.

On s'est souvent demandé quelles raisons avaient bien pu pousser le grand maître à avouer des fautes manifestement infondées. L'hypothèse la plus probable est sans doute que l'astucieux Nogaret a mis Jacques de Molay devant un dilemme cornélien : perdre la vie ou dénoncer l'ordre. En d'autres termes, l'accusateur était prêt à passer sous silence l'infamie du maître d'avoir abusé de son jeune serviteur si, en échange, celui-ci admettait les fautes de l'ordre.

Pendant ce temps, le roi Philippe s'autoproclame administrateur de tous les biens des Templiers de son royaume et ordonne qu'ils soient réquisitionnés afin de financer une nouvelle croisade. Il va de soi qu'aucune nouvelle croisade n'est organisée. En revanche, peu de temps après, on reprend les travaux pour la construction des chapelles de Notre-Dame et de la Conciergerie du palais royal, tandis que la monnaie du royaume, le bourgeois[1], est enfin frappée dans un alliage de métaux précieux.

Le 22 mars 1312, dans la cathédrale de Vienne, le pape Clément lit la bulle *Vox in excelso* qui énumère les graves accusations portées contre les chevaliers du Temple : « Il apparaît que ceux-ci étaient tombés dans une innommable apostasie contre le Seigneur Jésus-Christ lui-même, dans des actes scélérats d'une idolâtrie honteuse, dans le péché exécrable de la sodomie et bien d'autres hérésies. » A la fin de son réquisitoire, il décrète : « Non avec un jugement définitif, mais par mesure apostolique, nous, avec l'approbation du Saint Concile,

1. En français dans le texte.

suspendons l'Ordre des Templiers de toute fonction, ainsi que sa règle, son habit et son nom, par décret absolu et pérenne, en interdisant à jamais et en défendant sévèrement que quiconque, par la suite, y soit admis, en prenne l'habit, le porte et entende agir comme un Templier. »

Le pape n'abolit pas l'ordre, il se limite à le suspendre, qui plus est, par un jugement « non définitif », un compromis qui révèle son embarras vis-à-vis des nombreuses accusations non prouvées. Il ajoute qu'il ne tolérera pas la mainmise sur les biens des Templiers bien que, de fait, Philippe soit déjà en train de s'en emparer. Par une bulle successive, le pape lui-même transfère ce qui reste de ces biens aux chevaliers de l'ordre de Saint-Jean, les actuels chevaliers de Malte.

Quant à Jacques de Molay, au bout de sept années de réclusion extrêmement sévère avec un régime alimentaire qui suffit à peine à le garder en vie, il est soumis à un dernier procès qui s'achève le 18 mars 1314. Dans un ultime soubresaut de dignité, face à ses accusateurs qui n'imaginent pas une telle réaction de la part d'un homme qui n'est plus que l'ombre de lui-même, le grand maître conclut son bref discours d'autodéfense en criant : « Tout en connaissant le destin qui m'attend, je ne veux pas ajouter de mensonges supplémentaires : en déclarant que l'Ordre a toujours été orthodoxe et sans tache, je renonce de bon gré à la vie. » En se rétractant ainsi, il se condamne à une mort certaine : Jacques de Molay est bien conscient de ce que ces mots vont lui coûter.

Le soir même, en effet, il est brûlé vif devant une grande foule sur l'île de la Cité. On dit que, déjà prisonnier des flammes, il aurait crié qu'au plus tard dans un an, il retrouverait le roi et le pape devant Dieu le Très-Haut. Après lui, c'est au tour de son ami et collaborateur Geoffroy de Charney de monter sur le bûcher en louant le martyre de son maître. On dit que certains spectateurs se seraient approchés pour prendre un peu de leurs cendres en guise de reliques, avant qu'elles ne soient dispersées.

Quel que soit le fondement de la prophétie de Jacques de Molay mourant, le pape Clément décède un mois plus tard et le roi Philippe subit le même sort au mois de novembre de la même année. Le pape succombe à un cancer de l'intestin et le roi à la suite de ses blessures provoquées par une chute de cheval au cours d'une partie de chasse. A l'instar de bien des légendes, nées à la suite de morts injustes ou cruelles, celle des Templiers prend naissance dans les flammes du bûcher et perdurera longtemps.

En effet, le sort atroce auquel furent condamnés les Templiers ne suffit pas à en effacer la mémoire. Bien au contraire, la conclusion même de leurs aventures a contribué à la nourrir jusqu'à nos jours. Le secret des procédures et des lieux, les fabuleux trésors accumulés, les rites initiatiques ténébreux et même l'ombre des accusations dont ils font l'objet finissent par devenir à leur tour une source de fascination et autant d'éléments qui contribuent à exciter l'imagination. Selon certains, les loges maçonniques actuelles seraient les héritières de ce Temple ancien, tandis que d'autres verraient plutôt à cette place les sociétés secrètes ou occultes, comme les Rose-Croix du XVIe siècle.

On dit que les Templiers furent vénérés aussi par les révolutionnaires de 1789 qui voyaient en eux les victimes de deux pouvoirs, celui du roi et celui du clergé. Enfin, selon d'autres hypothèses, les légendes posthumes ont été alimentées par le caractère déconcertant de leurs cérémonies, où le sacré et le profane, l'ascétisme et la sensualité, la rigueur et l'outrage fusionnaient dans un ensemble de références, mêlant intimement les fables chrétiennes les plus pieuses et les évocations sataniques. Plus récemment, l'emblème des Templiers – deux chevaliers sur une même monture – a exercé une attraction considérable sur certains mouvements homosexuels.

On trouve un témoignage saisissant d'une de ces cérémonies idolâtres dans la déposition faite le 1er mars 1311 devant la commission pontificale par un dénommé Antonio Sicci de Verceil, un notaire qui avait été au service des Templiers de Syrie, sans pour autant faire partie de l'ordre : « J'ai entendu dire à plusieurs reprises dans Sidon, qu'un noble de cette ville avait aimé une jeune femme de la noblesse arménienne ; de son vivant, il ne la connut jamais charnellement, mais dès qu'elle fut morte il la viola en secret dans sa tombe, la nuit de son enterrement. Dès qu'il eut fait cela, il entendit une voix qui lui disait : "Reviens au moment de l'accouchement, car tu trouveras une tête, fille de ton acte." Le témoin a entendu dire que, le jour venu, ledit chevalier revint sur la tombe et trouva une tête humaine entre les jambes de la femme enterrée. La voix se fit entendre de nouveau et lui dit : "Garde soigneusement cette tête, car elle t'apportera toutes sortes de biens." A l'époque où j'ai entendu ce récit, le commandeur du lieu [Sidon] était Mathieu Le Sarmage, originaire de Picardie. Il était devenu frère du sultan qui régnait alors à Babylone [du Caire], car chacun avait bu le sang de l'autre, ce qui faisait qu'on les considérait comme frères. »

Une version assez différente de cet épisode largement rapporté s'achève de la manière suivante : « Il emporta la tête, qui devint son génie protecteur, et dès lors, il put vaincre ses ennemis simplement en la montrant. Le moment venu, la tête devint la propriété de l'Ordre. »

Rudement interrogés, de nombreux chevaliers avaient parlé d'un mystérieux *baphomet*, un objet monstrueux en relation avec l'évocation de la tête barbue vénérée dans les cérémonies démoniaques. L'étymologie du mot « baphomet » est incertaine. Le mot pourrait être la corruption du nom de Mahomet, selon certains ; en effet, le prophète de l'islam comparaît à plusieurs reprises dans les archives du procès. Selon d'autres, il pourrait venir de l'arabe *abufihamat*, que les Maures d'Espagne prononçaient *bufihimat*, en entendant par là « père de la connaissance ».

Dans son essai *Chevaliers du Christ, les ordres religieux militaires au Moyen Age*, Alain Demurger remarque que tous ces récits partagent des éléments récurrents : la transgression sexuelle ; les pouvoirs de la tête magique qui donne la mort à qui la regarde dans les yeux, mais rend tout-puissant son possesseur à condition qu'il évite de la regarder fixement. Le rappel de la tête de Méduse est évident, symbole effrayant du sexe féminin ; ainsi, si l'on peut lire la légende comme une « représentation des fantasmes liés à la peur de la femme, les thèmes de l'outrage aux morts, de l'inceste et de la sodomie s'y introduisent également de manière tout à fait naturelle ».

On ajouta à cela des éléments d'un ésotérisme subtil. On dit par exemple que la tête en question était celle du saint suaire de Turin – un objet considéré comme magique – et qui fut, paraît-il, en possession de l'ordre pendant un siècle environ, plus précisément entre 1204 et 1307, l'année de l'arrestation de tous les Templiers. L'historienne italienne Barbara Frale a consacré son essai *I Templari e la Sindone di Cristo*[1] (« Les Templiers et le saint suaire du Christ ») à cette hypothèse. En

1. Editions Il Mulino, 2009.

effet, trois des chevaliers interrogés semblent avoir fourni des réponses qui pouvaient faire penser que l'idole en question n'est autre que le saint suaire. La spécialiste ajoute à cela que Geoffroy de Charmey, le fidèle collaborateur du dernier grand maître, Jacques de Molay, était issu de la famille de Charmey chez laquelle le saint suaire fut retrouvé en 1353.

Des légendes noires, mêlant de manière suggestive le charme de l'Orient, la sorcellerie, l'alchimie et une sensualité trouble, avaient commencé à circuler depuis longtemps. Dans son *Parzival*, Wolfram von Eschenbach – Templier et poète allemand de la fin du XIIe siècle, considéré comme l'un des plus grands auteurs d'épopées de l'époque – fait des chevaliers les protecteurs du Saint Graal, un objet – et un mot – chargé de sens et de mystère, qu'il place au cœur d'une série d'aventures où, encore une fois, l'extase mystique et l'extase sensuelle ne font qu'une. Même les troubadours se mirent à évoquer le Graal dans leur langue enchanteresse, contribuant ainsi à étendre la diffusion du mythe, qui finit par se confondre avec celui des Templiers.

Mais qu'est-ce que le Graal ? En premier lieu, c'est une des nombreuses légendes sur Jésus, à ceci près qu'elle est tellement complexe et articulée que l'on peut en tirer un genre à part de récits. Au Moyen Age, ce Graal mystérieux recouvre plusieurs significations : c'est la coupe de la Cène, le plat dans lequel Jésus et ses disciples mangèrent l'agneau pascal, le calice où Joseph d'Arimathie recueillit le sang du Sauveur après sa crucifixion et qu'il emporta en Occident accompagné de Marie-Madeleine, qui auparavant serait devenue l'épouse du Christ et la mère de son enfant.

Mais tour à tour, le Graal a été identifié aussi avec le plat que les fidèles utilisaient pour participer à la fête commune, ou avec la coupe placée à côté de la lance, deux symboles évidents des énergies masculine et féminine d'où la vie jaillit. La tradition chrétienne reconnaît au moins deux vases sacrés : le calice de l'eucharistie et la Vierge Marie. Dans une des Litanies de Lorette[1] la Vierge est décrite comme « *vas spirituale, vas honorabile, vas insigne devotionis* », autrement dit : « vase spirituel, vase digne d'honneur, vase de la plus grande dévotion ». C'est en effet dans son ventre (utérus, c'est-à-dire « vase ») que la divinité s'est faite chair.

Dans le poème de Wolfram von Eschenbach cité ci-dessus, le Graal n'est pas une coupe, mais une pierre dite tantôt « *lapis exillis* » – que l'on traduit par « pierre de l'exil » et que l'on met en relation avec la diaspora juive – tantôt « *lapis ex coelis* », c'est-à-dire « pierre tombée du ciel ».

Selon l'auteur, en effet, il s'agirait de l'émeraude arrachée au heaume de l'ange rebelle Lucifer par le coup d'épée de l'archange Michel. Tombée dans l'Océan, la pierre aurait été récupérée par magie par le sage roi Salomon, puis transformée dans le calice que Jésus utilise lors de la Cène. Selon une énième version de la légende, la pierre, transformée en vase à onguent, aurait été emportée par Joseph d'Arimathie en Angleterre, où elle aurait disparu. De plus, les interprétations symboliques ne manquent pas : ainsi, tour à tour, le Graal devient le symbole de la tradition occidentale, de l'inconscient, du Sacré Cœur de Jésus ou de la sexualité.

Il est fort probable que nous ne connaîtrons jamais le fin mot de l'histoire de cet objet mystérieux. Mais là réside, justement, la force de la légende : tant que l'aspect du Graal et sa

1. Les Litanies de Lorette, ou Litanies de la Sainte Vierge, sont une longue série d'invocations à la Vierge Marie. Elles énumèrent toutes les qualités religieuses de la Vierge Marie.

nature exacte seront voilés par un brouillard épais où s'entremêlent l'imagination et la réalité, l'objet gardera intact son charme déjà millénaire. Les seuls éléments existants suffisent à nourrir un riche courant narratif, comme en témoignent déjà de nombreux récits. La quête du Graal a inspiré, par exemple, un grand nombre d'épopées et de légendes bretonnes. *Perceval ou le conte du Graal* que Chrétien de Troyes écrit vers 1180 est la première œuvre littéraire d'envergure sur ce thème. Quelques années plus tard, le thème est repris en Allemagne par Wolfram von Eschenbach, puis enfin, plus près de notre époque, par Richard Wagner – dans *Lohengrin* et *Parsifal* – et pour finir par des films et des romans souvent inutilement remplis d'aventures.

Mais au-delà de cette légende obscure, un épisode reste troublant. Ce fameux jour d'octobre où les baillis de Philippe IV mettent à exécution l'ordre royal d'arrêter les chevaliers, un petit groupe de Templiers parvient à s'enfuir. Ce sont les chevaliers installés au Bézu, en Provence, non loin de Rennes-le-Château. Ils arrivent à s'échapper, car le commandeur du détachement est un dénommé seigneur de Got, c'est-à-dire qu'il porte le même nom de famille que le pape Clément V.

En 1956, des études et des recherches commencent à fleurir autour de l'énigme de Rennes-le-Château. Les ouvrages qui lui sont consacrés adoptent souvent le style des récits populaires, mêlant les chevaliers du Temple, la dynastie mérovingienne, les Rose-Croix, l'alchimie et – surtout – le trésor perdu des Templiers, c'est-à-dire cette partie de leur fortune dont l'avide roi Philippe ne réussit pas à s'emparer. En 1983, un best-seller mondial est publié en France, *L'Enigme sacrée*, signé par trois auteurs : Michael Baigent, Richard Leigh et Henry Lincoln. Le texte soutient que l'Eglise catholique aurait acheté le silence de l'abbé Bérenger Saunière, lequel, en restaurant son église de Rennes-le-Château, aurait découvert un secret « brûlant » : Jésus ne serait pas mort sur la croix, mais aurait trouvé refuge en Provence avec son épouse Marie-Madeleine et leur enfant.

Quel fondement ces histoires peuvent-elles avoir ? Comme cela arrive dans toutes sortes de légendes, il est fort possible que l'ensemble de ces éléments divers – Saint Graal, Templiers, dynastie mérovingienne, histoire biblique, passion du Christ – aient été regroupés dans une reconstruction rocambolesque, souvent infondée, et en tout état de cause invérifiable. Ce qui n'enlève rien à la fascination qu'elle exerce sur le plus grand nombre, comme en témoigne le succès planétaire du *Da Vinci Code* de Dan Brown, amplement inspiré de ces histoires. Quelques années auparavant, un autre grand succès littéraire avait démontré la même chose : dans *Le Faucon maltais*, Dashiell Hammett actualisait le mythe du Graal – et le laïcisait, pour ainsi dire –, faisant de l'objet tant recherché un banal morceau de plomb. D'ailleurs, le charme romanesque de ce genre d'histoires tient justement aux parts d'ombre qui restent à jamais impénétrables.

Cependant, dans l'histoire des Templiers, le fond du récit demeure obscur : pour quelles raisons troubles l'ordre est-il anéanti et disparaît-il de manière si soudaine ? La réponse est sans doute à chercher dans l'avidité d'un roi et dans le manque de courage d'un pape.

X

L'armée controversée du pape

Sur la place du Saint-Nom-de-Jésus, la basilique éponyme, dite aussi le Gesù, est l'église principale des jésuites de Rome. Elle symbolise de la façon la plus extraordinaire et somptueuse la confiance en la foi, la victoire de la religion et la fière volonté de revanche après le traumatisme de la Réforme luthérienne. Elle témoigne aussi de la mission universelle que la Compagnie se donne dès sa création. La façade, imposante mais relativement sobre, ne laisse pas deviner la profusion de marbres, de sculptures, de bronzes, de moulures, de dorures, d'encadrements, de colonnes, d'entablements et de fresques qui attend le visiteur à l'intérieur. La dimension de la nef et l'audace de la voûte suffiraient, à elles seules, à témoigner de ce faste. Mais ce n'est pas tout.

Juste au milieu de la voûte, Giovanni Battista Gaulli, dit il *Baciccia*, réalisa en 1679 une fresque avec une foule de figures en cascade produisant un fabuleux effet de trompe-l'œil qui semble se poursuivre au-delà du plafond et de la corniche dorée portée par des anges. Elle s'appelle le *Triomphe du Saint Nom de Jésus* : du Christ, au centre, émane une lumière très vive qui semble déchirer le cœur de la fresque et éclairer les nuées de saints et de fidèles disposés tout autour.

Ce qui saute aux yeux dans cette église, ce ne sont pas tant ses œuvres d'art, nombreuses et dignes d'intérêt, mais le foisonnement de couleurs et d'ornements, qui témoignent d'une volonté, d'un programme, d'un manifeste. Les œuvres qui flanquent de part et d'autre l'autel de saint Ignace de Loyola dans le transept de gauche, en sont la confirmation. D'un côté, *La Foi triomphe sur l'idolâtrie*, de l'autre *La Religion renverse l'hérésie*. Le saint est enterré sous l'autel, mais dans la niche centrale, entre quatre énormes colonnes ornées de lapis-lazulis, une grande statue qui le représente se trouve derrière un tableau que l'on retire chaque jour à 17 h 30 pour la dévoiler. Autrefois, la sculpture était en argent massif, aujourd'hui elle est majoritairement en stuc. L'œuvre originale fut fondue sur ordre de Pie VI, condamné par Napoléon à payer de lourds dommages de guerre, en vertu du traité de Tolentino.

Les chambres de Saint-Ignace se trouvent au dernier étage du palais adjacent, au numéro 45 de la place ; ce qui reste de la maison était le premier siège de la Compagnie et l'habitation de son fondateur jusqu'à sa mort, en 1556. Notons au passage que dans l'église, tout de suite à gauche de l'autel, se trouve le mémorial de saint Robert Bellarmin (Roberto Bellarmino en italien), un buste sculpté par le Bernin. La sépulture de ce jésuite aussi brillant que peu charitable – celui-là même qui contraignit Galilée à abjurer ses théories et condamna Giordano Bruno au bûcher – se trouve en revanche dans une autre grande église de la Compagnie, dédiée à saint Ignace de Loyola. Nous reviendrons sur Bellarmin.

L'église Saint-Ignace-de-Loyola témoigne du même faste que celle du Gesù : les mêmes fières affirmations, les fresques tout aussi époustouflantes et la vision équivalente d'une foi absolue en sa vérité qui s'estime destinée à être répandue aux quatre coins du monde. A peu près au milieu de la nef, une dalle indique l'endroit exact d'où l'on peut jouir de la meilleure perspective de la fresque du plafond réalisée par Andrea Pozzo en 1685 : des anges, des bienheureux, des saints, un ciel d'une profondeur infinie où saint Ignace, resplendissant de la lumière du Christ, reflète à son tour cette clarté aux quatre coins du monde. Le message est toujours le même : la mission universelle comme but principal de l'ordre.

Après des études au collège des jésuites, Alessandro Ludovisi, devenu pape sous le nom de Grégoire XV, suggère l'idée de la construction du temple à son neveu Ludovico Ludovisi en 1622. Dans la chapelle au fond à droite, on peut admirer le mausolée du pape, sans doute le plus riche en ornements à Rome : trône à baldaquin, tentures imposantes, triomphe d'angelots radieux, marbres polychromes.

La statue du pape bénissant a été placée à son sommet ; à ses pieds, *La Foi* et *L'Abondance*, puis, dans un ovale porté lui aussi par des angelots, le profil du neveu, le cardinal Ludovico. Autour de la chapelle, les statues des vertus cardinales. Pas le moindre espace de ce monument n'est dépourvu d'un mouvement, une décoration ou une frise.

L'autel est tout aussi remarquable, de même que le tombeau de saint Louis de Gonzague, particulièrement riche en sculptures, reliefs, colonnes et symboles divers ; ici aussi, les angelots sont d'une taille impressionnante. L'église a été construite à l'endroit même où s'élevait autrefois le temple d'Isis de la Rome impériale, au cœur du quartier égyptien de l'époque. Là où aujourd'hui se dresse la façade, se trouvait autrefois la Mostra de l'Aqua Virgo, une fontaine monumentale, élément du seul aqueduc romain qui existait à l'époque d'Agrippa, et qui est resté en fonction sans discontinuer jusqu'à nos jours. Le dernier tronçon de cet aqueduc débouche dans la fontaine de Trevi.

Les églises du Gesù et de Saint-Ignace proclament la gloire et l'ampleur des ambitions jésuites à travers les ors, les bronzes, les stucs et les marbres. C'est probablement pourquoi cet ordre religieux catholique est à la fois le plus détesté et le plus estimé de tous ; ses membres sont des hommes de grande culture capables d'utiliser les arguments les plus subtils, mais qui montrent aussi une désinvolture particulière en matière d'hypocrisie et de duplicité, et se sont forgés une réputation fâcheuse qui s'est consolidée au fil des siècles.

A l'instar des Juifs, connus pour leur goût de l'autodérision, les jésuites savent rire de leurs propres défauts. Sur leur site italien, www.gesuiti.it, on peut lire notamment le petit texte humoristique suivant : un capucin meurt et monte au paradis. Lorsqu'il arrive à l'accueil, on lui attribue son nuage et on lui indique la route pour l'atteindre. Chemin faisant, il voit passer un magnifique carrosse doré tiré par six chevaux blancs ; c'est époustouflant. Peu après, il croise saint Pierre. « Sa Sainteté, demande le capucin, qui occupait ce fabuleux carrosse doré ?

— Ah, oui ! Celui qui vient de passer ? répond Pierre. C'est un jésuite.

— Mais pourquoi a-t-il droit à un carrosse, alors que moi, je suis à pied ? »

Et Pierre de lui répondre : « Vous savez, mon père, c'est si rare de voir un jésuite par ici ! »

Il faut être très sûr de soi pour rire d'une réputation pas toujours bonne – voire, souvent, très mauvaise – qui plus est, confirmée à plusieurs reprises par des faits historiques. Le *Dizionario milanese-italiano* (« Dictionnaire milanais-italien ») publié par Cherubini en 1814, donnait du mot « jésuite » les définitions suivantes : « porc, cochon ». Les dictionnaires se mettent parfois, eux aussi, au service des idéologies. Rappelons, cependant, que dans son édition de 1943 le dictionnaire italien Zingarelli, précisait face au mot « juif » : « usurier, avare, avide d'argent ».

D'ailleurs, l'un des épisodes historiques les plus célèbres sur les jésuites date de la fin du XVIe siècle. Au soir du 27 décembre 1594, le roi de France Henri IV, ex-huguenot converti au catholicisme – d'où sa phrase célèbre : « Paris vaut bien une messe » –, dit le Vert-Galant en raison de ses nombreuses maîtresses, rend visite à l'une d'entre elles, Gabrielle d'Estrées, à l'hôtel de Schomberg, près du palais du Louvre. Mais la jeune femme n'est pas la seule à l'attendre : un dénommé Jean Châtel se cache dans l'ombre pour le tuer. Il agresse le roi avec un couteau, le manque de peu, le blesse à la lèvre et lui casse une dent.

L'attentat a échoué, l'assassin est arrêté. Est-ce un déséquilibré ? Est-il membre d'une faction opposée ? De lui, on ne sait pas grand-chose : il n'a que dix-neuf ans, son père est un marchand de tissus. Les soupçons se concentrent sur un groupe de prêtres : le jeune homme a grandi dans une école de jésuites, et l'idée de ce geste fou lui serait venue dans les années de ses études. Bien qu'Henri IV se soit officiellement converti au catholicisme, il est de notoriété publique qu'il garde une vision assez large de la religion ; quelques années plus tard, en effet, en 1598, il promulgue le célèbre édit de Nantes, un exemple de tolérance religieuse, par lequel il accorde une certaine liberté de culte aux protestants dans les territoires de son royaume. Bref, les jésuites figurent au banc des accusés à côté du jeune Châtel.

L'irruption des gardes du roi en quête de preuves dans le

collège des jésuites de Clermont confirme ces accusations. Châtel serait un tueur à gages envoyé par la sinistre Compagnie de Jésus. Il est très vite condamné à mort : deux jours à peine après son crime, on lui attache les membres à quatre chevaux qu'on lance au galop dans des directions opposées et qui l'écartèlent. Les jésuites furent-ils les véritables instigateurs de cette tentative d'assassinat ? Les soupçons sont nombreux, mais les preuves, rares. Quoi qu'il en soit, on demanda à la Compagnie de quitter le territoire français pendant un certain temps.

L'attentat contre le roi avait été un bon prétexte pour prendre une mesure que beaucoup demandaient déjà, soupçonnant l'ordre de se mêler indûment des affaires politiques et de pratiquer une pédagogie trop orientée. De plus, un grand nombre de novices étaient espagnols, comme le fondateur de l'ordre, ce qui faisait soupçonner les jésuites d'une trop grande proximité avec la monarchie d'Espagne, sachant que celle-ci disputait âprement la suprématie de l'Europe à la couronne de France.

Henri IV meurt en 1610, victime d'un énième attentat. L'assassin est un extrémiste catholique, François Ravaillac, trente-deux ans, qui avait essayé en vain d'intégrer la Compagnie de Jésus. Il est écartelé à l'instar du jeune Châtel sur la place qui est aujourd'hui celle de l'Hôtel-de-Ville de Paris.

En quelques décennies d'existence, l'ordre des jésuites s'est forgé une très mauvaise réputation, comme en témoignent les libelles, les procès et la rumeur populaire. Un pamphlet publié en Angleterre l'année de la mort d'Henri IV porte le titre de *Discoveries of the Most Secret ans Subtle Practices of the Jesuits* (« Découvertes des pratiques les plus secrètes et subtiles des jésuites »). Le petit volume est rempli d'insinuations calomnieuses entremêlées de sujets mélodramatiques qui par la suite deviendront les thèmes caractéristiques du roman gothique :

« Ils tendaient au futur assassin un couteau enveloppé d'un tissu, contenu dans un coffret d'ivoire orné d'un Agnus Dei tracé avec un lettrage beau et parfumé. Ensuite, ils sortaient le couteau pour l'asperger d'eau bénite. »

Selon ce texte, chaque arme portait attachées cinq ou six petites perles de couleur qui avaient une double signification : indiquer le nombre de coups de poignard à infliger à la victime, et le nombre d'âmes qui quitteraient le purgatoire grâce à cet homicide. « L'ensemble de la diabolique Compagnie s'agenouillait à ses pieds [*ceux du tueur*]. Ils le persuadaient qu'il y avait en lui quelque chose de divin et que l'assemblée était à tel point éblouie par la lumière qui émanait de lui que tous tombaient à ses pieds. La recrue avait la certitude d'aller réellement et aussitôt au paradis, sans passer par le purgatoire. » Une promesse que tous les fanatiques – pas seulement des religieux – répètent depuis toujours à leurs adeptes les plus naïfs. Encore de nos jours.

Un autre pamphlet de 1759 s'attaquait à la réputation des jésuites en leur reprochant d'être de grands experts en matière de chimie et de pharmacologie. *The Doctrine and Practices of the Jesuits* (« La doctrine et les pratiques des Jésuites ») affirme qu'ils pouvaient fournir aux assassins des poisons « en mesure de contaminer les pitances, les assiettes, les salières, les bols, les bouilloires et toutes sortes d'ustensiles, même si ceux-ci étaient lavés une dizaine de fois ».

Le procès intenté par Marie-Catherine Cadière, née à Toulon en novembre 1709, à son confesseur, le jésuite Jean-Baptiste Girard, fit date pour ses implications sexuelles malicieuses. L'affaire fut débattue en 1731 devant le parlement de Provence. La jeune femme, fille d'un commerçant, accusait son conseiller spirituel de sorcellerie et d'incitation à des actes obscènes, et enfin de l'avoir mise enceinte. Le jésuite se défendait en soutenant que la jeune femme était hystérique et souffrait de convulsions ; qu'elle se croyait sainte parce qu'elle portait sur le corps les stigmates de Jésus et que pour le prouver elle était allée jusqu'à se souiller les mains de son propre sang menstruel. Ce procès aussi – avec le retentissement considérable qu'il eut en France et ailleurs – se transforma bientôt en acte d'accusation contre les jésuites, avec la dénommée Catherine dans le rôle de la victime de leur luxure. Un premier jugement avait condamné la jeune femme à la peine de mort ; cependant, un mois plus tard, dans le tumulte général, on la reconnut innocente et on la renvoya dans sa famille, tandis que le père Girard fut transféré ailleurs. Le procès fit aussi l'objet d'une interprétation métaphorique où les jésuites faisaient figure de corps étranger et extérieur qui tentait de pénétrer l'Eglise gallicane et la couronne même de France.

A Londres, le poète Jeremy Jingle publia en 1731 un libelle intitulé *Spiritual Fornication*, (« Fornication spirituelle ») qualifié par l'auteur lui-même de « poème burlesque », dans lequel « l'affaire de Miss Cadière et du père Girard était joyeusement reconstituée ». Par exemple, en imaginant le prêtre lubrique, inspiré par Satan, improviser une danse pour hypnotiser la jeune femme, avant d'ajouter des détails croustillants où la belle Catherine se faisait déshabiller et assener « trois coups de baguette qu'elle accepte de bon gré. Suite à cela, il lui frotte le dos, embrasse ses fesses et aussi sa petite chose [...] monte en selle, la chevauche au galop, tout en titillant les parties de son corps qui se trouvent en dessous », etc. Le pamphlet s'achevait sur le triste sort de la malheureuse jeune femme, contrainte d'avorter et enfermée au couvent.

L'acharnement des publications anglaises contre les jésuites ne doit pas surprendre. Depuis la réforme anglicane d'Henri VIII, l'antipathie anglaise pour l'Eglise de Rome était apparue au grand jour et Londres avait été le théâtre de nombreuses initiatives – pas seulement littéraires – contre les catholiques, que l'on appelait avec mépris les « papistes ». On en était arrivé à les accuser du Grand Incendie qui avait frappé et à moitié détruit la ville en septembre 1666 ; on allait jusqu'à lire comme un présage funeste la date même de l'année de ces faits, car, écrite en latin (MDCLXVI), elle présentait tous les chiffres romains en ordre décroissant.

La renommée sinistre des jésuites fut renforcée par la familiarité avec les pratiques occultes, les arts magiques, l'alchimie qu'on leur prêtait, mais aussi avec les subtilités de la pensée, surtout quand celle-ci est trompeuse, malhonnête, tendancieuse. Ce chœur malveillant et unanime accompagne l'histoire de la Compagnie, se mêlant à des éléments romanesques dignes d'un feuilleton. A titre d'exemple, un génie du roman d'aventures comme Alexandre Dumas fait dire à Aramis, l'un de ses trois mousquetaires, qu'il est le supérieur général des jésuites, dépositaire d'un pouvoir secret qui selon ses desseins devrait le conduire jusqu'au trône de Pierre.

Mais la critique la plus insistante qui leur est adressée depuis toujours est leur duplicité sur le plan moral. On pense aussitôt à la controverse avec les jansénistes et aux réponses de Pascal dans ses *Provinciales*, où par exemple, on peut lire ceci :

> « *[...] en me moquant de votre morale, j'ai été aussi éloigné de me moquer des choses saintes, que la doctrine de vos casuistes est éloignée de la doctrine sainte de l'Evangile [...] comme les vérités*

*chrétiennes sont dignes d'amour et de respect, les erreurs qui leur sont contraires sont dignes de mépris et de haine, parce qu'il y a deux choses dans les vérités de notre religion : une beauté divine qui les rend aimables, et une sainte majesté qui les rend vénérables ; et qu'il y a aussi deux choses dans les erreurs : l'impiété qui les rend horribles, et l'impertinence qui les rend ridicules. » (*Lettre XI.*)*

Des mots très durs malgré l'élégance du style du XVIIe siècle, que le grand critique italien Francesco De Sanctis résume de la manière suivante : « La morale jésuite a eu pour résultat d'abaisser la morale du peuple, de l'accoutumer à l'hypocrisie et à se satisfaire de l'apparence en négligeant la substance. »

Tout commence le 15 août 1534 à Paris. Sept hommes quittent l'université de la Sorbonne, dans le Quartier latin, traversent la ville en direction du nord, atteignent la butte Montmartre et pénètrent dans la très ancienne église Saint-Pierre, consacrée par le pape Eugène III en 1147. La journée est mouvementée, on assiste à des assauts contre les statues de la Vierge Marie, il y a des morts et des arrestations. Deux mois plus tard, les protestants font placarder plusieurs affiches ironisant sur l'un des dogmes de l'Eglise, l'*hoc est corpus,* ou transsubstantiation, c'est-à-dire la transformation de l'hostie en la substance du corps de Jésus après la consécration eucharistique. Le roi de France en personne, François Ier, doit participer à une procession, une torche à la main et des reliques religieuses bien en vue, pour rappeler son rôle de monarque catholique dans cette controverse théologique.

En 1517, Luther commence sa Réforme ; en 1532, Henri VIII

proclame le schisme anglican. Pour la première fois depuis sa fondation, l'Eglise se trouve divisée de manière dramatique et perd le contrôle de certains pays : une bonne partie de l'Europe du Nord s'éloigne de Rome. Le concile de Trente et la Contre-Réforme sont imminents, mais le processus de récupération s'annonce long ; en attendant, on a besoin de forces vives pour contrecarrer les « hérésies ».

Les sept amis qui se réunissent à Montmartre ont entre dix-neuf et quarante-trois ans, ils étudient la théologie, ont des parcours très différents, mais, outre la foi, ils partagent une grande ténacité. Le jour où les catholiques célèbrent l'assomption de Marie au ciel – cela deviendra un dogme de la foi en 1950 –, les sept compagnons proclament leur union par un rite solennel, en faisant vœu de pauvreté et de chasteté, et en s'engageant à faire un pèlerinage en Terre sainte. Plus tard, ils feront quatre vœux : pauvreté, chasteté, obéissance et soumission totale au pape. Ce lointain 15 août 1534 marque la naissance de la Compagnie de l'ordre de Jésus. Un seul des fondateurs est prêtre, le Français Pierre Favre ; les autres sont les Espagnols Ignace de Loyola, François Xavier, Nicolás Bobadilla, Alfonso Salmerón, Diego Laínez et le jeune Portugais Simón Rodriguez.

Trois années plus tard, en 1537, les sept compagnons se rendent à Rome pour demander l'approbation de l'ordre au pape ; la même année, de nouveaux prêtres sont ordonnés à Venise. Mais à cette époque, la Terre sainte reste lointaine, car les guerres en cours rendent le voyage pratiquement impossible. En 1540, la Compagnie de Jésus est officiellement reconnue en tant qu'ordre ; le pape Paul III lui donne comme première mission la catéchèse de tous les enfants des écoles de Rome, tandis qu'Ignace de Loyola est choisi comme supérieur général.

Comme tout promoteur d'une grande entreprise, Ignace de

Loyola a une personnalité hors du commun, d'autant plus remarquable que, physiquement, il est de nature chétive. Il est né en 1491 à Loyola, dans la province basque de Guipúzcoa, à quelques kilomètres de Saint-Sébastien, dans une famille de petite noblesse qui le destine à une carrière militaire. Plusieurs récits hagiographiques consacrés aux années de sa jeunesse suivent les schémas habituels de ce genre d'ouvrages : mœurs dissipées, fêtes, femmes, faits d'armes. Un jour, cependant, le jeune Ignace est grièvement blessé dans la bataille de Pampelune contre les Français, ce qui l'oblige à une longue convalescence. Au cours de cette période d'immobilisation, après avoir lu tous les romans chevaleresques qui répondent à son tempérament et à son parcours, il tombe sur un livre sur la vie de Jésus. C'est une fulguration.

Le 25 mars 1522, devant l'image de la Vierge noire, la « Moreneta » patronne de la Catalogne, dans l'antique monastère de Sainte-Marie-de-Monserrat, Ignace, à peine trentenaire, quitte son armure, sa cape et son épée. Avec un bâton de pèlerin, une tunique d'étoffe rugueuse et des sandales aux pieds, il commence son errance, d'abord en Europe, puis jusqu'à Jérusalem, puis à nouveau en Espagne, où il débute ses activités théologiques. En février 1528, il est à Paris, fréquente la Sorbonne et fait la connaissance des compagnons avec lesquels il fondera l'ordre.

Sa personnalité le conduit à être avant tout chercheur et théoricien. Sa santé est précaire, les déplacements lui sont pénibles ; d'ailleurs, il est tout à fait conscient que c'est dans l'élaboration d'une doctrine et d'une discipline qu'il a le plus à donner. Dans son esprit, la pratique de la foi est très proche de la vie de l'armée. Il applique l'obéissance militaire à laquelle ses parents le prédestinaient, à la volonté de l'Eglise et à son pâtre suprême. Quand il meurt à Rome, en 1556, le professeur Renaldo Colombo, anatomopathologiste à l'université de Padoue chargé de l'autopsie, décrit un corps martyrisé par la maladie : « Des reins aux poumons, du foie à la veine porte, j'ai retiré une infinité de calculs biliaires de couleurs diverses. »

En revanche, le rôle moteur dans la mission d'évangélisation, que les jésuites pousseront jusqu'aux terres les plus lointaines, est joué par un autre des fondateurs : François Xavier, un Espagnol lui aussi. Il est né en Navarre, d'origine noble, mais les biens de sa famille sont confisqués par Ferdinand le Catholique après sa victoire sur les autonomistes pro-Français de la région. Pour fuir la pauvreté, François Xavier quitte la maison et trouve refuge à Paris, où il entreprend des études de théologie : très vite, il devient lui-même enseignant. Sa vie aventureuse commence en 1540, l'année où l'ordre est officiellement institué. De Lisbonne, il s'embarque pour les Indes. Dix années durant, il évangélise l'Orient, atteint le Japon, rêve de la Chine, mais n'aura pas le temps de l'atteindre : usé par la fatigue, il meurt à quarante-six ans sur l'île de Sancian, au large de Canton. Le célèbre portrait que Murillo fait de lui le montre pâle, prenant appui sur sa canne, les yeux levés vers un ciel que déchire une lumière éblouissante. Quinze mois plus tard, sa dépouille mortelle est transportée à Goa, en Inde, et c'est là qu'intervient dans le récit un autre élément spectaculaire.

On raconte en effet que le cadavre ne montre pas le moindre signe de putréfaction et que le sang continue à circuler dans ses veines. On crie au miracle. C'est là, à Goa, qu'on l'enterre, mais même mort, son destin est de ne pas trouver le repos. En raison du pouvoir miraculeux qu'on lui prête, son cadavre est démembré, ses organes sont envoyés aux quatre coins du monde. En 1614, l'un de ses avant-bras arrive à Rome, dans l'église du Gesù, où il est conservé dans un reliquaire encore à ce jour. Au fil des siècles, ses organes internes subissent le même sort, donnant naissance à un véritable fanatisme, alimenté par la croyance populaire. L'eau de Xavier, une simple eau de source ayant été en contact avec une des reliques de son corps soignerait les fortes fièvres ; mélangée à l'eau de Loyola, elle deviendrait un excellent vermifuge. En Bavière, on a cru jusqu'au XVIIIe siècle que le simple fait d'accrocher l'image du saint au portail des étables empêcherait le diable de faire tomber malade le bétail.

Ces deux vies si différentes et pourtant consumées par une foi identique nous permettent de comprendre quelles étaient, dès le début, les deux principales vocations de la Compagnie. Se battre pour la foi véritable, réponse catholique à l'hérésie protestante, et l'évangélisation jusqu'aux extrêmes limites du monde. On dit que la mission planétaire a inspiré une des œuvres les plus célèbres du Bernin, sous l'influence directe du jésuite et homme de science allemand Athanasius Kircher (1602-1680), professeur de mathématiques au Collège romain. Il s'agit de la fontaine des Quatre-Fleuves, qui se trouve place Navone, à Rome, où, en plus du Nil et du Danube, cours d'eau bien connus en Occident, l'artiste représente pour la première fois deux fleuves qui coulent sur des continents lointains : le Gange et le Río de la Plata.

Des jeunes candidats qui souhaitent rejoindre l'ordre, on exige des qualités remarquables : vigueur spirituelle, dévouement à la Compagnie, bonne mémoire, capacité oratoire correcte. A l'époque comme aujourd'hui, des règles strictes encadrent leur vie. Simón Rodriguez, l'un des sept « fondateurs », soutenu par le roi du Portugal, éduquait les aspirants jésuites avec une sévérité extrême, en les obligeant à pratiquer les jeûnes et la flagellation, voire – selon des sources de l'époque, peut-être malveillantes – en les enfermant souvent dans leurs chambres ou en les contraignant à prier face à un cadavre. Quoi qu'il en soit, le mot « obéissance » est au cœur même de la doctrine des jésuites, comme pour un commando militaire.

L'outil pour modeler et purifier les âmes en les faisant se rapprocher de la compréhension du message divin est la pratique des exercices spirituels conçus par Ignace de Loyola et approuvés par le pape. Pendant quatre semaines, écrit le fondateur, il faut se retirer dans un lieu adéquat – un de ceux qui, plus tard, s'appelleront les « maisons d'exercices spirituels » – pour y passer des journées entières, plongé dans le silence, méditant sur la vie du Christ. Un directeur spirituel est là pour aider les uns et les autres à mieux saisir les messages venus du ciel et parvenir enfin au stade privilégié de la *contemplatio ad amorem*[1]. Cette pratique garde encore aujourd'hui une grande importance, comme en témoigne la FIES (Fédération italienne des exercices spirituels), qui a pour tâche de promouvoir les préceptes de saint Ignace.

La nourriture spirituelle des individus s'accompagne de la discipline de l'ensemble de l'ordre, garantissant ainsi l'efficacité collective. L'insistance avec laquelle on souligne la ressemblance avec un détachement militaire a poussé certains à qualifier les jésuites d'« armée du pape ». Saint Ignace élabore personnellement les *Constitutions* qui prévoient les règles et les devoirs à respecter : l'ordre se fonde sur une approche hiérarchique très stricte, où chaque grade doit totale obéissance à son supérieur. Le souverain pontife trône au sommet de cette pyramide et on lui doit, comme l'écrit saint Ignace, une obéissance *perinde ac cadaver* (« semblable à un cadavre »). Une obéissance totale que

1. Cette contemplation prolonge les « Exercices » dans le vécu.

la célèbre devise des jésuites traduit par une image symbolique : « Je croirai qu'est noir ce que je vois blanc, si c'est ainsi que l'Eglise le qualifie. »

A Rome, outre les superbes églises décrites au début de ce chapitre, bien d'autres sites remarquables étaient autrefois liés à la Compagnie. L'un d'entre eux était le Collège romain pour la formation des élèves, une institution d'une importance particulière compte tenu du rôle et des compétences intellectuelles exigés des futurs membres de l'ordre.

Fondé en 1584, le Collège romain a été une des écoles jésuites les plus importantes jusqu'en 1773, année de la suppression temporaire de l'ordre, comme nous le verrons. La Compagnie s'y installe à nouveau en 1814, après la reconstitution de l'ordre par décret de Pie VII, à l'issue de l'épopée napoléonienne. Les jésuites quittent les lieux définitivement en 1870 quand, avec l'annexion de Rome au royaume d'Italie, le gouvernement italien réquisitionne le Collège romain pour transformer en lycée une partie du bâtiment. L'enseignement des jésuites était, et reste, majoritairement consacré à la doctrine de l'Eglise, mais il faut leur reconnaître le mérite d'avoir inclus dans leur programme d'études le latin, le grec, la poésie et la philosophie. Dans les pays « hérétiques » leurs écoles avaient pour but principal – et relativement évident – d'attirer les jeunes vers l'Eglise de Rome. En effet, de nombreuses familles – même si elles n'étaient pas catholiques – inscrivaient leurs enfants dans les collèges jésuites, car ils étaient connus pour le sérieux de l'enseignement et l'excellente réputation de l'institution.

Le pouvoir de la Compagnie grandissant, l'hostilité qu'elle suscitait augmenta, d'abord dans de nombreuses cours européennes, puis au sein même de l'Eglise. Il faut reconnaître que les jésuites furent impliqués dans de nombreuses affaires séculaires assez douteuses. Dans son essai *Ligne de foi : la Compagnie de Jésus et l'esclavage dans le processus de formation de la société coloniale en Amérique portugaise*, Carlos Alberto de Moura Ribeiro Zeron écrit qu'avant leur expulsion du Brésil en 1759, les jésuites utilisaient de la main-d'œuvre locale et africaine, et n'hésitaient pas à pratiquer le commerce des esclaves en provenance d'Angola.

A la mort de Clément XIII, en février 1769, la question jésuite se posa avec une telle virulence que le choix du successeur au trône papal se joua en grande partie autour d'eux. Des membres de premier plan de la maison des Bourbons allèrent jusqu'à exiger que les candidats s'engagent par écrit à supprimer l'ordre. Il ne fallut pas moins de trois mois et cent quatre-vingts tours de scrutin pour arriver enfin à choisir un successeur en la personne de Giovanni Vincenzo Ganganelli – le pape Clément XIV –, un homme d'une soixantaine d'années originaire d'Emilie-Romagne, qui représentait pour tous un compromis acceptable, bien qu'il ait refusé de s'engager formellement à dissoudre la Compagnie.

Clément héritait d'une situation politique complexe qu'il chercha à simplifier notamment en distribuant de manière stratégique un certain nombre de postes de cardinaux. Mais la question des jésuites continuait à peser sur lui. Au bout de quatre années difficiles, en juillet 1773, il fut contraint de décréter la dissolution de la Compagnie, en ordonnant même d'arrêter le supérieur général de l'ordre, Lorenzo Ricci, qui fut emprisonné à Castel Sant'Angelo jusqu'à sa mort.

Les dates ont leur importance. Nous sommes à la fin du XVIIIe siècle, qui voit l'épanouissement de la philosophie des Lumières, avec toutes les conséquences politiques et culturelles, diverses et durables, que cette vision de la vie et de l'organisation sociale – mais aussi des rapports entre les hommes et l'Etat – aura en Europe et dans le monde entier. En France, le travail des encyclopédistes est en train de ronger les fondements mêmes de la monarchie absolue. En Angleterre, quelques décennies auparavant, on a assisté à cette Glorieuse révolution qui garantit les droits du Parlement sur la Couronne. Ce n'est pas sans raison qu'en des années comme celles-là, la cible principale devienne la Compagnie de Jésus, que beaucoup considèrent – pas toujours à juste titre – comme l'un des symboles de l'Eglise catholique la plus réactionnaire.

En poursuivant notre itinéraire sur les traces des jésuites à Rome, force est de revenir à la somptueuse église Saint-André-du-Quirinal du Bernin, déjà citée au chapitre « Deux génies rivaux », mais que nous allons voir ici sous un tout autre aspect. L'église et le bâtiment mitoyen étaient autrefois affectés au noviciat des jeunes. Dans la première chapelle de droite, un tableau du Baciccia illustre la mort de François Xavier, la croix serrée sur la poitrine, entouré d'anges et de chérubins qui l'accompagnent dans son agonie. Sous l'autel, une urne précieuse conserve les reliques de saint Stanislas, jeune jésuite polonais mort à l'âge de dix-huit ans à peine.

Stanislas Kostka naquit en octobre 1550 à Rostkow, à quelques kilomètres de Varsovie, dans une famille noble ; son père, le prince Jan, était sénateur du royaume. Envoyé à Vienne pour parfaire ses études, il commença à pratiquer les exercices spirituels selon la règle de saint Ignace. Contrairement à son frère, jeune libertin, Stanislas nourrissait une foi profonde. A quinze ans, il tomba très gravement malade alors qu'il logeait chez un luthérien. Son tuteur, Jan Bilinski, le croyant proche de la mort, aurait voulu appeler un prêtre pour l'extrême-onction, mais il craignait la réaction du maître de maison, hostile aux ministres catholiques.

Il arriva alors quelque chose d'extraordinaire, que l'hagiographie rapporte ainsi : « Le tuteur vit tout à coup, à sa grande stupeur, qu'il s'illuminait d'une lueur céleste et que son visage prenait une expression de douceur et de révérence à la fois. Mais son émerveillement ne put qu'augmenter quand Stanislas s'adressa à lui d'une voix claire et distincte : “Agenouille-toi et adore le Saint-Sacrement. Deux anges du Seigneur sont avec Lui, ainsi que sainte Barbara, vierge et martyre.” » Le très jeune homme avait eu une vision, qu'il explicita par la suite, où l'un des anges lui donnait la communion.

Fort de sa foi, Stanislas décida de partir à Rome pour devenir jésuite, mais sans en parler à sa famille, dont il craignait l'opposition. Après un bref séjour en Allemagne, il se mit en route pour Rome. Au cours du voyage, le phénomène des visions se répéta. Un jour, il entra dans une église autrefois catholique, transformée en temple luthérien. Quand Stanislas en prit conscience, il fut saisi d'un grand découragement. Aussitôt cependant, des anges vinrent à sa rencontre : l'un d'entre eux lui tendait l'hostie consacrée. Stanislas tomba à genoux et reçut le sacrement directement de ces mains célestes. Au bout d'un voyage de mille cinq cents kilomètres, pendant que sa famille se tourmentait de sa disparition, le jeune homme arriva enfin à Rome, à la maison des novices. Les efforts du voyage et sa faible constitution firent que le 15 août 1568, il mourut à l'âge de dix-huit ans.

L'Eglise lui rendit les plus grands hommages. En 1605, on le déclara bienheureux, le premier à l'être dans la Compagnie de Jésus ; en 1671, on fit de lui le saint patron de Pologne ; en

1726, il fut canonisé par le pape Benoît XIII en même temps que saint Louis de Gonzague. Plus tard, il fut aussi proclamé protecteur des religieux novices, de la jeunesse aimant les études et même des moribonds. Dans les salles qui jouxtent l'église Saint-André, et plus exactement dans la chapelle où le jeune homme commença son agonie, une statue impressionnante le représente dans ses derniers instants de vie. L'œuvre fut réalisée en 1702 par Pierre Le Gros le jeune, sculpteur parisien vivant à Rome, dans des marbres de couleur qui reproduisent avec un réalisme saisissant les habits, les objets, les décors et la carnation du mourant.

Autre information d'importance à propos de l'église Saint-André : c'est ici que fut consacrée l'entrée dans la Compagnie du célèbre jésuite Matteo Ricci (1552-1610), mathématicien et cartographe, qui parvint à s'installer à Pékin, capitale de l'empire du Milieu, et fut le premier Européen à pénétrer dans la Cité interdite.

Evoquons enfin une autre sépulture, car l'histoire des jésuites se construit autant autour de la mémoire et du culte rendu aux morts que par l'œuvre des vivants. Dans la troisième chapelle à droite de l'église Saint-Ignace, on peut voir, sous l'autel, le corps somptueusement revêtu de la pourpre cardinalice de Robert Bellarmin (1542-1621), qui entra lui aussi très jeune dans l'ordre, mais dont le destin fut bien différent de celui de Stanislas Kostka.

Les os de Bellarmin sont assemblés par des fils d'argent, et d'argent également sont les moulages qui lui couvrent le visage et les mains. Sa vigueur intellectuelle était grande et son acuité d'esprit aussi fine qu'une lame de rasoir. Il le prouva dès son plus jeune âge, quand il soutint sa thèse de théologie pas moins de trois jours durant ; il en donna une autre confirmation plus tard, par la détermination impitoyable avec laquelle il condamna au bûcher le philosophe Giordano Bruno. Tout juste trentenaire, il obtint une chaire à l'université Grégorienne des jésuites, en se consacrant tout particulièrement aux étudiants venant du nord de l'Europe, car ceux-ci, une fois rentrés chez eux, pourraient contrecarrer le protestantisme.

Bellarmin comprenait on ne peut plus clairement qu'une fois l'unité de l'orthodoxie brisée, comme Luther l'avait fait, beaucoup de choses risquaient de se précipiter. C'est pourquoi il fit de la défense de la doctrine et du canon le but même de sa vie, et voulut que Giordano Bruno soit condamné à mort. Sept années de procès, avec interrogatoires et tortures, furent impuissants à prouver la culpabilité du philosophe. L'implacable cardinal prit les choses en main en 1599 et au bout de quelques semaines il aboutit au seul jugement possible : la condamnation à mort de l'accusé, qui serait brûlé vif en tant qu'hérétique. L'année 1600 avait été proclamée année sainte, et l'image du philosophe sur le bûcher servirait de mise en garde pour ceux – tout pèlerins et romains qu'ils soient – qui seraient tentés par l'hérésie de Luther.

Bellarmin avait compris que Giordano Bruno, avec sa théorie d'une infinité de mondes pluriels, ouvrait la voie à une ère nouvelle pour la liberté de pensée ; que si l'on remettait en cause la structure bâtie sur l'interprétation canonique des Saintes Ecritures, c'était l'ensemble de la construction doctrinale qui risquait de s'écrouler. Dans son *De l'infinito universo et mondi,* le philosophe écrit : « Il existe d'innombrables Soleils et d'innombrables Terres qui tournent autour d'eux. » Des années plus tard, la science confirmera ses dires.

Giordano Bruno avait formulé une théorie qui devançait de quelques siècles les découvertes des astronomes, et qui rendait moins plausible aussi bien l'idée d'un Dieu créateur que la foi dans la rédemption des êtres humains grâce à Jésus. En d'autres termes, le philosophe avait quitté le sentier du christianisme, c'est pourquoi il ne pouvait pas rester impuni. Par une ironie du sort, au mois de mai 2008, un autre jésuite, le père José Gabriel Funes, nommé directeur de l'Observatoire astronomique du Vatican (Specola vaticana) par le pape Ratzinger, déclarait que l'on pouvait tout à fait concevoir l'existence d'autres mondes et d'autres formes de vie, même plus évoluées que la nôtre, sans pour autant remettre en cause la foi en la création, l'incarnation du Christ et la rédemption. Le malheureux Giordano Bruno avait dit la même chose, mais beaucoup trop tôt.

La question de la béatification de Bellarmin réclamée par les jésuites dura trois siècles, de 1627 à 1930. On la rejeta longtemps, invoquant des raisons tantôt techniques, tantôt doctrinales, arguant également que l'homme avait agi de manière criminelle contre Giordano Bruno, comme le reconnaissent de nombreux catholiques. Il fut canonisé en 1930 par le pape Pie XI, et l'année suivante il fut proclamé docteur de l'Eglise universelle, puis vénéré comme saint patron des catéchistes et des avocats canonistes. Son épitaphe proclame : « Mon épée a soumis les esprits superbes. » Quand on inaugura le monument à Giordano Bruno sur la place Campo de' Fiori à Rome, en 1889, le pape Léon XIII envoya une lettre de mise en garde à lire aux fidèles dans toutes les églises, où le philosophe était encore une fois vilipendé. Même par la suite, le Vatican a continué à faire pression pour que le monument soit démoli.

Force est de reconnaître le mérite de Benito Mussolini, chef du gouvernement italien de l'époque, d'avoir résisté à ces tentatives.

Ces deux saints ne pourraient pas être plus différents : d'un côté, le jeune Polonais mort à dix-huit ans, d'une passion ardente pour Jésus, avec des visions angéliques, de l'autre, l'impitoyable homme de doctrine décédé octogénaire. Jésuites tous deux, ils sont vénérés l'un comme l'autre. Ce fait même pose plusieurs questions : existe-t-il un caractère général de la Compagnie et de *qui* cette « armée du pape » est-elle constituée ? Par ailleurs, leur action ne s'est-elle pas trop souvent pliée aux impératifs politiques ? Et enfin, comment l'ordre se situe-t-il dans cet éternel conflit entre la charité chrétienne et la fière proclamation de la vérité ? En effet, l'action des jésuites et l'élaboration théorique de leur travail ont souvent fluctué entre ces deux pôles.

En 1981, un débat très animé eut lieu au sein de la Compagnie ; Jean-Paul II décida de nommer l'un de ses représentants personnels, Paolo Dezza, en remplacement de Vincent O'Keefe, désigné par les jésuites pour relayer le supérieur général Pedro Arrupe, tombé malade. Selon la version officielle, le Vatican tentait de la sorte de combler « un certain égarement » de la Compagnie et d'« aider le discernement » des jésuites. La version officieuse dit au contraire que ce coup de main répondait au besoin de tenir sous contrôle le courant de gauche de la Compagnie, engagé dans la théologie de la libération en Amérique latine. Plus généralement, cela témoignait du souhait de contrecarrer le tournant « libéral » donné par Pedro Arrupe durant les presque vingt années de son mandat.

En effet, en 1968 à Medellín, en Colombie, la Conférence épiscopale d'Amérique du Sud avait pris position contre les régimes autoritaires : des dictatures militaires féroces, souvent soutenues – ou pour le moins, pas ouvertement combattues – par l'Eglise de Rome. Le clergé sud-américain s'était en grande partie rangé aux côtés des plus démunis contre cette politique de répression manifeste et souvent sanguinaire, en soutenant leurs combats et en prenant position pour une Eglise plus proche du peuple et socialement active. Comme nous l'avons vu plus haut, la théologie de la libération n'a jamais été officiellement reconnue par le Vatican, qui considère au contraire qu'il faut la marginaliser quitte à priver les jésuites de leur autonomie, car, s'ils sont certes proches de la hiérarchie, ils le sont aussi des populations opprimées d'Amérique latine. Le pape François est issu de cette école et de ses expériences ; il partage par choix doctrinal et par tempérament l'« ambigüité », terme ici utilisé dans le sens positif, propre à la Compagnie de Jésus. Dans le cours des siècles, les jésuites ont été des maîtres en dissimulation, comme le soulignait déjà Pascal, mais aussi des maîtres en générosité, capables de se positionner – pour utiliser le jargon de la politique – tantôt à l'extrême gauche et tantôt à l'extrême droite, tantôt avec le pouvoir et tantôt contre le pouvoir, selon les circonstances.

En 2001, un autre sujet suscita un vif débat lorsque le quotidien italien *Il Corriere della Sera* publia un échange entre l'historien David Kertzer, auteur du livre *The Popes Against the Jews* (« Les papes contre les Juifs »), et le père Giovanni Sale, historien de la Compagnie de Jésus. Kertzer accusait l'Eglise d'avoir préparé le terrain à l'antisémitisme nazi à travers son antijudaïsme séculaire. Pour étayer cette thèse, l'historien citait notamment une série d'articles parus dans *Civiltà cattolica*, un bimensuel des jésuites fondé en 1850. En 1882, la revue avait annoncé avec satisfaction les premiers congrès des mouvements antisémites de l'époque. En 1890, elle avait publié trois articles sur la question juive, en tenant des propos qui devançaient les calomnies nazies les plus infamantes. Dans un deuxième temps, ces articles avaient été réunis en un livre publié en plusieurs langues.

L'historien jésuite répondait que l'antijudaïsme manifesté par *Civiltà cattolica* avait été promptement corrigé et que, de plus, la revue avait été la seule en 1938 à s'opposer aux lois raciales voulues par Mussolini. En effet, parmi les prêtres catholiques, incluant les jésuites, on énumère de nombreux cas d'opposition au régime, voire de proximité avec les combattants pour la liberté pendant la Résistance. En dépit de cela, en matière d'antisémitisme, l'approche de la Compagnie reste foncièrement ambiguë et pas très différente de celle du Vatican.

Le père Sale lui-même, dans son intervention sur le sujet « *Civiltà cattolica* » en novembre 2008, qualifie d'« excessivement prudente » l'attitude d'Eugenio Pacelli quand il était secrétaire d'Etat, avant de devenir pape sous le nom de Pie XII. « A ce propos, le secrétariat d'Etat choisit une posture plutôt prudente, en pensant que de cette façon il pourrait obtenir des avantages concrets pour les Juifs, et notamment pour ceux qui s'étaient convertis au catholicisme. » De cette manière, on demandait au gouvernement fasciste « d'utiliser comme critère de discrimination non pas la donnée biologique raciale, mais celle de la religion », c'est pourquoi, ajoutait le père Sale, « il est aujourd'hui délicat pour l'historien catholique, notamment après l'ouverture d'horizons du concile Vatican II en la matière, de justifier par des motivations d'ordre moral ou religieux une telle manière de penser et de procéder ».

D'ailleurs, on retrouve une attitude tout aussi ambiguë à la fin de la Seconde Guerre mondiale. Après l'abrogation des lois raciales par le gouvernement du maréchal Badoglio, le père jésuite Luigi Tacchi Venturi, envoyé par le cardinal et secrétaire d'Etat, Luigi Maglione, soutient que ces lois, « selon les principes et les traditions de l'Eglise catholique, comportent certes, des mesures à supprimer – celles concernant les convertis et les mariages mixtes – mais en contiennent d'autres qui méritent d'être confirmées ». En évoquant des mesures « qui méritent d'être confirmées », on cherchait encore une fois à isoler l'aspect religieux, la conversion, en suggérant de garder les limitations inspirées par le préjudice racial.

Depuis le gouvernement du père Arrupe, en revanche, la Compagnie de Jésus s'est distinguée par son ouverture d'esprit tant dans le domaine social que sur des questions de doctrine. En janvier 2008, quelques jours avant l'élection du nouveau supérieur général de la Compagnie en la personne du théologien espagnol Adolfo Nicolás, le pape Benoît XVI a demandé aux jésuites une plus grande fidélité, surtout « dans la manière de promouvoir la doctrine catholique saine et véritable [...] notamment sur certains aspects de la théologie de la libération, et différents points touchant à la morale de la sexualité ». Le message est clair et révèle de manière évidente l'inquiétude du pape sur les thèmes qu'il souhaite marquer de l'empreinte de son pontificat.

Pour finir, le théologien américain Roger Haight est un autre jésuite qui a beaucoup inquiété le Vatican. Dès 2004, la congrégation pour la Doctrine de la foi – l'ex-Saint-Office – présidé alors par le cardinal Joseph Ratzinger, avait condamné ses théories en lui interdisant d'enseigner la théologie dans l'université jésuite de Cambridge, au Massachusetts : la Weston School of Theology. Au cours de l'été 2008, le théologien est à nouveau condamné ; cette fois, l'interdiction d'enseigner est étendue à toutes sortes d'écoles, même non catholiques, avec en plus la défense de publier des livres « tant que ses positions n'auront pas été rectifiées ».

On reproche principalement à Haight une méthode théologique selon laquelle les contenus de la foi sont subordonnés à la condition qu'ils soient recevables par la société contemporaine. Roger Haight, pour sa part, répond que la théologie catholique aurait beaucoup plus de chances de survivre si elle se montrait plus compréhensive vis-à-vis de la culture occidentale contemporaine, notamment par rapport aux jeunes. Grosso modo, la hiérarchie du Vatican et ce combatif théologien jésuite disent la même chose, mais en partant de deux points de vue diamétralement opposés. En effet, au fil des siècles, l'Eglise a montré à plusieurs reprises sa capacité à s'adapter promptement aux impératifs de la politique ou des coutumes. La question n'est donc pas de savoir si ce qui prime est la société ou la doctrine. Ce qui est en jeu ici, encore une fois, est une affaire de suprématie, ou si l'on préfère, d'obéissance.

Du reste, le père Haight trouve des opposants au sein même de la Compagnie. Un autre théologien jésuite, le père Gerald O'Collins, qui enseigne dans la prestigieuse université Grégorienne de Rome, a critiqué les positions de son collègue en affirmant que « pour Jésus tel que Haight le conçoit, cela ne valait pas la peine de mourir ». Ce sont là des questions extrêmement délicates sur lesquelles il n'est pas facile – voire pas autorisé – d'intervenir. C'est aussi un témoignage éloquent du genre d'inquiétudes qui traversent la Compagnie à une époque si difficile pour l'Eglise de Rome. D'après les études du vaticaniste Sandro Magister, quatre théologiens sur sept placés sous surveillance sont des jésuites.

D'ailleurs, l'un des plus grands théologiens contemporains est un jésuite : le cardinal Carlo Maria Martini, pressenti pour être pape si sa vision théologique et sociale ne l'en avait empêché. Dans son livre *Le Rêve de Jérusalem*, le père Martini discute avec son confrère autrichien Georg Sporschill de questions fondamentales sur la doctrine catholique. Ce qui ressort de ses propos est une vision humanisée de l'Eglise, par exemple sur la question difficile du célibat des prêtres – « Tout le monde ne possède peut-être pas le charisme » –, sur la possibilité d'un sacerdoce ouvert aux femmes ou sur l'homosexualité. En matière de contraception, le cardinal Martini brise le tabou que Paul VI, Jean-Paul II et Benoît XVI ont gardé. Au sujet de la célèbre encyclique *Humanae vitae* proclamée par Paul VI en 1968, qui subordonnait l'acte sexuel dans le mariage à la procréation, Martini rappelle que sur ce thème le pape avait privé les pères conciliaires de toute décision, en se réservant ce droit de manière exclusive : « Malheureusement, l'encyclique *Humanae vitae*, écrit-il, a eu aussi des effets négatifs [...] cette solitude décisionnaire à long terme n'a pas été un préalable positif pour traiter des thèmes de la sexualité et de la famille. »

Probablement, Martini révèle la question de fond – l'ouverture vers un christianisme concentré sur l'amour plutôt que sur l'orgueil de posséder la vérité – quand il fait sienne la célèbre phrase de mère Teresa de Calcutta, « Dieu n'est pas catholique », la traduisant ainsi : « On ne peut pas rendre Dieu catholique. » Une telle affirmation a des implications énormes qui d'ailleurs, selon le cardinal, concernent la figure même de Jésus, qu'il conçoit comme bienveillante, et donc éloignée de celle de « vrai Dieu, vrai homme » qui ressort du livre de Joseph Ratzinger *Jésus de Nazareth*.

L'histoire des jésuites est mouvementée, jalonnée par des troubles, des contradictions, marquée de beaucoup de mal – cela ne fait aucun doute –, mais aussi de bien, comme c'est toujours le cas dans une grande aventure humaine. Concrètement, la Compagnie semble avoir répondu à l'appel que Martin Luther adresse à son élève le plus important et, de fait, son héritier intellectuel : Philipp Schwarzerd Melanchthon. Dans une lettre, le grand réformateur lui fait part d'un précepte qui sera souvent cité, mais tout aussi souvent mal interprété : « *Esto peccator et pecca fortifer, sed fortius crede et gaude in Christo* », « Sois pécheur et pèche fortement, mais crois avec encore plus de force et réjouis-toi dans le Christ ». Loin d'être une exhortation à pécher, comme on a souvent voulu le faire croire, il s'agit au contraire d'une invitation à être toujours tout à fait honnête avec Dieu, grâce à la force de la foi.

On s'est souvent fait une mauvaise opinion des jésuites. Cependant, c'est dans la tension intellectuelle et dialectique de cette Compagnie que l'on trouve aujourd'hui l'un des rares signes de vitalité doctrinale, face à une politique vaticane de plus en plus repliée sur une vision à court terme, marquée par le conformisme, voire parfois, malheureusement, par l'arrogance du pouvoir.

XI
Les banquiers de Dieu

L'Ior – le très célèbre acronyme de l'Istituto per le Opere di Religione (Institut pour les œuvres de religion), c'est-à-dire la banque du Vatican – a son siège dans le puissant donjon de Nicolas V, adossé au palais de la résidence pontificale. La masse imposante de cette construction se voit de loin, même depuis la rue de la Porte-Angelica, derrière la grille du portail surveillé par les gardes suisses. La banque fut créée en juin 1942 par le pape Pie XII pour réunir un certain nombre d'instituts en une banque dotée de la personnalité juridique.

Son but, comme celui de tous les autres organismes de ce genre, était de rentabiliser le capital, avec une particularité cependant : la plupart de ses revenus devaient – par statut et pour justifier l'appellation choisie – financer les « œuvres de religion ». En politique, rien n'est plus éloquent que la stratégie financière. Une question s'impose, alors : celle du Vatican, par le biais de l'Ior, est-elle semblable à la politique de n'importe quel Etat, inspiré ou non par Dieu tout-puissant ?

Rappelons, à ce propos, un précédent tout à fait significatif. Pour gérer le patrimoine considérable que le Saint-Siège reçut à la suite du concordat signé avec l'Etat italien en 1929, Pie XI fit appel à l'ingénieur Bernardino Nogara, un banquier des plus habiles. Nogara accepta la charge à une condition : que les investissements soient libres de toute considération religieuse et qu'ils puissent être effectués n'importe où dans le monde. Ce qui fut fait, tant et si bien que les finances vaticanes ne subirent pas la moindre perte pendant la Seconde Guerre mondiale, car, grâce à des intermédiaires catholiques très puissants, Nogara parvint à transférer la plupart des capitaux aux Etats-Unis et à les récupérer à la fin du conflit avec une plus-value.

Dans la longue tradition de ces financiers et investisseurs de talent, on peut même remonter encore plus loin dans le temps. En 1862, à une époque où, malgré la résistance de Pie IX, il devenait évident que le pouvoir temporel des papes cesserait, Frédéric François Xavier de Mérode, un esprit intrépide et extrêmement brillant d'origine belge, fit acheter à la Société immobilière du Vatican les terrains de l'actuelle gare ferroviaire Rome-Termini. Il les acquit pour un prix dérisoire, car à l'époque, le quartier n'avait pas la moindre valeur sur le marché. L'acquéreur, cependant, avait eu l'intuition que la future capitale du royaume d'Italie ne pourrait s'étendre que dans ces quartiers en amont, et non pas dans la cité médiévale et baroque en aval. Pendant que le pape outré se cloîtrait dans ses palais, après l'entrée à Rome des *bersaglieri* du général de La Marmora, ses financiers bâtissaient le nouveau trésor immobilier du Saint-Siège sur la « troisième Rome ».

Ces exemples posent une question d'une très grande complexité. On en trouve un écho dans le livre *Confini* (« Frontières »), qui fait état de l'échange entre Ernesto Galli della Loggia et le cardinal Camillo Ruini au sujet du christianisme dans le monde contemporain. Dans un passage, le haut prélat affirme ceci : « Le rapport [...] du témoignage chrétien [...] avec les grandes puissances de l'histoire est un sujet extrêmement difficile, mais inévitable. » Puis plus loin : « Il faut réussir à conjuguer la rigueur morale avec le réalisme historique : voilà le défi de toujours. » Rien de plus vrai si l'on en juge par l'histoire de la gestion des finances du Saint-Siège et par la remarquable souplesse des frontières entre « témoignage chrétien » et « réalisme historique ».

Au sein même de l'Eglise, on trouve à ce propos des avis officiels qui diffèrent considérablement. En juin 2009, dans un échange autour de sujets similaires avec Eugenio Scalfari, le cardinal Carlo Maria Martini affirmait : « La tâche de l'Eglise est de témoigner de la parole de Dieu, du Verbe incarné, du monde des justes à venir. Tout le reste est secondaire. » Puis, plus loin : « Quoi qu'il en soit, ce qui prévaut toujours sont les dispositions et la vocation pastorale par rapport aux vocations diplomatique et théologique. »

Ce sont là deux points de vue on ne peut plus éloignés. Selon Ruini, il faut les « conjuguer », tandis que selon Martini, il faut choisir son camp et indiquer lequel des deux termes de cette « conjugaison » doit prévaloir.

Or, s'il y a un domaine où l'issue d'un tel défi peut être mesurée, voire « comptabilisée », c'est précisément celui de la gestion des ressources. Dans le rapport à l'argent, c'est-à-dire à la finance, et donc avec l'origine et l'emploi de sommes importantes, on perçoit distinctement à quel endroit les circonstances, la volonté, les opportunités et les besoins placent la frontière entre « rigueur morale » et « réalisme historique ». On arrive même à voir jusqu'où la pensée de l'évangéliste Matthieu est encore d'actualité, quand il écrit (6, 24) : « On ne peut pas servir Dieu et Mammon », c'est-à-dire Dieu et l'argent, autrement dit le profit.

Les événements dont l'Ior a été l'acteur témoignent de la

difficulté de ce choix. Rappelons aussi que, comparé aux autres banques italiennes, l'Ior jouit de prérogatives qui le rendent unique. La première est qu'il n'est pas imposable sur les dividendes, de même que ses clients ne le sont pas sur les intérêts perçus. La deuxième – qui le rapproche de n'importe quelle banque extraterritoriale – est que toute demande d'information de la part d'un autre Etat, à commencer par l'Italie, doit reposer sur une mesure motivée par la magistrature et être transmise par le ministère des Affaires étrangères – la demande doit donc être rogatoire. Jusqu'à présent, d'ailleurs, le Saint-Siège n'a jamais donné de suite positive à une demande de ce genre.

La troisième prérogative doit être rappelée tout particulièrement pour le rôle déterminant qu'elle joue dans les événements dont il est question dans ce chapitre. Le concordat signé en février 1929 entre le Saint-Siège et ce qui était alors le royaume d'Italie, conjointement à certains jugements ultérieurs de la magistrature italienne, établissent que les dirigeants de l'Ior, et plus généralement tous ceux qui travaillent dans les structures centrales du Saint-Siège, jouissent d'une immunité juridique totale qui les met à l'abri de tout éventuel procès ou arrestation. Une couverture qui découragerait la velléité d'un juge souhaitant appeler un dirigeant du Vatican à comparaître pour un crime ou un délit commis en Italie.

Le personnage qui s'est trouvé à la tête de l'Ior pendant dix-neuf ans, entre 1971 et 1989, est devenu légendaire pour les qualités extraordinaires dont il a fait preuve : son habileté dans les intrigues, sa force physique, son énergie et sa créativité (selon certains, sa naïveté, aussi) ; cependant, on le cite également pour ses nombreuses erreurs. Il s'agit de monseigneur Paul Marcinkus, lequel, stricto sensu, était aussi prêtre, c'est-à-dire un berger d'âmes, sachant que dans l'ensemble de ses activités cela apparaît comme un détail tout à fait secondaire. Marcinkus naît à Cicero, dans la banlieue de Chicago (Illinois) en 1922 et décède à Sun City (Arizona) en 2006. Ses origines familiales sont modestes, mais le jeune homme est brillant, fait ses études dans les écoles catholiques et, dans les années cinquante, s'installe à Rome à l'université Grégorienne pontificale. Il devient le collaborateur de l'évêque Giovanni Battista Montini, élu pape en 1963 sous le nom de Paul VI.

Selon *L'Osservatore Politico* – la redoutable publication de Mino Pecorelli, assassiné en 1979 –, le nom de Marcinkus figure parmi la centaine de prêtres francs-maçons dans une liste de personnalités où il côtoie d'autres très hauts responsables dans la hiérarchie vaticane. Son ascension au sein du petit Etat du Vatican est assez rapide, notamment après 1970, quand il s'illustre par son courage dans un épisode qui aurait pu avoir une issue tragique. A Manille, aux Philippines, il parvient à dévier la lame d'un exalté qui attente à la vie du pape Paul VI. L'année suivante, il est nommé à la tête de l'Ior. En écrivant et en se documentant sur la question, bien des années après les faits, on perçoit très clairement combien de troubles et d'intrigues, combien de personnages suspects et d'escroqueries colossales, mais aussi combien d'affaires de sang versé, ont marqué les dernières décennies du XXe siècle. Et comment Marcinkus et la banque vaticane y sont mêlés.

Raconter l'histoire de cette banque et celle de monseigneur Marcinkus consiste à mettre à nu les personnages-clés de ces événements, dans la mesure où il est possible de le faire : Roberto Calvi, retrouvé pendu sous un pont de Londres en 1982 ; Michele Sindona, empoisonné en prison en 1986 ; l'omniprésent Licio Gelli, chef de la loge maçonnique – mais déviée de l'idéal maçonnique – Propaganda Due, dite « P2 », grand organisateur de trames subversives. Sans oublier la malheureuse Graziella Corrocher, secrétaire de Calvi, qui tombe tragiquement de la fenêtre, la veille de l'assassinat de son patron.

Selon les estimations du mathématicien Piergiorgio Odifreddi, le Saint-Siège coûte à la République italienne neuf milliards d'euros par an en subventions directes, auxquels viennent s'ajouter au moins six autres milliards d'euros sous forme d'exonérations fiscales de diverses natures. Cependant, on ne peut pas faire de calculs exacts dans la mesure où les bilans du Vatican, lacunaires ou réticents, ne permettent pas d'analyses détaillées, bien que récemment la situation se soit légèrement améliorée. Après 2008, Benoît XVI fait remettre aux cardinaux et aux évêques un compte rendu des finances. Diffuser un tel document à des milliers d'exemplaires revient, de fait, à le rendre public.

Le pape François a poussé la démarche beaucoup plus loin. Les mesures qu'il a adoptées semblent, sur le papier du moins, une réponse en adéquation avec le discrédit que, si souvent par le passé, la banque du Vatican a jeté sur l'Eglise.

Dans une déclaration soigneusement préparée (juin 2014), il a précisé que « 1 600 comptes ouverts à l'Ior aux noms de personnes qui n'y avaient pas droit ont été fermés ». L'Ior, a-t-il précisé, « a été créé pour aider l'Eglise. Ont le droit [d'y ouvrir un compte] les évêques, les diocèses, les employés du Vatican et leurs veuves en cas de décès, les ambassades [et les diplomates accrédités auprès du Saint-Siège], personne d'autre. Ce n'est pas une entité ouverte à tous. Il est bien de fermer les comptes indûment accordés ».

En juin 2013, le nouveau pape a nommé une commission spéciale chargée de recueillir des informations sur les activités de la banque avec consigne de lui en rendre compte directement.

Depuis janvier 2014, la commission est composée des cardinaux Santos Abril y Castelló, espagnol (président) ; Christoph Schönborn, autrichien ; Jean-Louis Tauran, français ; Thomas Christopher Collins, canadien ; Pietro Parolin, italien. Leur mandat a une durée de cinq ans. En outre, il a été constitué un conseil de surveillance, comparable au conseil d'administration d'une société. Suffiront-ils, ces changements ? La surveillance étroite des opérations pourra-t-elle combler le déficit moral d'un organisme dans le passé si profondément corrompu ? « L'argent est la farine du diable », disait-on autrefois. L'avenir dira si le moulin du Vatican a recommencé à moudre de la farine de belle qualité.

Du point de vue économique, la mort de Jean XXIII en juin 1963 est une catastrophe pour l'Eglise. L'immense popularité de ce pape avait eu, entre autres conséquences, celle de faire augmenter considérablement les dons des fidèles ; après sa disparition, cette source de financement diminue brusquement. De plus, à la fin des années soixante, le gouvernement italien décide – après des décennies d'exonération à cent pour cent – que les dividendes des actionnaires du Saint-Siège soient soumis à l'impôt. Un deuxième coup dur auquel Giovanni Battista Montini, le pape Paul VI, successeur de Jean XXIII, se fait un devoir de remédier. La charge délicate de transférer à l'étranger les grosses plus-values du Vatican pour échapper au fisc est confiée à Marcinkus et à un très habile homme d'affaires sicilien qui semble avoir les compétences et le réseau relationnel nécessaires : Michele Sindona.

Ce que, malencontreusement, on sous-estime dans l'enceinte Léonine, c'est que Michele Sindona, aussi brillant soit-il, fait ses trafics avec l'argent de la mafia, est lié à des « familles » italo-américaines importantes et, pour finir, sert de consultant aux boss les plus sanguinaires du crime organisé. Mais l'époque est difficile, et l'Eglise, comme le dit souvent Marcinkus, « ne se dirige pas avec des Ave Maria ». Une fois chargé de l'affaire, Michele Sindona la conduit de main de maître, en organisant une des plus gigantesques exportations de capitaux de l'histoire de la finance italienne. Destination : la Suisse. Et puisque la vie des partis politiques est très onéreuse, sur le chemin des banques helvétiques, quelques millions de dollars sont détournés vers les caisses des principaux partis. La Démocratie chrétienne est l'un des principaux bénéficiaires, d'autant plus qu'il faut financer la campagne du référendum contre le divorce que l'Eglise soutient très activement.

Ces énormes quantités d'argent – en partie réelles, en partie fictives – que Sindona amasse sur les deux rives de l'Atlantique commencent à fondre vers la fin de 1974, pour plusieurs raisons : les tensions au Moyen-Orient, la délicate situation internationale et le prix du pétrole, entre autres. Lorsque la Banca Privata Italiana (Banque privée italienne) du financier sicilien est mise en liquidation judiciaire, l'avocat Giorgio Ambrosoli, l'un des rares héros citoyens de l'Italie corrompue de l'époque, est chargé de diriger les opérations par la Banca d'Italia (Banque d'Italie). Ambrosoli fait l'objet de pressions inouïes, dans le but de lui faire valider des documents censés prouver la bonne foi de Sindona. Ce qui est en jeu est colossal : Sindona est protégé par le très puissant homme d'Etat italien Giulio Andreotti, qui va jusqu'à le qualifier de « sauveur de la lire italienne ». Si Ambrosoli avait cédé à ces pressions, Sindona aurait échappé à toute conséquence pénale, et la Banca d'Italia aurait été obligée de couvrir la dette.

Conscient des risques encourus, Ambrosoli ne cède ni aux

louanges, ni aux menaces. Dans une lettre à sa femme qui restera comme son testament spirituel, il écrit notamment : « Cela ne fait aucun doute que, quoi qu'il advienne, je paierai très cher la charge qui m'incombe ; je le savais avant de l'accepter et par conséquent je ne m'en plains pas, car c'est pour moi l'occasion de faire quelque chose pour mon pays. » Les conclusions de son rapport indiquent que la Banca Privata Italiana doit être liquidée et que Michele Sindona est responsable de sa faillite. Le financier sicilien fera assassiner Ambrosoli le 11 juillet 1979 par William Aricò, un tueur à gages recruté aux Etats-Unis, contre la somme de cent quinze mille dollars versée sur un compte en Suisse. Aux funérailles, de hauts dirigeants de la Banca d'Italia, mais aucun représentant de l'Etat.

En 1976, pendant que les banques de Sindona font faillite, Licio Gelli, à la tête de la loge P2, propose à Andreotti, alors ministre de la Défense, un plan pour sauver le financier sicilien. Ce dernier décide de l'adopter et aurait sans doute réussi à le mettre à exécution s'il n'avait rencontré sur son chemin la résistance d'un autre vrai serviteur de l'Etat : Ugo La Malfa, ministre du Trésor. Les choses prennent ainsi une tout autre tournure. Quant à Sindona, il meurt empoisonné par un café au cyanure dans l'établissement pénitentiaire de Voghera où il purge sa peine, en mars 1986.

Voilà le « décor » dramatique de ces années. Mais revenons à l'archevêque Marcinkus, qui devient président de l'Ior en 1971 ; quelques mois plus tard, Sindona lui présente Roberto Calvi, banquier lui aussi. La carrière de Calvi a commencé très tôt : à vingt-sept ans, il entre comme employé au Banco Ambrosiano, un établissement étroitement lié à l'Ior. En 1971, il en devient le directeur général et en 1975, le président. Comme les autres acteurs de ces événements, il nourrit lui aussi de très grandes ambitions : il voudrait agrandir la banque, la faire entrer dans le circuit de la grande finance internationale. Il s'inscrit à la loge P2, noue des relations dangereuses avec le monde de la mafia, crée avec l'Ior un certain nombre de sociétés dans les paradis fiscaux. En 1977, Sindona, en très mauvaise posture, lui demande de l'aide, mais Calvi doit – ou décide de – la lui refuser : sa situation n'est pas solide et qui plus est, il juge prudent de s'éloigner de cet associé devenu très dangereux.

La vengeance de Sindona ne se fait pas attendre : le 13 novembre 1977, des affiches placardées dans la ville de Milan accusent le Banco Ambrosiano d'opérations frauduleuses. En avril 1978, l'inspection de la Banca d'Italia confirme que les escroqueries sont importantes et nombreuses. Le dossier est confié au juge Emilio Alessandrini, mais celui-ci est assassiné par les terroristes de Prima Linea à peine quelques mois plus tard, en janvier 1979. Chaque détail de ces événements montre une Italie inquiétante, constamment marquée par le crime, mafieux ou politique, comme aux pires moments de son histoire tourmentée. Chacune des affaires que nous venons d'évoquer aurait largement suffi à inciter une institution vouée aux « œuvres de religion » à s'éloigner rapidement de ces figures douteuses. Mais non : les impératifs politiques prévalent, et comme toujours, ceux-ci coûtent cher, sont urgents et imposent de n'examiner que les aspects les plus concrets des choses, sans détour.

Dans cette petite bande d'intrigants, de gredins et de criminels de haut vol, la figure de Roberto Calvi est un peu à part, car il mêle une adresse extrême et une très grande désinvolture dans la manipulation de l'argent à une naïveté étonnante. En octobre 2005, vingt-trois ans après sa mort, le procès de ses meurtriers présumés a lieu à Rome. En 2007, le juge prononce l'acquittement pour insuffisance de preuves. Mais ce qui nous intéresse le plus pour notre histoire, ce sont les documents trouvés avant et pendant la procédure. Le 30 mai 1982, quelques semaines avant sa mort, Calvi envoie une lettre au cardinal Palazzini, considéré comme l'homme de l'Opus Dei au Vatican, dans laquelle il écrit :

> « *Votre Eminence [...] la crédibilité morale et économique du Vatican est déjà très gravement compromise ; comment se fait-il que personne ne veuille intervenir ? [...] le Vatican est le théâtre d'un complot qui vise à modifier l'organisation actuelle du pouvoir au sein de l'Eglise elle-même, de connivence avec les forces laïques et anticléricales nationales et internationales. Il a été prouvé que le cardinal Casaroli et monseigneur Silvestrini sont complices et associés, notamment dans des dessous-de-table qu'ils se partageaient sur des opérations effectuées par Sindona ; d'ailleurs, je pourrais moi-même préciser, si Vous le souhaitez, les circonstances de ces partages, le montant des sommes et les numéros des comptes courants ! Mais que visent-ils ? D'ailleurs, beaucoup de financements et de pots-de-vin accordés par le Banco Ambrosiano aux partis et aux hommes politiques ont été effectués à leur demande. Et pourtant ils savent que je sais...* »

Si ces mots laissent transparaître le chantage, le ton révèle un état d'esprit tourmenté, et comme chacun sait, un chantage réussi exige une attitude glaciale. Et en effet, cette lettre ne reçoit pas la moindre réponse. Dès lors, clairement désespéré, le banquier joue sa dernière carte en s'adressant directement au pape. La copie de ce courrier a été retrouvée par le fils de Calvi dans les archives personnelles de son père, et confiée au journaliste d'investigation Ferruccio Pinotti. Voici ce qu'on y lit :

« Sa Sainteté,

C'est moi qui ai endossé le lourd fardeau des erreurs et des fautes commises par les représentants de l'Ior, les actuels comme les précédents, y compris les méfaits de Sindona [...] c'est moi qui ai géré des financements considérables en faveur de nombreux pays et associations politico-religieuses de l'Est et de l'Ouest, sur ordre exprès et précis de représentants autorisés de Sa Sainteté ; c'est moi qui, de concert avec les autorités vaticanes, ai coordonné en Amérique centrale et en Amérique du Sud la création de nombreuses structures bancaires, notamment dans le but de contrecarrer la pénétration et l'expansion d'idéologies marxistes ; et c'est encore moi, aujourd'hui, qui me retrouve trahi et abandonné par ces autorités mêmes [...]. »

Avant de poursuivre au sujet du cardinal Casaroli, l'homme qu'il considère comme son ennemi : « Je ne souhaite pas m'attarder sur les rumeurs qui circulent au sujet de certains prélats et en particulier sur la vie privée du secrétaire d'Etat, le cardinal Casaroli, [...] en revanche, je tiens tout particulièrement à Vous signaler les bonnes relations que ce dernier entretient avec des milieux et des personnalités manifestement anticléricaux, communistes et procommunistes, comme par exemple le ministre démocrate-chrétien Nino Andreatta, avec lequel il semble avoir trouvé un accord pour le démantèlement et le partage du Groupe Ambrosiano. »

Calvi essaie d'utiliser les seules armes dont il dispose : il demande protection et garanties, s'efforce de jouer sur les divisions intestines de la curie et menace à défaut de tout raconter aux magistrats. Mais en réalité, l'immense déficit des sociétés étrangères réunies dans le Groupe Ambrosiano – un milliard et deux cents millions de dollars de l'époque – a été creusé par la banque du Vatican, et Calvi, poussé par le désespoir, demande naïvement au Vatican d'être sauvé. Il oublie qu'il existe des méthodes très expéditives pour faire taire les importuns.

La lettre au pape date du 5 juin 1982 ; le 18 du même mois, Calvi est retrouvé pendu sous le Blackfriars Bridge de Londres. Au cours du procès qui se tient en 2005, la thèse de l'accusation est la suivante :

> *« [...] les accusés, avec le concours des organisations de type mafieux Cosa Nostra et Camorra, ont provoqué la mort de Roberto Calvi pour le punir de s'être emparé de grosses sommes d'argent appartenant aux organisations citées ci-dessus ; [pour] acquérir l'impunité, obtenir et conserver le profit des crimes relatifs à l'emploi et au blanchiment d'argent de provenance délictueuse ; [pour] empêcher Calvi de faire chanter les référents politiques et institutionnels de la franc-maçonnerie, de la loge P2 et de l'Ior, avec lesquels ils avaient géré les investissements et le financement de sommes d'argent considérables. »*

Selon Ferruccio Pinotti, dans son livre *Poteri forti*[1] (« Pouvoirs puissants »), Calvi avait réussi à rendre le Banco Ambrosiano indépendant financièrement, mais ses opérations l'avaient exposé au chantage et il avait dû verser des sommes impor-

1. Livre-enquête sur l'ascension de l'Opus Dei et la mort de Roberto Calvi, Bur Biblioteca Univ. Rizzoli, 2005.

tantes à des sociétés proches de l'Ior. Quand ses difficultés s'étaient aggravées, il avait essayé de récupérer l'argent prêté à l'institut du Vatican, mais il n'y était pas arrivé parce que ces sommes avaient été utilisées pour aider des groupes religieux et politiques proches du Saint-Siège, notamment en Pologne. Calvi le savait, d'ailleurs, et il s'était vanté à plusieurs reprises d'avoir aidé concrètement le pape dans ses opérations en faveur de Solidarnosc.

Le 6 août 1978, le pape Montini décède. Il protégeait Marcinkus, Sindona et Calvi, et avec sa disparition, tous trois se retrouvent orphelins d'un référent « sûr ». Avant de mourir, Paul VI a eu le temps d'assister, déchiré, au calvaire d'Aldo Moro, après avoir essayé vainement d'empêcher l'issue fatale de son enlèvement. Ce pape restera aussi dans les mémoires pour l'encyclique controversée *Humanae vitae* (juillet 1968), par laquelle il confirmait l'interdiction d'utiliser toutes sortes d'anticonceptionnels.

Son successeur, Albino Luciani, devenu pape sous le nom de Jean-Paul Ier, sera le protagoniste d'un des pontificats les plus brefs de l'histoire de l'Eglise : trente-trois jours, du 26 août au 28 septembre 1978. Sa brusque disparition est attribuée à un arrêt cardiaque, mais, çà et là dans le monde, on formule de bien plus sinistres hypothèses comme nous l'avons vu au chapitre V, « L'Eglise silencieuse ». L'écrivain anglais John Cornwell, tout en se disant sceptique quant à la théorie de l'assassinat, décrit une curie vaticane inquiétée par les propos du nouveau pape, qui est considéré comme un doux rêveur, naïf et dangereux. Le pape Luciani voulait redistribuer les biens de l'Eglise, et surtout il souhaitait changer en profondeur la structure et les fonctions de l'Ior. Les résultats de l'autopsie de son corps – demandée de plusieurs côtés – n'ont jamais été rendus publics.

D'ailleurs, suite à un enchaînement d'événements hors du commun, un grand nombre des personnes impliquées dans l'histoire de l'Ior ont été victimes d'une mort violente et soudaine, ainsi que nous venons de le voir. C'est comme si, dans l'histoire de cette banque, il y avait une perpétuelle vocation au risque, aux relations dangereuses et aux financements d'origines obscures, incluant les capitaux de la mafia sicilienne. C'est en tout cas ce que déclarent certains repentis, parmi lesquels Francesco Saverio Mannoia et Vincenzo Calcara. Le premier, lors d'une vidéoconférence depuis New York, affirme que le redoutable gang de Corleone investissait une partie de ses finances dans la banque du Vatican. Le second déclare avoir transporté en avion deux valises remplies de billets de banque de Palerme à Rome, où l'attendait la voiture de monseigneur Marcinkus. Les déclarations des repentis doivent toujours être prises avec précaution, notamment parce que ces affirmations manquent de confirmations objectives. Cependant, le juge Falcone considérait Mannoia comme l'un des collaborateurs les plus fiables de la justice.

Quand le krach des banques liées à l'Ior éclate au grand jour, Marcinkus s'empresse de déclarer que le Vatican n'a subi aucun dommage. Il n'en est pas ainsi. Le ministre du Trésor Beniamino Andreatta (démocrate-chrétien) estime à plus d'un milliard de dollars les pertes du Saint-Siège dans le krach du Banco Ambrosiano, avant de déclarer : « Le gouvernement attend que l'Ior assume très clairement ses responsabilités, car cet institut paraît de fait comme l'associé de certaines opérations du Banco Ambrosiano. » Une grande partie de la presse internationale se fait bruyamment l'écho de ces nouvelles, tandis que le Vatican – comme toujours dans les situations de crise – se renferme dans un silence impénétrable. Personne ne reconnaît avoir été au courant des trafics de Sindona avec la mafia, des mésaventures conjointes Calvi-Marcinkus, du trou béant qui a été creusé dans les comptes et encore moins de l'utilisation impropre de ces deniers qui, au sens strict, auraient dû servir aux « œuvres de religion ».

Karol Wojtyla naît à Wadowice, dans le sud de la Pologne, le 18 mai 1920. Quand il accède au trône pontifical en 1978 sous le nom de Jean-Paul II, il a cinquante-huit ans et il est doté d'une très grande énergie, notamment physique, dont témoigneront ses nombreux et fatigants voyages à l'étranger. C'est surtout un homme qui se donne pour mission de libérer sa terre du joug du communisme soviétique. Un engagement de taille pour lequel il lui faut beaucoup de détermination, une grande adresse politique et les alliances adéquates. Mais il faut aussi beaucoup d'argent. Bien que la figure de Marcinkus soit affaiblie par les scandales, le pape voit en lui l'élément indispensable à son projet. Selon l'essayiste anglais David Yallop, le Vatican réussit à faire parvenir des fonds d'un montant d'environ cent millions de dollars au syndicat polonais Solidarnosc, lequel, avec ses grèves, est en train d'attaquer le pouvoir soviétique et pas seulement en Pologne.

Lorsqu'en mai 1982, la Banca d'Italia dénonce les risques débiteurs du Banco Ambrosiano pour un montant d'un milliard de dollars, Calvi s'enfuit à Londres. De cette manière, il croit se mettre à l'abri non seulement des accusations, mais aussi des éventuelles vengeances, toujours possibles quand on manipule l'argent de la mafia. On peut se demander si quelqu'un l'a rassuré dans ce sens, car en aucun cas, Calvi ne s'attend au piège qui lui est tendu. Comme nous l'avons vu, il sera bientôt victime d'une mort cruelle. A peine un an avant le krach, ses chances de trouver des crédits étaient intactes. D'une part, parce qu'il possédait ces qualités d'illusionniste qui ont fait la réputation d'autres célèbres personnalités de la finance – de John Law, qui au XVIIIe siècle crée la notion de « devise fiduciaire », à Bernard Madoff, savant jongleur d'argent inexistant – et d'autre part, parce que tout le monde connaissait ses accointances avec la banque du Vatican.

Après sa mort, une centaine d'établissements créditeurs unissent leurs efforts pour donner plus de poids à leur tentative de récupérer leur mise. Des réunions très animées se succèdent au Vatican. Marcinkus, qui a perdu une grande partie de son pouvoir, affirme n'avoir jamais su que Calvi poursuivait ses desseins au nom de l'Ior. De cette manière, il essaie de détourner la tempête qui risque de s'abattre sur lui, mais tout le monde sait qu'il ment.

Agostino Casaroli est le secrétaire d'Etat de l'époque. C'est un homme doté d'un savoir-faire stratégique remarquable ; connaissant dans les moindres détails la réalité des faits et donc l'ampleur réelle de la crise, il poursuit une ligne de conduite différente. Au cours d'une réunion, il suggère la solution la plus raisonnable, citée dans le procès-verbal de la manière suivante[1] : « Son Eminence le cardinal secrétaire d'Etat a fait noter que l'objectif principal consiste à sauvegarder l'image du Saint-Siège et a fait part de l'idée qu'un arrangement du conflit à l'amiable semble incontournable. »

Marcinkus n'est pas d'accord, et dans la tentative de sauver

1. Ce document est publié dans sa totalité dans l'ouvrage *Vaticano S.p.A.*, de Gianluigi Nuzzi, Editions Chiarelettere, 2009 (note de l'auteur).

la banque et sa propre réputation, il réplique avec force : « Si nous ne sommes pas coupables, nous ne devons pas payer. » Selon le journaliste anglais Charles Raw, qui a mené l'enquête sur l'affaire – *La grande truffa* » (« La grande arnaque ») publié en Italie en 1993 –, la désinvolture financière de cet archevêque énergique a coûté près d'un demi-milliard de dollars au Saint-Siège. « En affirmant cela, écrit Charles Raw, je ne veux pas dire que Marcinkus en a tiré un profit personnel. Les plus grands bénéficiaires de l'affaire sont les chefs de la loge P2, Licio Gelli et Umberto Ortolani. »

La question de la dette de l'Ior se dénoue à la fin du mois de mai 1984. La banque vaticane doit au Banco Ambrosiano plus de quatre cents milliards de lires. Le comité des établissements bancaires créditeurs fait pression, le scandale est énorme, la question doit être liquidée au plus vite et aux meilleures conditions. Officiellement, la banque vaticane se déclare étrangère à la faillite, mais se dit prête à verser une « contribution volontaire » de deux cent quarante millions de dollars. Cela revient, de fait, à admettre implicitement sa coresponsabilité dans l'affaire : si elle était vraiment étrangère aux causes du krach, elle aurait tout simplement rejoint le comité des autres instituts créditeurs. Dans le protocole d'accord, on peut lire que ces sommes sont versées « exclusivement en raison de sa position particulière [celle de l'Ior] » ainsi que « dans un esprit de conciliation et de collaboration réciproque ».

Le 4 juin suivant, le quotidien du Saint-Siège *L'Osservatore Romano* souligne que cette position entend « faciliter une solution globale tout en consolidant les relations internationales ». En termes purement économiques, deux cent quarante millions de dollars sont une excellente affaire par rapport au montant réel de la dette. Marcinkus est contraint d'accepter. Trois ans plus tard, en février 1987, la magistrature milanaise lui envoie un mandat d'arrêt. Comme nous l'avons vu précédemment, c'est une mesure sans effet sur le plan judiciaire, car le prélat ne peut être poursuivi. Cependant, l'initiative des juges rend intolérable son maintien à la tête de l'Ior, bien que, avec la lenteur et la prudence qui le distingue, le Vatican attende encore deux ans avant de le renvoyer. C'est le pape Jean-Paul II en personne qui le congédie, en mars 1989, dans un article paru dans *L'Osservatore Romano*.

Le commentaire de l'archevêque sera sobre et amer : « Dans l'affaire Calvi, on se souviendra de moi comme de celui qui a joué le rôle du méchant. » Marcinkus reste néanmoins au Vatican jusqu'en 1997 : il a désormais soixante-quinze ans, l'âge de la retraite, et quitte sa charge pour rentrer aux Etats-Unis et y prendre l'humble fonction d'adjoint du curé de l'église de San Clemente, à Sun City, en Arizona.

Etait-il cynique ? Naïf ? Négligeant ? Les avis, les accusations et les soupçons ont fusé à son sujet, mais personne n'a jamais trouvé le fin mot de l'histoire. Pour connaître la vérité sur ses activités, il faudrait retrouver les nombreuses pièces manquantes du puzzle, qui seront révélées – si elles le sont un jour – seulement dans quelques siècles. En 1989, le mur de Berlin s'effondre ; en 1991, à Moscou, on retire le drapeau de l'Union soviétique des tours du Kremlin. Des événements qui scellent l'histoire terrible du XXe siècle, avec ses guerres et ses atrocités. Ce n'est pas trop de dire que sur ces événements a pesé aussi – et non de manière secondaire – l'argent, propre ou sale, que Marcinkus a su réunir et faire parvenir à ceux qui travaillaient à l'effondrement du bloc de l'Est.

Après son départ, Marcinkus sera remplacé au Vatican par quelqu'un qui l'a suivi et imité et qui, au final, dépassera son maître. Il s'appelle Donato De Bonis, un prêtre du sud de l'Italie, né en 1930 dans une famille d'humble origine à Pietragalla, en Basilicate. Si Marcinkus lui a montré la voie, De Bonis se révèle encore plus cynique et habile que lui. Sa « trouvaille » est une sorte d'Ior secret, dont il est le seul à posséder la clé d'accès : un véritable système extraterritorial au cœur de Rome, des milliards de lires à utiliser à loisir, sur lesquels faire des profits qu'aucune banque européenne ne serait en mesure d'assurer, grâce notamment aux privilèges fiscaux dont jouit le Saint-Siège.

A titre d'exemple, un compte particulièrement rémunérateur porte le nom du cardinal Francis Spellman (1889-1967), personnalité emblématique s'il en est, quand on sait que ce puissant archevêque de New York a été un farouche opposant au communisme et un défenseur infatigable des intérêts économiques de l'Eglise. Le sentiment de la mission à accomplir était si puissant chez lui, qu'il n'a pas hésité à affronter Eleanor Roosevelt, voire John Fitzgerald Kennedy en personne, chaque fois qu'il a vu remettre en cause les fonds fédéraux pour les écoles catholiques. Sa passion pour la cause était telle que lors de la campagne électorale de 1960, il choisit non pas le candidat catholique, c'est-à-dire J. F. Kennedy, mais son opposant, Richard Nixon, qui semblait donner de meilleures garanties en matière de mesures concrètes en faveur l'Eglise. D'ailleurs, ce combatif cardinal n'a jamais caché ni son soutien à la campagne clairement anticonstitutionnelle du sénateur Joseph McCarthy contre les activités antiaméricaines, ni sa sympathie pour les dictateurs de la pire espèce, comme le Nicaraguayen Anastasio Somoza.

Le choix de son nom pour le compte secret du Vatican doit donc être perçu dans un schéma plus psychologique que politique ; on pourrait presque parler d'idéaux, s'il ne s'agissait pas, d'abord et avant tout, d'« affinités d'intérêts ». D'ailleurs, ce fut Spellman en personne qui se chargea de convoyer les fonds secrets américains pour financer la Démocratie chrétienne, dans les années qui suivirent la fin de la Seconde Guerre mondiale.

Selon la reconstitution qu'en fait Gianluigi Nuzzi dans *Vaticano S.p.A.*, le compte appelé « Fondation cardinal Francis Spellman » reçoit des dépôts de plus de vingt-six milliards de lires, en numéraire ou en titres, en l'espace de cinq ans seulement, entre 1987 et 1992. Une petite partie de ce trésor sera dévolue à des œuvres de bienfaisance et à des donations à des ordres religieux, moines, prêtres et centres d'accueil pour la jeunesse. La majeure partie, en revanche, partira vers des destinations bien plus terriennes et presque toujours ambiguës. On en arrive au point qu'au mois d'août 1992 le nouveau président de l'Ior, Angelo Caloia, alerté par ces mouvements d'argent dont il subodore les finalités troubles, informe le pape Jean-Paul II : il se doute, à juste titre, que ces centaines de milliards, « déguisés » en œuvres de charité, cachent en réalité des opérations illégales. Le cynisme de l'affaire est d'autant plus frappant que les appellations de couverture de ces opérations destinées au blanchiment d'argent sale et vouées exclusivement au profit, évoquent la cause des enfants pauvres, la divine Providence ou le financement de célébrations religieuses.

Quoi qu'il en soit, ce n'est là que le préambule de ce qui va arriver peu de temps après, quand l'Ior sera le théâtre du transfert de la plus grosse part de ce que l'on appelle « *la maxitangente* ("le maxi dessous-de-table") Enimont », connu aussi – pour paraphraser Saddam Hussein – comme « la mère de tous les dessous-de-table ». Pour mieux comprendre de quoi il s'agit, il faut remonter au mois de mai 1989, c'est-à-dire à la création d'Enimont, un groupe géant de l'industrie chimique dont les actions sont, à quatre-vingts pour cent, équitablement partagées entre l'établissement public Eni et la société Montedison, qui appartenait à la famille Ferruzzi de Ravenne.

La fusion des deux structures donne naissance à l'un des plus gros groupes chimiques du monde. Raoul Gardini est le détenteur des actions privées : on le surnomme « le corsaire » et c'est une figure trouble d'entrepreneur aventurier, visionnaire, qui nourrit des projets pharaoniques. Il est le gendre du fondateur Serafino Ferruzzi. Son tempérament ne lui permet pas de se satisfaire de la moitié des actions, il veut la totalité de la propriété et commence son escalade de la hiérarchie à l'intérieur du groupe. Le président de l'Eni, Gabriele Cagliari, en arrive à demander la séparation. Un an et demi à peine après la fusion, le rêve d'un groupe chimique italien d'envergure internationale vole en éclats. On propose un choix à Gardini : ou bien il achète la totalité, ou bien il quitte la scène. Il choisit la deuxième solution et revend sa participation à l'Eni pour un montant de deux mille huit cents milliards de lires (plus d'un milliard et demi d'euros).

L'affaire commence à devenir franchement suspecte, tant la somme est disproportionnée. Elle devient encore plus douteuse quand on apprend que pour obtenir l'accord de toutes les parties intéressées – qui sont nombreuses –, il a fallu « arroser » généreusement quantité de partis, de prête-noms et d'intermédiaires divers, pour un montant global de cent trente à cent soixante-dix milliards de lires, la somme exacte n'ayant jamais été définitivement confirmée. Or, une grande partie de ces sommes, environ cent milliards de lires, transite par l'Ior avant d'être transférée sur différents comptes à travers le monde, à commencer par la Suisse. Les deux protagonistes de l'affaire, Raoul Gardini et Gabriele Cagliari, se suicident, allongeant ainsi la chaîne de morts violentes qui semblent marquer du sceau de la malédiction tous ceux qui croisent le chemin de l'Ior.

Monseigneur De Bonis est le véritable acteur et grand distributeur de ce gigantesque dessous-de-table. Dans son ouvrage *Patria 1978-2008*, Enrico Deaglio note à la date du 27 avril 1993 la scène suivante, parfaite illustration de l'atmosphère qui règne autour de ce désinvolte prélat. Voici ce qui se passe : « [...] dans l'église romaine de Santa Maria della Fiducia, en présence d'un millier de personnes, quinze cardinaux, quarante évêques, l'ex-ministre Colombo, l'ex-président de la République Francesco Cossiga. On consacre évêque monseigneur Donato De Bonis, ex-bras droit de l'archevêque Paul Marcinkus, lui-même ex-secrétaire général de l'Ior, la banque du Vatican. Le prélat nouvellement consacré se dirige vers l'autel, puis déclare : "Je veux ici remercier le président Andreotti de nous avoir sauvé par ses conseils. Au fond d'une nuit noire, dans nos bureaux, il nous a sauvé de graves dangers grâce à ses recommandations." Dans l'église bondée, s'élève des applaudissements qui durent plusieurs minutes. »

Sans la moindre pudeur, De Bonis remercie Andreotti de l'aide reçue au moment du scandale du Banco Ambrosiano. Il n'est pas inutile de rappeler que le prélat – en cas de mort soudaine – avait nommé Andreotti, justement, en qualité de bénéficiaire du compte courant « Fondation Spellman ».

Dans cette affaire désormais digne d'un bon roman noir, apparaît entre autres personnalités une figure mineure mais tout aussi romanesque que les autres : Luigi Bisignani. Après un début de carrière dans une agence de presse, Bisignani se reconvertit dans la direction d'organismes parapublics et apprend très vite l'art du trafic de l'argent, le sien et celui des autres. Il s'inscrit à la loge P2 (carte n° 1689) – sorte de passage obligé pour tout intriguant à l'œuvre en ces années – et trouve dans la banque vaticane que gère De Bonis un partenaire idéal pour ses trafics. Bref, il devient, lui aussi, l'un des protagonistes de ce qui sera appelé « Tangentopoli[1] » et paiera par une condamnation à trois ou quatre mois de prison ses propres fautes, mais pas seulement les siennes – comme nous le verrons ultérieurement.

Au début de 1993, les parquets de Rome et de Milan commencent une enquête serrée sur « *la maxitangente* » (« le maxi pot-de-vin »). Il n'est pas inutile de rappeler l'atmosphère qui règne à l'époque en Italie. L'action des magistrats est suivie et encouragée par la population avec une ferveur telle que cela frôle parfois le fanatisme ; les juges du parquet milanais sont considérés comme les vengeurs de toutes les injustices, on les applaudit dans la rue, on les encourage à poursuivre leur action. Au vu de cette vague puissante et inquiétante de consensus général, la position de De Bonis devient si embarrassante que le Vatican se voit contraint de l'éloigner de sa banque, en lui confiant un bureau moins en vue. Il devient alors le conseiller spirituel de l'ordre souverain militaire de Malte, l'ancienne confrérie chevaleresque fondée au XIe siècle pour assister les pèlerins en Terre sainte et qui aujourd'hui s'occupe essentiellement d'assistance médico-sociale et d'autres

1. « Tangentopoli » (de *tangente*, « pot-de-vin » et de *polis*, « ville » en grec) ou « Mani pulite » (« Mains propres ») désigne une série d'enquêtes judiciaires qui mirent au jour un système de corruption et de financement illicite des partis politiques. Des ministres, des députés, des sénateurs, des entrepreneurs et même des ex-présidents du Conseil furent impliqués.

interventions humanitaires. Bien que sa nouvelle charge soit beaucoup moins prestigieuse que la précédente, l'entreprenant monseigneur continuera encore longtemps à tirer les fils secrets de l'Ior.

Entre-temps, les magistrats ont réussi à retrouver la trace des filières empruntées par la *maxitangente*, notamment grâce à quelques dépositions fort instructives. Il est désormais clair que la banque vaticane est la destination finale de ces sommes, mais l'institut, face à la demande d'explications de la part de la magistrature, se limite à répondre qu'une telle requête doit être rogatoire et suivre la procédure officielle internationale. Bisignani – qui sent le vent tourner – comprend qu'il est temps pour lui de disparaître de la circulation ; il ferme ses comptes à la hâte, remplit quelques valises avec l'argent comptant récupéré et prend la fuite. Parallèlement, le président Caloia, troublé par l'importance des trafics découverts, accuse ouvertement De Bonis « d'activité criminelle délibérée ». Au mois d'octobre, il écrit une lettre grave au secrétaire d'Etat du Vatican Angelo Sodano. Dans ce document qui figure dans le livre de Gianluigi Nuzzi, on peut lire notamment que les titres ayant transité par l'Ior « [...] viennent du paiement de dessous-de-table sans doute très importants à des hommes politiques, reversés blanchis à ces derniers. C'est la réplique exacte des mécanismes du passé... On a la nette impression d'être face – tous – à un potentiel éminemment explosif dont les plus hautes autorités doivent être informées en bonne et due forme ».

En effet, Sodano en informe Jean-Paul II. Quand la demande rogatoire parvient au Vatican au mois de novembre, encore une fois, l'attitude de la hiérarchie est partagée. Certains soutiennent qu'il est désormais inévitable d'avouer une partie des faits ;

d'autres ripostent que – en admettant que l'on agisse ainsi – il faut en dire le moins possible et se limiter à reconnaître les trafics d'argent découverts, mais continuer à se taire sur tout le reste. Et surtout, il faut défendre l'image de De Bonis, car, si on l'envoie au massacre, il pourrait entraîner une bonne partie de la hiérarchie dans un scandale sans précédent.

Le cardinal vénézuélien Rosalío José Castillo Lara, ministre du Trésor et président de la commission de surveillance de l'Ior, est chargé de défendre la réputation du Saint-Siège. Lui aussi est très habile. Interviewé à plusieurs reprises, il assure que le Vatican collabore pleinement avec les autorités de la République et que l'Ior est victime de manœuvres venant d'ailleurs : « Le Vatican a été l'instrument d'une opération dont nous ignorons la finalité. »

En particulier, s'il précise que De Bonis ignorait l'emploi illégal des fonds qui transitaient par lui, il ne manque pas de rappeler que – comme le concordat le stipule – en tant que dirigeant du Vatican, De Bonis ne peut pas être poursuivi par un Etat étranger, c'est-à-dire l'Italie. Dès lors, Luigi Bisignani devient le bouc émissaire qui endosse la plupart des responsabilités. Quelques mois plus tard, après avoir mis fin à sa fuite, Bisignani s'efforce d'éviter le coup en affirmant que, lui aussi, ignorait la véritable origine de ces sommes.

Comment l'affaire Enimont s'est-elle poursuivie ? Habilement rédigée, la réponse du Vatican à la demande rogatoire des magistrats arrive au parquet milanais environ deux mois plus tard, c'est-à-dire en décembre. Elle livre le minimum d'aveux et montre une volonté de collaboration.

Selon le témoignage de Carlo Sama, un autre gendre du fondateur Serafino Ferruzzi, le prix payé à l'Ior pour le blanchiment des dessous-de-table a été de neuf milliards de lires. En mai 2009, le journaliste du quotidien italien *Il Corriere della Sera* Gian Antonio Stella interviewe Sama en lui demandant notamment pourquoi on versait des pots-de-vin aussi importants aux partis politiques. Comme si c'était la chose la plus évidente du monde, Sama répond : « Pour poursuivre notre chemin... Il était impossible d'éviter les pots-de-vin. »

Le procès pour *la maxitangente* Enimont commence en juillet 1994. Les hommes politiques les plus importants du pays figurent au banc des accusés : Arnaldo Forlani et Bettino Craxi, Umberto Bossi et Gianni De Michelis, Giorgio La Malfa et Paolo Cirino Pomicino. Au mois d'octobre de l'année suivante, ils sont presque tous condamnés à des peines qui seront confirmées par la décision des différents degrés de juridiction.

L'affaire de Tangentopoli – et le procès en particulier – a marqué au fer rouge l'histoire de la Ire République, avec pour résultat que celle-ci s'est achevée non pas dans la salle des séances du Parlement, mais dans celle d'un tribunal. En 1994, un nouveau parti se présente aux élections politiques ; grâce à une trouvaille géniale, son nom évoque le cri d'un public de supporters sportifs : Forza Italia ! A sa tête, un entrepreneur aussi controversé que dynamique qui se trouve, à l'époque, en assez mauvaise posture : Silvio Berlusconi, inscrit lui aussi à la loge P2, avec la carte n° 1816. En seulement quelques mois, il transforme en parti politique Publitalia, une de ses agences publicitaires, et s'impose aux élections dans un pays dévasté par une crise de confiance sans précédent vis-à-vis des institutions.

Quant à l'Ior, qu'il ait été ou non rénové dans ses méthodes et dans sa gestion, il disparaît des scènes où il a été protagoniste des affaires Banco Ambrosiano et Enimont. On a perdu la trace de la plupart de ces milliards de lires et, en tout état de cause, la banque du Vatican n'a jamais rien remboursé.

A la fin de ce récit, nous nous retrouvons de nouveau face à la question de fond que se posait le cardinal Camillo Ruini, dans les propos cités plus haut : « Il faut réussir à conjuguer la rigueur morale avec le réalisme historique : voilà le défi de toujours. »

Dans le cas qui nous occupe, c'est indiscutablement le réalisme historique qui l'a emporté.

En ce qui concerne l'avenir, tout en exprimant l'espoir qu'il diffère du passé, on ne peut que répéter encore cette même question : les mesures prises par le pape – création des organismes de surveillance, éloignement des dirigeants et des fonctionnaires impliqués dans la gestion passée – suffiront-elles à rendre à la banque sa probité ? Suffiront-elles à rendre à l'argent sa destination légitime ? Suffiront-elles à en assurer une utilisation qui réponde aux buts affichés par l'institution ? Le terme Ior est l'acronyme d'Institut pour les Œuvres de Religion. S'il était possible de se fier aux mots, ils seraient en eux-mêmes une garantie.

XII
La divine chapelle

Quand on pénètre dans la chapelle Sixtine, on en reste ébloui. Je le dis sans la moindre volonté d'emphase, c'est une simple constatation. Un spectateur averti ne peut qu'être bouleversé par ces centaines de figures, le côté énigmatique de certaines scènes, l'impression de véracité qui se dégage des reliefs et des ornements architecturaux suggérés par la peinture, la maîtrise des proportions à une telle échelle, la scansion de cet espace immense, la majesté divine dédoublée, voire triplée, tantôt offerte, tantôt dissimulée au regard. Des centaines de visages et de corps, nus ou habillés, couchés par le pinceau de l'artiste sur la voûte ou sur les murs du *Jugement dernier* : le Ciel et la Terre sont sous nos yeux. Dire que cela n'a pas d'égal au monde est une évidence, mais pour comprendre jusqu'au bout une œuvre à tel point majestueuse, il faut aussi savoir comment ces figures sont nées, connaître les raisons – parfois malveillantes – qui ont facilité la commande de l'œuvre, et la manière dont Michel-Ange conçut ce travail et le mena à bien par un effort titanesque.

Commençons par la chapelle elle-même, qui fut érigée entre 1475 et 1481 à la demande de Sixte IV Della Rovere. Ses dimensions sont impressionnantes : quarante mètres sur treize pour le plan de base, et presque vingt et un mètres de hauteur. Dès l'achèvement de la construction, le pape convoque les artistes les plus célèbres des ateliers de Toscane et d'Ombrie – c'est-à-dire les meilleurs du monde de l'époque – pour qu'ils décorent les murs de fresques. Ainsi, Botticelli et Ghirlandaio, le Pérugin et Pinturicchio, Luca Signorelli et Piero di Cosimo se mettent au travail en créant le plus vaste cycle pictural de la fin du *Quattrocento*. Ces grands maîtres réalisent deux cycles de fresques dans la partie médiane des murs. Quand on regarde celui du *Jugement dernier*, on voit à gauche le récit de Moïse, à droite celui de la vie de Jésus, jusqu'à la Cène.

La voûte, selon la mode de l'époque, représente un ciel où le bleu est émaillé d'étoiles dorées.

Environ vingt ans plus tard, le pape Jules II Della Rovere – neveu de Sixte IV – décide d'intervenir sur la voûte. Sa volonté est de rénover avec magnificence cette construction imposante pour un faire un petit joyau. Afin de mettre à exécution son projet, il fait appel à Michel-Ange. Les relations entre ces deux très fortes personnalités ont déjà connu des hauts et des bas, des tensions et parfois même des altercations. L'artiste a eu vis-à-vis du souverain pontife une attitude que peu de gens se seraient permise, surtout avec un pape de la trempe de Jules II. Le maître est inquiet : il n'a plus aucune nouvelle d'une autre commande, que le pape lui avait confiée précédemment. En effet, Jules II lui avait demandé de bâtir, à l'intérieur de la basilique, un tombeau monumental orné de quarante statues : un projet grandiose et totalement inédit, auquel Michel-Ange tient énormément, car il conjugue de façon admirable sculpture et architecture.

Mais entre-temps, Jules II a malheureusement changé d'avis. Il est occupé par la construction de la nouvelle basilique Saint-

Pierre, confiée à Donato Bramante, et le tombeau n'est plus d'actualité ; en revanche, il veut qu'on rénove la chapelle de son prédécesseur Sixte IV. D'où le premier différend avec Michel-Ange. En 1508, l'artiste est à peine trentenaire, il est très célèbre, mais beaucoup plus pour ses sculptures en marbre (la *Pietà*, le *David*) que pour ses peintures. De plus, Bramante, peintre et architecte, envenime la situation en poussant le pape à choisir Michel-Ange pour ce travail, et cela pour des raisons diverses, notamment de rivalité entre les deux artistes. Entre autres, Bramante s'efforce de promouvoir son protégé, le prometteur Raphaël, qui n'a que vingt-cinq ans, originaire comme lui de la région des Marches et parent par alliance. Michel-Ange est dans l'embarras : s'il refuse la commande de la Sixtine, il encourt la colère du pape ; s'il l'accepte, il risque de fournir un travail pictural insatisfaisant sur une telle surface.

En réalité, l'idée de départ pour la fresque de la voûte n'était pas excessivement compliquée : le maître devait peindre les douze apôtres dans les pendentifs entre les lunettes. Michel-Ange finit par accepter la commande, mais à une condition : de peindre seulement ce qui lui semble le plus approprié, selon son propre programme. Il est difficile de saisir aujourd'hui la signification d'un geste aussi hardi. Ce jeune trentenaire refuse qu'on lui impose des règles et demande au pape – qui a le double de son âge et un fort tempérament – de peindre à sa guise et avec la plus grande liberté, dans un lieu sacré. Les artistes capables d'une telle audace ne sont pas nombreux dans l'histoire. Seul Ludwig van Beethoven, probablement, montrera une fermeté et une assurance comparables, parvenant souvent à imposer à ses commanditaires ce que son génie lui dicte. Il vit cependant au XIXe siècle et n'a pas affaire à un pape comme Jules II Della

Rovere, aussi dur et solide que le chêne[1] qui orne le blason de sa famille. Toujours est-il qu'à cette demande inouïe, le pape répond : « D'accord, j'accepte. »

Il s'agit alors d'organiser les travaux. Le maître lui-même conçoit un échafaudage spécial pour pouvoir s'installer, à portée de bras des murs et de la voûte. La structure est d'abord montée près de l'entrée, puis déplacée au fur et à mesure en direction de l'autel, de manière à permettre le déroulement des fonctions religieuses, même pendant les travaux. L'artiste n'a pas une grande expérience dans l'art de la fresque ; or, comme l'étymologie de son appellation l'indique[2], il s'agit d'une peinture à exécuter rapidement sur une couche de mortier frais, de manière à ce que la couleur pénètre l'enduit en profondeur. Ajoutons à son manque d'expérience, l'inévitable comparaison avec les peintures figurant sur les parties médianes des murs, réalisées par les plus grands artistes du siècle précédent. Au début, Michel-Ange s'adresse à ses assistants pour qu'ils recrutent à Florence une petite équipe de spécialistes capables de le seconder dans les étapes les plus techniques du travail. On compose ainsi une petite formation de sept assistants pleins de bonne volonté, dont certains sont célèbres, d'autres moins ou pas du tout, tous jeunes, expérimentés et dévoués à leur maître.

Mais, ça ne fonctionne pas. Pour des raisons que nous ignorons, mais que nous pouvons deviner, ces assistants, aussi compétents qu'ils soient, sont renvoyés à Florence. Voici ce qu'en écrit Vasari (*Vie de Michel-Ange*) :

> *« Mais le résultat très éloigné de ce qu'il souhaitait ne lui convenait pas, et il décida un matin d'abattre tout ce qu'ils avaient fait. Enfermé dans la chapelle,*

1. *Rovere* signifie « chêne » en italien.
2. Fresque vient de l'italien *fresco*, soit « frais » en français.

> *il refusa de leur ouvrir et ne leur permit même pas de le voir chez lui. La farce leur paraissant de trop longue durée, ils se résignèrent à repartir tout honteux pour Florence*[1]. »

Certains assistants restent malgré tout, ne serait-ce que pour soulager le maître dans les tâches les plus courantes : gâcher les enduits, préparer les couleurs, les mélanger, transporter, nettoyer et entretenir le matériel.

Les conditions de travail sont pour ainsi dire inhumaines. Pendant des heures, il faut rester le bras levé, le nez à quelques centimètres de la voûte, avec les inévitables coulures de peinture sur le visage : c'est une véritable torture. De plus, tout en travaillant à son œuvre, l'artiste doit répondre aux critiques malveillantes, se garder des adversaires, solliciter le pape pour qu'il paye ce qu'il lui doit, harcelé qui plus est par les requêtes de sa propre famille. Après avoir reçu une énième demande d'argent, Michel-Ange écrit à Buonarroto, l'aîné de ses quatre frères : « Je vous informe que je n'ai pas d'argent, je suis réduit quasiment en loques et mal chaussé, et je ne puis avoir mon solde avant d'avoir achevé mon œuvre. Je suis dans la gêne et souffre de fatigues extrêmes. » Puis à son père : « Je suis ici, malheureux et pas bien vaillant, sans guide et sans deniers. » Cependant, c'est au plus dissolu de ses frères, Gian Simone, que le maître adresse un jour ses reproches les plus véhéments :

> *« Depuis douze ans, j'ai voyagé dans toute l'Italie : supporté toute sorte de honte ; souffert toute*

1. Giorgio Vasari, *Les Vies des meilleurs peintres, sculpteurs et architectes*, tome 9. Traduction et édition commentée sous la direction d'André Chastel, Berger-Levrault, Paris, 1985.

sorte de gêne ; mon corps est rompu de fatigue ; j'ai exposé ma vie à mille dangers pour aider ma famille ; et maintenant que je commence à redresser un peu la situation, à toi seul tu veux gâcher et ruiner en une heure ce que j'ai fait en tant d'années et avec tant de peine : au nom du Christ, je ne te le permettrai pas ! Je suis prêt à en bousculer dix mille de ton espèce, s'il le faut ! »

Pendant que Michel-Ange travaille à la chapelle Sixtine, le jeune Raphaël entreprend les fresques des quatre *stanze* du deuxième étage du palais pontifical, où Jules II a élu domicile. Michel-Ange commence son œuvre au début du mois de mai 1508, son collègue d'Urbino débute la sienne à la fin de la même année. Les deux artistes ont un tempérament fort différent, et leur manière de peindre l'est tout autant ; il est donc très ardu de faire des comparaisons.

Deux épisodes parmi tant d'autres illustrent l'étrange atmosphère qui règne entre eux. Bramante possède un double des clés de la chapelle Sixtine. Profitant de l'absence de Michel-Ange, dans le plus grand secret, il y fait entrer son protégé Raphaël pour lui montrer les images en cours de création afin qu'il s'en instruise. En 1511, impatient de voir ne serait-ce que la partie achevée des fresques de la voûte, Jules II fait démonter les échafaudages ; c'est alors que Raphaël a l'audace de demander au souverain pontife de lui permettre de compléter les parties manquantes. Ascanio Condivi, biographe fidèle de Michel-Ange, écrit que le maître « en fut très troublé et se présentant au pape Jules II, il regretta l'injure que Bramante lui avait faite. En sa présence, il s'en plaignit auprès du pape, en lui révélant toutes les persécutions qu'il avait subies de la part de son rival ». Le pape se montre sage et bon juge, car « dès qu'il eût entendu ces malheurs, il voulut que Michel-Ange poursuive son travail, en lui accordant autant de faveurs qu'il pût ».

Sur le plan humain, Raphaël n'est pas aussi angélique que pourrait le laisser supposer l'harmonie céleste de ses œuvres. Giovan Paolo Lomazzo, peintre et chroniqueur du XVIe siècle, raconte par exemple l'épisode suivant : « Raphaël, en compagnie de ses disciples, rencontra Michel-Ange qui lui dit : "Où vas-tu, entouré de la sorte comme un prévôt ?" Et l'autre de lui répondre : "Et vous, seul comme un bourreau ?" » Il n'en demeure pas moins qu'en ces années et avec une même ardeur, les deux artistes créent, à quelques mètres de distance l'un de l'autre, leurs plus grands chefs-d'œuvre, constituant là l'un des fleurons du patrimoine occidental.

Entièrement absorbé par cette tâche harassante, seul, sans amis (comme il l'écrit dans un courrier : « Je n'ai pas d'amis et je n'en veux pas »), Michel-Ange, qu'il gèle ou que la chaleur l'étouffe, grimpe chaque matin sur son échafaudage et reprend son œuvre. Cette longue peine lui donnera d'irréversibles problèmes de vue. Le fidèle Condivi en fait état :

> *« Après avoir si longtemps gardé les yeux levés vers la voûte, plus tard, Michel-Ange voyait peu s'il regardait en bas ; tant et si bien que s'il devait lire une lettre ou toute autre chose de petite taille, il lui fallait avec les bras la garder levée au-dessus de sa tête. »*

On s'est souvent demandé si le maître reçut aide et conseil dans la conception du récit – voire de la théologie – de la voûte. Certains historiens estiment que, vraisemblablement, ce programme iconographique complexe a bénéficié des lumières d'un chercheur, grand connaisseur en la matière, dont on pourrait même retrouver le nom. Quoi qu'il en soit, nous savons comment il a procédé. Les grands artistes du *Quattrocento* qui avaient peint la vie de Moïse et celle de Jésus avaient scandé la chronologie du récit en partant de l'autel. De la même manière, les histoires de Michel-Ange commencent à partir de l'autel avec la création du monde pour arriver, en neuf tableaux, à la scène énigmatique de l'ivresse de Noé. Nous savons cependant que le maître entreprit ses travaux depuis l'entrée, c'est-à-dire dans le sens contraire de la chronologie. On en déduit que, depuis le début, il savait ce qu'il allait représenter quarante mètres plus loin. Un spectateur attentif remarquera, d'ailleurs, que les personnages se font de plus en plus imposants et gagnent en expressivité au fur et à mesure que l'on avance, comme si leur créateur était de plus en plus sûr de son immense énergie.

Sur les murs de part et d'autre, il peint une structure architecturale qui sert de cadre aux scènes et aux personnages. Les ancêtres du Christ figurent dans les lunettes et les voussures, selon la liste qu'en dresse Matthieu au début de son Evangile, jusqu'à Matthan, grand-père de Joseph et donc arrière-grand-père de Jésus. Les personnages de plus grande taille sont nantis d'un cartouche qui en indique le nom. A l'endroit qui à l'origine devait être réservé aux douze apôtres, on trouve sept prophètes et cinq sibylles, des hommes et des femmes, des Juifs et des gentils. Ils représentent les Voyants, ceux qui selon la Vulgate[1] avaient annoncé la venue du messie.

Parmi les sibylles, celle de Cumes est la plus impressionnante avec son dur visage de vieillarde et son puissant bras d'athlète au premier plan. Sa figure est troublante et rappelle de

1. Version latine de la Bible adoptée par le concile de Trente en 1546 comme version officielle de l'Eglise catholique.

vagues échos du paganisme. La plus séduisante est la sibylle de Delphes (« *Delphica* », comme l'indique le cartouche) : une jeune femme au visage harmonieux éclairé par l'expressivité d'un regard intense et comme perdu, presque enfantin. Pour rythmer les tableaux de la voûte, l'artiste a placé dix couples de jeunes athlètes en différentes postures, portant des couronnes de feuilles de chêne, en hommage au pape Della Rovere : ce sont les célèbres « *Ignudi* » (« Nus »). Quant aux nombreux autres personnages et motifs introduits par l'artiste dans la chapelle, j'invite le lecteur à consulter la bibliographie sans fin qui traite de ce chef-d'œuvre.

La voûte est, bien entendu, la partie la plus importante de l'œuvre : elle se partage en neuf tableaux, quatre grands et cinq plus petits. Deux scènes sont particulièrement dramatiques et doivent vraisemblablement à cela leur grande popularité. Dans celle intitulée *Dieu créant le Soleil, la Lune et la Terre*, l'Eternel est représenté deux fois : à droite, il place le Soleil dans le firmament dans une attitude à la fois majestueuse et sévère, et à gauche, il tourne le dos aux spectateurs et s'apprête à disparaître dans l'insondable espace infini.

La deuxième scène est plus célèbre encore : *La Création d'Adam*. Le jeune homme à l'air vague est à moitié couché, et la clarté de ses membres se dessine sur le flanc vert bleuté d'une colline. Dieu s'approche de lui accompagné d'un cortège d'anges, dans un drapé aux teintes violacées gonflé par un souffle de vent : le bras divin est tendu, son index pointé est sur le point d'effleurer le doigt d'Adam pour lui insuffler l'âme et la vie. Mais les deux mains ne se touchent pas, l'image fige l'instant qui précède l'accomplissement du geste. Par une intuition géniale, l'artiste laisse à chacun le libre choix de compléter l'action. Ces images deviendront le symbole même de l'art de la Renaissance, sorte de synthèse d'humain et de divin, de la Bible des Hébreux et de l'enseignement néoplatonicien.

Les deux côtés les plus courts de la voûte sont occupés par Zacharie (au-dessus de l'entrée) et par Jonas (au-dessus de l'autel). Selon de nombreux critiques d'art, la comparaison de ces deux personnages illustre de manière exemplaire l'évolution du style de l'artiste. Zacharie est assis, absorbé dans la lecture d'un livre. Les proportions ne sont pas parfaites : malgré sa longue barbe, il apparaît clairement que la tête est trop petite par rapport au corps, lequel, du coup, semble comme dilaté à cause notamment du vaste drapé. Jonas, lui, est gigantesque. C'est la figure la plus grande de l'œuvre tout entière qui dépasse même la structure architecturale censée le contenir : ses jambes sont comme suspendues dans le vide, tandis que l'audacieuse contorsion du buste exprime sa révolte. A gauche du tableau, on aperçoit, sournoise – et un peu approximative sur le plan zoologique –, la fameuse baleine qui l'engloutit. Dans un texte de 1926, le critique Adolfo Venturi décrit la scène de la manière suivante : « Une statue en ronde-bosse qui semble s'arracher brusquement de la paroi, une prodigieuse sculpture peinte. »

On s'est demandé plusieurs fois pourquoi Jonas est si grand et ainsi placé à l'aplomb de l'autel, c'est-à-dire à l'endroit même où dans le projet initial devait figurer saint Pierre. Et aussi pourquoi il est représenté dans cette contorsion puissante, avec une expression du visage aussi anxieuse.

La réponse est à chercher dans la curieuse histoire de ce personnage où se mêlent la foi et la rébellion. Jonas, en effet, tout en faisant partie des prophètes mineurs de la Bible, s'illustre par sa personnalité singulière : envoyé par Dieu prêcher auprès des gentils, c'est-à-dire les païens, il se rebelle, car il trouve sa tâche ingrate. Il va jusqu'à embarquer pour échapper à sa mission. Mais Dieu déchaîne une tempête qui manque de provoquer le naufrage du vaisseau. Jonas s'efforce alors d'épargner à ses compagnons de voyage une punition qui le concerne seul, et leur demande de le jeter à l'eau, où il est aussitôt englouti par la baleine. Dans le ventre du monstre, Jonas prie Dieu en jurant qu'il accomplira la mission qui lui a été confiée. Trois jours plus tard, l'énorme animal recrache sur une plage le prophète indemne. Après quelques autres événements, l'histoire s'achève quand Jonas parvient à convaincre les païens de se repentir.

De nos jours, seuls les spécialistes connaissent ce prophète, mais autrefois son histoire était souvent rappelée, pour deux raisons principales. La première est cette sorte de résurrection, après trois jours, du tombeau que représente le ventre de la baleine. Comme l'écrit Matthieu (12, 38-40), nous sommes ici très proches de la résurrection de Jésus :

> *« Alors quelques-uns des scribes et des Pharisiens prirent la parole et dirent : "Maître, nous voudrions voir un signe de vous". Il leur répondit : "Une génération mauvaise et adultère réclame un signe : il ne lui sera donné d'autre signe que celui du prophète Jonas. Car de même que Jonas fut trois jours et trois nuits dans le ventre de la baleine, ainsi le Fils de l'homme sera dans le sein de la terre trois jours et trois nuits." »*

La deuxième raison est tout aussi importante et concerne l'illumination du prophète sur la miséricorde divine, après sa rébellion initiale. Sa légende contient en effet les notions du péché et du repentir, couronnées toutes deux par la compréhension de l'autorité d'un Dieu qui connaît le cœur des hommes et sait pardonner. Le message de Jonas dans la chapelle Sixtine évoque le *potestas clavium* (« le pouvoir des clés »), par lequel l'évêque de Rome, comme Jonas, appelle le monde au repentir.

Cette note nous renvoie à une autre illustration de la chapelle que nous devons non pas à Michel-Ange, mais au Pérugin, la *Remise des clés*, et qui fait partie du cycle de fresques précédent, celui du *Quattrocento*. La scène montre le Christ en train de remettre solennellement les clés des deux royaumes à Pierre, agenouillé devant lui. L'image picturale atteste donc de l'origine divine du pouvoir que Pierre a transmis à ses successeurs les papes. Dans l'actuel compendium du catéchisme catholique, on peut lire ce qui suit : « Depuis les Apôtres, le dépôt de la foi est confié à l'ensemble de l'Eglise. [...] L'interprétation authentique du dépôt de la foi appartient au seul Magistère vivant de l'Eglise, c'est-à-dire au successeur de Pierre, l'Evêque de Rome, et aux Evêques en communion avec lui. » La scène renvoie donc à la fonction que la Sixtine a désormais endossée de manière durable : être le siège électoral – si je puis m'exprimer ainsi – de la plus haute charge du catholicisme.

Compte tenu de cette fonction, la chapelle, rendue divine par tant de chefs-d'œuvre, redevient humaine – même trop, pourrait-on dire –, car le pape, comme tout autre puissant de la Terre, a besoin, pour être élu, de la médiation et des compromis nécessaires à l'obtention d'un consensus. Autrefois, on ajoutait à cette règle la férocité que les temps autorisaient, que l'ampleur de la corruption permettait et que l'importance de l'enjeu rendait inéluctable.

De ce point de vue, l'histoire de Marozie est exemplaire : cette femme, peu avant l'an mille, fut, quelques décennies durant, la véritable « patronne » de la papauté. Son histoire est empreinte de la fascination la plus noire et rend compte, comme peu d'autres, de l'esprit de l'époque. Maria, dite Mariozza, puis Marozie, naît vers l'an 890 de Théodora, ex-prostituée, et de Théophylacte, sénateur romain d'origine germanique. On dit qu'elle est très belle, mais surtout qu'elle connaît à merveille l'art de tirer profit de sa beauté.

Sa mère, Théodora, analphabète, mais très vive d'esprit, a été la maîtresse du pape Jean X. Marozie fait encore mieux que sa mère : bien qu'elle soit analphabète aussi, elle parvient à dominer la vie romaine pendant au moins vingt ans, dictant l'élection de trois papes : Léon VI, Etienne VII, Jean XI. Dans son *Histoire de la ville de Rome au Moyen Age* (1859-1872), Ferdinand Gregorovius décrit les deux femmes dans ces termes : « Il ne faut pas voir en Théodora et Marozie deux nouvelles Messalines, mais seulement deux femmes ambitieuses, très perspicaces et courageuses, avides de pouvoir et de plaisirs. » Et qu'elles soient avides et perspicaces, cela ne fait pas le moindre doute. Elles sont, de surcroît, d'extraordinaires manipulatrices, la fille encore plus que la mère.

A peine âgée de quinze ans, Marozie est déjà la concubine du pape Serge III, qui par ailleurs est son cousin ; une relation vécue au vu et au su de tout le monde dans une ville où la corruption de la papauté n'est que le reflet de ce qui se passe chez tous ceux qui peuvent se permettre des excès similaires. En 910, Marozie donne un fils au pape : il s'appelle Jean et accédera, lui aussi, au trône pontifical sous le nom de Jean XI. On dit que, peu de temps après, lasse de sa relation avec Serge III, Marozie le fait tuer ; notons au passage que ce pape ne s'est illustré que pour la terrible décadence dans laquelle il entraîne l'Eglise. C'est avec son règne que selon Liutprand, historien et évêque de Crémone, commence l'époque de la « pornocratie », c'est-à-dire le gouvernement des courtisanes.

Marozie se marie trois fois. En premières noces, elle épouse Albéric Ier duc de Spolète, à qui elle donnera un fils, Albéric II, dont nous aurons l'occasion de reparler. A la mort de son mari (au combat, semble-t-il), la jeune femme épouse le marquis Guy de Toscane, farouche opposant du pape Jean X, que Marozie parvient à détrôner ; le malheureux souverain pontife meurt étranglé peu de temps après. En 931, la redoutable Marozie fait élire à la chaire de Pierre son propre fils Jean, qui n'a que vingt et un ans, un tempérament fragile et un terrible manque d'expérience pour une telle charge. En effet, c'est la mère qui gouverne à sa place, et cette omniprésence féminine à ses côtés pourrait être à l'origine de la légende de la « papesse Jeanne » : une femme qui, habillée en homme, aurait gouverné l'Eglise romaine pendant un certain temps. Gregorovius écrit : « Jean XI était le fils de cette Romaine de mauvaise réputation qui se faisait appeler *senatrix omnium romanorum* si ce n'est *patricia* ; elle était de fait la patronne temporelle de la ville et donnait à qui bon lui semblait le trône apostolique. On disait que le nouveau pape était le fils de Serge III, mais cela reste incertain. »

En 932, Marozie convole en « justes noces » pour la troisième fois ; cette fois, elle jette son dévolu sur Hugues d'Arles, devenu roi d'Italie, que Gregorovius décrit ainsi :

> *« Perfide et maître dans l'art des intrigues, avide et dissolu, audacieux et sans scrupule, visant seulement à étendre son royaume d'Italie, fût-ce au prix d'employer les moyens les plus vils, Hugues d'Arles était le plus parfait représentant de son*

temps […] S'il nous était permis de nous attarder sur des faits étrangers à l'histoire de Rome, nous aurions vu Hugues vendre les évêchés et les abbayes d'Italie ou les accorder à ses protégés de manière effrontée, donner libre cours à son moindre désir et bafouer le droit[1]. »

Sachant que la personnalité de Marozie illustre tout aussi bien l'esprit de l'époque, on peut dire sans crainte de se tromper que tous deux formaient un couple parfaitement assorti et dans l'air du temps.

Un simple épisode relatif à leurs noces suffit à révéler l'ampleur de l'ambition d'Hugues d'Arles. Celui-ci n'est autre que le propre frère de Guy de Toscane, deuxième mari de Marozie, par conséquent, il ne pouvait pas l'épouser, car le mariage entre membres d'une même famille est considéré comme incestueux. Afin de détourner cet obstacle, Hugues n'hésite pas à accuser sa mère de l'avoir eu hors mariage, ce qui ne fait de lui que le demi-frère de Guy. Satisfaite d'avoir atteint le pouvoir de la tiare papale, mais pas encore rassasiée, Marozie demande au pape son fils de proclamer Hugues empereur : « Elle se voyait déjà resplendissante dans la pourpre d'impératrice, car son fils, Jean XI, ne pouvait lui refuser de couronner son futur beau-père, qui était déjà roi d'Italie. » Elle aurait sans doute, encore une fois, atteint son but – car elle manipulait Jean comme le sculpteur malaxe l'argile entre ses mains – si elle n'avait pas rencontré l'opposition de son deuxième fils, Albéric II, qui se charge de chasser Hugues, de faire arrêter sa mère et d'enfermer Jean XI dans le palais pontifical.

1. Librement traduit à partir de la version italienne par Maria Grazzini.

L'histoire de Marozie s'achève pratiquement ici, mais pour finir, j'ajoute une dernière touche à l'atmosphère sinistre de ces années, avec un autre épisode parfaitement éloquent de cette bien nommée « pornocratie ». Marozie, désormais sexagénaire, termine ses jours emprisonnée dans la forteresse de Castel Sant'Angelo. Là, elle apprend que le nouveau pape Jean XII n'est autre qu'Octavien, dix-huit ans, fils d'Albéric II comte de Tusculum, et donc son propre petit-fils. Le jeune homme est totalement inadapté à sa charge et donnera une image de lui exécrable. Le cardinal Bellarmin dit à son propos : « *Fuerit fieri omnium deterrimus* », « ce fut le plus mauvais de tous les papes ».

La liste de ses crimes est sans fin : on dit même qu'il inventa de « nouveaux » péchés inconnus jusqu'alors, exemple extrême de cette « *Roma deplorabilis* » contre laquelle Luther lancera ses foudres quelques siècles plus tard. Dans le palais du Latran, Jean XII entretient un harem de jeunes filles et de jeunes hommes prêts à satisfaire son moindre désir, dilapide au jeu les dons des pèlerins, nourrit ses deux mille chevaux – un nombre sans doute exagéré par la légende – d'amandes et de figues trempées dans le vin.

L'empereur Othon de Saxe adresse à Octavien une lettre de rudes reproches : « Tout le monde, religieux et laïques, accuse Sa Sainteté d'homicide, de parjure, de sacrilège, d'inceste avec les membres de Sa famille, y compris avec deux de Ses propres sœurs, et d'avoir invoqué Jupiter, Vénus et autres démons, comme un vrai païen. » A l'instar des empereurs romains de la décadence, Jean XII meurt très jeune, à vingt-sept ans à peine : un mari jaloux le jette par la fenêtre après l'avoir surpris en flagrant délit au lit avec sa femme, une dénommée Stefanetta dont on ne sait pas grand-chose de plus. On l'enterre en Saint-Jean du Latran.

Les années précédentes avaient été le théâtre d'un épisode que peu connaissent, mais qui est très révélateur de l'atmosphère ambiante. Après sa mort, le pape Formose (891-896), qui avait été mêlé à plusieurs querelles, fut exhumé de sa tombe à la demande de son successeur Etienne VI. Le corps, vêtu des parements pontificaux et assis sur le trône, fut soumis à un procès qui constitua une des farces judiciaires les plus macabres de l'histoire. Déclaré coupable sous un prétexte fallacieux, il fut condamné pour l'éternité, on lui coupa les doigts avec lesquels il avait béni le peuple, et son cadavre fut jeté dans le fleuve. Mais en particulier – et c'est surtout à cela que la lugubre mise en scène devait servir –, tous ses actes officiels, nominations, ordinations, etc. furent déclarés nuls et non avenus. Le sort d'Etienne VI ne fut guère plus heureux. Quelques mois après, suite à un soulèvement populaire, il fut jeté en prison pour y être aussitôt étranglé (897).

Malgré tout et bien que très lentement, l'Eglise de Rome a tout de même réussi à se doter d'une procédure précise pour l'élection de son chef, un ensemble de règles qui ont été étudiées et mises à l'épreuve pour éviter au maximum les manœuvres les plus manifestement arbitraires.

Il faut savoir que la chaire de Pierre fut longtemps sujette aux calculs de pouvoir de l'empereur, voire à ses caprices, tandis que le « peuple » – qui au départ avait voix au chapitre, ne serait-ce qu'en raison de la pression du nombre – était progressivement mis de côté. La réforme que le pape Nicolas II réussit à mettre en œuvre au cours de son très bref pontificat (1059-1061) fut une des plus importantes : elle limitait le droit de vote aux seuls cardinaux-évêques romains. Les autres cardinaux, le clergé et le peuple ne pouvaient s'exprimer que dans un deuxième temps, une fois le résultat proclamé, et par conséquent leur vote n'était plus déterminant. De nos jours, une telle réforme serait très mal vue, mais à l'époque elle était en quelque sorte nécessaire pour assurer à l'Eglise une plus grande liberté vis-à-vis des ingérences laïques qui posaient un véritable problème : celui de se libérer pas tant de l'influence du peuple – aussi facile à manipuler à l'époque que de nos jours – que de celle des véritables décisionnaires et hommes de pouvoir, le premier d'entre eux étant bien sûr l'empereur.

Les luttes entre la papauté et l'Empire ont longuement occupé les historiens et rempli les chroniques de leur temps. Le conflit s'exacerbait tout particulièrement quand deux grandes personnalités s'affrontaient, comme ce fut le cas de l'empereur allemand Henri IV et de Grégoire VII, le célèbre Hildebrand de Soane, passé brusquement du grade d'archidiacre à celui de pape. En 1073, Grégoire est élu de manière très irrégulière, après avoir été imposé par une partie de la hiérarchie et acclamé par le peuple rassemblé devant la basilique Saint-Pierre-aux-Liens.

Hildebrand a une très haute estime et de sa charge et de lui-même : il soutient que chaque pape, une fois investi de ses pouvoirs, devient saint de ce fait même ; à l'inverse, la charge impériale suffit à rendre mauvais même un homme potentiellement bon. Il affirme aussi que si le pape a la faculté de juger tout le monde, personne ne peut le juger ; par conséquent, il se réserve exclusivement le pouvoir de nommer les évêques, comme celui de déposer l'empereur lui-même. Il n'y a là rien de fondamentalement nouveau. Ce qui est nouveau, en revanche, c'est la détermination avec laquelle de tels pouvoirs absolus sont revendiqués. Grégoire semble considérer l'Europe tout entière comme un ensemble de fiefs à son service.

Parallèlement, il travaille à remettre de l'ordre au sein même de l'Eglise, en se dressant contre la simonie – le commerce des biens ecclésiastiques, qui est un mal très répandu – et contre le mariage des prêtres. A titre d'exemple, il suspend tous les évêques qui, contre de l'argent, ont accordé le droit de concubinage au clergé. Grégoire n'hésite pas à lancer ses foudres contre l'empereur Henri IV lui-même, qui a eu l'outrecuidance de nommer des évêques et des abbés. C'est un geste parfaitement cohérent par rapport à ses déclarations précédentes, mais qui a la particularité de déclencher la fameuse querelle des Investitures, qui verra les deux protagonistes s'affronter dans un duel sans répit des années durant, avec quantité de gestes et épisodes hautement dramatiques.

Le pape excommunie Henri IV, qui riposte en déclarant le souverain pontife déchu de ses fonctions. Cependant, compte tenu de la réaction négative de certains de ses vassaux, en 1077 l'empereur se rend à Canossa chez la comtesse Mathilde, où se trouve le pape. Comme nous l'avons déjà vu dans l'un des chapitres précédents, Grégoire le fait attendre trois jours durant dans le froid glacial de l'hiver des Apennins, avant de l'accepter de nouveau dans la communauté des fidèles. L'empereur est à genoux, le pape lui a fait éprouver l'âpreté de la défaite suffisamment longtemps pour qu'il ne l'oublie pas de sitôt. Mais la suite ne se passera pas exactement comme on pourrait l'imaginer.

Henri IV ne lui pardonnera jamais l'humiliation subie. Après être rentré en Allemagne et avoir réaffirmé son autorité, il fait plier les vassaux rebelles et prétend que le pape dépose l'un de ses rivaux. Grégoire refuse : pis encore, il excommunie l'empereur une deuxième fois. Henri IV refuse de lui obéir et désigne un nouveau pape, Wibert ou Guibert de Ravenne, lequel, après avoir déposé le pape en charge prend le nom de Clément III. Grégoire essaie de réagir, mais l'empereur semble jouir à nouveau de soutiens suffisants pour que le pape destitué soit contraint de se retirer dans la forteresse de Castel Sant'Angelo.

En 1084, Henri IV parvient enfin à pénétrer dans Rome, et le jour de Pâques « son » pape procède au sacre impérial. La situation semble désormais perdue pour Grégoire, qui, dans un geste désespéré, appelle en renfort l'armée de Normands guidée par Robert de Hauteville, dit Robert Guiscard, dit aussi l'Avisé, qui se trouve dans le midi de l'Italie. Les Normands conquièrent Rome, Henri prend la fuite, le pape est libéré. Les Romains connaissent à cette occasion l'un des sacs les plus cruels et dévastateurs de l'histoire de la ville. Quand la Réforme luthérienne commencera à se propager, cinq siècles après cet épisode dramatique, les protestants évoquent encore ces journées tragiques en les résumant ainsi : « Grégoire Ier sauva Rome des Lombards, Grégoire VII la laissa détruire par les Normands. » Hildebrand, pape politique s'il en est, voire homme politique par excellence et des plus grands, privilégie son salut et celui de son propre siège sur bien de la ville. Ses concitoyens ne le lui pardonneront jamais, tant et si bien qu'une fois le saccage achevé, il est contraint de quitter Rome avec Robert Guiscard. L'année suivante, il meurt septuagénaire à Salerne, en déclamant à sa décharge les versets du psaume : « *Dilexi justitiam, odivi iniquitatem, propterea morior in exilio*[1]. » Sa réforme, cependant, lui a survécu presque jusqu'à nos jours. Un court passage de l'*Histoire de la ville de Rome au Moyen Age* de

1. « J'ai aimé la justice, haï l'injustice, c'est pourquoi je meurs en exil. »

Gregorovius brosse un portrait d'une clarté remarquable de ce pape et de son pontificat tragique :

> « *La dévastation de Rome est un déshonneur plus grand dans le règne de Grégoire que dans celui de Robert Guiscard ; la Némésis avait contraint le pape, qui essaie de s'y soustraire avec horreur, à contempler Rome en flammes. Dans Rome qui brûle (et par sa faute), Grégoire n'est-il pas l'homme terrible du fatum, à l'instar de Napoléon qui galope serein sur les champs de bataille gorgés de sang ? C'est le parfait opposé de saint Léon Ier le Grand qui sauve la ville de la furie d'Attila et en adoucit le destin face au terrible Genséric. Pas un seul de ses contemporains n'affirme que Grégoire a essayé ne serait-ce que de sauver Rome du sac ou versé une larme de compassion sur son sort. Qu'était, pour cet homme du destin, la ville quasi détruite comparée à l'idée à laquelle il sacrifiait la paix dans le monde*[1] ? »

Après la bulle de Nicolas II, la réforme suivante est l'œuvre du pape Alexandre III, à l'issue du schisme qui dure presque vingt ans. Le but principal de ces mesures est de donner au vote un cadre rigoureux, de manière à émousser les intérêts individuels et ceux des différents courants. Le titre même donné à cette constitution (*Licet de vitanda discordia*, 1179[2]) est révélateur de son intention. Concrètement, il s'agit d'accorder à tous les cardinaux – et à eux seuls – le droit de siéger en conclave.

---

1. Librement traduit de la version italienne par Maria Grazzini.
2. « Veto d'exclusion en matière d'élection pontificale » dans la curie romaine.

De plus, il préconise que pour être élu, il faut obtenir au moins deux tiers des voix :

> « *Puisque l'ennemi n'a de cesse de semer la zizanie, à défaut de l'unanimité des cardinaux sur le choix du souverain pontife – bien que deux tiers d'entre eux soient d'accord, si le tiers restant ne veut pas se résoudre à l'accepter ou prétend en élire un autre – nous décrétons que l'on considère Pontife Romain, celui qui a été élu et reconnu par deux tiers des votants. Si quelqu'un s'arroge le titre de pape en s'appuyant sur la nomination du tiers restant, comme tous ceux qui le reconnaîtraient en tant que tel, qu'ils soient excommuniés.* »

La règle, particulièrement importante dans la mesure où elle est adoptée par un concile œcuménique, exclut toute éventuelle influence des évêques dans la lutte pour la succession au trône. Sous le guide suprême du pape, le collège des cardinaux devient ainsi le seul autorisé à fixer et faire appliquer les directives de l'Eglise, tant dans les affaires spirituelles que dans celles plus proprement politiques, et ce pendant près de huit siècles, soit jusqu'à Jean-Paul II. Alexandre III donne en effet un grand coup d'accélérateur à l'organisation « monarchique » de l'Eglise. Comme le remarque à juste titre le vaticaniste Giancarlo Zizola dans son ouvrage consacré aux conclaves – *Il conclave : l'elezione papale da san Pietro a Giovanni Paolo II*, (« Le conclave : l'élection papale de saint Pierre à Jean-Paul II ») –, « le rappel aux fondements apostolique et communautaire de l'autorité de l'Eglise devient de plus en plus aléatoire et majoritairement rhétorique ».

Par la suite, on verra s'affirmer la doctrine selon laquelle si le pape – et roi – est le successeur de Pierre, les cardinaux, princes de l'Eglise, sont les héritiers des apôtres et les représentants de ces hommes qui accompagnaient Jésus aux origines du christianisme.

Notons cependant que la règle de la majorité n'empêche pas, quelques décennies durant, ni que l'on continue à élire des papes et des antipapes farouchement hostiles les uns aux autres, ni que le peuple romain – sans légitimité, désormais – continue à manifester bruyamment sa préférence pour l'un ou l'autre des candidats, parfois poussé par une simple sympathie personnelle, parfois sous l'influence des plus puissantes familles romaines.

Vers la moitié du XIIIe siècle, le pape Innocent IV (Sinibaldo Fieschi) instaure des normes électorales qui précisent davantage les différents rôles : dans son système, le pape, source de toute légitimité spirituelle et terrestre, se trouve au cœur de la juridiction et il est entouré d'une cour de cardinaux qui jouissent, eux aussi, de privilèges et de pouvoirs très vastes. Ce type de fonctionnement fait de tout autre régnant le subalterne de l'autorité pontificale. Avec ce pape, la chrétienté devient un véritable régime doté d'outils de persuasion adéquats – allant de l'excommunication à la torture – qui sont savamment dosés selon les « adversaires » : hérétiques, Juifs ou monarques refusant l'obéissance. Par sa bulle *Ad extirpanda*, Innocent IV accorde à l'Inquisition le droit de recourir à la torture « si nécessaire ».

Mais il faudra encore beaucoup de temps et des médiations ardues avant de parvenir à un processus électoral suffisamment stable. Le conclave – à entendre au sens étymologique du terme : *cum clave*, « sous clé » – naît dans les siècles du haut Moyen Age. Comme le note Zizola, cette réclusion temporaire des princes de l'Eglise ressemble, au départ, « à une revanche violente, aux vagues allures de chantage, du droit populaire perdu. Le peuple a été exclu de l'élection et il met sous clé les cardinaux qui lui ont volé ce droit ».

Cependant, en dépit de toutes ces précautions et garanties, et compte tenu de l'importance des intérêts en jeu, l'élection du souverain pontife ne sera jamais ni simple, ni parfaitement pacifique. On trouve un exemple éclatant de ces difficultés à la mort de Clément IV (Guy Foulques) en 1268 : il ne fallut pas moins de trois ans pour s'accorder sur son successeur. Réunis dans le palais pontifical de Viterbe, les dix-huit cardinaux, partagés en factions soutenues par tel ou tel souverain européen, ne parvenaient pas à se mettre d'accord sur un candidat.

Face à une telle lenteur, les habitants de la ville commencèrent d'abord par jaser, puis finirent par emmurer les cardinaux dans le palais tout en démolissant la toiture. A travers cette ouverture béante qui exposait les électeurs aux intempéries, on faisant descendre leur nourriture : du pain et de l'eau, et rien de plus. Ce régime sévère finit par conduire à un accord. En septembre 1271, un archidiacre quasi inconnu de la ville de Plaisance, Tebaldo Visconti, fut élu pape sous le nom de Grégoire X. Les trois longues années de négociations n'avaient pas été le fruit exclusif des intrigues tissées par les princes de l'Eglise ou de leurs intérêts conflictuels ; cette très longue attente était due aussi aux avantages que chaque cardinal parvenait à gagner pendant la vacance du trône.

Or, Tebaldo Visconti étant un simple archidiacre, on dut d'abord le nommer prêtre à la hâte, puis cardinal, avant qu'il puisse accéder à la chaire de Pierre. Dès son élection, il montra qu'il avait à cœur la légitimité de cette haute charge et s'empressa d'instaurer une nouvelle constitution, *Ubi periculum* (1274), qui établissait des règles encore plus strictes pour le conclave, allant jusqu'à préciser le régime alimentaire des votants. Apparemment, le régime au pain et à l'eau de Viterbe s'était montré efficace. Grégoire en reprit le principe, en déclarant qu'au bout de trois jours de débat, « les cinq jours suivants, au déjeuner comme au dîner, les cardinaux devront se contenter d'un seul plat. Une fois ce délai passé, à défaut d'avoir trouvé un candidat, qu'on ne leur donne que du pain, du vin et de l'eau, jusqu'au moment de l'élection ».

Quant aux privilèges qui découlaient de la vacance du siège pontifical, ils furent, eux aussi, « mis au régime », pour ainsi dire : pendant la durée du conclave, tout privilège était suspendu. Les résultats de l'initiative furent positifs, mais éphémères. Très vite, les conflits d'intérêt et la soif de pouvoir refirent surface en dépit des règles établies. A la mort de Nicolas IV (Girolamo Masci) en 1292, le trône resta vacant pendant plus de deux ans, c'est-à-dire jusqu'à l'élection du pieux ermite Pietro da Morrone, un saint homme qui vivait de prières dans une grotte du massif de la Majella et qui devint pape à quatre-vingts ans. Sous le nom de Célestin V, il fut à la tête d'un des pontificats les plus brefs de l'histoire avec celui d'Albino Luciani au XXe siècle.

A l'instar de Jean-Paul Ier, Célestin V était un homme simple, plus enclin à la piété qu'aux intrigues, et donc parfaitement inadapté au gouvernement de cette complexe machine de pouvoir que l'Eglise était devenue. Jean-Paul Ier a régné trente-trois jours, Célestin V cinq mois. Ensuite, face à un consistoire expressément convoqué, il abdiqua. Dans son *De vita solitaria*, Pétrarque vante son humilité ; Dante, au contraire, dans le IIIe chant de *L'Enfer* de sa *Divine Comédie*, le place parmi les Indolents, l'accablant d'un jugement sévère : « Après que j'en eus reconnu quelques-uns, / je vis et reconnus l'ombre de celui-là / qui fit par lâcheté le grand refus[1]. »

En réalité, celui qui avait œuvré en faveur du « grand refus » était le cardinal Benedetto Caetani, un homme aux ambitions démesurées, qui, ce faisant, s'assura la succession au trône. Il régna sous le nom de Boniface VIII et commença par enfermer Célestin dans un château. Le malheureux ermite aurait bien aimé retrouver sa grotte et ses prières, mais Boniface craignait qu'un homme si naïf puisse être instrumentalisé par ses opposants, provoquant peut-être un schisme. Il préférait donc le garder sous clé les années qui lui restaient à vivre. Il le fit vraisemblablement assassiner.

Le mode électoral s'est donc dessiné au fil des siècles, non sans difficulté et avec quantité de contradictions et de suspicions ; en effet, presque chaque pape l'a modifié une fois parvenu à la chaire de Pierre, même à des époques très récentes, comme nous le verrons bientôt. Toujours est-il qu'à mesure que l'Eglise augmentait ses visées temporelles, devenant un royaume parmi d'autres royaumes, elle s'éloignait de l'esprit évangélique du premier christianisme : ses besoins financiers grandissaient et s'alourdissait le fardeau de ce pouvoir de plus en plus étendu.

Boniface VIII est l'« inventeur » – si l'on peut dire – du jubilé, ou année sainte. Le premier de ces événements fut célébré en l'an 1300 sous son pontificat. Aux pèlerins qui se rendraient à Rome à cette occasion, on promettait le pardon de tous les péchés, sorte d'amnistie appliquée non aux peines du corps, mais à celles de l'âme. La réponse fut énorme.

Boniface VIII voulut voir en cette immense affluence de pèle-

1. Traduction de Jacqueline Risset.

rins le signe de son succès personnel : il en retira des entrées suffisantes pour renflouer les caisses vaticanes, mais aussi et surtout un sentiment de pouvoir démesuré. Deux ans plus tard, il fut l'auteur d'une bulle destinée à devenir célèbre, *Unam sanctam*, par laquelle il fondait le régime théocratique de la papauté : il n'existe qu'une seule et unique Eglise, affirmait le document, et point de salut en dehors d'elle. Son chef est le Christ, qui œuvre à travers le pape, son représentant sur Terre ; l'Eglise exerce directement le pouvoir spirituel, tandis qu'elle délègue au prince le pouvoir temporel, à condition que le régnant l'utilise suivant ses directives. Si le pouvoir ecclésiastique peut juger le pouvoir politique, personne – hormis Dieu lui-même – ne peut se dresser en juge de l'Eglise. Quiconque entende s'assurer le salut éternel doit obéissance à l'évêque de Rome.

Par cet acte qu'aucun autre souverain n'avait jamais osé promulguer, le pape Boniface, au nom de la puissance divine, créait le ferment de nombreux et tragiques conflits à venir. Même de son temps, nombreux furent ceux qui jugèrent excessives des exigences aussi temporelles et étrangères à la spiritualité. Parmi ceux-là, Dante, du vivant de Boniface, n'hésita pas à le placer parmi les simoniaques au chant XIX de *L'Enfer*, c'est-à-dire parmi ceux qui, abusant de leur charge religieuse, font commerce d'objets ou de bénéfices spirituels.

Le pape Caetani ne servit ni sa religion, ni son Eglise ; après lui, les luttes de pouvoir se succédèrent. Papes et antipapes n'eurent de cesse de se livrer bataille, puis, soixante-dix ans durant, à partir de 1309, la papauté connut l'exil en Avignon, et les choses ne se passèrent guère mieux à son retour à Rome. Au contraire. Les années du règne d'Urbain VI, élu en 1378, furent marquées par le « grand schisme » et constituèrent la période la plus sombre de l'Eglise médiévale, avec parfois jusqu'à trois papes et antipapes qui s'excommuniaient les uns les autres. Selon Gregorovius, n'importe quelle autre monarchie serait sortie détruite de ces épreuves. Dans une certaine mesure, c'est ce qui arriva à l'Eglise de Rome, qui, à partir de 1517 et de la Réforme de Luther, perdit de vastes territoires et une grande partie de ses fidèles.

Jean de Médicis, deuxième enfant de Laurent le Magnifique, est le premier pape à être élu dans la chapelle Sixtine le 9 mars 1513 : il prend le nom de Léon X. Gregorovius raconte : « Jean de Médicis arriva de Florence en civière. Il était malade, un foyer de suppuration le rendait quasiment inapprochable ; son chirurgien dut l'opérer même au cours du conclave. » Le fait d'être le fils de Laurent le Magnifique lui a déjà permis d'obtenir d'immenses privilèges. A sept ans, il a été nommé protonotaire apostolique par Innocent VIII ; à huit, il est abbé de Montecassino, à dix-huit, cardinal. Quand il atteint la chaire papale, il a trente-huit ans. C'est un pape médiocre, notamment comparé à son prédécesseur Jules II ; il s'illustre par des faits déplorables, et le portrait qu'en fait Raphaël saisit à merveille sa psychologie dans les traits mous du visage, le regard lointain et voilé.

En 1517, année fatale pour l'Eglise, Léon est victime d'une conjuration ourdie par le cardinal Alfonso Petrucci ; celui-ci parvient à soudoyer le chirurgien pontifical pour qu'il infecte la plaie pendant la médication. Mais le complot est découvert, et les conjurés sont mis à mort : « Le chirurgien et le secrétaire de Petrucci furent exécutés après avoir subi d'horribles tortures. Le cardinal accueillit fièrement sa condamnation à mort, proférant des injures contre le pape, et refusa le confesseur : le Maure Roland l'étrangla à Castel Sant'Angelo. » Le pape en retire une peur telle qu'il s'empresse de nommer trente et un nouveaux cardinaux pour s'assurer une majorité d'hommes qui lui soient fidèles au sein du Sacré Collège. Pie XII seulement, au xxe siècle, fera mieux, nommant pas moins de trente-deux cardinaux.

Adepte du népotisme et célèbre pour son amour du luxe, Léon est aussi sodomite, si l'on en croit ce qu'écrit François Guichardin en 1525 : « Dans les premières années du pontificat, beaucoup crurent qu'il fût de la plus grande chasteté ; mais l'on découvrit ensuite qu'il se consacrait avec excès, et de jour en jour avec moins de vergogne, à ces plaisirs que l'on ne peut honnêtement nommer. »

Gregorovius décrit de la manière suivante le faste princier de sa cour :

> « *Rome tout entière n'était plus qu'un théâtre de fêtes et de spectacles fastueux. Dans son Vatican fourmillant de musiciens, de mimes, de charlatans, de poètes et d'artistes, de courtisans flatteurs et d'autres parasites, où il faisait jouer des pièces de théâtre anciennes ou modernes, voire les obscénités les plus éhontées, le pontife ressemblait au* tribunus voluptatum *des Romains anciens. Si nous pouvions embrasser du regard une année de vie à Rome du temps de Léon X et voir cet enchaînement de fêtes et de spectacles où le paganisme et le christianisme se mêlaient dans un contraste strident, nous aurions devant les yeux un tableau bariolé : masques de carnaval, mythes des divinités anciennes, récits romains somptueusement mis en scène, processions, cérémonies ecclésiastiques solennelles et fastueuses, mises en scène de la passion du Christ au Colisée,*

déclamations de vers de l'Antiquité classique au Capitole, fêtes et discours pour le Noël romain, cavalcades quotidiennes des cardinaux, cortèges obséquieux des ambassadeurs et des princes, avec des suites qui ressemblaient à des armées[1]. »

Pendant ce temps, un moine augustin allemand d'origine paysanne, Martin Luther, professeur à Wittenberg, envoie aux évêques quatre-vingt-quinze thèses en latin, en les encourageant à engager un débat théologique. C'est le début de la Réforme qui va briser en deux la chrétienté, pour la première fois avec une telle ampleur. A Rome, Luther a vu et entendu trop de choses qui l'ont empli de dégoût. Plus tard, il dira : « Quels gens horribles ! Si je n'avais pas vu de mes propres yeux la cour romaine, jamais je n'aurais cru que la papauté était d'une telle horreur ! Si l'enfer existe, Rome est bâtie dessus. » Le pape Léon est incapable d'évaluer cette colère, il pense s'en sortir par une excommunication que Luther met au feu sur la place publique de Wittenberg, entouré d'une foule enthousiaste.

Quel triste paradoxe que la chapelle où tant de génies ont travaillé en la rendant littéralement divine ait été inaugurée par un pape aussi inadéquat à la tâche, aussi loin de ses devoirs et de l'Evangile.

Les deux dernières réformes en matière de normes électorales ont été faites par Jean-Paul II et Benoît XVI. En 1996, le pape Wojtyla promulgue la constitution apostolique *Universi dominici gregis*, par laquelle on abandonne la règle de la majorité des deux tiers établie en 1179. Le pape craignait qu'une minorité

1. Librement traduit de la version italienne par Maria Grazzini.

de blocage – au moins trente-quatre pour cent des voix – puisse arrêter le conclave pour une durée indéfinie, avec les conséquences négatives en termes d'image que l'on devine aisément.

Sa réforme établissait qu'au cas où l'on dépasserait sans résultat treize jours de vote, la majorité absolue des cardinaux – soit cinquante et un pour cent des votants – déciderait de la suite à donner : poursuivre avec la majorité des deux tiers, passer à la majorité absolue ou bien soumettre au scrutin les deux candidats ayant récolté le plus grand nombre de voix. Mais cette règle aussi – comme toute loi électorale – avait son point faible ; en effet, une partie des cardinaux pouvait très bien laisser passer les premiers tours de scrutin en « gardant au chaud » son candidat favori, et ne voter pour lui qu'au moment où l'on passerait à la majorité simple.

En avril 2005, le cardinal Ratzinger a bénéficié de cette loi. Le cas échéant, il aurait difficilement atteint la majorité des deux tiers en vigueur avant la réforme de son prédécesseur. D'ailleurs, les cardinaux favorables à son élection reconnurent expressément que pour atteindre leur but, ils étaient prêts à patienter jusqu'au passage à la majorité simple. Cette simple « menace » suffit à déconcerter l'opposition, en ouvrant la voie à l'élection de Joseph Ratzinger.

Devenu pape, Benoît XVI s'est empressé de changer la règle voulue par Jean-Paul II : il a repris la majorité des deux tiers et établi qu'une fois dépassés treize jours de vote sans résultat, on passerait au scrutin entre les deux meilleurs candidats, tout en gardant le quorum des deux tiers. Comme on peut le constater, des difficultés demeurent. L'invocation du Saint-Esprit lui-même ne semble pas suffire à nous mettre à l'abri de notre humaine fragilité.

XIII
16 octobre 1943

Les lieux gardent en mémoire les grands événements dont ils ont été le théâtre. Il suffit de savoir ajuster le regard, de saisir les signes, de rappeler les événements, de lire les mots qu'il faut. Par exemple, ceux qui ouvrent le superbe et tragique récit que Giacomo Debenedetti fait d'une journée fatale pour Rome, pour ses Juifs, pour le Vatican : le 16 octobre 1943. *In memoriam* :

> *« Au soir de ce vendredi 15, une femme habillée de noir, ébouriffée, négligée, trempée de pluie, arrive dans l'ex-ghetto de Rome. Elle est incapable de s'exprimer ; l'agitation brouille ses mots, fait comme de la bave autour de sa bouche. Elle arrive du Trastevere en courant. Juste avant, chez une dame où elle fait le ménage, elle a vu la femme d'un* carabiniere *qui lui a dit que son mari avait vu un Allemand tenant à la main une liste de deux cents Juifs à déporter avec toute leur famille [...] La femme ébouriffée n'eut pas de mal à prévenir un grand nombre de Juifs du danger. Mais personne ne voulut la croire, tout le monde rit d'elle [...] »*

Personne, donc, ne crut cette femme, Celeste. Elle était pauvre, en haillons ; dans sa famille, disait-on, ils étaient tous un peu toqués. Et puis elle était trop agitée, avait les larmes aux yeux, mettait les mains sur la tête des enfants comme pour les protéger avec ce geste pathétique. Pourtant, à peine quelques heures plus tard, à cet endroit même, sa prophétie bancale se réaliserait de la façon la plus terrible.

A ce croisement de la rue Sant'Angelo in Pescheria et de la rue Catalana, la route s'élargit, c'est ainsi depuis des siècles. Derrière, on aperçoit les colonnades puissantes du théâtre de Marcellus, devant la grande synagogue de Rome. Sur le côté, un arc en plein cintre, l'un des rares qui subsistent du portique d'Octavie, une construction grandiose qu'Auguste fit bâtir à la mémoire de sa sœur, dont il ne reste plus que quelques vestiges de colonnes tronquées sur les plus de trois cents qui la composaient à l'origine.

C'est ici qu'au matin du 16 octobre 1943 se garent les camions sur lesquels seront chargés, bousculés et hurlants, les habitants du ghetto de Rome. Une plaque de marbre rappelle cet épisode, mais la plaque seule ne suffit pas. Les murs de Rome sont constellés de plaques commémoratives ; pour déchiffrer celle-là, pour la comprendre vraiment, il faut en savoir plus.

L'origine de ces événements remonte à une vingtaine de jours après l'armistice signé entre l'Italie et les forces alliées le 8 septembre de la même année. A la fin du mois, l'Obersturmbannführer des SS Herbert Kappler convoque les chefs de la communauté juive, auxquels il ordonne d'apporter une cinquantaine de kilos d'or dans les trente-six heures, sous peine de voir déporter un grand nombre d'entre eux. La quête commence dans la matinée du 27 septembre : un comptable dresse le procès-verbal des quantités remises, trois bijoutiers juifs certifient la bonne qualité du métal.

Au cours des premières heures, le ramassage procède avec de telles difficultés que l'on demande de l'aide au Vatican. La réponse arrive à seize heures : le Vatican propose un prêt à long terme et sans intérêt. En fin de compte, cet emprunt ne sera pas nécessaire : avant l'échéance fixée, les cinquante kilos d'or sont réunis, il y a même un petit excédent. Certains Juifs voient probablement dans la remise de ces richesses une sorte d'assurance-vie. Mais ce petit trésor n'est qu'un prétexte, pis, une ruse tragique, comme on le comprend à la fin de la guerre, quand on retrouve à Berlin l'or des Juifs romains, resté dans les coffres d'origine encore scellés.

Samedi 16 octobre, à cinq heures et demie du matin, sous une pluie diluvienne, trois cent soixante-dix SS assistés par des miliciens fascistes auxiliaires encerclent le ghetto et commencent la rafle, maison après maison. Qu'ils dorment ou qu'ils soient malades, qu'ils nourrissent un enfant ou qu'ils s'apprêtent à célébrer le shabbat, les Juifs sont rassemblés dans la rue, avec violence. Les soldats frappent avec leurs mitraillettes ceux qui s'attardent, hurlant ces mots que tout le monde, même les enfants, finit par comprendre : « *Schnell !* », « *Raus !* », « *Jude !* », « *Achtung !* », « *Kaputt !* » Les camions sont garés les uns à côté des autres, déjà prêts à partir en direction du Tibre. Plusieurs voyages sont nécessaires, et l'opération doit se dérouler aussi vite que possible.

Les prisonniers sont enfermés dans le collège militaire du palais Salviati, rue de la Lungara. Les camions font plusieurs allers et retours, jusqu'au moment où dans le ghetto il ne reste plus que le silence d'une triste journée d'automne, la grisaille de la pluie, une porte claquée par le vent, quelques pauvres affaires imbibées d'eau abandonnées sur la chaussée.

Un détachement de SS a été envoyé à Rome expressément pour l'occasion. Les nouveaux arrivés demandent à leurs collègues la permission de faire un petit détour par la place Saint-Pierre. Avec leur tragique cargaison d'êtres humains qui crient, pleurent et se désespèrent, les véhicules frôlent la frontière entre l'Italie et l'Etat du Vatican, indiquée au sol par une enfilade de dalles. Un détail qui, plus tard, permettra à l'ambassadeur du Reich auprès du Saint-Siège, Ernst von Weizsäcker, d'écrire à Berlin que l'opération s'est déroulée « presque sous les fenêtres du pape ». En réalité, quelques tentatives de négociation avaient eu lieu : Pie XII a fait convoquer l'ambassadeur allemand par son secrétaire d'Etat, Luigi Maglione, afin de lui demander d'intervenir pour que cessent les déportations. A défaut, a-t-il ajouté, le Vatican protesterait. L'épisode est transcrit dans les archives vaticanes, mais ne figure pas dans les documents allemands.

Quelques dizaines de personnes reconnues comme non juives parviennent à se faire libérer. Une femme enceinte en proie à des contractions violentes est traînée dans une cour pour qu'elle accouche : le nouveau-né est aussitôt déclaré en état d'arrestation. Dans la nuit du dimanche 17 au lundi 18 octobre, les prisonniers sont mis en rangs et transportés à la gare ferroviaire Tiburtina pour être entassés dans des wagons à bétail, que l'on scelle au plomb une fois remplis. Au bout d'une semaine de voyage dans des conditions inhumaines d'avilissement et de souffrance, on atteint la destination finale : le camp d'extermination d'Auschwitz.

Le 25 octobre 1943, le quotidien *L'Osservatore Romano* fait paraître un article très élogieux pour le pape : « Avec l'accroissement de tant de maux, la charité universellement paternelle du Souverain Pontife est presque devenue plus active, car elle ne s'arrête à aucun conflit, ni de nationalité, ni de religion, ni de lignée. » Les experts en formules diplomatiques saisissent dans le mot « lignée » une allusion à la tragique question juive. Cela n'échappe pas à l'ambassadeur allemand von Weizsäcker, qui envoie une traduction de l'article à Berlin, accompagnée d'un courrier où il écrit : « Malgré les pressions dont il a fait l'objet de toutes parts, le pape n'a pas accepté qu'on le pousse à une censure manifeste de la déportation des Juifs de Rome [...] peu seulement liront dans ce texte une allusion – bien que vague – à la question juive. » Puis, plus loin : « On peut dire que cette affaire, pour déplaisante qu'elle soit en ce qui concerne les relations germano-vaticanes, a été liquidée. »

Les Juifs de Rome aussi furent rapidement liquidés. D'ailleurs, monseigneur Montini note dans son journal : « Ces Juifs ne rentreront jamais chez eux. » Dans les quelques jours qui suivent leur arrivée à Auschwitz, ils meurent presque tous. Certains avaient péri en route.

En 1963, on assiste à Berlin à la représentation d'une pièce de théâtre de Rolf Hochhuth intitulée *Le Vicaire*, qui sera mise en scène aussi à Londres et à New York. A Rome, en revanche, la pièce est censurée sous prétexte qu'elle fait offense à un chef d'Etat. Les comédiens Gian Maria Volonte et Carlo Cecchi parviennent cependant à monter une représentation clandestine. En effet, Rolf Hochhuth accuse Pie XII d'avoir assisté, indifférent, à l'horreur des camps d'extermination, et ce par pur intérêt économique. Dans une scène particulièrement crue, au moment même où Kurt Gertein – militant chrétien antinazi témoin d'un gazage dans un camp de concentration – s'efforce d'intercéder en faveur des Juifs auprès de personnalités religieuses et contre la rafle du ghetto de Rome.

Cette pièce – modeste en tant que telle et parfois inexacte sur le plan historique – a cependant le mérite de faire éclater au grand jour une question sur laquelle, jusque-là, on s'est toujours tu : la position de Pie XII face à l'Holocauste. Une question complexe qui a fait couler beaucoup d'encre, mais au sujet de laquelle le Saint-Siège s'est toujours montré réticent à ouvrir ses archives aux chercheurs.

S'il ne s'agissait pas de la tragédie d'un peuple et de l'humanité tout entière, le récit de ce qui est arrivé aurait pu ressembler au scénario d'un film d'espionnage.

C'est en juillet 1942 qu'arrivent en Suisse les premières informations irréfutables concernant le plan d'extermination nazi qui, d'ailleurs, avait déjà été annoncé par Hitler dans son livre *Mein Kampf*, publié en 1925. Au cours d'une visite à Zurich, un industriel allemand, Eduard Schulte, administrateur délégué d'une grande société minière ayant de bonnes relations avec les dirigeants du IIIe Reich, confie à son ami Isidor Koppelmann que le quartier général du Führer envisage de déporter les Juifs d'Europe dans les territoires de l'Est pour les exterminer en masse avec de l'acide cyanhydrique. Koppelmann s'empresse d'en informer Benjamin Sagalowitz, qui travaille pour l'Union des communautés juives de Suisse. Sagalowitz prend l'information terriblement au sérieux et en avertit Gerhart Riegner, qui à l'époque dirige le bureau de Genève du WJC (Congrès juif mondial).

Ces deux derniers se rencontrent et s'efforcent de recouper les renseignements reçus avec des bribes d'informations venant de témoins, directs ou indirects, des faits. Ils en concluent que l'hypothèse de la provocation est à écarter : la nouvelle semble tout à fait véridique, d'autant plus que cette fois c'est un Allemand, antinazi convaincu, qui l'annonce et non un Juif. On en trouve une confirmation dans l'œuvre même d'Hitler, jusque-là passée plus ou moins inaperçue, où le futur dictateur évoque de manière explicite son programme d'extermination. Mais ce qui achève de les convaincre est la vague d'arrestations et de rafles qui ont lieu en ce terrible mois de juillet 1942 dans toutes les principales villes occupées par les nazis.

Après avoir consulté la direction du WJC à New York le 8 août, Riegner se rend chez le vice-consul américain à Genève pour l'informer de ce qu'il vient d'apprendre. Leur échange est long et détaillé, les informations sont attentivement soupesées ; à l'issue de leur rencontre, une dépêche télégraphique est adressée au département d'Etat à Washington. Riegner se rend aussi au consulat britannique, qui télégraphie à Londres. Pourtant, la conclusion de ces démarches est désolante : personne, ni à Washington ni au Royaume-Uni, ne prend l'affaire au sérieux. Dans la capitale britannique, l'un des hauts fonctionnaires destinataires du rapport note en marge : « Des rumeurs absurdes, dictées aux Juifs par leurs peurs. »

Le rapport Riegner ne parvient que le 28 août au rabbin Stephen S. Wise, président du Congrès juif mondial de New York, qui en informe le juge de la Cour suprême Felix Frankfurter, membre influent de la communauté juive américaine. A son tour, celui-ci transmet l'information à la Maison-Blanche, à Washington.

Entre-temps, ces nouvelles alarmantes sont envoyées aussi bien au Vatican qu'à la direction de la Croix-Rouge. Des deux côtés, on répond que la véracité de l'information n'a pas pu être prouvée. Il faut attendre le 17 décembre pour que – après la communication de nouveaux détails – de nombreux gouvernements des Etats alliés publient, à Washington, Londres et Moscou, une déclaration au sujet de la « solution finale » : « Les rapports ne laissent pas le moindre doute sur le fait que les autorités allemandes sont en train de mettre en œuvre le projet évoqué à plusieurs reprises par Hitler d'exterminer tous les Juifs d'Europe. »

Ce qui suit, ce sont des détails particulièrement crus : « Dans tous les territoires occupés, les Juifs sont déportés vers l'Europe de l'Est dans des conditions de brutalité et d'horreur abjectes [...] ceux qui se montrent bons travailleurs, on les laisse mourir à petit feu dans les camps de travail. Les infirmes meurent de froid et de faim ou sont massacrés dans des exécutions de masse. Les victimes de tant de cruauté sanguinaire se comptent par plusieurs centaines de milliers d'êtres humains. »

En réalité, à l'époque de ce communiqué, les victimes ont déjà dépassé les deux millions. Ce document a une valeur historique particulièrement importante, car, dès le mois de décembre 1942, personne, parmi les hauts responsables du monde entier, ne peut ignorer plus longtemps l'extermination de masse des Juifs.

Quelle fut la réaction du Vatican ? Le Saint-Siège ne souscrit pas à la déclaration où figuraient pourtant les signatures des représentants d'onze gouvernements plus celle du Comité français de libération nationale. Une semaine plus tard, la veille de Noël, le pape Pacelli envoya un message radiodiffusé qui comportait certains thèmes politiques. Il condamnait le communisme – et non le nazisme –, évoquait la mémoire des victimes de la guerre, des soldats tombés au front, des exilés et de ceux qui avaient subi des bombardements ; il exprimait le vœu d'une plus grande communion des hommes avec Dieu, avant de conclure de la manière suivante : « L'humanité doit ce vœu aux centaines de milliers de personnes qui sans avoir commis la moindre faute, parfois pour de simples raisons de nationalité ou de lignée, sont vouées à la mort ou à une déchéance grandissante. »

Ce « vœu » fut sa réponse à la déclaration des gouvernements alliés dans laquelle on parlait de génocide et on utilisait des termes aussi crus et limpides que « massacre », « horreur », « barbarie ». Dans le langage aseptisé de la diplomatie, les paroles de Pie XII étaient claires pour les gens du métier, mais restaient énigmatiques pour le commun des fidèles. Désormais, le pape Pacelli était au courant de tout. Dans le livre qu'il lui consacre, Andrea Tornielli[1] évoque le témoignage de quelqu'un qui le vit « pleurer comme un enfant », bouleversé par ces nouvelles. Mais il ne réagit pas pour autant, et des raisons de cette inertie procèdent, depuis des années, les controverses et les enquêtes des spécialistes.

Des siècles de tradition antijudaïque ont certainement pesé sur son comportement : « les Juifs perfides » que cite la liturgie comme déicides et assassins du Christ. Les paroles de Matthieu – considérées comme apocryphes par un grand nombre d'exégètes – « Et tout le peuple répondit : "Que son sang retombe sur nous et sur nos enfants" », ont été jugées pendant des siècles comme les stigmates d'un peuple tout entier. La société chrétienne considérait les Juifs comme des êtres inférieurs ou traîtres, méritant pour le moins d'être marginalisés. En 1555, le pape Paul IV les confina dans des ghettos sur ses territoires, les obligeant à porter un couvre-chef jaune en signe de reconnaissance. Le théologien catholique dissident Hans Küng a écrit :

1. *Pie XII. Biographie*, Editions du Jubilé/Tempora, 2009.

« L'antisémitisme raciste qui atteint son sommet terroriste avec l'Holocauste n'aurait pas pu avoir lieu sans la presque deux fois millénaire histoire de l'antijudaïsme de l'Eglise chrétienne. »

De nombreux documents témoignent de cette mentalité. Un courrier particulièrement révélateur est celui que le délégué apostolique Angelo Giuseppe Roncalli, le futur pape Jean XXIII, envoya d'Istanbul au cardinal Luigi Maglione, secrétaire d'Etat du Vatican :

> *« Je fais suite à mon rapport dévoué n° 4332 en date du 20 août, transmettant de nouvelles demandes qui me sont soumises en faveur de certains Israélites. La deuxième de celles-ci vise à obtenir l'intervention du Saint-Siège afin de faciliter la sortie de nombreux Juifs du territoire italien [...] J'avoue que le fait que ce soit le Saint-Siège lui-même qui convoie les Juifs vers la Palestine comme pour reconstruire le royaume hébraïque, commençant par les faire sortir d'Italie, suscite chez moi quelques incertitudes spirituelles. Que leurs compatriotes ou amis politiques le fassent, cela se comprend. Mais je ne trouve pas de bon goût que l'exercice simple et élevé de la charité du Saint-Siège puisse avoir l'air de coopérer – d'une quelconque façon et ne serait-ce que de manière initiale et indirecte – à la réalisation du rêve messianique [...] Tant il est sûr et certain que la reconstruction du Royaume de Juda et d'Israël n'est qu'une utopie. »*

Monseigneur Roncalli écrit cette lettre le 4 septembre 1943. Quatre jours plus tard l'armistice « éclate », les Allemands occupent l'Italie et ouvrent, ici aussi, la chasse aux Juifs comme dans les autres pays occupés. Malgré les grandes qualités humaines et religieuses dont il fera preuve par la suite, à cette occasion, Roncalli a un raisonnement conforme à l'éducation qu'il a reçue et à l'atmosphère générale. L'audience accordée par Pie X à Theodor Herzl, le fondateur du sionisme, est d'ailleurs un épisode très éloquent de ce climat particulier. Avant son élection, le pape Sarto a été, comme le sera Roncalli, patriarche de Venise. C'est un homme bon et doux, mais tellement intransigeant en matière de politique qu'il va jusqu'à qualifier les catholiques libéraux de « loups déguisés en agneaux ».

Le 26 janvier 1904 il reçoit donc Theodor Herzl, et le fait même que le pape accepte de rencontrer un homme qui se bat pour donner aux Juifs une patrie en Palestine semble un signe encourageant de bienveillance. Cependant, quand Herzl lui demande de soutenir sa cause, Pie X lui oppose un refus très net, comme Herzl lui-même aura l'occasion de l'écrire dans son journal : « Nous ne pourrons pas empêcher les Juifs d'aller en Israël, mais nous ne pourrons jamais les aider en cela [...] Les Juifs n'ont jamais reconnu Notre Seigneur, c'est pourquoi nous ne pouvons pas reconnaître le peuple des Hébreux. » Puis plus loin, avec un argument théologique très incisif : « Bien sûr nous prions pour eux, pour que leur esprit voie la lumière. Aujourd'hui même, l'Eglise célèbre la fête des non-croyants qui se sont convertis par miracle, par exemple sur la route de Damas. Par conséquent, si vous avez l'intention d'aller en Palestine pour y installer votre peuple, nous sommes prêts, avec des prêtres et des églises, à vous baptiser tous. »

Le pape Sarto touche ici au point très délicat du baptême, rite initiatique, fondement de la vie chrétienne, sorte de porte d'entrée à la vie spirituelle. Dans la maison des catéchumènes fondée par Paul III en 1543, on célébrait la conversion des Juifs consacrée par le baptême. Il n'était pas rare que les enfants soient baptisés en catimini et sans l'autorisation de leurs parents. L'Eglise, cependant, validait le sacrement même s'il était administré par la ruse ou par un laïc, à condition que cela soit fait avec de l'eau bénite et en prononçant la formule rituelle. Dès lors, l'enfant ne pouvait demeurer avec ses parents que si ces derniers se convertissaient aussi.

L'irréversibilité de cette consécration suscite des controverses dramatiques à l'issue de la Seconde Guerre mondiale, quand on découvre que des enfants juifs recueillis dans des couvents pour échapper aux rafles ont été baptisés. Dès lors, la question délicate qui se pose est de savoir quelle est désormais leur véritable religion. Le 20 octobre 1946, le Saint-Office transmet au nonce apostolique Angelo Roncalli le document suivant :

> *« Pour ce qui concerne les enfants juifs qui sous l'occupation allemande ont été confiés à des institutions ou à des familles catholiques et qui sont aujourd'hui réclamés par les institutions juives, la congrégation du Saint-Office a pris une décision qui peut se résumer ainsi : 1) éviter, autant que faire se peut, de répondre par écrit aux autorités juives et se limiter à le faire oralement ; 2) chaque fois qu'il sera nécessaire de répondre, il faudra dire que l'Eglise doit étudier de manière approfondie chaque cas particulier ; 3) les enfants ayant été baptisés ne pourront pas être confiés à des institutions qui ne sont pas en mesure d'en assurer l'éducation chrétienne ; 4) il n'est pas convenable que les orphelins pris en charge par l'Eglise*

soient abandonnés par celle-ci ou confiés à des personnes qui n'ont aucun droit sur eux, à moins que lesdits enfants ne soient en mesure de subvenir à eux-mêmes. Cela vaut, bien entendu, pour les enfants qui n'ont pas été baptisés ; 5) si les enfants ont été confiés [à l'Eglise] par les parents et que ceux-ci aujourd'hui les réclament, ils ne pourront les reprendre que si les enfants n'ont pas été baptisés. Nous rappelons que la présente décision de la congrégation du Saint-Office a reçu l'approbation du Saint-Père. »

Concrètement, avec ses habituels détours bureaucratiques, la directive du Saint-Office préconise que les enfants juifs baptisés ne soient pas rendus à leurs parents légitimes. Même si ces derniers sont encore vivants. En 2004, quand on le découvre dans les archives de l'Eglise de France, le document suscite un vif débat. L'un des aspects les plus remarqués est son destinataire, c'est-à-dire ce même Angelo Roncalli qui de petit diplomate à Istanbul qu'il était, a été nommé entre-temps nonce apostolique à Paris – c'est-à-dire ambassadeur – par Pie XII.

Cependant, Roncalli ne s'est pas limité à gravir des échelons, il a aussi changé de mentalité. Ayant pris conscience de la Shoah, il semble assumer le poids de son horreur. A Paris, en 1946, le futur pape rencontre le grand rabbin de Palestine Herzog, dans un échange très cordial autour, justement, de la question de la restitution des enfants juifs recueillis et sauvés par des familles ou des couvents catholiques. Par une lettre en date du 19 juillet, Roncalli l'autorise à « en appeler à son autorité auprès des institutions intéressées pour faire en sorte que, chaque fois que cela lui est signalé, ces enfants puissent retrouver leur environnement d'origine ». En somme, il assume une attitude diamétralement opposée par rapport à celle que dicte, la même année, la directive du Saint-Office.

Mais il faudra attendre encore pas mal de temps, avant que l'affaire ait une suite à la hauteur de son importance sur le plan historique. Comme le relate l'historien de l'Eglise Giovanni Miccoli, un cas dramatique se présente à nouveau en France en 1953, au sujet de deux enfants juifs recueillis dans une école maternelle de Grenoble sous l'occupation nazie : la célèbre affaire Finaly.

Après les avoir baptisés de sa propre initiative, la directrice de l'institution refuse de les confier à leur tante installée en Israël. Pendant que l'affaire se poursuit sept ans durant devant les différentes cours de justice, un cardinal qui s'intéresse à la question a l'idée de contacter le Saint-Office. Le 23 janvier 1953, il reçoit une réponse de Rome qui rappelle « le devoir imprescriptible de l'Eglise de défendre le libre choix de ces enfants qui, grâce au baptême, lui appartiennent désormais ». La lettre invite aussi « à résister autant que faire se peut à l'ordre de confier les enfants, utilisant, *per modum facti*, tous les moyens à sa disposition pour retarder l'exécution d'un jugement qui viole les droits exposés ci-dessus ».

Comme Miccoli le rappelle, la pénible controverse se conclut par la restitution des enfants, notamment grâce à l'intervention de quelques personnalités de premier plan du catholicisme français. Rappelons, par ailleurs, que l'historien franco-israélien Saul Friedländer a été le protagoniste d'un épisode similaire, qui avait été lui aussi accueilli dans une institution catholique sous l'occupation nazie. Dans ce cas de figure, c'est un jésuite qui, face à ses doutes, l'a convaincu de retrouver la religion de ses ancêtres. Dans ces circonstances, deux sortes de droit s'affrontent : le droit naturel et celui qui survient ultérieurement par la force d'un sacrement. Ce dernier, toutefois, n'est contraignant que pour celui qui le reconnaît en tant que tel, tandis que le droit naturel a une force objective indéniable. C'est pourquoi il est surprenant que – malgré les développements que je vais évoquer sous peu – des écrivains catholiques persistent à dire que l'Eglise est « prisonnière », ainsi que l'affirme par exemple Vittorio Messori, pour qui « le baptême administré en bonne et due forme rend chrétien *ex potere operato*, c'est-à-dire fils de l'Eglise de manière impérissable, laquelle Eglise, en tant que mère, n'abandonnera jamais celui qui par le sacrement a intégré sa famille pour l'éternité ».

Dans ces conflits nombreux, ce ne sont pas seulement deux sortes de droit qui s'affrontent, mais aussi deux visions « fonctionnelles », si l'on peut dire. Les deux mêmes visions que plusieurs épisodes de ce livre s'efforcent d'illustrer. D'un côté l'Eglise, c'est-à-dire des religieux et des hommes de foi ouverts à la compréhension, à la miséricorde, à l'esprit de l'Evangile. De l'autre, le Saint-Siège, le Vatican, avec ses impératifs politiques et diplomatiques. C'est le cœur même de la controverse dont on continue à débattre depuis plus d'un demi-siècle. C'est aussi le cœur de la fracture – pour revenir au sujet de ce chapitre – et de la contradiction apparemment inextricable entre le secours prêté aux Juifs par les couvents et autres institutions catholiques, et le silence glacial, ou tout au moins la circonspection obstinée, de l'attitude officielle du Vatican.

Le 13 juin 1960, Roncalli, devenu pape sous le nom de Jean XXIII, accorde audience à l'historien Jules Isaac, qui a rédigé, avec quelques autres intellectuels, les célèbres *Dix Points de Seelisberg*. Par ce texte, après la tragédie de la Shoah, on cherche à renouer le dialogue entre Juifs et chrétiens. Les tentatives précédentes avaient été résolument décourageantes. La rencontre d'Isaac et de Pie XII du 16 octobre 1949 s'était très mal passée, bien que, par une curieuse coïncidence, elle se soit tenue six ans après, jour pour jour, la déportation des Juifs de Rome. Quand l'historien avait tendu le dossier au souverain pontife, Pie XII avait répondu froidement : « Ayez la gentillesse de le poser sur cette table, s'il vous plaît. »

Avec Jean XXIII, les choses se passent tout à fait autrement. Non seulement le pape reçoit chaleureusement le document qui lui est adressé, mais quand Isaac, dont la famille a été exterminée à Auschwitz, lui demande s'il peut nourrir quelque espoir, le souverain pontife répond : « Vous avez droit à plus que de l'espoir[1]. » Pourtant, la trace que le pape Roncalli laisse de cette rencontre dans son journal est plus que sobre, elle tient en six mots : « Intéressant, le professeur juif Jules Isaac. »

Jean XXIII décède le 3 juin 1963, Jules Isaac, trois mois plus tard. Ni l'un ni l'autre ne peuvent assister à la publication de l'encyclique *Nostra aetate*, dont leur rencontre est pourtant l'un des événements fondateurs. La déclaration du concile promulguée en 1965 précise au point 4 :

> *« Scrutant le mystère de l'Eglise, le saint Concile rappelle le lien qui relie spirituellement le peuple du Nouveau Testament à la lignée d'Abraham. [...] C'est pourquoi l'Eglise ne peut oublier qu'elle a reçu la révélation de l'Ancien Testament par ce peuple avec lequel Dieu, dans sa miséricorde indicible, a daigné conclure l'antique Alliance [...]*

1. En français dans le texte.

L'Eglise croit, en effet, que le Christ, notre paix, a réconcilié les Juifs et les Gentils par sa croix et des deux peuples en a fait un seul [...] Elle rappelle aussi que les Apôtres, fondements et colonnes de l'Eglise, sont nés du peuple juif, ainsi qu'un grand nombre des premiers disciples qui annoncèrent au monde l'Evangile du Christ. [...] Bien que des autorités juives, avec leurs partisans, aient contribué à la mort du Christ, ce qui a été commis durant sa Passion ne peut être imputé ni indistinctement à tous les Juifs vivant alors, ni aux Juifs de notre temps. [...] En outre, l'Eglise, qui réprouve toutes les persécutions contre tous les hommes, quels qu'ils soient, ne pouvant oublier le patrimoine qu'elle a en commun avec les Juifs, et poussée, non par des motifs politiques, mais par la charité religieuse de l'Evangile, déplore les haines, les persécutions et les manifestations qui, quelles que soient leur époque et leurs auteurs, ont été dirigées contre les Juifs. »

Ces mots suscitent un espoir ému et inouï et, en tout état de cause, changent l'attitude de l'Eglise, ou pour le moins d'une partie de celle-ci. La haine ancestrale pour les Juifs disparaît, ainsi que l'idée de « peuple déicide » et les références aux « Juifs perfides » dans les cérémonies pascales. Solennellement et pour la première fois, on reconnaît que le christianisme est né au sein du judaïsme, que Jésus lui-même était juif et qu'il est resté tel jusqu'à sa mort. La déclaration *Nostra aetate* semble ouvrir une nouvelle ère dans les relations tourmentées entre catholiques et Juifs, les « frères aînés », comme les appellera Jean-Paul II en visite à la synagogue de Rome en avril 1986.

Le pape Pacelli a sans aucun doute employé des mots trop prudents, trop faibles face à la volonté irréductible des nazis d'exterminer un peuple. D'ailleurs, il avait lui-même conscience du problème que cela pouvait poser par rapport à la monstruosité des événements. En octobre 1941, en pleine guerre, il demanda au nonce Roncalli « si son silence face à l'attitude des nazis pourrait être mal jugé ».

D'ailleurs, chacun sait de quelle insistance et de quelle détermination est capable l'Eglise – encore aujourd'hui – quand elle considère qu'un sujet revêt une importance particulière dans sa mission spirituelle ou aux fins de ses prérogatives temporelles. Pourquoi Pie XII adopte-t-il une attitude d'une telle « prudence », si l'on peut dire ? D'abord, comme nous l'avons vu, à cause de siècles de préjugés hostiles aux Juifs qui faisaient partie de l'endoctrinement de tout séminariste.

Le pape et une grande partie de la curie sont issus de cette culture et ont une vision très négative du judaïsme. En effet, si celui-ci est bel et bien la matrice qui a donné vie au christianisme, ensuite il a cruellement dégénéré. L'ancienne religion refuse de prendre en compte la vérité unique et supérieure apportée par la nouvelle ; le judaïsme relègue Jésus dit le Christ – qui dans la vision catholique est le Rédempteur de l'humanité – au rang d'un prophète comme tant d'autres. Dans une toute première phase, l'antisémitisme nazi semble presque avoir quelques points en commun avec l'orthodoxie catholique. Non pas au sujet des camps de concentration, bien entendu, mais sur le plan d'une hostilité certaine vis-à-vis du peuple juif.

La sous-estimation du massacre est, de longs mois durant, un autre élément d'importance. La rareté des informations et le caractère inouï du projet criminel nazi font paraître invraisemblables ou exagérées les rumeurs qui, petit à petit, finissent par arriver jusqu'au Vatican. De plus, comme le fait remarquer Renato Moro dans son ouvrage *La Chiesa e lo sterminio degli ebrei*[1] (« L'Eglise et l'extermination des Juifs »), les idéologies totalitaires de droite en Italie, en Espagne, en Allemagne et en Croatie – où les oustachis du catholique Ante Pavelić commettent des crimes atroces – sont regardées avec une certaine bienveillance par le Vatican, qui croit – ou espère – reconnaître dans leur appel à une sacralité parareligieuse une sorte de mysticisme qui, tôt ou tard, pourrait les conduire à la foi véritable.

Un autre élément de poids est l'éternel conflit de l'Eglise avec la modernité : il éclate au grand jour lorsque Grégoire XVI rappelle l'origine divine du pontificat, condamnant par la même occasion la démocratie, la liberté d'expression et l'égalité des droits. Le pape ne voit là que les fruits empoisonnés de la philosophie des Lumières qui a détourné les fidèles de leur patiente obéissance aux diktats des hiérarchies. Dans cette guerre contre l'évolution de l'époque où Pie IX s'engagera aussi de manière dramatique, l'Eglise sera beaucoup plus préoccupée par la liberté des mœurs, le « modernisme » désinvolte des Anglo-Américains et l'adhésion à la philosophie des Lumières de l'Europe laïque que par le lugubre mysticisme du IIIe Reich.

Par la suite, les catholiques eux-mêmes commencent à souffrir de la dureté du régime nazi en Allemagne : les fidèles et les prêtres sont persécutés, traînés dans les camps, tués. Environ dix mille prêtres subissent les « interrogatoires » de la Gestapo, des dizaines d'entre eux sont assassinés. De nombreuses voix s'élèvent pour que le pape proteste : il ne s'agit plus seulement des Juifs, mais aussi de leurs frères de foi. Mais à cette occasion non plus,

1. Editions Il Mulino, Bologne, 2002.

Pie XII n'estime pas nécessaire d'intervenir de manière énergique. Conforté en cela par l'avis unanime de la curie, il craint qu'une prise de position trop affirmée complique les choses au lieu de les améliorer et augmente les risques, entre autres celui d'un schisme avec le catholicisme allemand, puissamment empreint d'esprit patriotique et d'antisémitisme. De plus, l'Allemagne nazie est en train de se battre avec une ténacité indéniable contre l'Union soviétique, persécutrice de l'Eglise et porteuse du matérialisme athée. Des deux maux – en admettant que Rome les voie tous deux comme des maux –, l'Allemagne est sûrement le moindre.

La déferlante d'appels à l'aide qui parviennent chaque jour et du monde entier au Vatican est un autre élément d'importance. Ces cris désespérés se font l'écho des violences, des tortures, des viols, de la misère et de la destruction que la guerre inflige aux peuples. Chacune de ces voix demande à être écoutée et réclame la priorité ; dans cette cacophonie assourdissante, il est difficile de discerner à qui il faut accorder son attention en premier, et les véritables contours de la Shoah, dont on ignore encore la portée exacte.

L'attitude de Pie XII ne change pas non plus à l'automne 1942, quand on comprend que l'issue de la guerre est résolument favorable aux Alliés ; elle ne change ni après la libération de Rome par les forces alliées, le 4 juin 1944, ni lorsque le gouvernement de Badoglio remanie les lois raciales promulguées par le fascisme en 1938. En effet, après l'arrivée des Alliés, ces lois sont progressivement abrogées. Le père jésuite Pietro Tacchi Venturi, un homme influent qui a œuvré en faveur de la « conciliation » entre la papauté et le régime fasciste, écrit au secrétaire d'Etat, le cardinal Maglione, pour lui proposer de supprimer seulement les normes discriminant les Juifs convertis au catholicisme, laissant les autres intactes. Autrement dit, ceux qui étaient nés juifs, mais s'étaient convertis, pouvaient être considérés comme « aryens ».

Cependant, l'inertie de Pie XII face à l'extermination des Juifs par les nazis pose une question parallèle, à savoir ce que font, en la matière, les puissances qui sont en train de combattre l'Allemagne d'Hitler, et notamment les Etats-Unis. La réponse est bien connue : elles ne font rien ou pas grand-chose, au moins jusqu'à la fin du mois de janvier 1944. Une mesure du département d'Etat impose aux consuls américains de ne pas accorder de visa d'entrée sur le territoire à quiconque pourrait devenir un poids pour l'assistance publique nationale : les Etats-Unis se sont engagés dans un conflit extrêmement lourd sur le plan financier, et l'industrie de l'armement ne suffit pas à absorber entièrement le fort taux de chômage.

Au fur et à mesure que les informations sur l'extermination se font plus précises, ces mesures deviennent considérablement plus souples. Par exemple, on permet aux consuls d'évaluer non seulement les compétences professionnelles des demandeurs d'asile, mais aussi la fiabilité des familles américaines susceptibles de les prendre en charge. Des mesures insuffisantes comparées à l'énormité de la tragédie en cours, sur lesquelles pèse vraisemblablement une forme d'antisémitisme perceptible aux Etats-Unis aussi. Le président Franklin Delano Roosevelt, en poste de 1933 à 1945, en est tellement conscient que lorsqu'il crée un comité pour coordonner les efforts du gouvernement, il demande à ce que l'intitulé soit « pour les réfugiés politiques » ou « de guerre » (War Refugee Board), préférant éviter l'appellation de « réfugiés juifs ».

Quand la guerre éclate, en 1939, les conditions d'attribution des visas, qui s'étaient considérablement assouplies, se durcissent d'un coup, tant en raison des difficultés objectives que crée le conflit que par la crainte de voir des espions s'infiltrer. Bien que juifs, ce sont toujours des citoyens venant d'un pays ennemi. Parmi d'autres risques, un immigré dont la famille serait encore en Allemagne pourrait être victime du chantage des nazis. C'est le cas évoqué dans l'exceptionnel récit *Inconnu à cette adresse*[1] de Kathrine Kressmann Taylor.

Une énième question, posée à plusieurs reprises, est celle de savoir pourquoi les Anglo-Américains, désormais parfaitement informés de l'existence des camps de concentration, n'ont pas bombardé les lignes ferroviaires empruntées pour le transfert des déportés. A l'époque, les requêtes pour des actions de ce genre sont nombreuses, mais la réponse est toujours négative pour des raisons tout aussi nombreuses. Pour commencer, on allègue de difficultés balistiques : dans les années quarante, les systèmes de visée des avions sont assez approximatifs. C'est pourquoi bombarder un camp signifie prendre le risque d'un massacre général, incluant les prisonniers. Deuxièmement, on avance que les forces aériennes nécessaires pour ce type d'action – c'est-à-dire des bombardiers accompagnés d'une escorte de chasse suffisante – devraient être détournées des aires de combat où les Alliés se battent de toutes leurs forces pour clore le conflit au plus vite par une victoire. On ajoute que le fait même d'accélérer la fin de la guerre va sauver beaucoup de vies humaines en les soustrayant aux bourreaux nazis.

Une ultime considération – jamais avouée ouvertement et pourtant présente – pèse sur cette décision : les politiques américains hésitent à risquer la vie de leurs soldats pour prêter secours à des citoyens étrangers. En d'autres termes, encore une fois,

1. Editions Autrement, 2002.

ces circonstances confirment la règle qui veut que les intérêts électoraux l'emportent, toujours et n'importe où, sur les idéaux humanitaires.

Ces questions ont été posées en 2008 à Elie Wiesel, rescapé de la Shoah et prix Nobel de la paix, qui a répondu de la manière suivante :

> « *J'ai demandé tant de fois à plusieurs présidents américains de m'expliquer pourquoi, aux Etats-Unis, tout en étant au courant de ce qui se passait dans les camps, on ne fit rien pour arrêter l'extermination. La crainte de tuer des prisonniers est une vieille excuse. Chaque fois que mes amis et moi entendions les avions alliés survoler nos têtes, nous espérions qu'ils lâchent des bombes. C'était une mort préférable à celle des chambres à gaz. De plus, les Alliés avaient l'alternative de bombarder les rails du chemin de fer qui conduisait à Auschwitz. Cela aurait sauvé la vie de milliers et de milliers de Juifs hongrois, les derniers arrivés dans les camps, alors que le monde entier était au courant des horreurs qui y avaient lieu. Je n'oublierai jamais ma rencontre avec celui qui était à l'époque le président du Congrès juif mondial, Nahum Goldman, qui me dit à la fin de la guerre : "Nous savions, mais nous nous sommes tus." Le remords l'a poursuivi toute sa vie.* »

Dire que Pie XII fut pronazi ou aller jusqu'à le qualifier de « pape d'Hitler », comme le fait un ouvrage[1] qui lui est

1. Ce livre de John Cornwell est traduit en français sous le titre *Le Pape et Hitler*, et a été publié chez Albin Michel en 1999.

consacré, est infondé sur le plan historique et délibérément provocateur. La vérité est qu'Eugenio Pacelli comprit très tôt la nature « diabolique » du nazisme et souffrit à en pleurer de la tragédie du peuple juif. Au-delà des circonstances particulières de l'éducation reçue et de la hantise du communisme, sa passivité fut surtout le fait de son tempérament. Il vit les choses avec clarté, mais ne réussit pas « à sauter par-dessus son ombre », comme le dit un proverbe allemand. Il choisit donc de garder son Eglise en dehors, de ne pas prendre parti, se considérant comme « le père universel ».

Sous son aspect austère et hiératique, c'était un timide qui avait étudié la diplomatie et qui était enclin à remplir ses devoirs avec une prudence aussi méticuleuse que bureaucratique. Il avait face à lui de véritables fauves qu'il s'efforça de calmer par la médiation et certaines précautions, notamment parce qu'il voyait dans l'Allemagne d'Hitler un rempart contre le bolchevisme. L'ambassadeur Ernst von Weizsäcker le décrit dans ces termes : « Trop fin, trop sage, trop prudent, trop diplomate, un général d'état-major de la meilleure espèce, à ceci près qu'il n'a jamais mis les pieds au front. » Plusieurs épisodes, dont certains révélés récemment, confirment le jugement éclairé de ce diplomate.

L'historienne Emma Fattorini a retrouvé un document très éloquent qu'elle cite dans son livre *Pie XI, Hitler, Mussolini. La solitudine di un papa*[1] (« Pie XI, Hitler, Mussolini. La solitude d'un pape »). On y découvre que peu de temps avant de mourir, son prédécesseur Pie XI avait préparé un discours qui condamnait le climat d'hypocrisie et d'espionnage que le régime fasciste avait instauré dans le pays et vis-à-vis de l'Eglise, et se dressait

1. Publié en Italie aux Editions Einaudi en 2007.

avec une force quasi prophétique contre « la folie homicide et suicidaire des armements ». Le pape Ratti voulait le prononcer le 19 février 1939 à l'occasion du dixième anniversaire de la Conciliation, ce qui inquiétait beaucoup les fascistes et Mussolini, qui avaient entendu parler de son intention. Cependant, la maladie grave dont souffrait le pape l'emporta le 10 février, neuf jours avant la date prévue de son discours.

Dès le décès du pape, Pacelli, en sa qualité de secrétaire d'Etat, ordonna la destruction immédiate du discours, bien que les archives en aient gardé le brouillon. Ce ne fut pas le geste d'un timide. Ce fut même un acte impérieux dicté par la certitude d'être dans le vrai, c'est-à-dire d'œuvrer pour le bien de l'Eglise à une époque de vifs contrastes, avec une guerre que l'on savait imminente et qui d'ailleurs éclaterait en septembre de la même année. Pacelli ne se limita pas à cela. Il ordonna aussi que l'on ne divulgue pas l'encyclique *Humani generis unitas*[1], où Pie XI condamnait les totalitarismes fondés sur la divinisation de l'Etat, de la race, de la classe sociale – et donc le bolchevisme, mais aussi le nazisme. Cette encyclique avait été commandée par le pape Ratti au jésuite américain John LaFarge et devait retentir comme la condamnation définitive de la part de l'Eglise de l'antisémitisme et du racisme selon l'unité du genre humain, justement. Dans ce cas aussi, Pacelli ordonna que le texte soit archivé.

Un épisode peu connu qui date de 1938 illustre assez bien, en la confirmant, la différence de tempérament entre Pie XI et son successeur Eugenio Pacelli. Le 15 novembre de cette année-là, deux jours avant que Mussolini promulgue les lois sur la défense de la race, le pape Ratti envoie au quotidien

1. Unité du genre humain.

L'Osservatore Romano une note dans laquelle il dénonce ces lois, notamment en ce qui concerne les mariages mixtes entre Juifs et chrétiens. Le quotidien, cependant, ne publie qu'une version édulcorée du petit article qu'a préparé le pape. Quelques jours plus tard, une fois passée la crise de la maladie qui devait emporter le pape quelques mois plus tard, celui-ci s'enquiert de la personne qui a ainsi remanié son texte. Pacelli répond promptement : « C'est moi. » Selon les documents relatifs à cet épisode retrouvés dans les archives du Vatican, l'historien catholique Giovanni Sale raconte que le pape Ratti, connu pour son tempérament énergique, « fut très peiné par ces mesures raciales et demeura amèrement tendu jusqu'à la fin de ses jours ». Le plus « diplomatique », bien que moins énergique, Eugenio Pacelli ne le fut pas autant.

La différence entre les deux papes est d'ailleurs immédiatement perçue par les services secrets nazis. Pacelli est élu pape le 2 mars 1939. Le lendemain, l'ambassade nazie à Rome envoie une note de service à Berlin, où l'on peut lire : « Pacelli ne partage pas la politique violente de Pie XI [...] au contraire, il s'est efforcé à plusieurs reprises de trouver des compromis et a exprimé son souhait d'entretenir des relations amicales avec notre ambassade. » C'est donc ainsi que les nazis avaient interprété l'encyclique *Humani generis unitas* que Pie XI avait l'intention de rendre publique : une politique violente.

Quelles que soient ses raisons, le « silence » de Pie XII est indéniable. Un trait qui pèse sur sa figure historique peut-être au-delà de ses torts avérés : la précaution, la prudence, l'indécision. Dans une monarchie absolue comme l'Eglise catholique où le souverain pontife est tenu pour « infaillible », les mérites et les fautes ont tendance, eux aussi, comme poussés par une force d'inertie, à se concentrer sur celui qui la représente officiellement. Si on observe les faits, on voit qu'en réalité l'attitude des différentes structures ecclésiastiques fut plutôt ouverte. Beaucoup d'antifascistes et de Juifs furent accueillis dans les couvents et les églises, les plus chanceux – en général des catholiques de premier plan, comme Alcide De Gasperi[1], par exemple – au Vatican même. Il est vrai qu'à la fin de la guerre, beaucoup de chefs fascistes et de criminels nazis bénéficient d'un soutien similaire, soit recevant des passeports flambant neufs, soit s'embarquant pour l'Amérique du Sud grâce à ce qui sera appelé « *the rat line* » (« la ligne des rats »).

L'histoire de Pie XII est résolument tragique, tant pour ce qu'elle représenta à l'époque que pour les effets qu'une attitude plus ferme aurait – peut-être – pu avoir. En ces années, l'Eglise aurait eu besoin d'un pape visionnaire, capable de montrer au monde les valeurs profondes de l'Evangile plus que la prudence de sa diplomatie. Il n'en fut pas ainsi. Au troisième tour de scrutin, le conclave élut Pacelli, qui n'avait rien d'un prophète. Si le résultat fut atteint rapidement, il ne fut pas unanime. Monseigneur Tardini, grand collaborateur de Pie XII, expliqua ainsi les divergences rencontrées au cours du conclave : « Le cardinal Pacelli est un homme de paix, et le monde d'aujourd'hui a besoin d'un pape de guerre. » Tardini lui-même, probablement, n'imaginait pas à l'époque, à quel point son appréciation était juste.

Au cours des années, depuis que la question a été posée, la figure de Pie XII a été jugée de différentes manières. A la position sûrement extrême du dramaturge allemand Hochhuth,

1. De 1945 à 1953, il dirigera huit gouvernements successifs de la jeune République italienne.

les hiérarchies vaticanes ont opposé une défense de son image tout aussi irréductible : en sous-estimant, voire en dissimulant des éléments de jugement objectifs, elles n'ont sans doute pas contribué à instaurer le dialogue.

Le 12 mars 2000 dans la basilique Saint-Pierre, le pape Jean-Paul II a demandé solennellement pardon pour les erreurs et les fautes commises par les fils de l'Eglise envers les Juifs, dès la naissance de Jésus. Il va de soi, qu'il ne pouvait pas préciser s'il évoquait aussi les fautes – ne serait-ce par omission – de son prédécesseur Eugenio Pacelli. Quoi qu'il en soit, le geste fut accueilli comme une attitude positive, malheureusement contredite par son successeur Benoît XVI, qui, en décembre 2009, a loué les « vertus héroïques » de Pie XII. Amos Luzzatto, président émérite des Juifs italiens, a commenté ainsi ces paroles : « J'ignore ce que la théologie entend par "vertus héroïques". Quant au sens commun du mot, un "héros" est celui qui risque sa vie pour en sauver d'autres. » Le pape Pacelli ne l'a jamais fait. Il eut d'autres qualités : ce fut un diplomate habile, un pasteur prudent, un médiateur avisé. Certainement pas un héros.

XIV
La jeune fille disparue

A Rome, le corso Rinascimento débouche sur un ensemble désordonné mais fascinant de places et d'élargissements de la chaussée qui témoigne de la complexité de l'évolution de l'urbanisme à cet endroit. On n'y dénombre pas moins de quatre places : Cinque Lune, Saint-Apollinaire, Saint-Augustin et Tor Sanguigna. Elles sont toutes remarquables, la moins « réussie » sur le plan topographique étant justement celle qui porte le plus joli nom : la place des Cinque Lune (« des cinq lunes »). On dit que l'appellation vient de l'enseigne d'une *trattoria*[1] d'autrefois, qui affichait cinq croissants de lune.

La place Tor Sanguigna tire son nom de la tour de la famille éponyme appartenant à l'ancienne noblesse romaine : les Sanguigni. La construction date du XIIIe siècle, et bien que restructurée et désormais intégrée à des immeubles d'habitation, elle est toujours parfaitement reconnaissable. La petite place Saint-Augustin porte le nom de l'église où est conservée la célèbre *Madone des pèlerins* de Caravage ; à droite de l'église, une porte permet d'accéder à la bibliothèque Angélique, du XVIIe siècle, l'un des lieux les plus extraordinaires et méconnus de Rome.

1. Petit restaurant de cuisine familiale.

La place Saint-Apollinaire tire aussi son nom d'une église : celle-ci est très ancienne et portait autrefois le titre d'archi-presbytérat, car elle était confiée à un archiprêtre. Elle fut fondée par le pape Adrien Ier, qui la consacra au saint patron de la ville de Ravenne en 780. La basilique fut construite sur les fondations de cette première église par Benoît XIV (1740-1758), Prospero Lambertini de Bologne, dont Alberto Testoni, en 1905, fit le protagoniste de sa pièce de théâtre *Il cardinale Lambertini*. Connu pour son esprit libéral, ce pape s'illustra aussi par ses bizarreries ; par exemple, il avait l'habitude de ponctuer ses phrases d'un sonore « cazzo[1] ! ». Il le disait quand il était cardinal, il continua une fois devenu pape. Il paraît qu'il affirma un jour : « Je veux le sanctifier, ce mot, et accorder l'indulgence plénière à tous ceux qui le diront dix fois par jour. »

Bref, Lambertini était un pape simple et décontracté, qui se baladait dans la rue comme n'importe quel autre prêtre et aimait à se mêler au peuple. Certains historiens l'ont comparé au pape Roncalli. Il commanda au génial architecte Ferdinando Fuga (1699-1781) la reconstruction de l'église Saint-Apollinaire, où gît le compositeur baroque Giacomo Carissimi, qui en fut le maître de chapelle. Cependant, comme je l'ai évoqué au chapitre VIII du présent ouvrage, dans une des cryptes de cette même basilique est enterré aussi un dénommé Enrico De Pedis, dit « Renatino », l'un des chefs du tristement célèbre gang de la Magliana. C'est un lieu étonnant pour la sépulture d'un homme qui a consacré sa vie au crime : meurtres, vols à main armée et trafics de stupéfiants. Pour finir, il meurt assassiné par un gang rival, le 2 février 1990 : il

1. Interjection très courante en Italie – littéralement : « bite » –, qu'en français on traduirait par « merde », ou « con » à Marseille.

marchait dans la rue Pellegrino et il avait – semble-t-il – l'intention de changer de vie : il n'en eut pas le temps.

Qu'un bandit de son espèce ait obtenu une sépulture digne d'un pape ne doit pas surprendre outre mesure. Cela fut autorisé par le cardinal Ugo Poletti, vicaire de Rome, faisant suite au courrier de Vergari, aumônier de la prison romaine Regina Cœli, qui écrivait notamment : « Monsieur Enrico De Pedis a été un grand bienfaiteur des paroissiens les plus pauvres de la basilique, il les a aidés concrètement par des œuvres de bienfaisance à caractère religieux ou social [...] en sa mémoire, la famille poursuivra ces œuvres de charité. » Des arguments et une promesse qui ont dû sembler convaincants – ou pour le moins suffisants.

D'ailleurs, dans l'histoire, on observe quelques autres « exceptions » du même genre, toujours en vertu de dons généreux. La célèbre Fiammetta, prostituée de haut vol qui aurait dû être enterrée sans bénédiction selon la règle en vigueur, obtint au contraire une tombe dans l'église Saint-Augustin et l'honneur d'une place à son nom – la place Fiammetta, comme elle s'appelle encore aujourd'hui – non loin de là. Cela se passait au début du XVIe siècle : Fiammetta Michaelis, florentine d'origine, avait été la maîtresse de César Borgia du temps où celui-ci n'était encore que cardinal. On dit que dans ses dernières années, elle avait changé de vie et fait de nombreux dons à l'Eglise. Dans le texte *Dialogo dello Zoppino* (« Dialogue du boiteux ») attribué à Pietro Aretino dit l'Arétin, on peut lire : « Fiammetta fit une belle fin, j'ai vu sa chapelle à Saint-Augustin. » Il paraît, donc, qu'en mourant en février 1512, elle se soit rédimée.

En revanche, il n'y eut aucune rédemption de la part du gang de la Magliana. Dans les années quatre-vingt, il fut mêlé aux affaires les plus sanguinaires, tous domaines confondus :

des assassinats aux vols à main armée particulièrement violents en passant par l'affaire du banquier Roberto Calvi, de la corruption de fonctionnaires à vaste échelle jusqu'au tragique enlèvement d'Aldo Moro. De plus, Renatino et ses complices pourraient avoir pris part à la disparition de la jeune Emanuela Orlandi, quinze ans, à qui je consacre ce chapitre. Un drame qui commence un bel après-midi de juin sur la place des Cinque Lune. A proximité de celle-ci, se trouvent l'école de musique que fréquente la jeune fille, l'université pontificale et plusieurs internats. Tous ces lieux jouissent de l'extraterritorialité, c'est-à-dire qu'ils ne sont pas soumis à la juridiction italienne. C'est ici qu'Emanuela Orlandi a été vue pour la dernière fois, avant de disparaître à jamais ; c'est l'un des faits divers les plus mystérieux qui aient jamais eu lieu à Rome, aussi bien par son retentissement international que par l'impénétrable succession d'événements qui servit de théâtre au drame et par les doutes qui demeurent sur le mobile réel de l'affaire.

La dernière fois qu'un témoin oculaire voit Emanuela, c'est l'après-midi du 22 juin 1983, une journée comme tant d'autres dont personne ne peut prévoir la conclusion tragique. A l'époque, elle a quinze ans et elle est jolie comme le sont les jeunes filles qui commencent à devenir femmes. Elle vient de terminer sa deuxième année de lycée avec des résultats très moyens, dont une note sur son comportement en classe qui laisse supposer qu'elle est assez dissipée ; des résultats qui, d'ailleurs, contrastent singulièrement avec ceux de l'année scolaire précédente. Dans les années difficiles de l'adolescence, il arrive que les jeunes gens soient un peu perturbés : le plus souvent, ils gardent jalousement les raisons de ces troubles et ne les confient que difficilement. Quels pouvaient être les soucis d'Emanuela ?

Quoi qu'il en soit, la véritable particularité de la jeune fille est qu'elle est citoyenne du Vatican ; ce fait pourrait même être un élément déterminant dans l'histoire dont elle va être la protagoniste. La famille Orlandi est au service du souverain pontife depuis près d'un siècle. Le grand-père, Pietro, était l'écuyer de Pie XI avant d'être nommé commis et préposé au courrier du pape. Le père d'Emanuela, Ercole, a en quelque sorte hérité de son poste, car il est chargé de la distribution du courrier du Vatican, comprenant les invitations, les paquets et le courrier diplomatique. En vertu de cela, la famille Orlandi – qui a cinq enfants : quatre filles et un garçon – réside dans l'enceinte de la Cité du Vatican, dans un immeuble de quatre étages donnant sur la petite place Sant'Egidio ; trois autres familles habitent dans ce bâtiment qui accueille aussi l'aumônerie apostolique.

Cet après-midi-là, les parents d'Emanuela – Ercole et Maria – rendent visite à des parents à Fiumicino : ils dîneront avec eux, puis rentreront dans la soirée. En bonne mère de famille, Maria a laissé le dîner prêt pour les cinq enfants restés à Rome.

Peu après seize heures, Emanuela franchit la porte Sainte-Anne et quitte le Vatican pour se rendre à son cours de musique. Nous voici dans les sites évoqués au début du chapitre : l'école Tommaso Ludovico da Victoria dépend de l'Institut pontifical de musique sacrée – là où, si je peux me permettre un petit détour autobiographique, j'ai moi-même étudié l'harmonie et le contrepoint au début des années soixante-dix. L'école, dirigée à l'époque par une dénommée sœur Dolores, se trouve derrière le monumental palais Saint-Apollinaire. Emanuela prend des cours de flûte traversière et chante dans une des chorales de la cité vaticane ; elle fait preuve d'un goût certain pour la musique. On ignore si après avoir franchi la porte gardée par les suisses elle s'est dirigée vers l'école à pied ou en autobus. Les deux éventualités sont possibles, car, lorsqu'on connaît bien le chemin, la distance à couvrir ne dépasse pas les deux kilomètres. L'agent de la circulation Alfredo Sambuco et le policier Bruno Bosco sont de service devant *palazzo* Madame, siège du Sénat de la République : ils la remarquent sur le corso Rinascimento.

Mais dès les premiers témoignages, les versions sont déjà contradictoires. Sambuco dit avoir vu la jeune fille arriver depuis la place Cinque Lune, ce qui laisserait supposer qu'Emanuela a fait le trajet à pied, et poursuivi en direction du corso Rinascimento après avoir dépassé son école de musique. Le souvenir de Sambuco est encore plus précis : il dit l'avoir vue s'entretenir avec un homme d'une trentaine d'années, mince et élégant, à bord d'une BMW verte. Il ajoute que cela se passait aux alentours de dix-sept heures. Dans l'émission télévisée « Telefono Giallo[1] » à laquelle je l'invitai quelques années plus tard, il dit au contraire que cela se déroulait vers dix-neuf heures. Dans une interview postérieure, il revint sur sa première version, confirmant l'horaire de dix-sept heures. Son témoignage souffrait aussi d'autres contradictions. D'ailleurs, dès le début, tout dans cette histoire est confus et incertain, et cela semble devoir le rester.

L'agent de police Bosco ajoute un détail à la description de l'élégant trentenaire cité par le témoin précédent : il déclare textuellement que l'inconnu propriétaire de la BMW « parlait avec la jeune fille tout en lui montrant une sorte de sac à dos de type militaire portant l'inscription "Avon" et contenant probablement des cosmétiques de cette marque ». Comme le fait remarquer Pino Nicotri dans son ouvrage *Emanuela Orlandi, la*

1. « Telefono Giallo » (« Téléphone jaune ») était une émission télévisée très populaire, animée par l'auteur même de ce livre entre 1987 et 1992, consacrée à des affaires judiciaires en cours. L'adjectif « jaune », en italien, correspond au « noir » du roman policier français.

verità[1], un échantillon de cosmétiques dans un sac de camouflage, ce n'est pas très cohérent en 1983.

Quoi qu'il en soit, après avoir quitté son cours de musique un peu en avance, Emanuela téléphone chez elle. En l'absence de sa mère, elle parle avec sa sœur Federica, l'informant qu'elle vient de recevoir une proposition de travail de la part d'un inconnu. Il s'agit de « distribuer des produits de beauté pendant un défilé des sœurs Fontana [*légendes de la haute couture romaine*] à la salle Borromini du corso Vittorio Emanuele ». Il lui propose une rémunération de trois cent soixante-quinze mille lires. A l'époque, c'est une somme énorme pour un travail de deux ou trois heures, à moins que cela ne cache un traquenard. En effet, l'histoire suscite la méfiance de Federica, qui conseille à sa sœur de ne pas accepter et de rentrer à la maison.

Toujours vers dix-neuf heures, une camarade de lycée, Raffaella Monzi, rejoint Emanuela et lui tient compagnie en attendant l'arrivée du mystérieux trentenaire à la BMW verte. Une demi-heure plus tard, Raffaella quitte son amie pour rentrer chez elle en autobus. En partant, elle a le temps de voir Emanuela s'entretenir avec une femme. Cette dernière n'a jamais été identifiée.

Au matin du jeudi 23 juin, Natalina, l'aînée de la fratrie, signale la disparition d'Emanuela à l'inspecteur de sécurité publique au Vatican. Dans sa déposition, elle précise les déplacements et les horaires que j'ai sommairement résumés ci-dessus. Le soir même, le pape Jean-Paul II rentre à Rome de sa visite en Pologne. Certains parlent d'une nervosité diffuse parmi les personnalités de sa suite. On évoque la crainte d'un nouvel attentat, mais on peut aussi supposer qu'elle est due à la disparition de la jeune citoyenne du Vatican.

1. Baldini & Castoldi Dalai Editeur, Milan, 2009.

Quoi qu'il en soit, au-delà du drame en soi et de la douleur de la famille, pour mieux saisir l'ampleur de l'affaire, il faut rappeler l'atmosphère politique mouvementée qui sert de toile de fond à l'« enlèvement » d'Emanuela.

En premier lieu, le pape polonais vient d'effectuer un deuxième voyage dans son pays d'origine, sachant que celui de 1979 a alarmé Moscou et suscité la colère soviétique par son caractère manifeste de défi. En Pologne, les chefs du syndicat catholique Solidarnosc ont été emprisonnés quelque temps sur ordre du général Jaruzelski. Le président polonais n'a pas osé en faire plus, malgré les fortes pressions de Moscou, qui est allé jusqu'à lui demander d'empêcher la visite papale. Moscou craint, à juste titre, ce qui ne manque pas d'arriver : de grandes manifestations populaires dont le caractère anticommuniste et antisoviétique prévaut largement sur l'aspect religieux.

La curie romaine est partagée sur l'attitude à adopter vis-à-vis de l'URSS et du bloc soviétique. Se souvenant de l'enseignement de Paul VI, le secrétaire d'Etat, Agostino Casaroli, et Achille Silvestrini, « ministre des Affaires étrangères », préféreraient une diplomatie « soft » avec l'Est communiste, dans le genre de l'Ospolitik de la République fédérale allemande du chancelier Willy Brandt. Le pape Jean-Paul II, au contraire, est sûr de pouvoir asséner le coup de grâce aux régimes soutenus par Moscou, à commencer par celui de son pays, la Pologne. Il est conscient d'avoir suffisamment d'énergie, de charisme, de lucidité, et aussi les moyens financiers adéquats ; de plus, il sait que son action est dans l'air du temps et que l'époque est prête à un tel tournant. Un défi de longue haleine qui dure pendant plus de dix ans et dont l'issue est à présent sous nos yeux : la chute du mur de Berlin à l'automne 1989, puis l'effondrement de l'Union soviétique, en 1992. Ces grands événements ont-ils vraiment un rapport avec la disparition d'une jeune fille de quinze ans à Rome ?

Une deuxième particularité de cette époque mouvementée est liée à l'attentat dont fait l'objet Jean-Paul II sur la place Saint-Pierre le 13 mai 1981 : le Turc Mehmet Ali Ağca le blesse grièvement de deux coups d'arme à feu. A quelques millimètres près, l'un des deux coups aurait été mortel. Certains fidèles crient au miracle. Autre détail troublant : trois jours auparavant, le photographe du quotidien du Vatican *L'Osservatore Romano*, Arturo Mari, a pris des photos lors de la visite du souverain pontife dans une paroisse romaine. En observant très attentivement ces images, on découvre dans la foule le visage du jeune Turc ou d'un sosie qui lui ressemble comme deux gouttes d'eau.

Une troisième particularité concerne une autre jeune fille romaine, Mirella Gregori, du même âge qu'Emanuela, dont les parents tiennent un café dans la rue Volturno : elle aussi a disparu quelques semaines auparavant, le 17 mai 1983. Les deux disparitions sont mises en relation par les chroniqueurs et on formule plusieurs hypothèses sur le double enlèvement : une tentative de chantage pour libérer le tueur à gages turc, la traite des blanches, les circuits de la prostitution, de lointains harems en Orient, etc. Cependant, les destins des deux jeunes filles diffèrent : ils sont tout aussi dramatiques, mais pour des raisons différentes. C'est l'avis de la juge d'instruction Adele Rando, qui mène une longue enquête sur l'affaire. Dans son jugement de 1997, elle dit croire à « l'instrumentalisation de la similitude entre les deux disparitions, vraisemblablement pour entraver l'investigation sur l'affaire d'Emanuela, la rendant encore plus inextricable ».

Encore aujourd'hui, nous ignorons si les deux affaires sont ou non liées. Celle d'Emanuela est restée plus longtemps d'actualité en raison des développements qu'elle a connus, c'est pourquoi notre récit va se recentrer sur son histoire. Selon une hypothèse qui ne manque pas de logique bien qu'elle ne soit pas prouvée, on peut dire que le flot d'indices et de rumeurs sur sa disparition – et sur sa mort vraisemblable – a été un jeu complexe mis en place de plusieurs côtés afin d'éloigner les enquêteurs de la solution, ou pour en tirer on ne sait quel profit ou avantage. Cette théorie a fait l'objet de très bons livres qui suggèrent plusieurs mobiles plausibles. Plutôt que d'entrer dans des détails compliqués, je m'efforcerai d'isoler quelques épisodes et personnages d'une trame qui semble tissée avec beaucoup d'intelligence par des experts en communication et en contre-information – aidés parfois par le pur hasard – indépendamment des criminels professionnels.

Mehmet Ali Ağca est longtemps l'un des protagonistes de l'affaire : il est condamné à perpétuité pour l'attentat perpétré contre le pape, mais il est libéré de la prison d'Ankara le 18 janvier 2010 « après avoir purgé sa peine ». Le fait qu'il ait fourni différentes versions concernant les mobiles de son geste et le sort d'Emanuela est en soi la preuve d'une ambiguïté de fond motivée par des raisons obscures ou de mystérieux calculs.

En effet, Ali Ağca lui-même avoue au juge Martella qu'avec certains de ses complices, il a établi, au cas où il serait arrêté, qu'il ferait tout pour dérouter les enquêteurs en entrelaçant les aveux et les mensonges. Lors d'une audience au tribunal, il déclare qu'Emanuela a été enlevée par la loge P2 de Licio Gelli : « Ces gens savaient que je suis Jésus-Christ. Ils voulaient que je m'introduise au Vatican pour me manipuler... » Quelques jours plus tard, il se rétracte : « J'ai parlé de la loge P2 parce que les Loups gris et les Bulgares ont kidnappé Emanuela. Ils voulaient que je crée la confusion au procès pour discréditer la presse occidentale qui accuse l'URSS et la Bulgarie de favoriser le terrorisme international. »

Sept ans après la disparition d'Emanuela, Ali Ağca affirme avoir reconnu dans un dénommé Ates Bedri, un Turc détenu dans la prison française de Poissy, son ami Oral Çelik qui, selon ses dires, aurait organisé l'enlèvement de la jeune fille. En 1993, interviewé par Antonio Fortichiari de l'hebdomadaire *Gente*, il assure que la disparition d'Emanuela fait partie d'un complot international contre le Vatican où la jeune fille sert d'appât, c'est-à-dire de contrepartie dans un chantage aux raisons inavouables dont l'Eglise est victime. Cette hypothèse, polluée par des inventions pures et simples, passe presque inaperçue dans un premier temps. Les derniers développements de l'affaire montrent en revanche qu'elle est tout à fait plausible, bien que ses motivations diffèrent.

En 1997, dans une lettre adressée aux juges Imposimato et Martella, Ali Ağca reprend sa version précédente. Il écrit qu'il a travaillé sur ordre des services secrets bulgares et soviétiques – le KGB – et que l'enlèvement servait à faire pression pour qu'il soit libéré de prison. A cette même époque, il écrit à Ercole Orlandi pour le rassurer sur le fait que sa fille « va bien, et que son intégrité physique et morale est garantie de manière absolue ». A une autre occasion, il avait dit en revanche que la jeune fille était morte ; une autre fois encore que Mirella et Emanuela vivaient désormais au Liechtenstein : « Elles n'ont jamais été enlevées, elles sont au Liechtenstein. Ce n'est qu'une intrigue internationale. »

Le juge d'instruction Rosario Priore établit que l'homme n'est pas fiable, et ajoute « qu'on ne peut pas fonder un procès sur un tel personnage ». La seule certitude dans ce mélange de mensonges et de récits invraisemblables – certains dus au calcul, d'autres à son seul désordre psychique – est que leur auteur tient en haleine les enquêteurs en tissant ensemble des bribes de vérité, des phrases repérées dans la presse et de vagues promesses, avec pour résultat de rester très longuement au centre de l'attention. Il craint peut-être que, si on l'oublie, il lui arrive un regrettable accident. Nous ignorons s'il a dit la vérité au pape le 27 décembre 1983, quand celui-ci lui rendit visite pour un échange confidentiel dans la prison de Rebibbia. En admettant, bien sûr, que lui-même connaisse la vérité.

Une autre figure de premier plan est le pape Jean-Paul II en personne. Comme nous l'avons vu, il rentre de son voyage en Pologne le lendemain de la disparition d'Emanuela. Quelques jours plus tard, le dimanche 3 juillet, de sa fenêtre sur la place Saint-Pierre, il prononce ces mots au moment de la prière de l'Angelus : « Je souhaite dire aux parents d'Emanuela à quel point je leur suis proche dans la douleur pour la disparition de leur fille, depuis le 22 juin dernier. Pour autant, je ne perds pas espoir dans l'humanité de ceux qui en sont responsables. » Des mots imprudents, qui laissent supposer qu'Emanuela n'est pas partie volontairement, mais a été kidnappée. Une possibilité que jusque-là personne n'a encore évoquée. Des mots qui n'échappent pas aux oreilles de plusieurs services secrets, notamment ceux de la République démocratique allemande, dirigés par Markus Wolf dit « Misha », si célèbre qu'il figure même dans les romans de John Le Carré sous le nom de code de « Carla ».

Comment se fait-il que le pape et la diplomatie vaticane, d'habitude si prudente, commettent une telle erreur ? Et s'il ne s'agissait pas d'une erreur, mais d'un geste délibéré ? On a formulé l'hypothèse que ces mots – sans que le pape en soit forcément conscient – avaient pour but de dissimuler les véritables raisons de la disparition d'Emanuela : détourner l'attention d'un crime ou d'un accident inavouable qui aurait pu avoir lieu au sein même de la Cité du Vatican.

Pendant des mois, la famille Orlandi – ainsi que celle de Mirella Gregori – fait l'objet d'un nombre incalculable de coups de fil anonymes. Des voix mystérieuses qui se réclament parfois d'organisations tout aussi mystérieuses, proposent des échanges, des débuts de négociation et des conditions diverses pour libérer leur fille. Ces interlocuteurs anonymes s'expriment parfois dans un italien impeccable, parfois avec un accent étranger qui selon les enquêteurs est manifestement simulé. Aucun d'entre eux n'a fourni la moindre preuve d'être véritablement en mesure de libérer Emanuela, ni même qu'elle soit encore en vie. Les seuls témoignages concrets que la famille obtient sont une photocopie de sa carte de l'école de musique, le récépissé de paiement pour l'inscription à un examen et un billet portant la phrase manuscrite « De tout mon cœur, votre Emanuela ». Des documents qu'on peut lui avoir volés – morte ou vivante –, ou avoir subtilisés au secrétariat de l'école. Lors d'un de ces appels, une voix – qui a un accent américain si marqué qu'il frôle le ridicule – entretient le dialogue suivant avec les parents :

Interlocuteur : Maintenant, vous écoutez bien cet enregistrement.

Parent : D'accord, mais faites-le moi écouter lentement, s'il vous plaît.

Interlocuteur : Ecoutez bien, nous n'avons que quelques instants... Celle-ci être votre fille.

Parent : D'accord, mais laissez-moi bien l'écouter.

Interlocuteur : *Okay, one moment... All right, okay, let's go, let's go.*

Voix de jeune fille : Deuxième année de l'Institut national Vittorio Emanuele. L'année prochaine, je devrais être en troisième année. / Deuxième année de l'Institut national Vittorio Emanuele. L'année prochaine, je devrais être en troisième année. / Deuxième année de l'Institut national Vittorio Emanuele [...]. [*Et ainsi de suite, sept fois d'affilée.*]

On réalise une étude approfondie de ces communications. Un rapport des services secrets italiens qui date du mois de novembre 1983 détaille un certain nombre de caractéristiques de l'auteur présumé. On le décrit comme étant « de nationalité étrangère, vraisemblablement de culture anglo-saxonne », d'un « niveau intellectuel et culturel extrêmement élevé », ayant fait des études d'italien, mais aussi de latin ; connaissant bien la ville de Rome, étant bien renseigné sur le droit italien et sur la structure logistique du Vatican, « faisant partie de la communauté ecclésiastique (ou y étant bien introduit) ». Un portrait-robot, en quelque sorte.

Un jour, l'agence de presse italienne Ansa de Milan reçoit un message signé « Dragan », écrit dans un italien approximatif. On peut y lire notamment : « Emanuela était fille bien, nous voulions la sauver, mais vous avez été méchants ; elle pas mérité ça. Peut-être vous ne trouvez plus son corps, mais Aliz a été horrible, lui ne peut pas être Turkesh, nous Turkesh ne tuons pas ; nous, bons. Emanuela pleurait toujours, voulait retrouver vie. Elle très triste, combien de fois elle essayer s'enfuir, et Aliz l'a frappée, il faut pas frapper âmes si gentilles. Mon nom est

Dragan et je viens de pays slave, c'est peut-être pourquoi je ne saisis pas hostilité Aliz, pourquoi lui tuer Emanuela, maintenant, moi je m'enfuis avec Mirella [...] », et ainsi de suite.

C'est un italien tellement sommaire qu'on ne peut pas s'empêcher de penser à une simulation. En effet, on voit mal comment quelqu'un qui s'exprime dans une langue aussi rudimentaire utilise le verbe « saisir » au lieu du plus courant « comprendre », ou bien « hostilité » qui relève d'un autre niveau de langue.

Il s'agirait donc d'un groupe d'imposteurs qui nagent en eau trouble. Voici ce qu'en dit Giovannni Malerba, substitut du procureur : « Ce groupe comprenait des mythomanes, des illuminés, des radiesthésistes, des médiums et des voyants en tout genre, arnaqueurs, profiteurs, détenus et malfrats en fuite essayant de tirer de là des avantages dans leurs procès. » Mais les choses sont encore plus compliquées. Deux journalistes étrangers sont impliqués dans cette ténébreuse intrigue. Le premier, Richard Roth, correspondant à Rome de la chaîne américaine CBS, reçoit un jour une enveloppe en provenance de Boston. Le message demande une nouvelle fois la relaxe d'un certain nombre de détenus turcs, parmi lesquels Ali Ağca, en échange de la libération d'Emanuela. L'étude des experts demandée par le juge Domenico Sica – l'un des nombreux magistrats en charge de l'affaire au cours des longues années de l'enquête – certifie que le message est authentique et, surtout, que son auteur semble connaître le contenu d'une lettre envoyée à la famille de Mirella par le président de la République Sandro Pertini. Dans ce cas précis, il ne s'agit donc pas de mythomanes, mais de gens du métier, capables de se procurer des informations confidentielles.

La deuxième personne est l'Américaine Claire Sterling, journaliste et écrivaine, spécialiste de l'Italie. Publié dans le *New*

York Times, l'un de ses articles met l'accent sur une hypothèse qui jusque-là n'a circulé qu'en coulisses : toute l'affaire aurait été organisée par les services secrets bulgares pour le compte de l'Union soviétique. La théorie se fonde sur le fait que Moscou et le bloc de l'Est ont tout intérêt à déstabiliser le pouvoir de Jean-Paul II avant que celui-ci ne mette à mal le système communiste en Europe. Bien que journaliste réputée, connue pour son sérieux professionnel, Claire Sterling fait preuve d'un anticommunisme si vif qu'on la soupçonne de travailler pour la CIA, ce qui n'a cependant jamais été prouvé.

Ce qui l'a été en revanche, c'est qu'à un moment donné les services secrets est-allemands se mêlent de l'affaire, et plus précisément le Xe département de la Stasi, chargé de la désinformation. Le 4 août, l'Ansa de Milan reçoit un recommandé avec accusé de réception (sic !) signé par un soi-disant « Front de libération turc antichrétien Turkesh ». On peut y lire : « Notre prisonnière Emanuela Orlandi sera exécutée le jour chrétien 30 octobre vous savez que cette date est la capitulation de notre pays sacré et invincible dans l'an de grâce 1918 [...] » et ainsi de suite. Encore une fois l'italien est approximatif et bancal, mais cette fois la formule évoque la fin de la Première Guerre mondiale.

L'ambassade turque en Italie s'empresse de préciser que le Front Turkesh n'existe pas. Cependant, certaines personnes – dont la famille d'Emanuela et l'un de ses avocats, choisi et payé par les services secrets italiens – semblent prêter foi à la « lettre recommandée ». D'autres communiqués seront envoyés par ce mystérieux front antichrétien. Quand la République démocratique allemande disparaîtra comme le reste du bloc communiste, le colonel Bohnsack, collaborateur de Markus Wolf, déclarera dans une interview accordée au quotidien *La Repubblica* qu'à l'époque, ce département de la Stasi était chargé de « l'opération Papst », c'est-à-dire de créer une fausse piste turque pour détourner l'enquête de la Bulgarie, pays ami et allié.

Le « Groupe Phoenix » est un autre des mystérieux interlocuteurs qui se glissent dans cette affaire de plus en plus complexe. Ses membres font parvenir un message où l'information qu'Emanuela a été assassinée est suivie de propos moralisateurs tels que : « Lourde est la faute de s'être taché d'un tort si grave sur une si jeune vie. » Quelques mois plus tard, le Front Turkesh refait surface pour communiquer ses conditions pour la libération de la jeune fille, laissant donc entendre qu'elle est encore en vie. Quelques semaines après, une troisième organisation se manifeste, la Nomlac, acronyme de Nouvelle Organisation musulmane pour la lutte antichrétienne, qui écrit : « La jeune fille n'est pas entre les mains du Front de libération turc antichrétien Turkesh, elle est en Europe [...] », etc. Bref, si ce n'était pas un drame humain – car Emanuela a vraiment disparu –, tout cela ressemblerait à une farce, grotesque certes, mais savamment orchestrée pour rendre l'affaire inextricable.

Aucune de ces fantomatiques organisations ne fournira jamais la moindre preuve qu'Emanuela est vivante, comme on aurait pu s'y attendre s'il s'agissait vraiment d'un enlèvement, d'autant plus si ce dernier suivait un but politique. La juge d'instruction Adele Rando écrit dans son jugement « avec l'intime conviction » que le mobile politique ou la piste terroriste n'ont été « qu'une habile manœuvre de dissimulation du véritable mobile de l'enlèvement d'Emanuela Orlandi [...] Après sept années d'enquête, le mobile politico-terroriste s'est révélé sans fondement ». Un autre magistrat, Severino Santiapichi, président de la cour d'assises de Rome, déclare : « La disparition d'Emanuela Orlandi n'a rien à voir avec l'affaire montée par la suite. »

La hiérarchie du Vatican figure, collectivement parlant, parmi les grands protagonistes du mystère. Beaucoup de magistrats ont souligné que non seulement le Saint-Siège n'a pas facilité les enquêtes, mais de plus s'est souvent montré réticent à collaborer et a même entravé les actions. En février 1994, la juge Adele Rando écoute le témoignage du préfet Vincenzo Parisi, directeur adjoint des services secrets italiens, qui dit avoir rencontré monseigneur Dino Monduzzi, régent de la maison pontificale où travaillait Ercole Orlandi, en juillet 1983. La rencontre a donc eu lieu peu de temps après la disparition d'Emanuela, mais elle est restée secrète pendant plus de dix ans.

Que dit Parisi ? Il dit « que l'on percevait une retenue constante de la part du Saint-Siège qui empêchait, de fait, toute étude approfondie [...] on pouvait exclure la moindre volonté de collaborer aux progrès de l'enquête ». Avant d'ajouter textuellement : « J'estime que les investigations sur l'affaire ont été polluées précisément par les réticences de l'Etat italien et du Saint-Siège ; tout le déroulement de l'affaire a été caractérisé par des initiatives de désinformation, dont le but manifeste était d'égarer les enquêteurs, semant le doute dans leur esprit. » La juge s'approprie cette analyse, notant en marge du jugement que ces déclarations recoupent « la conviction mûrie progressivement » dans son bureau.

La magistrature italienne va jusqu'à envoyer des commissions rogatoires « à l'autorité judiciaire compétente » de la Cité du Vatican, lesquelles, cependant, sont toutes restées sans véritable réponse, sous différents prétextes. Quant à monseigneur Monduzzi, interrogé sur sa rencontre avec Parisi, il se limite à dire qu'elle n'a purement et simplement jamais eu lieu. Le préfet ne peut pas le contredire, car entre-temps il est décédé.

A noter que dans son réquisitoire, Giovannni Malerba, substitut du procureur, s'attarde sur le témoignage de Parisi en rappelant lui aussi sa déposition : « J'estime que les investigations sur l'affaire ont été polluées précisément par les réticences de l'Etat italien et du Saint-Siège ; tout le déroulement de l'affaire a été caractérisé par des initiatives de désinformation, dont le but manifeste était d'égarer les enquêteurs [...]. »

En d'autres termes, tous les fonctionnaires de la République qui se sont occupés de l'affaire, ministère public, juges d'instruction, dirigeants des services secrets, se sont heurtés à l'absence de collaboration des autorités vaticanes. A titre d'exemple, le motif fourni pour justifier le refus opposé à une des commissions rogatoires reçues fut la suivante : « Aucune enquête judiciaire n'a été ouverte par la magistrature vaticane s'agissant de faits qui ont eu lieu en dehors du territoire d'Etat », c'est-à-dire en Italie. Les autorités vaticanes ne mettent même pas en place une ligne téléphonique directe pour permettre aux « ravisseurs » de contacter rapidement ceux qui pourraient donner suite à leurs requêtes.

Les actes du procès font état d'un témoignage qui révèle de manière explicite ce refus de collaborer. C'est l'enregistrement d'un appel téléphonique du 12 octobre 1983, à dix-neuf heures cinquante-trois, entre quelqu'un de non identifié, appelé « chef » dans la conversation, et le numéro deux de la police vaticane, Raoul Bonarelli, qui doit être interrogé par les magistrats italiens le lendemain de cet échange. En voici quelques extraits :

Chef : Allô !

Bonarelli : Oui, je vous écoute...

Chef : Qu'est-ce que tu sais d'Orlandi ? Rien ! Nous, on ne sait rien !...On sait ce qu'en disent les journaux, les informations qui viennent de l'extérieur ! C'est hors de notre compétence... de l'ordre italien.

Bonarelli : Ah bon, c'est ça que je dois dire ?

Chef : Eh ben... Qu'est-ce qu'on sait, nous ? Si tu dis : « Moi, je n'ai jamais fait d'enquête » [...] Le bureau a enquêté à l'intérieur [...] Ne dis surtout pas que c'est monté jusqu'au secrétariat d'Etat.

Bonarelli : Non, non... Moi, à l'intérieur je ne dois rien dire. Rien.

Chef : Oui, mais à l'extérieur... que c'est la magistrature vaticane qui s'en occupe. Mais de ce que tu sais, toi, tu ne dis rien, rien !

Bonarelli : Oui, mais s'ils me demandent si je suis employé par le Vatican, quel est mon travail... je ne sais pas moi, ils voudront m'identifier... ils doivent bien savoir qui je suis...

Chef : Que veux-tu qu'ils sachent ? Ils savent que tu travailles pour la sécurité de la Cité du Vatican, c'est tout !

Bonarelli : Bon, d'accord. Alors demain matin je vais faire ce témoignage et j'arrive après, c'est ça ?

Chef : Oui, c'est ça, tu viens après.

Dans l'un de ses discours, Jean-Paul II avait dit entre autres : « Je renouvelle l'expression de ma participation au chagrin que vivent les parents d'Emanuela. Pour ma part, je garantis que l'on fait tout ce qui est humainement possible pour contribuer à l'issue heureuse de cette douloureuse affaire. Plaise à Dieu qu'à la fébrilité de ces jours succède enfin la joie des retrouvailles de la jeune fille avec sa famille. » Nous ignorons jusqu'à quel point le pape était au courant des agissements de ses collaborateurs, mais ce qui est certain c'est que, quand il dit « on fait tout ce qui est humainement possible », cela ne correspond pas à la réalité.

D'ailleurs, les magistrats italiens se sont heurtés au même type d'attitude, négative et trompeuse, lors de l'enquête menée sur l'attentat perpétré contre le pape. En conclusion de son investigation laborieuse, le juge d'instruction Rosario Priore déplore que « les commissions rogatoires [envoyées à l'autorité judiciaire vaticane] n'aient pas obtenu les résultats espérés [...] Des initiatives qui souvent n'ont été suivies que par une réponse négative succincte [...] et n'ont donc été que purement formelles, alors qu'elles pouvaient, et devaient, être de nature substantielle. »

Le cardinal Silvio Oddi fournira un témoignage curieux. Interviewé en juillet 1993 par le quotidien romain *Il Tempo*, le haut prélat raconte l'épisode suivant : « Cet après-midi-là [*celui du jour de sa disparition*], Emanuela rentra chez elle dans la Cité du Vatican, après son cours de musique. On la vit arriver à bord d'une voiture luxueuse [...] je pense que le conducteur n'est pas entré [*dans l'enceinte du Vatican*] pour éviter que les gardes suisses ne le reconnaissent. La jeune fille, en revanche, passa devant les gardes et se dirigea vers son domicile. Elle y resta un moment. Plus tard, elle redescendit, monta à nouveau à bord de la voiture et partit. »

S'il avait peur d'être reconnu par les suisses, on peut supposer que l'homme au volant de la voiture était connu au Vatican. Interviewé quelques semaines plus tard dans l'émission télévisée « Mixer[1] », le cardinal ajouta : « Selon moi, Emanuela est entrée dans l'un de ces circuits de jeunes filles ou de jeunes femmes qui rêvent d'accéder à un milieu où elles

1. Emission d'actualité politique et culturelle, célèbre pour ses scoops journalistiques, diffusée sur Rai2 puis sur Rai3 de 1980 à 1998.

vivront mieux, où elles seront riches et épouseront un homme très aisé, où elles auront beaucoup d'argent [...] d'après moi, c'est ça le point de départ. » Le cardinal est encore plus explicite dans une de ses déclarations suivantes, celle qu'il accorde de nouveau au quotidien *Il Tempo* : « D'après certains témoignages que j'ai entendus par hasard, elle pourrait avoir échoué chez un sheikh, s'il est vrai que ces musulmans extrêmement riches commissionnent l'enlèvement de jolies jeunes filles européennes pour leurs harems. »

Le cardinal a déjà tenu des propos similaires en privé, sur le ton de quelqu'un qui parle d'un épisode réellement survenu et non du fruit de son imagination. Malheureusement, il se résout à parler seulement dix ans après les faits. S'il l'avait fait plus tôt, ses allusions auraient pu suggérer une nouvelle piste à explorer. D'autant plus que dans les actes de l'enquête sur l'affaire Orlandi, figure une lettre anonyme adressée à « Madame la Juge d'Instruction Adele Rando, Rome » qui fait état d'un épisode similaire. Envoyée depuis la Cité du Vatican en octobre 1993, la lettre porte le titre suivant : « Témoignage reçu en confession ». En voici le texte :

« La nuit du 22 juin 1983, Emanuela Orlandi monta dans une voiture au volant de laquelle il y avait [*nom et prénom d'un prélat bien connu*], actuellement en charge de [*fonction du prélat*]. Il la conduisit à Civitavecchia, où ils passèrent la nuit ensemble ; le lendemain matin, il la reconduisit à Rome, la laissant à proximité de la pyramide de Cestius, mais elle ne rentra pas chez elle, craignant la réaction de ses parents. Fin du récit de la confession. Je connais bien [*nom du monseigneur*], c'est un homme probablement trop attiré par la chair pour être prêtre, et il a toujours eu affaire avec des gens douteux. [...]

pour des raisons évidentes et en tant que religieux, je ne peux pas signer cette lettre. »

Les lettres anonymes acquièrent de la crédibilité seulement quand leur propos sont confortés par des preuves matérielles, et, dans ce cas précis, elles font défaut. Par conséquent, ce document ne peut être cité que parce qu'il figure dans les actes de l'enquête et qu'il coïncide substantiellement avec les souvenirs du cardinal Oddi, tout en répondant à la rumeur populaire.

La teneur de ces rumeurs, on la déduit facilement des allusions plus ou moins explicites contenues dans les documents et témoignages cités. On dit que la malheureuse Emanuela est décédée subitement, au cours d'une rencontre avec un haut prélat. Dès lors, le problème numéro un devient celui de se débarrasser du cadavre en évitant le scandale. D'où l'intervention de gangsters professionnels rompus à ce genre d'exercice.

Tout le reste – le complot international, le chantage et les services secrets – n'est qu'une couverture pour dérouter les enquêteurs et les éloigner de la réalité des faits. Une hypothèse qui s'enracine dans un lieu commun qui veut que les hauts niveaux des hiérarchies soient enclins aux plaisirs de la chair, de même qu'aux intrigues politiques et de cour. A un moment donné, cependant, cette théorie est devancée par une autre qui est restée longtemps en arrière-plan. Il s'agit d'une reconstitution tout à fait différente, mais qui ne manque pas de confirmations intéressantes.

En juin 2008, Sabrina Minardi – une femme proche de la soixantaine qui dans les années quatre-vingt a été la maîtresse du gangster Renatino De Pedis – raconte aux magistrats sa propre vérité, en donnant corps à un scénario sur l'enlèvement d'Emanuela qui jusque-là a été jugé peu crédible. Née dans une famille extrêmement modeste, Sabrina Minardi a eu une vie aventureuse. A peine âgée de vingt ans, elle épouse en premières noces le footballeur Bruno Giordano, célèbre buteur de l'équipe du Latium. Un amour né dans les ruelles du Trastevere couronné par la naissance d'une petite fille, Valentina, en 1981.

En plus d'être très belle, Sabrina possède ce type de beauté qui sait attiser le désir des hommes. Mais elle est très jalouse de son mari. Bruno aussi est bel homme et, qui plus est, il fait souvent la une des magazines accompagné de stars du grand écran. Leur relation devient orageuse, le mariage ne tient pas. Sabrina, cependant, a goûté à une vie qu'elle croyait n'exister qu'au cinéma : les beaux hôtels, les restaurants et les voitures de luxe, les bijoux, le champagne qui coule à flots... Après avoir quitté son mari, elle s'efforce de garder le même train de vie grâce à la drogue et à la prostitution. Ce qu'elle avoue à la police : « Je savais que je plaisais aux hommes et j'ai travaillé avec mon corps, j'ai gagné beaucoup d'argent. »

Puis, le printemps 1982 marque un tournant dans sa vie : attablée avec des amies dans un bar près de la place Navone, elle se voit apporter un bouquet de roses rouges et une bouteille de champagne. C'est un geste qui ne peut venir que d'un gentleman d'autrefois ou d'un gangster. Dans ce cas précis, c'est un gangster : Enrico De Pedis, dit Renatino, qui l'a remarquée et la regarde avec insistance, un large sourire aux lèvres, en signant ainsi son geste. Il est en train de devenir le big boss du gang de la Magliana, mais dans un premier temps il se présente modestement comme le directeur d'une chaîne de supermarchés. Plus tard, invitée à une célèbre émission télé, Sabrina dira de lui : « Il s'occupait de moi comme d'une enfant. Il m'emmenait au sauna du Grand Hôtel, on vivait comme dans *Le Parrain* [*le film*]. Il me faisait mille cadeaux, des valises Louis Vuitton pleines de billets de cent mille lires, il me disait : “Claque tout ! Si tu rentres sans les avoir dépensés, je ne t’ouvre pas la porte.” J’allais chez Bulgari ou chez Cartier et je payais comptant deux montres en or, les vendeurs pensaient que c’était le butin d’un vol à main armée. Je savais toujours les rassurer : “C’est mon mari qui me donne tous ces billets de banque ! C’est un type extravagant, vous savez...” »

Bref, leur histoire est un tissage serré de passion, de cocaïne, d’amitiés dangereuses et, parfois, d’affaires très troubles. Le conte de fées se poursuit jusqu’en novembre 1984, quand Renatino est arrêté. Fin de l’histoire. Dès lors commence le véritable déclin de Sabrina, car, quand son homme recouvre la liberté, le mélange enivrant de passion, de drogue et de complicité ne semble plus fonctionner, même si leur histoire se poursuit. En 1989, au bout de sept années d’amour-passion[1], Sabrina découvre que Renatino a épousé une femme qui ne fait pas partie du milieu, sans même le lui dire. Il s’enfuit au Brésil, mais rentre en Italie peu de temps après. Il rappelle Sabrina – son mariage est déjà fini –, lui propose de recommencer, de changer d’air : par exemple, d’aller s’installer en Polynésie, tous les deux. Elle est contente, mais ils n’auront pas le temps de mettre en œuvre leur projet. Au matin du 2 février 1990, pendant qu’il s’entretient avec un antiquaire de la rue Pellegrino, Enrico De Pedis est foudroyé par les balles de deux tueurs à gages arrivés à bord d’une grosse moto.

Avec le temps, Sabrina trouve la force de se désintoxiquer dans un centre de réhabilitation, même si l’abus d’alcool et de drogues a altéré ses traits et sa mémoire. En ce qui nous concerne, la question est de savoir quelle crédibilité on peut

1. En français dans le texte.

accorder à une femme à tel point maltraitée par la vie, qui fait ces aveux vingt ans après les faits. Dans son livre *Storie di alti prelati e gangsters romani*[1] (« Histoire de hauts prélats et de gangsters romains »), la journaliste Rita Di Giovacchino avance l'hypothèse que la version fournie par Sabrina est digne de foi, bien que les faits ne la confirment que partiellement. Notamment parce que cette femme n'a rien à y gagner : elle n'a ni comptes à régler, ni avantages à tirer en contrepartie de ce récit.

Résumée de manière extrêmement succincte, sa version des faits est la suivante : quelques jours après avoir été portée disparue, Emanuela se retrouve à bord de la voiture de Sabrina. De Pedis et un dénommé Sergio la font monter sans demander l'avis de la conductrice. Lorsque le véhicule arrive près d'une station-service à proximité de l'entrée du tunnel du Janicule, la malheureuse jeune fille est transférée à bord d'une Mercedes immatriculée Cité du Vatican, où l'accueille un homme en habit de prêtre. Sabrina précise qu'Emanuela était consciente, mais pas lucide : « Elle s'exprimait avec difficulté, avait du mal à articuler. »

La femme déclare aussi que la jeune fille a été emprisonnée dans une maison du quartier Monteverde, dotée d'un grand sous-sol. Quelques mois plus tard, son amant la conduit sur le chantier d'un vaste projet immobilier à Torvaianica, près de Rome. Ils sont rejoints par le dénommé Sergio, qui sort des sacs du coffre de sa voiture, les traîne jusqu'à la bétonnière et les jette dedans. Sabrina Minardi affirme qu'elle n'a pas vu le contenu de ces sacs. Elle n'en a eu que l'intuition, mais plus tard celle-ci serait confirmée indirectement par De Pedis : ils contenaient le corps d'Emanuela.

D'après Sabrina, l'enlèvement et le meurtre auraient été

1. Fazi Editeur, Rome, 2008.

le fruit d'un chantage, ou mieux d'un avertissement de type mafieux au Vatican. On aurait kidnappé cette jeune et innocente citoyenne pour rappeler à son Etat les accords pris et les sommes à rembourser ; des sommes très, très importantes.

Rappelons le contexte. Les revenus de cette véritable hydre du crime qu'est le « gang de la Magliana » sont devenus exorbitants. Ses membres se livrent à toutes sortes d'activités criminelles : du vol à main armée à l'extorsion de fonds, des enlèvements au trafic de drogue à l'échelle internationale avec le concours des bandes mafieuses siciliennes. On ne peut plus se limiter à utiliser ces énormes sommes d'argent pour l'achat d'appartements, de commerces et de bijoux pour les maîtresses des chefs. L'ampleur des profits appelle des investissements d'un autre ordre. Une bonne partie de ces sommes transitent par le circuit international du Banco Ambrosiano mis en place par Roberto Calvi, lequel, comme nous l'avons vu au chapitre « Les banquiers de Dieu », est en relation étroite avec l'Ior. La banqueroute du Banco Ambrosiano entraîne aussi la perte des sommes investies par la mafia et le gang de la Magliana. Selon les enquêteurs chargés du dossier de la mort de Calvi, le montant global avoisine les trois cents milliards de dollars.

Quand le banquier comprend qu'il se trouve dans une impasse, il essaie de s'en sortir en menaçant le Vatican : il laisse entendre qu'il pourrait révéler l'identité des véritables clients de l'Ior et où sont passés les milliards disparus. Comme nous l'avons vu, le malheureux Calvi finit pendu sous un pont de Londres.

La police trouve sans peine la maison mentionnée par Sabrina Minardi : l'intérieur correspond parfaitement à la description qu'elle en a faite, y compris le sous-sol, qui inclut une petite pièce garnie d'un simple lit de camp et de quelques affaires de base. Dans un coup de fil anonyme diffusé par l'émission « Chi l'ha visto ?[1] » (« Qui l'a vu ? »), l'un des ex-collaborateurs de De Pedis affirme qu'il connaît bien l'existence de ce sous-sol : « La maison de Monteverde était utilisée comme planque en cas de besoin. A une époque, Renatino aussi y a séjourné, après un accident de moto. » Parallèlement, cependant, il exclut l'implication de De Pedis dans l'enlèvement d'Emanuela.

Mais d'autres éléments indiquent le contraire. Sur certaines photos, y compris celle qui figure sur sa somptueuse sépulture à Saint-Apollinaire, Renatino ressemble de manière troublante au portrait-robot qui est fait par les deux témoins oculaires le jour de la disparition d'Emanuela. Même un colonel des carabiniers s'exclame en le voyant : « Mais c'est De Pedis ! »

Nicola Cavaliere, qui, à l'époque, était chargé de l'enquête sur l'enlèvement, se dit convaincu qu'il s'est agi d'un chantage exercé sur le Vatican. L'hypothèse est la suivante : après la mort de Calvi, les créditeurs « inavoués » de l'Ambrosiano – c'est-à-dire ceux qui ne peuvent pas défendre leurs droits par la voie légale – commencent à se demander comment récupérer leur argent. Ils ont versé ces sommes, sûrs de faire un bon investissement ; désormais ils découvrent qu'ils ont tout perdu, même le capital. Autre petite pièce du puzzle : en avril 1998, soit un mois avant le meurtre d'Alois Estermann, des dossiers disparaissent du coffre du colonel des gardes suisses, dont celui sur la disparition d'Emanuela Orlandi.

Ces éléments suffisent-ils à étayer la version de Sabrina Minardi ? Bien sûr que non, notamment parce que l'idée de pouvoir faire chanter des organismes de cette importance par l'enlèvement d'une jeune fille semble faible. Cette reconstitution a cependant le mérite de donner une certaine cohérence

1. Emission de télévision très populaire proche de « Perdu de vue » en France.

logique à un ensemble d'actions et de réactions autrement inexplicables.

La réticence – si ce n'est l'attitude négative – des hiérarchies vaticanes vis-à-vis de l'enquête confirme encore une fois la distance qui existe entre l'Eglise et le Saint-Siège : ce dernier obéit – doit obéir – à la « raison d'Etat », même quand elle va à l'encontre de la charité chrétienne. Cependant, une réticence aussi obstinée pourrait dépendre aussi du soi-disant « secret pontifical ». En 2001, le pape Karol Wojtyla ordonne la mise à jour d'une mesure qui existe depuis longtemps et qui donne des instructions précises au personnel religieux en matière de silence à garder face aux « étrangers ». La circulaire est envoyée le 18 mai 2001, signée par Joseph Ratzinger et Tarcisio Bertone, qui à l'époque sont respectivement président et secrétaire de la congrégation pour la Doctrine de la foi.

A cause de cet ordre, en 2005, Ratzinger est accusé par le tribunal de Houston, au Texas, de conspiration contre la justice dans la procédure en cours contre les prêtres pédophiles. En septembre de la même année, le secrétaire d'Etat du Vatican, Angelo Sodano, demande à la présidence des Etats-Unis de bloquer la procédure en faisant bénéficier le souverain pontife du droit à l'immunité reconnu à tous les chefs d'Etat. George W. Bush accorde l'immunité. Parmi les affaires sujettes au secret pontifical, il faut donc compter les abus sexuels commis par des religieux sur des mineurs, et la notion « d'étrangers » semble comprendre quiconque ne fait pas partie des hiérarchies ecclésiastiques.

Même les magistrats qui enquêtent sur la disparition d'une jeune fille de quinze ans.

XV
Le tribunal de la foi

Le mausolée d'Hadrien – mieux connu sous le nom de Castel Sant'Angelo – est, avec le Colisée et le Panthéon, l'un des monuments qui symbolisent le mieux la magnificence de la Rome impériale. Le pont qui lui fait face, dit « Pons Aelius », est lui aussi consacré à l'Ange. Le pont et le château Saint-Ange sont ainsi liés l'un à l'autre dans une histoire souvent commune.

Depuis sa construction au début du IIe siècle de notre ère, le château, ou Hadrianeum, a changé d'aspect et de fonction à plusieurs reprises, au gré des grands et souvent dramatiques événements de la ville. Peu se souviennent désormais que ce bâtiment imposant fut conçu pour être la nécropole des Antonins, ce qu'il fut en effet pendant plus d'un siècle. A l'intérieur, outre les tombeaux d'Hadrien et de son épouse, on trouve les sépultures d'Antonin le Pieux et de Faustine l'Ancienne, probablement celle de Marc Aurèle et sans aucun doute celle de Caracalla, assassiné en 217 par le chef de sa garde. Le tombeau le plus important reste, bien sûr, celui d'Hadrien, honoré par l'attribut *Aelius*[1] qui évoque la grâce et l'harmonie parfaite du soleil. Ce grand empereur préféra la paix à la guerre, et, le plus souvent, parvint à

1. Du grec ancien Hélios, dieu du soleil.

l'assurer ; aussi, il voulut découvrir les merveilles des terres sur lesquelles il régnait, jusqu'aux plus lointaines. Il connut l'amour fou pour le très bel Antinoüs, et quand celui-ci se noya dans le Nil, on dit qu'il pleura « comme une bonne femme ».

L'appellation plus récente de Castel Sant'Angelo est le fruit d'une légende : en 590, un ange serait apparu au sommet du château pendant qu'une procession guidée par Grégoire Ier dit le Grand défilait dans les rues de la ville, priant pour que cesse la terrible épidémie de peste qui affligeait la population. L'apparition céleste fut interprétée comme le signe que les prières avaient été entendues.

En mémoire de ce miracle, on dressa d'abord une chapelle votive, puis la statue d'un ange, remplacée à plusieurs reprises. La sculpture qui date de 1544 est aujourd'hui exposée dans l'une des cours du château. Elle mesure plus de trois mètres de haut et, selon le sculpteur Raffaello da Montelupo, fut taillée dans le fût d'une colonne romaine : les ailes sont en cuivre ajouré de manière adéquate pour opposer le moins de résistance au vent. Deux siècles durant, cet ange a dominé la ville du haut de son emplacement, puis, en 1752, l'artiste flamand Pieter Anton van Verschaffelt conçut un ange en bronze gigantesque qui fait le geste bien connu de rengainer l'épée de la peste : une œuvre remarquable qui a résisté aux cataclysmes les plus divers. Cela vaut la peine de grimper jusqu'au sommet du château pour l'admirer de près.

Nous ignorons l'aspect exact du tout premier mausolée. Sans le moindre doute, il rivalisait de beauté avec celui d'Auguste, construit plus d'un siècle auparavant, non loin de là à vol d'oiseau, bien que situé sur l'autre rive du Tibre. Nous savons cependant que la construction était conçue à partir de figures géométriques simples, car la structure est restée la même : une base carrée sur laquelle s'érigeait un grand cylindre probablement comblé d'un tumulus de terre à la manière des Etrusques. Sur le cylindre, se dressait une tour vraisemblablement couronnée d'un quadrige. Le cercle et le carré, les dieux et le monde, l'âme et le corps, l'unique et la multiplicité : Hadrien était un intellectuel, il souhaitait que l'édifice, en plus de conserver ses cendres et celles de sa famille, transmette ses idéaux, sa vision de la vie et du monde.

Comme emplacement, il choisit l'*Ager vaticanus*[1], situé tout à fait à la périphérie de la ville, un secteur que le peuple considérait comme lointain et sauvage. C'est dans ce même secteur que Constantin ferait dresser l'église consacrée à saint Pierre, créant ainsi une proximité géographique qui lierait à jamais la destinée des deux constructions, le château et la basilique. Saint Augustin d'Hippone écrit que lorsque l'empereur Flavius Honorius arriva à Rome en 404, hésitant à s'agenouiller dans le temple d'Hadrien plutôt qu'à la mémoire de saint Pierre, il choisit finalement les lieux où avait été enseveli le corps du pêcheur. Peu de temps avant de mourir, Hadrien, qui aimait les arts et les lettres, composa des vers restés célèbres. Ils sont l'exemple touchant du latin de la décadence, si tendres et vibrants, si pénétrés de mélancolie, si loin de la prose épique et enflammée des passions indomptables :

Animula vagula, blandula,
Hospes comesque corporis,
Quae nunc abibis in loca
Pallidula, rigida, nudula,
Nec, ut soles, dabis iocos [...]

1. Plaine alluvionnaire située sur la rive droite du Tibre.

C'est-à-dire, dans une traduction libre, mais – j'espère – assez fidèle : « Ma chère petite âme, égarée et suave, compagne et hôte du corps, tu partiras désormais vers des sites morts, âpres et nus, dépourvus des distractions habituelles [...] ». Puis, plus loin : « Un instant encore, regardons les rives qui nous sont familières, les choses que nous ne verrons sans doute jamais plus [...]. »

Tombeau ? Forteresse ? Prison ? Le château a rempli toutes ces fonctions au cours de ses presque deux mille ans d'existence, l'une après l'autre, parfois l'une en même temps que l'autre. En 403, à l'époque de Flavius Honorius, on décida de l'inclure dans l'enceinte de la ville en guise de bastion au-delà du fleuve. Il devint très vite une véritable forteresse avec sa propre enceinte crénelée, ses chemins de ronde et ses cachots. Les familles romaines les plus puissantes se la disputaient, de même que l'autre mausolée cylindrique situé du côté opposé de la ville, celui de Caecilia Metella sur la via Appia. A une époque aussi sanguinaire, où l'avenir était incertain, ces tombeaux grandioses étaient perçus comme l'abri idéal pour les vivants plus que pour les morts. En effet, quand la captivité avignonnaise de la papauté prit fin en 1367, une des conditions imposées par le pape Urbain V pour entrer à Rome fut qu'on lui remette les clés du château, garantie indispensable pour garder le contrôle de la ville.

Les années passèrent et ce qui restait du château – désormais dépouillé de ses ornements, des marbres et des statues – devint l'abri ultime des papes en cas d'attaque. Le visiteur d'aujourd'hui reconnaît sans difficulté dans le corps du bâtiment le point où à la partie romaine vient s'ajouter la construction postérieure, indiquée notamment par un encadrement en travertin. A la base de celui-ci, on note de grosses pierres de taille en tuf et au-dessus une structure en briques bien ordonnées. Les somptueux appartements commandés par les papes furent construits à partir de ce niveau supérieur. Mais ce livre ne n'est pas un guide au sens traditionnel du terme, c'est pourquoi je ne citerai que deux des principaux acteurs de ces événements mouvementés : le pape Alexandre VI Borgia et le pape Paul III Farnèse.

Le visiteur attentif perçoit l'empreinte du pape Borgia dès l'entrée du château, où le cartouche au-dessus de la porte affiche : ALEXANDER VI PONT MAX INSTAURAVIT AN. SAL. MCCCCLXXXXV. L'année 1495 est celle où s'achèvent les travaux de réfection commandés par le pape Alexandre. L'écu qui couronne l'inscription fut mutilé par les soldats français en 1798. A l'origine, il comportait vraisemblablement le trirègne[1] avec les clés, accompagné de l'éloquent emblème héraldique de sa famille : le taureau. Un seul de ces écus a échappé à la destruction : on peut le voir dans la cour à l'étage supérieur, à côté du puits.

Ce pape concentra ses efforts sur les ouvrages de défense : les bastions, la fortification extérieure – avec un donjon qui barrait le pont sur la rive vaticane –, la restauration du Passetto di Borgo, c'est-à-dire le cheminement de ronde surélevé qui permettait l'accès direct des palais apostoliques au château. Ce passage fut providentiel pour Clément VII en 1527, quand les soldats de l'empereur Charles Quint mirent la ville à feu et à sang. A cette occasion, et malgré la sauvagerie des militaires, la forteresse se révéla imprenable.

L'empreinte laissée par Paul III de la famille Farnèse est encore plus importante. Ce fut un pape remarquable, un grand humaniste et le véritable héritier de la civilisation classique,

1. Tiare papale aux trois couronnes.

malgré un début de « carrière » quelque peu discutable. Le pape Alexandre VI l'éleva au rang de cardinal dès l'âge de vingt-cinq ans, à la demande de sa sœur, Giulia Farnèse, qui était sa maîtresse depuis qu'elle avait quinze ans. Ce qui lui valu le surnom de « cardinal Fregnese[1] » de la part du peuple romain, bien connu pour son humour graveleux.

Paul III est élu en 1534, quelques années à peine après la Réforme de Luther et la terrible mise à sac de la ville ; Henri VIII met alors en place le schisme anglican. Le nouveau pape entend restaurer l'autorité religieuse et impériale de l'Eglise. Il approuve la création de la Compagnie de Jésus, rétablit l'Inquisition romaine, mais surtout, il prépare le concile de Trente, censé permettre à l'Eglise de se régénérer moralement, consolidant ainsi la légitimité de l'ordre catholique universel contre la Réforme.

Quant au château, le pape Farnèse commande des fresques somptueuses supposées le présenter au monde comme un nouvel empereur, l'incarnation même d'Hadrien, héritier d'une civilisation qui a su dominer le monde par les armes, mais aussi par la sagesse de ses lois. D'une certaine manière, Paul s'approprie les vers émouvants de *L'Enéide* (VI, 852-853), où Anchise imagine le futur rôle de Rome : « *Tu regere imperio populos, Romane, memento / (haec tibi erunt artes), pacique imponere morem / parcere subiectis et debellare superbos.* » (« Toi, Romain, souviens-toi de régir l'univers / Voilà les arts de Rome et des maîtres du monde, donne aux vaincus la paix, aux rebelles des fers / Fais chérir de tes lois la sagesse profonde[2]. »)

1. Jeu de mots où « Fregnese » vient de « *fregna* », terme particulièrement vulgaire du dialecte romain pour indiquer le sexe féminin.
2. Traduction de l'abbé Delille.

Les fresques qui ornent la bibliothèque illustrent les étapes de la fondation de Rome et font donc office de programme culturel et politique, dont la plus haute expression se trouve dans la salle Pauline : dans la magnificence des moulures, des marbres et des perspectives en trompe l'œil, le pape fait figure de lien entre l'âge classique païen et la modernité catholique, l'Empire romain et l'enseignement de l'Eglise. Une phrase gravée en hauteur en bordure des murs précise l'intention du pape : « Paul III souverain pontife a fait du tombeau du divin Hadrien une grande demeure sacrée. »

La forteresse accueille bien d'autres pièces et ouvrages remarquables : la superbe salle de bain de Clément VII, la mystérieuse salle du Trésor avec son coffre imposant, la salle mortuaire où furent placées les cendres d'Hadrien, la petite loggia de Jules II avec vue sur le pont, la géniale rampe hélicoïdale qui permet l'accès des montures presque jusqu'au sommet du château, et bien d'autres encore. Cependant, la forteresse a aussi une autre caractéristique qui ne peut pas être oubliée malgré le luxe de ses salles : le château a été aussi un lieu de rétention cruel et une des prisons de la sainte Inquisition.

Encore au XIXe siècle, dans la cour du château on fusillait de jeunes patriotes qui rêvaient d'une Italie unie et de la fin du pouvoir temporel des papes. Giacomo Puccini y campe le décor du final de *Tosca*, son célèbre opéra. La cloche de la tour la plus haute, à gauche de la statue de l'ange, était dite « la cloche des condamnés », car ses coups annonçaient l'imminence d'une exécution capitale. A certaines époques, Castel Sant'Angelo n'était que cela : une prison lugubre dont les voûtes imposantes et sinistres furent la source d'inspiration de Giovanni Battista Piranesi dit Piranèse pour ses « prisons imaginaires ».

La visite des cachots révèle les conditions épouvantables dans lesquelles les prisonniers attendaient que l'on décide de leur sort : des cellules nues, un pauvre grabat à même le sol et rien d'autre. Dans cet espace confiné, dans la puanteur des excréments, dans la douleur des tortures subies, dans la pénombre constante, le seul éclairage venant d'une minuscule ouverture en hauteur, les malheureux dépérissaient dans l'attente d'un jugement qui tardait à venir, tandis que dans la cour juste au-dessus des cellules, on entendait la musique des danses et le rire de jolies dames occupées à d'aimables conversations.

Parmi les centaines de malheureux qui y furent enfermés, certains étaient célèbres, Benvenuto Cellini, par exemple, qui s'illustra par une rocambolesque tentative d'évasion. Voici le récit qu'il en fait dans ses mémoires :

> « *Je vivais ainsi lamentablement sur mon matelas qui n'était plus que pourriture. Au bout de trois jours, il ne subsistait rien qui ne ressemblât à une éponge imprégnée d'eau. Je ne pouvais pas bouger un seul instant à cause de ma jambe cassée, et quand je voulais quitter mon lit pour satisfaire un besoin naturel, je me traînais à quatre pattes avec une fatigue extrême, tant il me répugnait de souiller l'endroit où je dormais*[1]. »

En tant que prisonnier célèbre, Cellini pouvait bénéficier de toilettes rudimentaires – visibles encore aujourd'hui –, ce qui était refusé aux autres prisonniers.

Giuseppe Balsamo, comte de Cagliostro, fut la dernière victime célèbre de l'Inquisition. Cet aventurier palermitain

1. *La Vie de Benvenuto Cellini écrite par lui-même (1500-1571)*, traduction et notes par Maurice Beaufreton, Cercle du Bibliophile, 1970.

et arnaqueur de génie réussit à duper bon nombre des cours européennes avec ses soi-disant dons de médium, d'alchimiste et de nécromancien. En réalité, c'était un excentrique capable d'inventions extraordinaires, des mensonges les plus audacieux et autres étonnantes intrigues. En 1789, affaibli par la syphilis, il élut domicile à Rome, où il fonda une loge maçonnique de rite égyptien. Il ne recruta que deux adeptes, un marquis et un capucin qui devint l'amant de sa femme, Lorenza.

En 1791, dénoncé par sa propre épouse, il subit un procès à l'issue duquel il fut condamné à mort pour blasphème et propos hérétiques contre Dieu, Jésus-Christ, la Vierge Marie, les saints, les sacrements, le purgatoire, les préceptes ecclésiastiques, en plus des doctrines mensongères dans le domaine sexuel et pour turpitude. Le jugement – dont la formulation est pour le moins tragi-comique – le qualifiait « d'homme qui ne croit en rien, sans religion, bref un animal, blasphémateur et très méchant, que l'on peut considérer comme fourbe, charlatan furieux et bestial, vaurien enthousiaste, déiste et très vicieux ».

Le moine capucin fut condamné à dix ans de prison, Lorenza s'en sortit avec une réclusion au couvent. Cagliostro échappa à la peine capitale grâce à l'intervention du pape, qui commua sa peine en réclusion à perpétuité. Il fut enfermé dans la forteresse San Leo, où petit à petit il devint fou à cause de sa maladie et des coups de bâton qu'il recevait régulièrement.

L'Inquisition romaine disposait d'autres lieux de détention : la prison de Tor di Nona – où, entre autres, fut enfermé Giordano Bruno – fut démolie pour bâtir les murailles des berges du Tibre ; les prisons du Saint-Office, solennellement inaugurées à l'automne 1566 avec de grandes festivités et une salve d'artillerie, sont aujourd'hui affectées à d'autres fonctions bien moins cruelles. Le palais du Saint-Office se dresse sur la place du même nom, à deux pas de la place Saint-Pierre, et accueille aujourd'hui la congrégation pour la Doctrine de la foi. Pendant vingt-quatre ans, le cardinal Joseph Ratzinger, qui en a été le préfet, a franchi ce robuste portail, gagné le premier étage et pris place à son bureau. L'ameublement est sommaire : un bureau en noyer et, au mur, un crucifix et un tableau de maître représentant Marie-Madeleine. Le nom du palais évoque les supplices que l'on y infligeait autrefois : cette construction est la seule trace qui subsiste de cette ancienne institution judiciaire mise en place par le pape Paul III en 1542. La Sacrée Congrégation de l'Inquisition romaine et universelle naquit comme un rempart contre les hérésies, en défense de la foi.

Les terribles interrogatoires de l'Inquisition se tenaient dans les Carceri Nuove (« Prisons nouvelles ») de la rue Giulia. Le pape Innocent X, de la famille Pamphili, en commanda la construction à Antonio del Grande en 1647, mais celle-ci ne fut achevée que sous le pontificat d'Alexandre VII Chigi. Aujourd'hui, par un curieux hasard, l'immeuble accueille la DNA (Direction nationale antimafia). Au deuxième étage, non loin du bureau du procureur national qui la dirige, une salle porte encore la trace de son ancienne affectation : un crochet fixé au mur qui servait à immobiliser l'accusé soumis à la torture. Jusqu'en 1968, les Carceri Nuove ont été le siège du musée de Criminologie de Rome. Ces cellules étaient le passage obligé de tout accusé et, le plus souvent, l'antichambre de l'échafaud pour ceux qui étaient reconnus coupables de diffuser des opinions non conformes à la position officielle de l'Eglise.

Sur le sujet des tribunaux de l'Inquisition, il existe, en Italie et partout dans le monde, une bibliographie si vaste que la réalité historique cède parfois le pas à une sinistre mystification. Cependant, cela ne fait aucun doute que l'Inquisition eut une très grande importance dans l'histoire de l'Eglise, italienne en particulier.

Dès ses origines, pendant que les canons de l'orthodoxie prenaient forme petit à petit, l'Eglise, comme tout autre organisme fondé sur une idéologie, perçut le besoin de contrecarrer les écarts de la doctrine – les hérésies – par la punition de ceux qui s'en rendaient coupables, sachant que ce délit incluait la lecture ou la détention d'œuvres tenues pour hérétiques. Le concile de Toulouse de 1229 alla jusqu'à interdire aux laïques d'avoir une Bible chez eux, et en 1234, celui de Tarragone ordonna que les traductions de la Bible en langue vulgaire soient brûlées. L'une des caractéristiques de la procédure allait ouvertement à l'encontre du droit romain : l'accusation d'hérésie pouvait être formulée même en l'absence de témoins dignes de foi. De plus, quiconque entendait parler d'une hérésie éventuelle devait immédiatement la dénoncer au tribunal d'Inquisition le plus proche sous peine d'être accusé de complicité. La formule d'abjuration de Galilée témoigne de cette pratique, car le grand homme de science dut s'engager notamment de la manière suivante : « Si je rencontre un hérétique ou qui que ce soit pouvant être soupçonné d'hérésie, je le dénoncerai au Saint-Office : soit à l'Inquisiteur en charge, soit à l'Ordinaire du lieu, selon l'endroit où je me trouve. »

Dans un premier temps, les condamnations se traduisirent surtout par des peines spirituelles comme l'*interdetto*[1] (l'interdit) ou l'excommunication. Par la suite, les peines devinrent plus lourdes, bien que des études récentes montrent que leur sévérité fut variable selon les pays et les époques. On avait affaire

1. Interdiction d'exercer certains sacrements et d'avoir droit à la sépulture religieuse.

au tribunal de l'Inquisition si l'on était accusé de magie, de sorcellerie diabolique, de possession satanique, de simulation de sainteté, de sodomie, mais aussi, plus généralement, pour des fautes qui relevaient de la non-conformité à la doctrine et de ce fait laissaient supposer une éventuelle déviation du canon officiel.

Pendant de longues périodes, l'Inquisition occupa une place de premier plan dans l'Eglise. Par exemple, parmi les sept papes de la deuxième moitié du XVIIe siècle, deux seulement n'avaient pas officié, au préalable, au sein de l'Inquisition. Le pape Ratzinger, Benoît XVI, a ravivé cette tradition.

Quelle fut donc la réalité de l'Inquisition et que représenta-t-elle dans la stratégie du Saint-Siège ? La Sacrée Congrégation de l'Inquisition romaine et universelle – un collège de cardinaux et de hauts prélats sous les ordres directs du souverain pontife – fut une autre des créations du pape Paul III Farnèse. Il l'institua par la bulle *Licet ab initio* en 1542. Cet organisme était chargé de préserver et de défendre l'intégrité de la foi, d'étudier puis de proscrire les erreurs et les doctrines non conformes. A partir de 1571, il s'enrichit de l'incontournable *Index librorum prohibitorum* (l'« Index des livres interdits »), avec les fonctions que nous verrons plus loin. L'ensemble de la communauté catholique était placée sous la compétence juridique des inquisiteurs romains, mais en réalité leur activité se limita presque toujours au territoire italien. Parmi les procès les plus célèbres on rappelle, bien sûr, ceux dont firent l'objet Giordano Bruno et Galilée.

Les inquisiteurs dominicains Jakob Sprenger et Heinrich Kraemer, envoyés en Allemagne par le pape Innocent VIII, résumèrent dans un manuel toutes les informations qui pouvaient servir à reconnaître, interroger et punir les sorcières et les hérétiques. Leur œuvre fut publiée à Speyer en 1486 sous un titre destiné à rester célèbre *Malleus maleficarum* (*Le Marteau des sorcières*). Réimprimé à plusieurs reprises, le livre atteignit l'incroyable tirage de trente-cinq mille exemplaires à la fin du XVIIe siècle.

La culpabilité des « sorcières » était établie par leurs confesseurs, qui la dénonçaient au tribunal – et la confondaient avec la présence du diable, lequel, dans la plupart des cas, se nichait dans les organes génitaux. En effet, la majeure partie des chefs d'accusation portait sur des rapports sexuels immondes, des accouplements dans des postures étranges, des baisers obscènes et plus particulièrement sur l'*osculum infame*, c'est-à-dire le baiser de l'anus de Satan. Dans les procédures adoptées, on voit souvent refaire surface l'idée obsessionnelle de l'insatiable lascivité féminine, c'est pourquoi une des pratiques les plus courantes consistait à raser les poils du pubis des accusées afin de priver le démon d'une de ses cachettes préférées. Le remède comprenait des exorcismes spécifiques, complétés de « soufflages » et autres manipulations sur les parties génitales.

La procédure était proche de celle de tout procès pénal : chef d'accusation, témoignages écrits ou oraux, preuves éventuelles, confrontation de l'accusation et de la défense, jugement. En théorie, en tout cas. Dans la pratique, en revanche, les preuves se réduisaient souvent à quelques vagues commérages et, qui plus est, on partait du principe que le fait même de nier la présence du démon était une hérésie, et donc une preuve de culpabilité. Si au cours du premier interrogatoire, l'accusé ne faisait pas amende honorable, l'inquisiteur menaçait d'adopter l'interrogatoire dit « strict » : dans ce cas, on pouvait avoir recours à la torture, qualifiée, par un doux euphémisme, « d'examen rigoureux ». Si les dénégations persistaient, les tortionnaires commençaient leur travail.

Si l'accusé ne cédait pas aux tourments qu'on lui infligeait, le tribunal se déclarait incompétent à reconduire l'hérétique vers l'orthodoxie et le remettait au « bras séculier » de la justice, c'est-à-dire le tribunal civil, pour l'application de la peine. Ce dédoublement des compétences fut plusieurs fois l'occasion d'un compromis ambigu : l'Eglise prenait appui sur le pouvoir civil pour faire exécuter les peines, tandis que le pouvoir politique légitimait ses campagnes de répression sous couvert de la doctrine ecclésiastique. L'emprisonnement était généralement infligé sur la base d'une formule rituelle du genre : « En ce Saint-Office, nous te condamnons à la prison à perpétuité sans espoir d'être gracié, afin de t'obliger à pleurer et faire pénitence sans répit, pour demander la miséricorde divine et le pardon pour tes péchés et erreurs. »

Au cours de ces procès, on ne faisait nulle distinction entre péché et délit : la véritable accusée était l'âme, et c'est elle que l'on jugeait, c'est-à-dire les idées, la doctrine, les principes sur la base desquels l'accusé agissait, écrivait et pensait. C'est pourquoi les frères dominicains – cultivés et rigoureux – étaient souvent les inquisiteurs les plus efficaces. L'écho de leurs jugements implacables retentit jusque dans la littérature. Rappelons, parmi tant d'autres, *Ivanhoé* de Walter Scott, *Le Nom de la rose* d'Umberto Eco, mais surtout *Les Frères Karamazov* de Fedor Dostoïevski, où brille de tout son éclat l'extraordinaire « Légende du Grand Inquisiteur », racontée par Ivan, le frère athée.

Si le pape Paul III fut le premier à s'engager sur cette voie, Paul IV Carafa fut celui qui sut mettre au point un usage politique savant de ce tribunal. Sur ce sujet, j'ai demandé l'avis du professeur Massimo Firpo, de l'Académie des lynx[1], titulaire de la chaire d'histoire de l'université de Turin, qui a consacré de longues études à l'histoire culturelle et religieuse du XVIe siècle et publié plusieurs ouvrages sur ce thème. Voici sa réponse :

> *« Le cardinal Carafa – qui deviendrait pape sous le nom de Paul IV – avait adressé en 1532 à Clément VII un rapport extraordinaire qui dénonçait avec ardeur la diffusion grandissante des hérésies et des coutumes immorales, la corruption et l'ignorance du clergé, et pour finir la passivité des évêques et du Saint-Siège ; il voyait là des problèmes étroitement imbriqués. Le sien était un programme d'action clair et vigoureux, visant une réforme de l'Eglise pour lutter plus efficacement contre la Réforme protestante. En quelques années, son initiative – tenace et intransigeante, fondée sur le principe que "les hérétiques, il faut les traiter comme des hérétiques" – réussit à s'affirmer jusqu'à devenir, dans la deuxième moitié du XVIe siècle, la politique de l'Eglise connue sous le nom de Contre-Réforme. L'institution du Saint-Office fut une arme formidable pour combattre les groupes hérétiques italiens, incluant ceux qui, au sein même de l'Eglise, étaient enclins à un accord avec les protestants pouvant aller jusqu'à l'acceptation de certains principes théologiques. La preuve en est l'utilisation sans scrupule que Carafa fit de l'Inquisition :*

1. Fondée en 1603, l'Académie des lynx (*Accademia dei Lincei* en italien) est la plus ancienne académie scientifique d'Europe.

il rassemblait les preuves – pour constituer ce qu'aujourd'hui nous appellerions un "dossier" – qu'il utiliserait au cours des conclaves pour empêcher l'élection de ses adversaires. Un témoin de l'époque nous informe, par exemple, qu'au cours du conclave de 1555, Carafa apporta "les procès-verbaux des procédures dont avaient fait l'objet ses rivaux". Son élection fut donc sans surprise, sachant qu'une fois devenu pape, il se consacra aussitôt à "remplir les prisons de cardinaux et d'évêques grâce à l'Inquisition", comme l'écrit une de ses victimes. Il n'est pas étonnant non plus que, dès que l'Inquisition eut pris possession des mécanismes de l'élection papale, elle choisit elle-même les souverains pontifes, en orientant ainsi l'Eglise selon ses propres desseins politiques et religieux. Mais ce n'est que dans un deuxième temps, après s'être solidement installé au sommet de la curie romaine, que le Saint-Office développe son action sur un territoire plus large, contre les groupes hérétiques présents dans la quasi-totalité des villes italiennes. Il me semble que l'on peut voir en cela une stratégie non seulement religieuse, mais aussi politique, c'est-à-dire fondée sur un projet clair et délibéré, capable de se doter des instruments nécessaires à sa réalisation, pour se dresser contre des visions différentes de la voie théologique et pastorale dictée par l'Eglise. On comprend donc aisément de quelle manière la congrégation du Saint-Office, la plus haute congrégation romaine, la seule présidée par le pape en personne, a fini par devenir celle qui s'appelle aujourd'hui la congrégation pour la Doctrine de la foi, guidée jusqu'à très récemment par le cardinal Joseph Ratzinger, soit le pape Benoît XVI actuel. Dès le XVIe *siècle, la structure de l'Inquisition a offert à l'Eglise un canal de recrutement privilégié pour ses hiérarchies, ainsi que pour les carrières ecclésiastiques de premier plan.* »

Peut-on légitimement supposer que cette structure puissante a eu une influence sur la naissance d'un Etat national dans la Péninsule ? Et qu'ensuite elle en a, en quelque sorte, déterminé la qualité ? Le professeur Firpo répond de manière affirmative :

« *Le fait que Rome ou l'Italie coïncident avec le centre de la chrétienté a entraîné de nombreuses conséquences. Cependant, on comprend mieux la question si après avoir constaté que l'Italie est depuis toujours le siège de l'Eglise – sachant que celle-ci, après la dissolution de l'Empire romain, hérita aussi du pouvoir civil –, on ajoute que la Péninsule a manqué d'un Etat. L'Italie a toujours été la terre de ces cités de l'Antiquité qui au Moyen Age se sont transformées en villes. Celles-ci, gouvernées par les oligarchies familiales ou par la noblesse locale de toujours, ont souvent été déchirées par des luttes intestines et constamment dominées par des logiques corporatistes ; elles ont toutes partagé une confusion dangereuse entre la sphère publique et la sphère privée. Le processus difficile qui a conduit à la constitution d'un Etat moderne en Angleterre, en France et en Espagne à partir du* XVe *siècle, ne commence en Italie que bien plus tard et avec beaucoup de difficultés. Quant à la monarchie papale, son caractère électif, son népotisme, le flou des frontières entre fiscalité d'Etat et fiscalité spirituelle, font d'elle un modèle exemplaire de mauvais gouvernement. Dès le* xve *siècle, Francesco Guicciardini [François Guichardin] notait dans ses* Ricordi. Conseils et avertissements en matière politique et privée[1] *: "Je ne connais personne qui déteste plus que moi l'ambition, l'avarice et le goût du luxe des prêtres ; parce que chacun de ces vices est en soi haïssable, parce que tous et chacun en particulier conviennent mal à des gens qui font profession d'une vie soumise à Dieu, et enfin parce que ce sont des vices si contraires qu'ils ne peuvent se trouver ensemble que chez un sujet bien extraordinaire." Et pourtant, poursuivait-il, son travail au service des papes de la famille Médicis l'avait "forcé d'aimer pour mon particulier leur grandeur ; et sans ce motif, j'aurais aimé Martin Luther comme moi-même, non pour me délivrer des lois inculquées par la religion chrétienne telle qu'on l'interprète et qu'on l'entend généralement, mais pour voir cette bande de scélérats ramenée à l'état qui doit être le leur, c'est-à-dire à n'avoir plus de vice ou plus d'autorité". L'Eglise de la Contre-Réforme n'a pas abandonné ses vices, mais elle a su les dissimuler selon la norme des jésuites* Si non caste, tamen

1. Traduit de l'italien par Françoise Bouillot et Alain Pons, présentation par Alain Pons, Editions Ivrea, Paris, 1998.

caute[1], *dans le paternalisme pastoral, dans les formalités d'une religion soustraite aux consciences, souvent réduite à la simple pratique dévotionnelle, dans la répression de toute forme de dissension.* »

En matière de dissension, les vexations réservées aux Juifs méritent une attention particulière. Au fil des siècles, on dénombre une foule d'ordonnances pontificales qui leur imposent des limites tant dans leurs déplacements que dans leurs activités, quand elles ne vont pas jusqu'à les contraindre à porter des signes distinctifs pour qu'ils soient reconnaissables dès le premier coup d'œil. Par exemple, le couvre-chef jaune des Juifs romains, dont les nazis s'inspirent dans les années trente pour imposer aux enfants d'Israël l'étoile de David – jaune, elle aussi – à coudre sur les habits. Tout compte fait, il faut tout de même reconnaître que l'Inquisition romaine eut à leur égard une attitude relativement « douce », préférant les obliger à payer des sommes exorbitantes ou confisquer leurs biens, plutôt que les condamner à de lourdes peines corporelles. En revanche, l'Inquisition se montra très dure dans ses tentatives répétées de les convertir à la « foi véritable », allant parfois jusqu'à pratiquer l'enlèvement des personnes. Un exemple de premier plan nous est rapporté par Andrea Del Col dans son *L'Inquisizione in Italia dal XII al XIII secolo*[2] (« L'Inquisition en Italie du XIIe au XIIIe siècle »).

« *En 1712, par une fausse déclaration, une néophyte indiqua que Chiara, épouse d'Angelo del Borgo, voulait devenir chrétienne. Celle-ci fut retenue si*

1. « Si ce n'est pas chastement, au moins avec circonspection. »
2. Editions Mondadori, Milan, 2006.

longuement que son mari protesta auprès du Saint-Office et alla jusqu'à intenter un véritable procès, assisté en cela d'un avocat catholique habile et compétent [...] Bien que Chiara soit enceinte et résolument opposée à la conversion, la Congrégation donna raison deux fois de suite au recteur, qui prolongea sa détention jusqu'à l'accouchement. Le nouveau-né fut aussitôt baptisé et Angelo pria le Saint-Office qu'on lui rende au moins sa femme. Soudainement, toutefois, Chiara céda aux pressions, et le 17 mars 1713 elle décida de se convertir, comme l'annonça le recteur de la maison religieuse triomphant à l'assesseur du Saint-Office : "Le Saint-Esprit a fait qu'elle se déclare chrétienne, convaincue par la suavité du saint Evangile, et de tigresse butée qu'elle était, elle est devenue aussi douce qu'un agneau. Ce qui montre bien que Spiritus quando vult, spirat[1] *et qu'il faut aider ces pauvres âmes à réprouver le peuple juif et à reconnaître la sanctification que notre cher Rédempteur donne à ses fidèles." »*

Le chercheur note que l'issue de l'affaire prouve deux choses : d'une part, l'efficacité de la méthode – pour illégale qu'elle soit – de prolonger la détention dans la maison religieuse et, d'autre part, l'inutilité d'avoir recours à l'Inquisition dans ce cas de figure.

La diffusion des idéaux de liberté de la Révolution française ne suffit pas à améliorer les conditions de vie des Juifs

1. « L'esprit souffle à l'heure qu'il veut. »

dans les domaines pontificaux. Encore au début du XIXe siècle, des pamphlets antijudaïques alimentent les préjugés les plus exacerbés. En 1825, par exemple, le dominicain français Ferdinand Jabalot attribue aux Juifs les caractéristiques suivantes :

> *« Déicide, désir immodéré d'enrichissement visant à provoquer la perte des chrétiens, ambitions de pouvoir pour atteindre la domination du monde, dommage infligé à la morale et aux coutumes, haine de la religion chrétienne pouvant aller jusqu'aux barbaries les plus infâmes ("se laver les mains dans le sang des chrétiens, brûler les églises, piétiner les hosties consacrées, crucifier les fidèles par haine de Jésus-Christ, enlever et égorger les enfants, violer les vierges consacrées à Dieu et abuser des femmes baptisées"). »*

Le refus des principes de la philosophie des Lumières avait pour but évident de s'opposer aux changements que la modernité imposait, et dont la liberté accordée aux Juifs dans plusieurs pays d'Europe faisait partie. Dans son essai *Battesimi forzati. Storie di ebrei, cristiani e convertiti nella Roma dei Papi*[1] (« Baptêmes forcés. Histoires des Juifs, chrétiens et autres convertis dans la Rome papale »), l'historienne Marina Caffiero explique que les conversions forcées des femmes, des enfants et des petits-enfants de familles juives, de même que les baptêmes clandestins, augmentèrent considérablement au XIXe siècle. Si l'on se heurtait à la protestation du père de famille ou au refus de la conversion par la personne intéressée, le « dossier » était transmis à la congrégation du Saint-Office.

1. Editions Viella, Rome, 2006.

Parmi les affaires les plus sensationnelles et malheureuses, rappelons celle du baptême qu'une domestique catholique donna en secret à Edgardo Mortara, un enfant de quatre ans gravement malade qui semblait sur le point de mourir. Deux années plus tard, en 1858, la domestique, vraisemblablement pour se venger de ses employeurs, raconta la chose aux autorités ecclésiastiques. L'enfant fut arraché à sa famille et, puisqu'il avait été baptisé, l'inquisiteur ordonna qu'il reçoive une éducation chrétienne à Rome, dans la maison des catéchumènes. En dépit des supplications des parents et des pressions internationales – dont celles de Napoléon III et de Cavour –, l'enfant ne fut jamais rendu à sa famille. Protégé par le pape qui en fit une sorte de filleul, il intégra la congrégation des chanoines réguliers de Latran sous le nom de père Pie. En 1873, après la chute de l'Etat pontifical, il s'installa en Autriche en tant que prêtre.

La culture de la philosophie des Lumières et plus généralement la diffusion de mœurs inspirées par la « raison » alarmaient considérablement l'Eglise de Rome. Le contraste devenait d'autant plus vif que de nombreuses confessions protestantes se montraient favorables aux réformes que l'époque exigeait. Le très long pontificat de Pie IX (1846-1878) est emblématique de la résistance extrême manifestée par le Saint-Siège.

Son manifeste idéologique se traduit par l'encyclique *Quanta cura* du 8 décembre 1864 qui comporte en annexe le tristement célèbre *Sillabo*, sommairement cité au chapitre VII de cet ouvrage, « L'aventureuse histoire d'un palais ». Dans l'ensemble, ce document nous renvoie l'image d'un pape quasiment obsédé par les dangers inhérents aux sociétés libérales, conscient que la modernité peut facilement conduire à l'indifférence religieuse.

L'un de ses successeurs, Pie X (1903-1914), suivit son exemple d'intransigeance, tout en percevant la nécessité – en matière de tribunal de l'Inquisition – de se défaire d'un attribut qui avait désormais une connotation sinistre. Ainsi, en procédant au remaniement de la curie romaine, il prit soin de rebaptiser le bureau chargé de veiller sur la pureté de la foi Sacrée Congrégation du Saint-Office. En 1917, celle-ci fut également déclarée compétente en matière d'élaboration et de mise à jour des livres à proscrire.

En 1965, Paul VI changea de nouveau le nom d'organisme en l'appelant Sacrée Congrégation pour la doctrine de la foi, tout en gardant sa fonction première qui était de promouvoir et de défendre l'orthodoxie de la doctrine. En 1988, Jean-Paul II a éliminé l'adjectif « sacrée », l'appelant plus simplement congrégation pour la Doctrine de la foi. De plus, dans un discours prononcé en mars 2000, il a demandé pardon au monde entier pour les nombreux péchés commis par l'Eglise, incluant en cela les agissements de l'Inquisition.

L'*Index des livres interdits* a lui aussi une histoire bien curieuse. Avec l'invention de l'imprimerie par Gutenberg, à partir du XVe siècle, le livre devient le principal vecteur de communication de toutes sortes de transgressions : c'est un moyen qui peut répandre très vite et à une échelle sans précédent la contagion d'opinions dangereuses. Les inquisiteurs sont donc chargés d'ordonner la suppression des livres hérétiques, dès la fondation de leur institution. La faculté parisienne de théologie de la Sorbonne publie en 1544 une liste de deux cent trente titres à proscrire, en latin et en français.

La première version officielle de l'*Index librorum prohibitorum*, c'est-à-dire les livres considérés comme dangereux pour la foi et la moralité des catholiques, voit le jour en 1557 : c'est l'œuvre de la Sacrée Congrégation de l'Inquisition romaine et universelle. Le pape de l'époque est le très rigoureux Gian Pietro Carafa, qui règne sous le nom de Paul IV. Voici la description qu'en fait l'ambassadeur de Venise à son gouvernement : « Il est doté d'un tempérament violent et irascible [...] il dépêche les affaires avec impétuosité et ne tolère pas qu'on le contredise. » Le premier *Index* est tellement restrictif qu'il va jusqu'à censurer une partie de la Bible et certains textes des Pères de l'Eglise. On y trouve aussi *Le Décaméron* de Boccace et *Le Prince* de Machiavel, mais aussi le *Novellino*[1] de Masuccio Salernitano et les œuvres d'Erasme de Rotterdam, le plus grand humaniste de son époque, accusé de réclamer une réforme reconduisant l'Eglise à la pureté des origines.

L'*Index* est publié au début de 1559, précédé d'un décret de l'Inquisition précisant ce qui suit : « Que personne n'ose plus écrire, publier, imprimer ou faire imprimer, vendre, acheter, prêter ou offrir, et sous aucun prétexte posséder, garder, conserver ou faire conserver un quelconque livre ou texte listés dans cet *Index* du Saint-Office. » La liste était partagée en trois catégories : la première comprenait les auteurs fautifs *ex professo* (délibérément) et dont il fallait donc interdire l'œuvre tout entière ; la deuxième répertoriait ceux qui étaient condamnés pour certaines de leurs œuvres ; la troisième, enfin, inventoriait les textes hérétiques anonymes.

Une nouvelle édition de l'*Index* particulièrement importante fut promue par Paul IV à l'issue du concile de Trente. Elle était accompagnée de dix règles qui sont restées en vigueur

1. Recueil de cinquante nouvelles satiriques et grotesques inspirées du style de Boccace.

jusqu'en 1896 : l'une d'entre elles interdisait aux laïques de lire la Bible traduite en langue vulgaire. En effet, le concile avait établi que la seule version autorisée des saintes Ecritures était la Vulgate latine, à l'exclusion de toutes les autres, depuis les « versions originales » en grec et en hébreu, jusqu'aux dernières traductions.

L'*Index* rédigé au cours du concile de Trente parut au printemps 1564 sous un titre d'une étonnante longueur : *Index librorum prohibitorum cum regulis confectis per Patres a Tridentina Synodo delectos, auctoritate Sanctiss. D.N. Pii IV, Pont. Max. comprobatus.* C'est-à-dire : « Index des livres interdits selon les règles établies par les pères désignés au concile de Trente, approuvé par l'autorité de notre Très Saint Père Pie IV. » La congrégation avait prévu de censurer un nombre impressionnant d'auteurs et d'œuvres qui pour une raison ou une autre n'étaient pas conformes à l'enseignement officiel. Les « victimes » furent nombreuses, à commencer par les Pères de l'Eglise (Ambroise, Tertullien, voire Thomas d'Aquin) ; les textes de médecine qui mettaient à nu la « machine » humaine : Hippocrate, Galien, Paracelse ; des philosophes comme Platon et Aristote ; des historiens tels Hérodote, Tacite et Thucydide, et pour finir les auteurs classiques presque au grand complet : Ovide, Virgile, Horace, Salluste, Livius Andronicus, Plutarque, Homère, Caton, Plaute, Esope.

On réserva une attention toute particulière au Talmud juif, qui se compose de la Mishna, c'est-à-dire le code de la loi, et de la Guemara, c'est-à-dire le commentaire des sages. Ces livres fondateurs de la piété et de la sagesse hébraïques avaient été brûlés à Rome en 1553 selon la volonté de Jules III. A Trente, on décida que les Juifs pourraient les lire à nouveau, mais dans une version épurée, autrement dit après en avoir coupé tous les passages qui n'étaient pas en accord avec le Nouveau Testament, « les outrages et les blasphèmes contre l'Eglise catholique », les obscénités. Précisons cependant, qu'il n'est pas certain que de telles principes n'aient jamais été effectivement appliquées.

La congrégation de l'*Index* demeura toujours en arrière-plan par rapport à la redoutée *Suprema Congregatio* de l'Inquisition ; celle-ci, bénéficiant de fonds considérables, se réunissait ponctuellement deux fois par semaine, et l'une des deux réunions était présidée par le pape en personne. La commission de l'*Index* disposait en revanche de moyens beaucoup moins importants, aussi bien en matière de financements que de personnel, et les dates de ses réunions étaient souvent aléatoires. Bien qu'elle soit officiellement présidée par un cardinal, dans la réalité des faits, le fonctionnaire de référence était le secrétaire, toujours issu de l'ordre des dominicains. Le maître du sacré palais apostolique, théologien du pape, était une autre personnalité de premier plan qui faisait partie aussi bien de l'Inquisition que de la commission de l'Index, et avait le droit d'interdire les livres dans la ville de Rome. La carrière de secrétaire de l'Inquisition était cependant bien plus intéressante, dans la mesure où à l'issue d'une période de travail pouvant aller de un à neuf ans, celui qui avait assuré ces fonctions était élevé au rang de cardinal.

L'« éthique » justifiant l'œuvre de censure sautait aux yeux dès la couverture de l'*Index,* tant l'illustration qui y figurait était éloquente : en haut, deux anges portaient un cartouche avec l'inscription *Index librorum prohibitorum* agrémentée du blason du pape régnant ; dans la partie médiane, les saints Pierre et Paul – l'un tenant les clefs, l'autre l'épée – en train d'observer un autodafé, tandis que tout autour on continuait à jeter des volumes dans les flammes ; en bas, deux versets attribués à Paul

(Actes 19, 19) étaient placés en guise de légende pour justifier la destruction : *Multi eorum qui fuerant curiosa sectati, contulerunt libros et combusserunt coram omnibus* – c'est-à-dire : « Beaucoup de personnes qui s'étaient adonnées à la magie apportaient leurs livres et les brûlaient devant tout le monde ».

Avec des hauts et des bas, des périodes plus actives et d'autres moins ardentes – si j'ose dire ! –, la congrégation de l'Index a poursuivi son travail jusqu'au XXe siècle ; elle a connu un regain d'activité avec le conflit désormais ouvert entre l'Eglise de Rome et le monde moderne, depuis le pontificat de Pie IX. L'un des sujets les plus débattus concernait la tendance des confessions protestantes à placer les saintes Ecritures dans une perspective historique et critique. Dans l'exégèse des Ecritures, la modernité commence à l'époque des Lumières, quand Lessing publie, en 1776, un passage d'une œuvre « anonyme », dont pourtant tout le monde connaît l'auteur : Samuel Reimarus, professeur de langues orientales dans un lycée de Hambourg.

Dans ce passage intitulé *Von Dem Zwecke Jesu und Seiner Jünger* (« L'objectif de Jésus et de ses disciples »), Reimarus avance pour la première fois l'hypothèse que le but poursuivi par le prophète Jésus et celui de ses disciples ne coïncident pas. Jésus affronte et subit un échec historique, mais l'initiative apostolique dépasse cela en faisant de lui un mythe grâce à l'« invention » de la résurrection. Pour la première fois, on voit apparaître une discordance entre le Jésus de l'histoire, l'un des nombreux prophètes d'Israël et le Christ de la foi.

L'attitude de l'Eglise face aux totalitarismes du début du XXe siècle – le communisme, le fascisme et le nazisme – est un autre sujet de controverse. L'Inquisition romaine se montre particulièrement sévère avec les doctrines politiques qui semblent se présenter comme une sorte de religion laïque. Elle condamne aussi certains textes sur le racisme, mais pas le plus dangereux, c'est-à-dire le tristement célèbre *Mein Kampf*, qui annonce un programme que son auteur, Adolphe Hitler, parviendra à mettre en œuvre en grande partie. Parmi les raisons qui pourraient être à l'origine de ce grave « oubli », le chercheur Hubert Wolf dans son livre *Storia dell'Indice, il Vaticano e i libri proibiti*[1] (« Histoire de l'Index. Le Vatican et les livres interdits ») évoque le fait qu'Eugenio Pacelli, d'abord en qualité de secrétaire d'Etat, puis en tant que souverain pontife, a considéré inopportun de se lancer dans un conflit ouvert avec la puissante Allemagne du IIIe Reich. D'ailleurs, conclut Wolf, « *Mein Kampf* ne figurait pas dans l'*Index des livres interdits* ; mais on n'y trouvait pas non plus [les textes de] Mussolini, de Lénine ou de Staline ».

Quoi qu'il en soit, l'*Index* perd de plus en plus de son importance avec les mutations rapides de la société que permettent les nouveaux moyens de diffusion des idées ; de nombreux lecteurs, y compris les catholiques, n'y voient plus qu'un instrument dépassé. Sa dernière édition date de 1948 ; en 1954, le pape Pie XII ordonne l'impression d'une page supplémentaire mentionnant les quinze derniers textes condamnés. Puis les temps commencent à changer, et l'Eglise entame un parcours qui la conduit au concile Vatican II. Au cours de celui-ci, le cardinal de Cologne, Josef Frings, exprime ouvertement sa condamnation de l'*Index* : « Il me semble important d'exiger que personne ne soit accusé, jugé ou condamné en raison de sa foi – qu'elle soit juste ou injuste – sans connaître au préalable les charges qui sont portées contre lui ou les reproches faits à son livre. » Notons – comme Hubert Wolf nous le fait remarquer dans son ouvrage – que ces mots furent ajoutés spontanément

1. Donzelli Editeur, Rome, 2006.

par le cardinal au discours préparé par son collaborateur de l'époque : Joseph Ratzinger.

La fin de l'*Index* est décrétée par Paul VI. La réforme de la curie qu'il met en œuvre en 1965 déclasse le Saint-Office en le plaçant sous l'autorité d'un cardinal. La congrégation continue à répertorier les livres dangereux, sachant que désormais sa tâche n'est plus de les condamner, mais seulement de les « désapprouver ». Et si la congrégation ne peut plus interdire, la liste des livres interdits disparaît de ce fait même. A pas feutrés, dans la plus pure tradition de la très habile diplomatie vaticane, Paul VI met l'*Index* au repos. Ce pape est conscient que le livre n'est plus qu'un des moyens permettant la circulation des idées. Très important à l'époque de la Contre-Réforme, le livre s'inscrit désormais dans une vaste constellation de médias comprenant la radio, le cinéma et la télévision, sans parler de la révolution d'Internet qui se préparait.

Les archives de l'*Index* et de l'ex-Inquisition sont ouvertes aux chercheurs depuis 1998. La liste des auteurs et des œuvres bannis au fil des siècles comprend les plus grands esprits de la pensée moderne : Balzac, Berkeley, Descartes, d'Alembert, Darwin, Defoe, Diderot, Dumas (père et fils), Flaubert, Heine, Hobbes, Hugo, Hume, Kant, Lessing, Locke, Malebranche, Stuart Mill, Montaigne, Montesquieu, Pascal, Proudhon, Rousseau, Sand, Spinoza, Stendhal, Sterne, Voltaire, Zola. Parmi les Italiens rappelons : l'Arétin, Beccaria, Giordano Bruno, Croce, D'Annunzio, Fogazzaro, Foscolo, Galilée, Gentile, Giannone, Gioberti, Guichardin, Leopardi, Machiavel, Minghetti, Monti, Negri, Rosmini, Sacchetti, Sarpi, Savonarole, Settembrini, Tommaseo, Verri. Sans oublier les derniers arrivés, les modernes : Simone de Beauvoir, André Gide, Alberto Moravia, Jean-Paul Sartre.

La conclusion que l'on peut tirer de tout cela est la suivante : face au traumatisme de la Réforme, le Saint-Siège – au lieu de réformer en profondeur sa structure et sa vision en renouvelant son élan vers la charité chrétienne – choisit de se doter d'outils capables d'écraser les dissensions, en bannissant, voire en supprimant, les critiques et leurs auteurs. En réalité, l'Eglise ne pouvait que refuser cette spiritualité plus féconde, car le fait même d'accepter l'idée d'une réforme se serait traduit par l'abandon de l'exercice du pouvoir politique, avec des conséquences difficiles à évaluer dans une situation européenne complexe.

Elle prit donc le chemin, plus simple, de la répression. Cela n'entraîna pas seulement les bûchers des hérétiques et des sorcières, mais aussi la tentative d'effacer – ou tout au moins d'isoler et de garder à l'écart – la libre-pensée, la recherche philosophique, les découvertes scientifiques, l'exégèse historique et critique des Ecritures. En d'autres termes, l'Eglise de l'Inquisition choisit les méthodes de n'importe quel autre régime totalitaire, comme il en a toujours existé, depuis les temps les plus reculés jusqu'aux dictatures modernes. Si les procédés adoptés sous Staline se sont inspirés d'un modèle – les témoignages forcés ou les jugements établis d'avance, par exemple –, on pourrait probablement le reconnaître dans celui de l'Inquisition.

Les choix faits à l'époque ont pesé d'un poids énorme dans l'histoire de l'Eglise, mais aussi dans celle de l'Italie tout entière ; on en voit les conséquences dans la formation tardive d'un Etat national et dans les mœurs de la Péninsule. C'est pourquoi, de nos jours, Machiavel semble presque visionnaire quand il écrivait, déjà à son époque, que la présence de l'Eglise empêche l'unité du pays et rend les Italiens « sans religion et méchants ».

XVI
La sainte secte de Dieu

A Rome, ville riche en secrets qui se nichent parfois dans de véritables scénographies architecturales, on pourrait imaginer que le siège d'une congrégation comme celle de l'Opus Dei – secrète par excellence – se trouve dans une des ruelles humides des quartiers du XVIIe siècle où le soleil a du mal à pénétrer, d'où s'exhalent constamment des senteurs fortes et comme le souvenir d'un passé ténébreux.

Il n'en est rien. Le siège de cette association mystérieuse et puissante se trouve au contraire au 73 viale Bruno Buozzi, une rue élégante et sinueuse au cœur du quartier Parioli, habité par la riche bourgeoisie romaine depuis l'époque du fascisme. C'est un petit immeuble blanc qui date des années cinquante, comme tant d'autres dans les environs : cinq étages, pas de plaque sur le portail, pas de noms sur l'interphone. Un seul indice : les trois caméras à circuit fermé qui surveillent l'entrée en permanence. A l'angle de la rue, une mosaïque représente une Vierge à l'Enfant qui semble tourner son regard bienveillant sur les passants. Le centre névralgique de cette organisation religieuse riche et controversée se présente donc sous les traits de l'anonymat.

Le siège de Rome est pour ainsi dire « politique » ; le siège « économique », lui, se trouve outre-Atlantique et occupe dix-sept étages d'un gratte-ciel luxueux de New York, le Murray Hill Palace, au 243 de Lexington Avenue, entre la 34e et la 35e Rue. Ici, le style est purement américain : salles de conférences et de lecture, bibliothèque, salle de sport, une chapelle, des logements pour les étudiants et les invités, le tout dans une atmosphère feutrée où règnent l'aisance et le calme.

A Rome, en réalité, le siège est moins « anonyme » qu'on pourrait le croire au premier coup d'œil. La façade de l'immeuble viale Bruno Buozzi dissimule un plus vaste complexe : derrière l'immeuble, se trouve en effet un austère hôtel particulier en brique rouge orné de tourelles et de lucarnes. C'est la résidence des femmes de l'Opus Dei, une suite complexe de pièces et de couloirs. Ce petit labyrinthe ne suffit pas pour autant à nous donner une idée suffisamment précise de l'esprit qui caractérise la prélature[1] de l'Opus Dei. Pour ce faire, il faut descendre au sous-sol : un escalier en marbre conduit à une étroite chapelle garnie de trois rangées de bancs et d'une grande châsse en métal doré. Dans cette niche souterraine, à l'abri des regards curieux ou étrangers, gît le corps du fondateur de l'Opus Dei : Josemaría Escrivá de Balaguer (1902-1975), béatifié par Jean-Paul II en mai 1992 et canonisé dix ans plus tard.

Karol Wojtyla vint se prosterner longuement sur cette pierre tombale la veille du conclave à l'issue duquel il devint le pape Jean-Paul II. A quelques pas de là, une plaque de marbre noir indique une autre sépulture, celle d'Alvaro del Portillo (1914-1994), successeur d'Escrivá de Balaguer. Ces souterrains silencieux, solennels et soigneusement astiqués, sont un lieu

1. L'Opus Dei est une prélature personnelle, c'est-à-dire que la juridiction du prélat ne s'exerce pas sur un territoire (comme dans le cas ordinaire d'un diocèse), mais sur des personnes.

de pèlerinage et de prière pour les nombreux fidèles de cette organisation riche et puissante.

En descendant la viale Buozzi en direction du Tibre, on croise la basilique Saint-Eugène, dont l'imposante façade de travertin domine la viale delle Belle Arti. Elle fut construite dans les années quarante à la demande de Pie XII, sur un terrain offert par les chevaliers de Colomb. Les travaux furent financés par les dons des fidèles du monde entier qui souhaitaient commémorer le vingt-cinquième anniversaire de l'ordination épiscopale du souverain pontife. Conçue par Enrico Galeazzi et Mario Redini, elle nécessita plusieurs années de construction, de l'été 1943 au mois de mars 1951 : le 2 juin de la même année, le pape Pacelli consacra le maître-autel à la mémoire de son homonyme saint Eugène.

En septembre 1980, la paroisse fut confiée aux prêtres de l'Opus Dei, qui s'engagèrent à « tirer la charrette dans le sens souhaité par l'évêque des lieux », conscients que « c'est une grande joie de pouvoir dire : j'aime ma Mère, la Sainte Eglise » (Escrivá de Balaguer, *Chemin*, 518). La basilique comporte aussi un clocher de trente-trois mètres de haut, un cloître et un grand terrain de sport. Le plan de l'église est une croix latine où l'on dénombre trois nefs, six chapelles latérales et onze autels ; les mosaïques de l'abside furent réalisées par Ferruccio Ferrazzi, certaines stations en bronze du chemin de croix, par Giacomo Manzù. Le presbytère est dominé par l'imposante statue de saint Eugène. A sa gauche, se trouve une petite chapelle avec deux prie-Dieu. Le portrait du fondateur de l'Opus Dei surplombe l'un des autels.

« Le 2 octobre 1928, jour de la fête des Saints Anges gardiens, le Seigneur voulut que naisse l'Opus Dei, une mobilisation de Chrétiens prêts à se sacrifier aux autres avec joie, afin de rendre divins tous les chemins de l'homme sur la Terre, sanctifiant chaque travail vertueux, toute fatigue honnête et toute occupation terrestre. » C'est ainsi que, quarante ans plus tard, Josemaría décrivit la vision qui, dans sa jeunesse, lui révéla le désir « complet et total » de Dieu pour l'Opus Dei. L'institution serait donc née directement de la volonté de Dieu, pour rédimer le monde et, en quelque sorte, pour « le christianiser » de l'intérieur. Selon la formule de son fondateur : « Sanctifie ton travail. Sanctifie-toi toi-même dans ton travail. Sanctifie les autres à travers ton travail. »

En effet, les membres de l'Opus Dei sont pour la plupart des laïcs catholiques : médecins, journalistes, banquiers, avocats, chefs d'entreprise, infirmiers, chauffeurs, employés. En général, ils appartiennent à des classes sociales plutôt élevées et sont introduits dans les milieux les plus importants de la société civile. L'article 116 du statut de 1982 dit expressément que les nouveaux adeptes doivent être recrutés, en premier lieu, parmi les « intellectuels », notamment parmi ceux qui « se distinguent par leur culture, les charges dont ils sont investis ou le pouvoir dont ils jouissent », car, de ce fait, ils peuvent jouer de tout leur poids dans les buts poursuivis par l'organisation.

Selon l'expression même d'Escrivá de Balaguer, l'Opus Dei doit être « une injection intraveineuse dans le flux sanguin de la société ». Son symbole, une croix dans un cercle, se veut une illustration de la mission de l'organisation : sanctifier le monde de l'intérieur. Une anecdote est révélatrice de cet esprit totalisant. Lors de l'ordination de ses trois premiers prêtres – Alvaro del Portillo, José Maria Hernandez de Garnica et José Luis Muzquiz – Josemaría Escrivá de Balaguer s'aperçut, contrarié, qu'aucun de ces trois hommes ne fumait. Dans l'Espagne des années quarante, c'était inhabituel, et personne ne devait croire que les membres de l'Opus Dei étaient des hommes loin du monde, différents des autres. Le fondateur imposa donc à l'un d'entre eux de commencer à fumer : cet homme était Alvaro del Portillo, qui devint aussi son disciple le plus fidèle et son successeur.

Au début, Escrivá n'avait pas pensé à un nom précis pour sa « création ». Il commença à l'appeler Opus Dei (« Œuvre de Dieu ») seulement après l'innocente question de son confesseur : « Alors, comment va cette œuvre de Dieu ? » Œuvre de Dieu, exactement.

Il faut savoir que ladite « Œuvre de Dieu » n'est pas un ordre de religieux comme celui des dominicains ou des franciscains ; elle n'est pas non plus un mouvement laïc. Cette institution accueille des hommes et des femmes, des laïcs et des prêtres, et au cours des années elle a reçu différentes appellations de la part du Vatican : union pieuse, communauté ecclésiastique, institut séculaire.

Par ses règles, son *modus operandi* et son obsession de l'obéissance, l'Opus Dei rappelle l'ordre très puissant des jésuites – évoqué dans l'un des chapitres précédents –, né en Espagne lui aussi, mais au XVIe siècle, à l'initiative d'Ignace de Loyola. Comme la célèbre Compagnie de Jésus, l'Opus Dei témoigne en effet de la ténébreuse religiosité espagnole. Les adeptes se soumettent totalement et absolument à l'organisation, et – aux yeux du fondateur – l'obéissance aveugle qu'on leur demande est la condition préalable et nécessaire au « chemin de sainteté ».

Tous les membres – y compris ceux que l'on appelle « surnuméraires », généralement mariés et vivant en famille – doivent jurer de toujours consulter leurs supérieurs pour toute question professionnelle ou sociale, et de leur confier jusqu'aux questions les plus intimes et délicates. Les « numéraires », c'est-à-dire les membres de l'organisation interne, sont tenus de faire leur testament le jour où ils intègrent l'Opus Dei, laissant à l'organisation tous leurs biens, présents et à venir. Jusqu'il y a quelques années – mais la règle est vraisemblablement encore en vigueur – les « inscrits » devaient signer un document en blanc qui permettait à l'organisation « d'aliéner ces propriétés qui – sans être propriété de l'Institut – sont soumises cependant à son pouvoir et à sa direction » (art. 372). De toutes les règles, la plus importante est celle du secret. Aucun membre ne doit révéler ni son appartenance à l'Opus Dei ni les noms des autres inscrits ;une discrétion qui est imposée même au sein de sa propre famille. Les exceptions sont rares : seuls les dirigeants peuvent autoriser certains membres à révéler leur appartenance à l'organisation.

Les femmes sont soumises à des règles spécifiques qui relèvent de la discrimination sexuelle, comme on peut facilement s'y attendre dans ce fonctionnement rigoureusement sexiste. Parmi celles qui vivent dans les résidences de l'Opus Dei, les « auxiliaires » sont nombreuses et se consacrent aux tâches ménagères : cuisiner, laver, faire le ménage. En échange, elles sont dispensées de l'obligation de pénitence imposée aux consœurs de niveau hiérarchique plus élevé, notamment celle de dormir sur une planche de bois.

Au printemps 1986, Sandro Magister[1] publie une série d'articles dans l'hebdomadaire italien *L'Espresso* qui commencent à faire parler de cette organisation jusque-là quasiment inconnue. Dès lors, beaucoup d'autres informations ont pu être collectées sur le sujet, bien que le secret reste un trait tellement marqué de cette institution que certains n'ont pas hésité à la comparer à une sorte de maçonnerie blanche ou catholique, ou à l'appeler, avec un jeu de mot très péjoratif, « O(cto)pus Dei », la « pieuvre de Dieu ».

1. L'un des plus réputés vaticanistes italiens, journaliste spécialisé dans les questions religieuses.

Josemaría Escrivá de Balaguer naît dans une famille de la moyenne bourgeoisie, le 9 janvier 1902 à Barbastro, une bourgade rurale de la communauté aragonaise, dans le nord de l'Espagne. Il est frappé par une forte méningite dans sa plus tendre enfance, et les médecins le croient voué à une mort certaine et imminente. Désespérée, sa mère, Dolores, l'emmène dans l'ancien sanctuaire de Notre-Dame de Torreciudad. De manière inexplicable, l'enfant survit. En 1915, suite à la faillite du commerce de tissus du père, la famille déménage à Logroño. Là, selon la biographie officielle, Josemaría prend conscience pour la première fois de sa vocation : elle se manifeste en voyant les traces des pieds nus d'un religieux dans la neige.

Entre l'âge de quinze et seize ans, il décide de devenir prêtre et commence des études de séminariste. En 1923, il s'inscrit à la faculté de droit de l'université de Saragosse ; en 1925, il est ordonné prêtre. Il fonde l'Opus Dei le 2 octobre 1928, à l'âge de vingt-six ans seulement. Ensuite, les événements s'enchaînent très rapidement, ce qui en dit long sur le dynamisme fébrile du jeune homme. Dès la fin de la guerre, en 1946 plus précisément, il part s'installer à Rome, où il demeure jusqu'à sa mort, en 1975.

Lors de sa canonisation en 2002, Jean-Paul II dit notamment : « Saint Josemaría fut choisi par le Seigneur pour annoncer l'appel universel à la sainteté et pour indiquer que la vie de tous les jours, avec ses activités banales, est le chemin de la sanctification. On pourrait dire qu'il fut le saint de la vie ordinaire. » En réalité, le « saint de la vie ordinaire » fut aussi une figure très controversée. En premier lieu pour son soutien présumé au régime franquiste. En effet, le développement et l'expansion de l'Opus Dei coïncident avec les années de la dictature de Francisco Franco en Espagne. D'ailleurs, en date du 23 mai 1958, Josemaría envoya depuis Rome un courrier très éloquent au général Franco, où l'on peut lire notamment :

> « *Bien qu'étranger à toute activité politique, je ne peux que me réjouir, en tant que prêtre et en tant qu'Espagnol, du fait que la voix autorisée du chef de l'Etat proclame que "la nation espagnole considère comme un honneur le respect de la loi de Dieu, selon la seule et véritable doctrine de la Sainte Eglise catholique apostolique et romaine indissociable de la conscience nationale, de laquelle s'inspirera la législation"*. »

On ne peut s'empêcher de remarquer à quel point la profession de foi, l'appartenance politique et le rôle civique de la religion s'imbriquent étroitement.

Voici ce qu'écrit le *Chicago Tribune* en 2003 : « Quand le général Franco gagna la guerre, Escrivá se rangea du côté du régime autoritaire, et de nombreux membres de l'Opus Dei occupèrent des postes stratégiques au sein du gouvernement. » En 1975, par exemple, trois membres de l'organisation sont nommés ministres : l'économiste Alberto Ullastres Calvo, au ministère du Commerce ; le banquier Mariano Navarro Rubio, au Trésor ; l'homme de sciences Laureano López Rodó, secrétaire au ministère des Affaires étrangères, puis ministre du Budget. En tout, huit hommes de l'Opus Dei furent ministres dans les différents gouvernements du dictateur espagnol entre 1939 et 1975.

Il faut dire aussi que pendant les années de la guerre civile, la quasi-totalité de l'Eglise espagnole s'était rangée du côté des franquistes, entre autres parce que les forces républicaines avaient tué un grand nombre de prêtres et de religieuses. Cependant, sous le gouvernement du Caudillo, certains membres de l'Opus Dei furent persécutés et incarcérés en raison des critiques qu'ils adressaient au régime. Même s'il s'agit majoritairement de figures mineures ou marginales de l'organisation, cela mérite d'être rappelé.

Les sympathies pour Hitler dont on accuse Escrivá de Balaguer sont encore plus graves, une charge lourde dont l'accable, entre autres, un prêtre tchécoslovaque naturalisé anglais : Vladimir Feltzman, qui intégra l'Opus Dei en 1959 et en sortit en 1982. Deux ans après sa démission – très exactement le 11 mai 1984 – Feltzman accorde une longue interview au théologien catholique allemand Peter Hertel, où il critique vigoureusement le fondateur de l'organisation : « S'il a haï quelque chose dans sa vie, c'est le communisme. A ses yeux, il symbolisait le mal, car il en avait souffert. Il voyait la politique de l'Allemagne nazie comme une sorte de croisade contre le communisme, et Hitler comme le guide de celle-ci contre le marxisme. » Puis plus loin : « Tous les membres de l'Opus Dei voulurent s'enrôler dans la Division Azul [*les volontaires espagnols qui se rangeaient du côté des Allemands contre l'Union soviétique*]. Ils ne furent pas acceptés, mais tous se présentèrent spontanément. »

Feltzman raconte aussi qu'une fois Escrivá lui confia : « Je crois que ceux qui pensent qu'Hitler a tué six millions de Juifs exagèrent sans doute. Hitler n'était pas aussi malfaisant. Il peut en avoir tué trois ou quatre millions, tout au plus. » Des mots terribles, repris par l'hebdomadaire *Newsweek* le 13 janvier 1992, et démentis par le prélat Alvaro del Portillo quelques semaines plus tard.

Aux accusations d'antisémitisme portées contre son fondateur, l'Opus Dei répond par un document filmé qui date du 14 février 1975. Au cours d'une rencontre au Venezuela, un homme prend la parole et commence par dire : « Père, je suis juif... » Escrivá l'interrompt : « J'aime beaucoup les Juifs, car j'aime Jésus-Christ à la folie et il est juif. Je ne dis pas "il était", mais bien "il est". *Jesu Christus eri et hodie ipse et in sæcula.* Jésus-Christ continue à vivre et il est juif comme toi. Et le deuxième grand amour de ma vie est juif aussi : c'est la bienheureuse Vierge Marie, mère de Jésus-Christ. C'est pourquoi je te regarde avec amour... » Et l'homme à son tour : « Je pense que vous avez répondu à ma question, mon père. »

L'Opus Dei a fait l'objet de critiques au sein même de l'univers catholique, notamment de la part des jésuites, qui ont toujours nourri un sentiment de rivalité vis-à-vis de l'organisation. Leur supérieur général Włodzimierz Ledóchowski (1866-1942) écrit dans un rapport rédigé à l'intention de la curie romaine que l'Opus Dei « est très nocif pour l'Eglise d'Espagne » ; puis il poursuit en décrivant leur culte du secret, voyant en cela « le signe d'un penchant dissimulé pour la domination du monde, mise en œuvre à travers une sorte de maçonnerie chrétienne ».

Don Giussani (fondateur de Comunione e Liberazione[1]) dit un jour à Vittorio Messori qui relate ses propos dans son livre *Opus Dei. Un'indagine*[2] (« Opus Dei. Une enquête ») : « Voyez-vous, nous, à Comunione e Liberazione, faisons figure de francs-tireurs, nous avançons en lançant des pierres. Mais eux, les membres de l'Opus Dei, ont les blindés : ils avancent cuirassés et chenillés, même s'ils le font à pas feutrés pour plus de discrétion. On ne s'en aperçoit pas, ils ne font pas de bruit, mais ils sont là, et comment ! On s'en rendra compte de plus en plus. »

Dans une interview publiée par *Il Mulino* en 1984, Giuseppe

1. En français : Communion et Libération. Mouvement catholique fondé en 1954, présent aujourd'hui dans le monde entier (quatre-vingt-sept pays) avec plus de cent mille adhérents.
2. Publié par Mondadori en 1993.

Dossetti – catholique très attentif aux valeurs de l'Evangile, devenu prêtre en 1959 – s'exprimait en ces termes à propos de l'Opus Dei : « Je me propose de rechercher dans le *Commentarium pro religiosis*[1] [...] l'extrait d'un document de la congrégation pour les Religieux autorisant l'Opus Dei à agir dans les diocèses en présentant aux évêques seulement une partie de leurs statuts. C'est là un manque total de démocratie [...] Bien évidemment, les évêques ont vivement réagi. Sans compter les procédures secrètes. En quoi cela se distingue-t-il de la maçonnerie ? »

On peut difficilement juger de la fiabilité d'appréciations individuelles qui sont parfois très différentes les unes des autres. Une ligne politique de fond se dégage cependant, et on la reconnaît d'autant plus aisément qu'elle coïncide en grande partie avec celle que la majorité de l'Eglise a adoptée en ces années du XXe siècle où deux grandes dictatures – le nazi-fascisme et le communisme – se disputaient l'Europe de façon sanglante. On retrouve à peu près la même chez Pie XII, ce qui fut sans doute à l'origine de ses attitudes ambiguës évoquées dans l'un des chapitres précédents, et des nombreuses accusations que celles-ci lui valurent. Aux yeux de ces prélats, un danger primait sur tous les autres : celui du communisme athée. Le nazisme aussi était athée, mais on avait l'impression qu'avec le régime d'Hitler on pourrait trouver un arrangement, ou tout au moins une cohabitation non-violente. En revanche, cela semblait impossible avec le communisme, qui prétendait effacer jusqu'à l'idée même de Dieu, dès la plus tendre enfance.

Le 28 novembre 1982, à l'issue de démarches qui s'étaient poursuivies pendant près d'un demi-siècle, Jean-Paul II fait de

1. Périodique rédigé en latin.

l'Opus Dei une prélature personnelle de l'Eglise catholique – la seule jusqu'en 2009 – en nommant à sa tête Alvaro del Portillo. Cet acte solennel marque la fin d'un long combat mené au sein même de la curie. Sous Paul VI, l'Opus Dei était regardée avec suspicion par les supérieurs de la hiérarchie vaticane. En parcourant les actes de la procédure de béatification d'Escrivá, on note par exemple que six ans durant – de 1967 à 1973 –, le pape refusa de recevoir le fondateur de l'Opus Dei.

C'est Del Portillo, successeur d'Escrivá, qui trouva le moyen d'être reçu par le souverain pontife, sachant que c'était le préalable nécessaire et incontournable pour toute autre demande ou démarche. Plus tard, avec l'avènement de Karol Wojtyla et sa bienveillance manifeste vis-à-vis de l'organisation, les choses se simplifièrent, jusqu'à l'obtention de la prélature. Le pape souhaitait notamment exprimer sa gratitude à l'Opus Dei pour l'aide reçue dans deux moments de crise particulièrement difficiles : celui du scandale de l'Ior-Banco Ambrosiano (voir le chapitre « Les banquiers de Dieu » du présent ouvrage) et celui de sa Pologne natale, au moment où les grèves organisées par le syndicat Solidarnosc, d'inspiration catholique, commençaient à déstabiliser le parti unique au gouvernement d'obédience soviétique.

Les termes de « prélature personnelle » indiquent une sorte de diocèse non territorial dirigé par un prélat qui dépend directement du pape ; la prélature est autonome financièrement et sur le plan organisationnel, et jouit de la faculté d'ordonner ses propres prêtres. Selon l'édition de 2004 de l'Annuaire pontifical, l'Opus Dei compte mille huit cent cinquante prêtres et quatre-vingt-trois mille six cent quarante et un laïcs (dont cinquante-cinq pour cent de femmes) dans le monde. Le premier Italien qui intégra l'organisation était un jeune avocat romain qui y adhéra en 1947. De nos jours, en Italie, les fidèles de la prélature sont au nombre d'environ quatre mille : ce sont pour la plupart des entrepreneurs ou des professions libérales de renom, mais on y trouve aussi des hommes politiques. En avril 2006, Paola Binetti, « surnuméraire » de l'Opus Dei a été élue au Sénat. Auparavant, un autre « surnuméraire », Alberto Michelini, avait été député de Forza Italia. Des centres et des œuvres apostoliques de la prélature sont installés dans plus de vingt-sept villes italiennes.

Pour être accepté parmi les membres, il faut suivre un long et rigoureux parcours qui n'est pas sans rappeler ceux qui sont en vigueur dans les sociétés secrètes. En général, on commence par envoyer une lettre par laquelle on demande à rejoindre l'Opus Dei. On peut le faire à partir de l'âge de seize ans et demi, mais les « aspirants » sont acceptés dès quatorze ans et demi. Six mois plus tard, on procède à l'« admission », une brève cérémonie en présence de deux membres internes, au cours de laquelle le novice accepte de « vivre dans l'esprit de l'Opus Dei ». Un an et demi s'écoule avant l'« oblation », un contrat en bonne et due forme qui ratifie l'intégration juridique du nouveau membre : « Je soussigné, en pleine possession de ma liberté, déclare vouloir me consacrer avec persévérance à la recherche de la sainteté et pratiquer l'apostolat avec toute mon énergie, suivant l'esprit et la méthode de l'Opus Dei [...] Je m'engage à rester sous la juridiction du prélat et des autorités compétentes de la prélature [...] », etc.

Le contrat doit être confirmé et renouvelé le 19 mars de chaque année (date de la fête de saint Joseph, saint patron des travailleurs et protecteur de l'Opus Dei). Au bout de cinq ans, le novice obtient la « fidélité » et devient membre permanent, sans avoir besoin de renouveler annuellement son engagement.

Il existe plusieurs catégories d'affiliés. Environ soixante-dix pour cent d'entre eux sont les membres dits « surnuméraires » : le plus souvent, des gens mariés, vivant en famille et travaillant normalement, qui ont pour guide spirituel un numéraire et se confessent aux prêtres de l'organisation.

Les numéraires – environ vingt pour cent du nombre total des adhérents – résident en revanche dans les centres de l'Opus Dei, s'engagent à garder le célibat, se prêtent aux initiatives d'apostolat et à la formation des autres fidèles de la prélature. La totalité de leurs biens, à l'exception de ce qu'il leur faut pour les menues dépenses personnelles, est dévolue au financement de l'organisation. Chaque jour, sauf le dimanche et les jours fériés, ils portent le cilice pendant au moins deux heures, une large ceinture garnie de pointes de fer serrée autour de la cuisse. Une fois par semaine, tout en récitant leur Pater, ils utilisent aussi la discipline, un fouet avec lequel ils se frappent le dos. Selon l'Opus Dei, en effet, il faut vaincre les bas instincts du corps, et la souffrance est le véhicule béni de la rédemption. Le fondateur dit cela sans la moindre ambiguïté : « Bénie soit la douleur. Aimée soit la douleur. Sanctifiée soit la douleur. Glorifiée soit la douleur. » Puis plus loin : « Si tu sais que le corps est ton ennemi, et aussi celui de la gloire de Dieu, puisqu'il l'est aussi de ta sanctification, pour quelle raison le flattes-tu autant ? » (*Chemin*, 208 et 227.) La chasteté est vivement conseillée. Dans un autre passage de *Chemin*, le fondateur écrit : « Pour garder sa pureté, saint François d'Assise se roula dans la neige, saint Benoît se jeta dans un buisson de ronces, saint Bernard plongea dans un étang glacé [...] Et toi, qu'as-tu fait ? »

L'Opus Dei prévoit dans ses rangs des « auxiliaires » : plus de quatre mille femmes employées à plein temps aux tâches ménagères des différents centres de l'organisation. Elles doivent porter un uniforme et sont soumises à une surveillance rigoureuse qui va jusqu'à la lecture de leur courrier personnel.

Certains esprits critiques ont voulu voir dans ce strict partage de « rang » entre les hommes et les femmes, non seulement l'habituelle et toujours latente misogynie de l'Eglise, mais aussi le signe d'une véritable exploitation sexiste. Dans l'un des passages de *Chemin*, le fondateur affirme ceci, en s'adressant aux femmes : « Si vous souhaitez vous donner à Dieu dans le monde, avant d'être savantes – les femmes n'ont pas besoin d'être savantes, il suffit qu'elles soient discrètes – vous devez être spirituelles, et très proches du Seigneur par la prière. Vous devez porter comme une cape invisible qui couvre chacun de vos sens et de vos facultés : prier, prier, prier ; expier, expier, expier. »

De nos jours, c'est là une perspective inacceptable qui vraisemblablement trouve ses racines dans l'atmosphère culturelle de l'Espagne des premières décennies du siècle dernier, c'est-à-dire celles de la formation d'Escrivá. Sans oublier la part de phobie sexuelle qui motive sans doute les comportements préconisés. Elena Longo, ex-numéraire, a écrit un article intitulé « Vita quotidiana di una numeraria nell'Opus Dei » (« Vie quotidienne d'une numéraire de l'Opus Dei »), publié en 2006 dans la revue *Clarettianum*. Voici ce qu'on peut y lire :

> *« L'ascétisme propre à l'institution exige ce que l'on appelle en interne : "une sévère carapace du cœur". Cette règle doit être observée dans toutes les circonstances de la vie quotidienne, vis-à-vis des collègues et de toutes connaissances. Aux numéraires, qu'ils soient hommes ou femmes, on demande d'éviter par tous les moyens de travailler, ne serait-ce qu'exceptionnellement, seuls dans une*

pièce avec un collègue du sexe opposé et, si cela devait arriver, de laisser grande ouverte la porte de la pièce où l'on se trouve. Il faut également éviter d'accepter les voyages en voiture avec des personnes du sexe opposé. Si le contexte professionnel devait compromettre sérieusement le respect de ces règles de prudence, il faut arrêter l'activité professionnelle plutôt que de mettre en danger son choix de vie du célibat apostolique. »

Enfin, les prêtres : la prélature en compte mille huit cent cinquante soumis à l'autorité directe du prélat de Rome. Deux mille prêtres supplémentaires font partie de la société sacerdotale de la Sainte-Croix, étroitement liée à l'Opus Dei. En effet, l'organisation dirige et contrôle également un grand nombre d'« œuvres apostoliques ». Parmi celles-ci, rappelons quinze universités avec plus de quatre-vingt mille étudiants – la plus grande est l'université de Navarre à Pampelune, la plus récente celle du Campus Biomedico de Rome – sept hôpitaux avec mille médecins et mille cinq cents infirmiers ; onze instituts d'enseignement spécialisés dans l'administration des entreprises ; trente-six écoles élémentaires et collèges, quatre-vingt-seize instituts de formation professionnelle ; cent soixante-six résidences universitaires ; une agence de presse audiovisuelle (Rome Reports). C'est donc une organisation puissante dont le patrimoine a été estimé à environ trois milliards de dollars par *Le Times* du 24 avril 2006.

Ce qui frappe le plus l'imaginaire collectif est sans doute le culte du secret qui nimbe l'Opus Dei. L'organisation ne dévoile ni ses bilans, ni les noms de ceux qui sont ses membres ou qui ont cessé de l'être. L'article 191 de la constitution de 1950 disait textuellement : « Que les membres soient avertis qu'ils devront toujours observer un silence prudent sur les noms des autres membres et ne devront jamais révéler qu'ils font eux-mêmes partie de l'Opus Dei. » L'article a ensuite été modifié par les statuts de 1982 et aujourd'hui – théoriquement – chaque membre est libre de révéler son appartenance à l'organisation. Dans la pratique, cependant, on continue d'observer une très grande discrétion, à l'exception de ceux qui sont expressément autorisés à déclarer leur appartenance. Encore de nos jours, c'est un fait que le nom et le nombre exact des membres de l'Opus Dei restent secrets.

Toute personne n'est pas capable de supporter la pression psychologique, la discipline du cilice et la surveillance constante auxquelles sont soumis les membres de l'Opus Dei. Cependant, une fois entré dans l'organisation, la quitter n'est pas chose simple. Au cours des années, plusieurs publications ont témoigné des péripéties, voire des vexations, qui ont accompagné l'expérience de ceux qui ont voulu en sortir, notamment quand il s'agissait de femmes. Le témoignage de Maria del Carmen Tapia dans son livre *Oltre la soglia. Una vita nell'Opus Dei*[1] (« Au-delà du seuil. Une vie dans l'Opus Dei ») est particulièrement poignant. Elle y décrit en termes crus la vie, les horaires, les relations souvent très dures avec les surveillantes, les humiliations subies. Quand la jeune femme manifeste le souhait de retourner dans sa famille et dans le monde, la dureté habituelle des échanges se transforme en véritable harcèlement.

> « *Quand je rentrais dans ma chambre après les interrogatoires, je constatais qu'elle avait été fouillée.*

1. Editions Baldini & Castoldi, Milan, 1996.

Le téléphone était surveillé en permanence par un membre du conseil local. Il m'était interdit de faire le ménage et de descendre dans la salle à manger. Ils m'apportaient mes repas dans la chambre [...] J'étais tellement terrorisée que je souffrais d'un tremblement constant. J'avais peur qu'ils me fassent enfermer dans un hôpital psychiatrique comme ils l'avaient déjà fait avec d'autres personnes. »

Un jour, profitant d'un instant de distraction de ses supérieurs, elle arrive à appeler le mari d'une de ses amies : un très court message, terrorisée à l'idée d'être découverte. L'homme parvient tout de même à comprendre le sens de son appel et obtient l'autorisation de la faire sortir. Mais les humiliations se poursuivent :

« *[...] on me dit de me rendre dans la salle de réunion [...] Monseigneur Escrivá commença à marcher de long en large dans la pièce, altéré, le visage rouge, visiblement furieux, me disant : "Tu ne dois parler à personne ni de l'Opus Dei, ni de Rome [...] si tu dis du mal de l'Opus Dei, moi, Josemaría de Balaguer, qui ai la presse internationale entre mes mains, je te diffame publiquement." Puis, en me regardant droit dans les yeux, agitant les bras comme une furie, comme s'il voulait me frapper, il cria : "Espèce de sale pute !"* »

Un livre plus récent a recueilli le témoignage d'autres expériences similaires : *Opus Dei segreta*[1] (« Opus Dei secret »)

1. Editions BUR, 2006.

de Ferruccio Pinotti. L'un des témoignages les plus frappants est celui d'Amina Mazzali, une jeune femme de trente-six ans originaire de Florence : « Ils m'ont proposé d'entrer dans l'Opus Dei quand j'avais quinze ans. C'était en 1985. Le pire, c'est que je n'étais pas la plus jeune. » Amina devient numéraire à l'insu de ses parents :

> *« C'était terrifiant : ils me déconseillaient d'en parler à mes parents [...] Ils me disaient : "Ils ne font pas partie de notre monde, ils n'ont pas le même esprit, ils ne comprendraient pas [...] ils ne sont pas dans l'état de grâce nécessaire pour te donner de bons conseils. Mieux vaut que tu les demandes à l'un d'entre nous ou à un prêtre de l'Opus Dei."* »

Etant numéraire, Amina commence à pratiquer les rites imposés par l'organisation :

> *« A dix-sept ans, j'ai commencé les mortifications corporelles : je devais porter le cilice à la cuisse et me fouetter avec la discipline. Ce n'est pas un choix ou quelque chose de facultatif : ils me demandaient expressément de le faire [...] Dès ce moment-là, mon rapport avec l'Opus Dei n'a été basé que sur ma culpabilité.* »

Amina donne des détails précis : « [le cilice est une] ceinture de métal composée de plusieurs anneaux munis de pointes. On doit le placer en haut de la cuisse. On peut le serrer à souhait et le fait qu'on le serre plus ou moins fort est évidemment un indice de la générosité de la personne. Moi, j'ai encore les cicatrices. Maintenant, ça se voit un peu moins, mais quand la blessure est récente, c'est vraiment horrible à voir. » Amina le portait tous les jours : « Deux heures par jour. Si je le portais en faisant mes devoirs, petit à petit ma jambe perdait sa sensibilité. Assise, c'était à peu près supportable, mais dès que je me levais et que je marchais, c'était vraiment très douloureux. » La mortification corporelle s'accompagne de la dépendance psychologique. Amina poursuit son récit :

> *« Dans l'Opus Dei, la méthode pour soumettre la volonté des personnes est la suivante : ils t'apprennent à douter de toi et de ta capacité de jugement, à ne faire confiance qu'à ce qui t'est dit par les supérieurs et l'organisation. Pas à pas, ils te démontrent que tu ne serais pas un bon guide de toi-même. C'est pourquoi tu dois suivre les indications de tes supérieurs, qui savent mieux que toi quel est ton bien [...] La devise est la suivante : "Celui qui obéit ne peut jamais se tromper." »*

Amina évoque aussi un prosélytisme à outrance : « C'était fait de manière très professionnelle. Ils nous donnaient des chiffres à atteindre, de véritables cibles, et nous indiquaient des lieux spécifiques où faire de nouvelles recrues : écoles de journalisme, cours de latin, conférences, congrès. On devait faire entrer de nouvelles aspirantes numéraires. » Quand la jeune femme commence à souffrir d'une dépression nerveuse, on lui prescrit des tranquillisants. A la fin des années quatre-vingt-dix, Amina se décide enfin à quitter l'Opus Dei.

Cette organisation a connu un regain de popularité grâce au succès planétaire du *Da Vinci Code* de Dan Brown. D'un intérêt relatif sur le plan littéraire, le roman est assez bien construit sur le plan narratif : en particulier, il saisit tellement bien la méfiance générale vis-à-vis de l'Opus Dei qu'on en oublie les nombreuses imprécisions du récit. Silas, par exemple, est présenté comme un moine albinos de l'Opus Dei, alors que cette organisation n'a pas d'ordre monastique. Dan Brown a très habilement mis à profit l'aura sinistre qui nimbe l'Œuvre. L'Opus Dei, de son côté, a répondu à la publication du roman par un communiqué de la prélature de New York en 2003. On peut y lire notamment que le livre « décrit des membres de l'Opus Dei qui pratiquent des mortifications corporelles macabres et assassinent des gens ; il affirme que la prélature a recours à des moyens de coercition et fait le lavage du cerveau de ses adhérents ; il insinue que l'organisation a aidé la banque vaticane en échange de l'obtention du titre de prélature personnelle. Toutes ces affirmations sont absurdes et sans fondements ».

Les finances recouvrent un domaine très important au sein de l'organisation. John Roche – numéraire de 1959 à 1973, il enseigne l'histoire des sciences à Oxford et se déclare catholique – témoigne de son expérience dans le livre de Pinotti cité ci-dessus.

> *« A l'époque où j'y ai adhéré, l'Opus Dei était une organisation très secrète, de type fasciste. Elle était aussi très profondément hostile aux jésuites. Ses membres vénéraient le fondateur tout en étant terrorisés par lui. Il était capable d'éclats de colère dignes d'Hitler. »*

Et à propos de l'argent :

> *« Je fus surpris par le fait que de jeunes numéraires qui avaient fait les vœux évangéliques de pauvreté,*

> *de chasteté et d'obéissance se montrent aussi désireux de travailler dans les instituts bancaires, sur les marchés boursiers, dans les affaires et pour des sociétés d'import-export, pour financer l'Opus Dei. Ils étaient fiers d'aspirer à la richesse.* »

Puis plus loin :

> « *[l'Opus Dei] contrôle un vaste ensemble de biens à caractère multinational et un énorme groupement d'affaires. L'organisation est devenue immensément riche grâce à ses sociétés auxiliaires : des entreprises d'affaires placées sous son contrôle, qui sont administrées par ses membres laïcs [...] L'Opus Dei contrôle aussi des quotidiens, des périodiques, des maisons d'édition, des écoles de journalisme, des agences de presse ; elle pénètre aussi le milieu du cinéma et de la télévision.* »

On retrouve des accusations similaires dans la lettre ouverte qu'un groupe d'ex-numéraires adressa au pape Ratzinger en octobre 2005 : « Il est inquiétant de constater, écrivaient-ils, que les dirigeants de l'Opus Dei violent le droit ecclésiastique et civil. » Ils violent aussi – ajoutaient-ils – « les règles morales et civiles relatives à l'utilisation de l'argent, celles des clauses contractuelles et des obligations fiscales [...] Les dirigeants n'hésitent pas à participer à des affaires manifestement immorales, voire illicites, et contribuent à manipuler l'information en conséquence ». Pour finir, l'Opus Dei se caractériserait par un « un système d'exploitation individuelle, en tirant profit des impératifs de pauvreté, de chasteté et d'obéissance. Cela en fait une véritable secte en raison de l'aliénation de la liberté individuelle et de l'obéissance aveugle qui est exigée [...] On oblige les plus jeunes à s'éloigner de leurs familles, on leur interdit de garder les photos de leurs parents dans leur chambre. »

La cohérence de ces accusations, surgies à des époques et dans des lieux différents, pose des questions inquiétantes. Dan Brown lui-même, malgré la naïveté de son intrigue, n'aurait pas brossé un tableau aussi sinistre et caricatural dans son roman s'il n'était pas sûr de pouvoir compter sur un lieu commun extrêmement répandu. D'ailleurs, dernièrement, l'Opus Dei semble avoir pris conscience de la nécessité de s'ouvrir davantage. Après la sortie en librairie du livre de Pinotti, l'organisation a répondu en publiant sur son site[1] de nombreux témoignages positifs. Par exemple, sur le site italien, celui de Marta Risari, numéraire milanaise qui a dirigé le centre de l'Opus Dei de Vérone pendant plus de dix ans :

> « *J'ai organisé un grand nombre d'activités de formation, et en cela j'ai toujours été aidée par de nombreuses familles, dont la mienne, heureuses de voir leurs filles travailler à des entreprises aussi passionnantes [...] Je me rappelle des cours d'économie et des séminaires sur l'identité féminine dans le monde du travail, les projets de volontariat avec les handicapés, les personnes âgées ou les enfants à Vérone, mais aussi en Hongrie au sortir du régime communiste. Le fait de participer avec tant de jeunes filles aux "Journées de la jeunesse" à Lorette, à Paris et à Rome, a été une expérience*

1. Le site (en français www.opusdei.fr) est traduit et adapté dans un très grand nombre de langues.

> *enthousiasmante. Je me souviens aussi des aventures vécues en Croatie, à Noël et le jour de l'An, avec un groupe de courageuses étudiantes de Vérone, qui n'ont pas hésité à aller porter secours aux réfugiés de guerre […] L'enseignement et l'exemple de saint Josemaría m'encouragent à faire de mon mieux avec les gens que je rencontre sur mon chemin : avec les plus jeunes, pour les aider à découvrir leurs talents, à avoir confiance en Dieu, mais aussi en elles-mêmes, à faire confiance à autrui, à apprendre et parler à Dieu avec simplicité et naturel. »*

Nous trouvons donc d'un côté, des accusations très dures, de l'autre, un enthousiasme durable. « Bénie soit ta soumission », recommandait le fondateur. Il se peut que les mêmes gestes pénitentiels – les privations, la surveillance – apparaissent comme des atteintes intolérables à certains, tandis que d'autres n'y voient que des preuves d'amour et une « soumission bénie ». Mais au-delà de la diversité des témoignages, certains aspects des règles internes de l'Opus Dei continuent à susciter la perplexité et les critiques.

Par exemple, le *Guide bibliographique* rédigé à l'intention des membres n'est pas très différent de cet *Index librorum prohibitorum* qui quatre cent sept ans durant, de 1559 à 1966, a dicté aux fidèles les lectures autorisées. Les soixante mille cinq cent quarante et un livres qui y figurent sont classés selon une note allant de un à six : partant des lectures pour tous (un), à celles qui sont interdites sans l'autorisation du prélat (cinq et six). On déconseille : Isabel Allende, Norberto Bobbio, Benedetto Croce, Oriana Fallaci, Antonio Gramsci, Karl Marx, John Stuart Mill, Baruch Spinoza. Mais aussi *Le Nom de la rose* d'Umberto Eco, les romans de Moravia, d'Elsa Morante, de Mario Soldati, les œuvres de Pasolini, les romans de Philip Roth (l'un des plus grands écrivains vivants), de Jean-Paul Sartre, de Max Weber, de Gore Vidal, de Voltaire et d'Emile Zola. A l'inverse, on recommande *Le Seigneur des anneaux* de Tolkien, par exemple.

Face aux critiques, voici la réponse de l'organisation :

> « *L'Opus Dei recommande de se renseigner sur les lectures que l'on souhaite faire, tout en respectant la liberté de choix de chacun. Il s'agit donc d'une pratique d'ordre spirituel : comprendre ce qui vaut la peine d'être lu et se laisser guider par le désir de choisir des livres qui conviennent à sa foi et ses choix de vie. Cela n'a rien à voir avec un "index de livres interdits".* »

Il s'agirait donc de simples conseils qui suscitent cependant de grandes perplexités du moment que les titres à éviter comprennent des pans entiers – et non des moindres – de la culture, de la littérature et de la pensée contemporaines.

Y a-t-il une vision politique dans la manière de vivre, de réagir au monde, de « penser », pourrait-on dire, que l'Opus Dei recommande ? Si l'on entend le mot « politique » au sens très large du terme, la réponse est sans doute affirmative. Voici ce qu'en dit le professeur Roche : « L'Opus Dei est accusé par la presse du monde entier d'être une organisation politique. En réalité, il s'intéresse principalement aux classes dominantes et à ceux qui détiennent le pouvoir. C'est par ce biais qu'il essaie d'avoir de l'influence politique. Mais cette influence n'implique pas une idéologie particulière [...] En tout état de cause, l'Opus Dei est extrêmement autocratique et véhicule des idées empruntées au fascisme espagnol pour les mettre au service de buts religieux. »

Malgré l'absence d'une ligne politique officiellement définie, l'Opus Dei apparaît comme un soutien des forces politiques les plus conservatrices. En effet, selon l'expression même d'Escrivá : « L'Opus n'agit pas, ses membres agissent. » Quoi qu'il en soit, la tendance à se ranger du côté des plus conservateurs est irréfutable, notamment quand il s'agit de reconnaître les couples hors mariage, l'euthanasie, l'avortement, la contraception, la procréation médicalement assistée, l'homosexualité.

Comme tout organisme pleinement conscient de son importance, l'Opus Dei aussi a pour premier objectif de garder et d'étendre son rôle. C'est sa « politique » de fond. Quand Paul VI s'opposait à l'organisation, notamment en lui refusant la tant attendue prélature personnelle, Escrivá alla jusqu'à imaginer le schisme si ce refus persistait. Il en proféra la menace explicite dans la revue *Cronica* (II, 1972) : « Le mal vient de l'intérieur de l'Eglise et de ses dirigeants. L'Eglise semble être en proie à une véritable putréfaction et parfois on croirait même que le corps mystique du Christ est un cadavre malodorant en cours de décomposition. » Tout cela changea avec l'arrivée du pape Wojtyla : la prélature personnelle fut obtenue rapidement, en 1983, et la canonisation du fondateur suivit en 2002.

La bonne étoile de l'Opus Dei a continué à briller avec le pape Ratzinger. Le lendemain de son élection au trône pontifical, le prélat et évêque Javier Echevarría rappela : « Le nouveau pape connaît bien la mission de la prélature et sait qu'il peut compter sur les efforts des prêtres et des laïcs qui en font partie pour servir l'Eglise, seule ambition de saint Josemaría Escrivá. »

En mars 2002, lors de la présentation du livre de Giuseppe

Romano *Opus Dei. Il messaggio, le opere, le persone*[1] (« Opus Dei. Le message, les œuvres, les personnes »), Joseph Ratzinger, qui n'était alors que cardinal, s'exprima de la manière suivante :

> *« Le théocentrisme d'Escrivá de Balaguer est cohérent avec les paroles de Jésus-Christ – cette confiance dans le fait que Dieu ne s'est pas retiré du monde, que Dieu œuvre encore de nos jours et que nous n'avons qu'à nous mettre à sa disposition, être disponibles, capables de répondre à son appel – et c'est à mes yeux un message d'une très grande importance. Il nous conduit à dépasser la grande tentation de notre époque : c'est-à-dire prétendre qu'après le big bang Dieu s'est retiré de l'histoire. »*

Le futur pape avait découvert le cœur de l'objectif de l'Opus Dei : aller dénicher Dieu dans l'histoire, où qu'il soit et par n'importe quel moyen.

Ce qui arrivera à cette organisation après le tournant que constitue l'avènement de François, on ne le sait pas encore...

Une certitude, le pape François fait suivre ses paroles d'actes. Ainsi, au mois de septembre 2014, il a pris une mesure sans précédent dans l'histoire millénaire de l'Eglise catholique : le placement en résidence surveillée au Vatican, où le pontife exerce un droit souverain, de l'ancien nonce apostolique à Saint-Domingue, l'archevêque polonais Jozef Wesolowski. Contre les prêtres accusés d'actes pédophiles, il use du bâton, comme il l'avait annoncé. Il l'avait dit et il l'a fait.

---

1. Editions San Paolo, 2002.

ANNEXES

« Concordat » est le nom donné aux traités bilatéraux que le Saint-Siège signe avec d'autres Etats pour régler, dans le pays concerné, dit « concordataire », la situation juridique de l'Eglise catholique. Les accords portent sur les domaines religieux et civils, et prévoient des garanties réciproques en matière d'intérêts et de compétences communes – par exemple les écoles confessionnelles, le service militaire pour les religieux, le mariage, les conséquences civiles des dispositions du droit canonique, les aides de l'Etat aux œuvres du culte... Selon Gramsci (1891-1937), intellectuel et écrivain italien, un des fondateurs du Parti communiste italien, il n'est pas juste d'assimiler les concordats aux autres formes de traités internationaux puisque « dans le concordat, on constate, de fait, une interférence de souveraineté dans un territoire unique ; tous les articles d'un concordat concernent les citoyens d'un seul des deux Etats traitant, sur lequel l'autre Etat revendique une juridiction. Le concordat est donc la reconnaissance explicite d'une double souveraineté dans un seul territoire. La forme n'est plus celle des temps médiévaux, mais le fond reste le même. » Parmi les concordats notoires, il faut citer ceux qui furent signés avec l'Espagne (16 mars 1851), la Russie des tsars (23 décembre 1882), la Pologne (10 février 1925), le royaume d'Italie (11 février 1929 – accords du Latran), le IIIe Reich d'Adolf Hitler (1933). Avec la France, plusieurs concordats ont été signés depuis celui de 1516, qui établit, sous François Ier, le gallicanisme. Les plus importants furent ceux de 1801 et de 1813, signés avec Napoléon Bonaparte. Ils ont eu cours jusqu'en 1905, date de la séparation de l'Eglise et de l'Etat.

Concordat de 1801
entre Bonaparte et le pape Pie VII

En France, la Révolution a bouleversé la situation de l'Eglise en instituant une Constitution civile du clergé à laquelle le pape s'est opposé. Tandis que les prêtres qui refusaient de prêter serment étaient pourchassés comme contre-révolutionnaires, l'Eglise constitutionnelle peinait à gagner une légitimité. En arrivant au pouvoir, Napoléon Bonaparte entend régler le problème religieux, qui divise profondément le pays. Il charge son frère Joseph d'établir un concordat qui rétablisse les relations entre l'Etat français et le Saint-Siège représenté par le cardinal Consalvi – le pape régnant est alors Pie VII. Le traité de 1801 est un compromis : l'Eglise abandonne ses biens en France (nationalisés depuis 1790), en échange de quoi l'Etat rémunère le clergé. Par ailleurs, le serment des prêtres à l'Etat demeure, mais le gallicanisme – c'est-à-dire l'autonomie de la France à l'égard du pape en vigueur depuis François Ier – est révolu.

Au nom du peuple français, Bonaparte, premier Consul, proclame loi de la République le décret suivant, rendu par le Corps législatif le 18 germinal an X, conformément à la proposition faite par le Gouvernement le 15 dudit mois, communiquée au Tribunat le même jour.

DÉCRET

La convention passée à Paris, le 26 messidor an IX, entre le Pape et le Gouvernement français, et dont les ratifications ont été échangées à Paris le 23 fructidor an IX [10 septembre 1801], ensemble les articles organiques de ladite convention, les articles organiques des cultes protestants, dont la teneur suit, seront promulgués et exécutés comme des lois de la République.

Convention entre le Gouvernement français et sa Sainteté Pie VII, échangée le 23 fructidor an IX [10 septembre 1801].

Le premier Consul de la République française, et sa Sainteté le souverain Pontife Pie VII, ont nommé pour leurs plénipotentiaires respectifs ;

Le premier Consul, les citoyens Joseph Bonaparte, conseiller d'Etat, Cretet, conseiller d'Etat, et Bernier, docteur en théologie, curé de Saint-Laud d'Angers, munis de pleins pouvoirs ;

Sa Sainteté, son éminence monseigneur Hercule Consalvi, cardinal de la sainte Eglise romaine, diacre de Sainte-Agathe *ad Suburram*, son secrétaire d'Etat ; Joseph Spina, archevêque de Corinthe, prélat domestique de sa Sainteté, assistant du trône pontifical, et le père Caselli, théologien consultant de sa Sainteté, pareillement munis de pleins pouvoirs en bonne et due forme.

Lesquels, après l'échange des pleins pouvoirs respectifs, ont arrêté la convention suivante :

Convention entre le Gouvernement français et sa Sainteté Pie VII

Le Gouvernement de la République française reconnaît que la religion catholique, apostolique et romaine, est la religion de la grande majorité des citoyens français.

Sa Sainteté reconnaît également que cette même religion a retiré et attend encore en ce moment, le plus grand bien et le plus grand éclat de l'établissement du culte catholique en France, et de la profession particulière qu'en font les Consuls de la République.

En conséquence, d'après cette reconnaissance mutuelle, tant pour le bien de la religion que pour le maintien de la tranquillité intérieure, ils sont convenus de ce qui suit :

Article premier – La religion catholique, apostolique et romaine, sera librement exercée en France : son culte sera public, en se conformant aux règlements de police que le Gouvernement jugera nécessaires pour la tranquillité publique.

Art. II. – Il sera fait par le Saint-Siège, de concert avec le Gouvernement, une nouvelle circonscription des diocèses français.

Art. III. – Sa Sainteté déclarera aux titulaires des évêchés français, qu'elle attend d'eux avec une ferme confiance, pour le bien de la paix et de l'unité, toute espèce de sacrifices, même celui de leurs sièges.

D'après cette exhortation, s'ils se refusaient à ce sacrifice commandé par le bien de l'Eglise (refus néanmoins auquel sa Sainteté ne s'attend pas), il sera pourvu, par de nouveaux titulaires, au gouvernement des évêchés de la circonscription nouvelle, de la manière suivante.

Art. IV. – Le premier Consul de la République nommera, dans les trois mois qui suivront la publication de la bulle de sa Sainteté, aux archevêchés et évêchés de la circonscription nouvelle. Sa Sainteté conférera l'institution canonique, suivant les formes établies par rapport à la France avant le changement de gouvernement.

Art. V. – Les nominations aux évêchés qui vaqueront dans la suite, seront également faites par le premier Consul, et l'institution canonique sera donnée par le Saint-Siège, en conformité de l'article précédent.

Art. VI. – Les évêques, avant d'entrer en fonctions, prêteront directement, entre les mains du premier Consul, le serment de fidélité qui était en usage avant le changement de gouvernement, exprimé dans les termes suivants :

« Je jure et promets à Dieu, sur les saints évangiles, de garder obéissance et fidélité au Gouvernement établi par la Constitution de la République française. Je promets aussi de n'avoir aucune intelligence, de n'assister à aucun conseil, de n'entretenir aucune ligue, soit au-dedans, soit au-dehors, qui soit contraire à la tranquillité publique ; et si, dans mon diocèse ou ailleurs, j'apprends qu'il se trame quelque chose au préjudice de l'Etat, je le ferai savoir au Gouvernement. »

Art. VII. – Les ecclésiastiques du second ordre prêteront le même serment entre les mains des autorités civiles désignées par le Gouvernement.

ART. VIII. – La formule de prière suivante sera récitée à la fin de l'office divin, dans toutes les Eglises catholiques de France :
Domine, salvam fac Rempublicam ;
Domine, salvos fac Consules.

ART. IX. – Les évêques feront une nouvelle circonscription des paroisses de leurs diocèses, qui n'aura d'effet que d'après le consentement du Gouvernement.

ART. X. – Les évêques nommeront aux cures.
Leur choix ne pourra tomber que sur des personnes agréées par le Gouvernement.

ART. XI. – Les évêques pourront avoir un chapitre dans leur cathédrale, et un séminaire pour leur diocèse, sans que le Gouvernement s'oblige à les doter.

ART. XII. – Toutes les Eglises métropolitaines, cathédrales, paroissiales et autres non aliénées, nécessaires au culte, seront remises à la disposition des évêques.

ART. XIII. – Sa Sainteté, pour le bien de la paix et l'heureux rétablissement de la religion catholique, déclare que ni elle, ni ses successeurs, ne troubleront en aucune manière les acquéreurs des biens ecclésiastiques aliénés, et qu'en conséquence, la propriété de ces mêmes biens, les droits et revenus y attachés, demeureront incommutables entre leurs mains ou celles de leurs ayant-cause.

Art. XIV. – Le Gouvernement assurera un traitement convenable aux évêques et aux curés dont les diocèses et les paroisses seront compris dans la circonscription nouvelle.

Art. XV. – Le Gouvernement prendra également des mesures pour que les catholiques français puissent, s'ils le veulent, faire en faveur des Eglises, des fondations.

Art. XVI. – Sa Sainteté reconnaît dans le premier Consul de la République française, les mêmes droits et prérogatives dont jouissait près d'elle l'ancien gouvernement.

Art. XVII. – Il est convenu entre les parties contractantes que, dans le cas où quelqu'un des successeurs du premier Consul actuel ne serait pas catholique, les droits et prérogatives mentionnés dans l'article ci-dessus, et la nomination aux évêchés, seront réglés, par rapport à lui, par une nouvelle convention.

Les ratifications seront échangées à Paris dans l'espace de quarante jours.

Fait à Paris, le 26 Messidor an IX.

Signé Joseph Bonaparte.
Hercules, *cardinalis* Consalvi. Cretet.
Joseph, *archiep. Corinthi.*
Bernier. F. Carolus Caselli.

Source : Archim, base de données des Archives nationales.

Accords entre le Saint-Siège et le royaume d'Italie du 11 février 1929

Les accords du Latran ont pour intitulé officiel « Traité entre le Saint-Siège et l'Italie ». Ils ont été signés le 11 février 1929 dans le palais du Latran entre l'Italie de Mussolini et le Saint-Siège, représenté par le cardinal Gasparri, secrétaire d'Etat du pape Pie XI.

Ce traité compte trois conventions distinctes : un traité politique destiné à régler la « question romaine » ; une convention financière destinée à dédommager le Saint-Siège ; un concordat qui détermine la place de l'Eglise en Italie.

En conséquence, le catholicisme devient la religion officielle de l'Etat italien. Le pape perd ses Etats pontificaux et accepte de réduire sa position de souverain temporel à l'Etat de la Cité du Vatican.

La République italienne de 1946 reconnaîtra les accords du Latran, mais non les lois catholiques, car l'Italie instaure alors la séparation de l'Eglise et de l'Etat.

Au nom de la Très Sainte Trinité,

Attendu :

Que le Saint-Siège et l'Italie ont reconnu qu'il convenait d'écarter toute cause de différend existant entre eux et d'arriver à un règlement définitif de leurs rapports réciproques qui soit conforme à la justice et à la dignité des deux Hautes Parties, et qui, en assurant au Saint-Siège, d'une manière stable, une situation de fait et de droit qui lui garantisse l'indépendance absolue pour l'accomplissement de sa haute mission dans le monde, permette à ce même Saint-Siège de reconnaître résolue d'une façon définitive et irrévocable la « Question romaine », née en 1870 de l'annexion de Rome au royaume d'Italie sous la dynastie de la Maison de Savoie ;

Qu'il faut, pour assurer au Saint-Siège l'indépendance absolue et visible, lui garantir une souveraineté indiscutable même dans le domaine international, et que, par suite, est apparue la nécessité de constituer avec des modalités particulières, la Cité du Vatican, en reconnaissant au Saint-Siège, sur ce territoire, pleine propriété, pouvoir exclusif et absolu et juridiction souveraine ;

Sa Sainteté le Souverain Pontife Pie XI et Sa Majesté Victor-Emmanuel II, roi d'Italie, ont résolu de stipuler un traité, nommant à cet effet deux plénipotentiaires, c'est-à-dire, Sa Sainteté, Son Eminence Révérendissime le cardinal Pierre Gasparri, son secrétaire d'Etat, et pour Sa Majesté, Son Excellence le chevalier Benito Mussolini, premier ministre et chef du Gouvernement ; lesquels, ayant échangé leurs pleins pouvoirs respectifs et les ayant trouvés en bonne et due forme, ont convenu des articles suivants :

ARTICLE PREMIER. – L'Italie reconnaît et réaffirme le principe consacré dans l'article premier du statut du royaume en date du 4 mars 1848, en vertu duquel la religion catholique, apostolique et romaine, est la seule religion de l'Etat.

ART. 2. – L'Italie reconnaît la souveraineté du Saint-Siège dans le domaine international comme un attribut inhérent à sa nature, en conformité avec sa tradition et avec les exigences de sa mission dans le monde.

Art. 3. – L'Italie reconnaît au Saint-Siège la pleine propriété, le pouvoir exclusif et absolu de la juridiction souveraine sur le Vatican, comme il est actuellement constitué avec toutes ses dépendances et dotations, créant de la sorte la Cité du Vatican pour les fins spéciales et avec les modalités que contient le présent traité. Les limites de la dite Cité sont indiquées sur le plan qui constitue l'annexe I dudit traité, dont il fait partie intégrante. Il reste par ailleurs entendu que la place Saint-Pierre, tout en faisant partie de la Cité du Vatican continuera à être normalement ouverte au public et soumise aux pouvoirs de la police des autorités italiennes ; celles-ci s'arrêteront au pied de l'escalier de la basilique, bien qu'elle continue à être destinée au culte public, et elles s'abstiendront par conséquent de monter et d'accéder à cette basilique, sauf le cas où elles seraient invitées à intervenir par l'autorité compétente.

Au cas où le Saint-Siège, en vue de cérémonies particulières, jugerait bon de soustraire temporairement la place Saint-Pierre au libre passage du public, les autorités italiennes, à moins d'être invitées à rester par l'autorité compétente, se retireront au-delà des lignes extérieures et de la colonnade du Bernin et de leur prolongement.

Art. 4. – La souveraineté et la juridiction exclusive que l'Italie reconnaît au Saint-Siège sur la Cité du Vatican implique cette conséquence qu'aucune ingérence de la part du Gouvernement italien ne pourra s'y manifester, et qu'il n'y aura pas là d'autre autorité que celle du Saint-Siège.

Art. 5. – Pour l'exécution de tout ce qui est établi dans l'article précédent, avant l'entrée en vigueur du présent traité, le territoire constituant la Cité du Vatican devra être, par les soins du Gouvernement italien, rendu libre de toute servitude et de ses occupants éventuels. Le Saint-Siège veillera à en fermer l'accès, en entourant d'une enceinte les parties ouvertes, sauf la place Saint-Pierre.

Il reste en outre convenu qu'en ce qui concerne les immeubles y existant appartenant à des instituts ou entités religieux, le Saint-Siège pourvoira directement à régler ses rapports avec eux, l'Etat italien s'en désintéressant.

Art. 6. – L'Italie pourvoira, par les accords nécessaires avec les organismes intéressés, à ce que la Cité du Vatican soit assurée, en propriété, d'une dotation adéquate d'eau.

Elle pourvoira, en outre, à la mettre en communication avec les voies ferrées de l'Etat, moyennant la construction d'une gare de chemin de fer dans la Cité du Vatican, à l'emplacement indiqué sur le plan mentionné ci-dessus (Annexe I) et moyennant la circulation des wagons propres au Vatican sur les chemins de fer italiens.

Elle pourvoira, par ailleurs, à relier directement avec les autres Etats, les services télégraphiques, téléphoniques, radio-télégraphiques, radio-téléphoniques et postaux de la Cité du Vatican.

Elle pourvoira enfin aussi à la liaison avec les autres services publics.

A tous les services ci-dessus, il sera pourvu aux frais de l'Etat italien, et dans le délai d'un an à partir de l'entrée en vigueur du présent traité.

Le Saint-Siège pourvoira, à ses frais, à aménager les accès du

Vatican déjà existants, et les autres qu'il jugerait bon d'ouvrir dans la suite.

Des accords seront pris entre le Saint-Siège et l'Etat italien pour la circulation, sur le territoire de ce dernier, des véhicules terrestres et des aéroplanes de la Cité du Vatican.

ART. 7. – Dans le territoire entourant la Cité du Vatican, le Gouvernement italien s'engage à ne pas permettre de nouvelles constructions qui donneraient vue sur l'intérieur, et à procéder, dans ce but, à la démolition partielle de celles déjà existantes à la porte Cavalleggeri, le long de la *Via* Aurélia et du Viale Vaticano.

En conformité avec les règles du droit international, il est défendu aux aéroplanes, de quelque espèce qu'ils soient, de survoler le territoire du Vatican.

Sur la place Rusticucci et dans les parties adjacentes à la colonnade où ne s'étend pas l'exterritorialité dont parle l'article 15, tout changement par mesure d'urbanité ou de viabilité qui pourrait intéresser la Cité du Vatican se fera de commun accord.

ART. 8. – L'Italie, considérant comme sacrée et inviolable la personne du Souverain Pontife, déclare punissable l'attentat contre Elle et la provocation à l'attentat, sous menace des mêmes peines établies pour attentat ou provocation à l'attentat contre la personne du roi.

Les offenses et injures publiques commises sur le territoire italien contre la personne du Souverain Pontife, par discours, par actes ou par écrits, sont punies comme les offenses et les injures à la personne du Roi.

ART. 9. – En conformité avec les règles du droit international, sont assujetties à la souveraineté du Saint-Siège toutes les personnes ayant une résidence stable dans la Cité du Vatican. Cette résidence ne se perd pas par le simple fait d'une demeure temporaire ailleurs, si ce fait n'est pas accompagné de la perte du domicile dans la Cité elle-même ou d'autres circonstances prouvant l'abandon dudit domicile.

En cessant d'être soumises à la souveraineté du Saint-Siège, les personnes mentionnées au paragraphe précédent, et qui, d'après les termes de la loi italienne, indépendamment des circonstances de fait prévues plus haut, et qui ne seraient pas à considérer comme possédant une autre citoyenneté, seront en Italie considérées sans autre formalité comme citoyens italiens.

A ces mêmes personnes, tant qu'elles sont assujetties à la souveraineté du Saint-Siège, seront applicables sur le territoire du royaume d'Italie, même dans les questions où doit être observée la loi personnelle (quand elles ne sont pas réglées par des normes émanant du Saint-Siège) les dispositions de la législation italienne, et, s'il s'agit d'une personne qu'il faille considérer comme possédant une autre citoyenneté, les lois de l'Etat auquel elle appartient.

ART. 10. – Les dignitaires de l'Eglise et les personnes appartenant à la cour pontificale, qui seront indiquées dans un tableau au sujet duquel des Hautes Parties contractantes se mettront d'accord, même quand ils ne seraient pas citoyens du Vatican, sont toujours, et en tous cas, par rapport à l'Italie, dispensés du service militaire, du jury et de toute prestation de caractère personnel.

Cette disposition s'applique aussi aux fonctionnaires de carrière déclarés par le Saint-Siège indispensables, attachés d'une manière stable et avec un traitement fixe au service du Saint-Siège, ainsi qu'aux dicastères et aux offices indiqués ci-après dans les articles 13, 14, 15 et 16 qui existent hors la Cité du Vatican. Ces fonctionnaires seront indiqués sur un autre tableau à établir d'un commun accord comme plus haut, et qui sera chaque année mis à jour par le Saint-Siège.

Les ecclésiastiques qui, en raison de leur office, participent hors la Cité du Vatican à l'exécution des actes du Saint-Siège, ne peuvent, à raison de leur charge, être l'objet d'aucun empêchement, d'aucune enquête ou d'aucune molestation de la part des autorités italiennes.

Toute personne étrangère investie d'une charge ecclésiastique à Rome jouit des garanties personnelles accordées aux citoyens italiens en vertu des lois du royaume.

ART. 11. – Les organismes centraux de l'Eglise catholique sont affranchis de toute ingérence de la part de l'Etat italien (étant réservées les dispositions des lois italiennes concernant les acquisitions des personnes morales), ainsi que de la conversion pour ce qui concerne les biens immobiliers.

ART. 12. – L'Italie reconnaît au Saint-Siège le droit de légation actif et passif, selon les règles générales du droit international.

Les envoyés des gouvernements étrangers près le Saint-Siège continuent à jouir dans le royaume de toutes les prérogatives et immunités qui concernent les agents diplomatiques selon le droit international, et leurs résidences pourront continuer à rester sur le territoire italien ; ils jouiront des immunités qui leur sont dues d'après le droit international, même si leurs Etats n'ont pas de rapports diplomatiques avec l'Italie.

Il reste entendu que l'Italie s'engage à laisser toujours libre, et dans tous les cas, la correspondance entre tous les Etats, y compris les belligérants, et le Saint-Siège, et *vice-versa*, ainsi que le libre accès des évêques de tout l'univers auprès du Siège apostolique.

Les Hautes Parties contractantes s'engagent à établir entre elles des relations diplomatiques normales, en accréditant un ambassadeur italien près le Saint-Siège, et un nonce pontifical près l'Italie, lequel sera le doyen du corps diplomatique, aux termes du droit coutumier reconnu par le Congrès de Vienne dans l'acte du 9 juin 1815.

Par un effet de la reconnaissance de souveraineté et sans préjudice de ce qui est fixé à l'article 19 ci-après, les agents diplomatiques du Saint-Siège et les courriers employés au nom du Souverain Pontife jouissent sur le territoire italien, même en temps de guerre, du même traitement que celui dû aux agents diplomatiques et aux courriers de cabinets des autres gouvernements étrangers, selon les règles du droit international.

ART. 13. – L'Italie reconnaît au Saint-Siège la pleine propriété des basiliques patriarcales de Saint-Jean de Latran, de Sainte-Marie Majeure et de Saint-Paul, avec les bâtiments annexes (Annexe II, 1, 2, 3).

L'Etat transfère au Saint-Siège la libre gestion et l'administration de la dite basilique de Saint-Paul et du monastère attenant, versant par ailleurs au Saint-Siège les capitaux correspondant aux sommes fixées annuellement dans le budget du ministère de l'instruction publique pour la dite basilique.

Il reste pareillement entendu que le Saint-Siège a la libre propriété du bâtiment dépendant de Saint-Calliste, près de Sainte-Marie-du-Transtevère (Annexe II, 9).

ART. 14. – L'Italie reconnaît au Saint-Siège la pleine propriété du palais pontifical de Castel-Gondolfo, avec toutes les dotations, attenances et dépendances (Annexe II, 4) telles qu'elles se trouvent déjà maintenant en possession de ce même Saint-Siège, en même temps qu'elle s'oblige à céder, également en pleine propriété, en en effectuant la remise dans les six mois à partir de l'entrée en vigueur du présent arrêté, la villa Barberini à Castel-Gandolfo, avec toutes les dotations, attenances et dépendances (Annexe II, 5).

Pour compléter la propriété des immeubles situés au côté nord du Janicule appartenant à la Sacré-Congrégation de la Propagande et à d'autres instituts ecclésiastiques, et ayant vue vers les palais vaticans, l'Etat s'engage à transférer au Saint-Siège ou aux entités qui seront indiquées par lui, les immeubles des domaines d'Etat ou des tiers existant sur la dite zone. Les immeubles appartenant à la dite Congrégation et aux autres Instituts et ceux à transférer sont indiqués sur le plan annexé (Annexe II, 12).

L'Italie, enfin, transfère au Saint-Siège, en pleine et libre propriété, les édifices ex-conventuels de Rome attenant à la basilique des Saints-Douze-Apôtres et aux Eglises de Saint-André della Valle et de Saint-Charles ai Catinari, avec toutes les annexes et dépendances (Annexe III, 3, 4 et 5), et à les remettre libres de leurs occupants, dans l'espace d'un an à partir de l'entrée en vigueur du présent traité.

ART. 15. – Les immeubles indiqués dans l'article 13 et dans les alinéas 1 et 2 de l'article 14, ainsi que les palais de la Daterie, de la Chancellerie, de la Propagande, place d'Espagne, le Palais du Saint Office et les immeubles adjacents, celui des Convertendi (siège actuel de la Congrégation pour l'Eglise orientale), place Schossacavalli, le palais du Vicariat (Annexe II, 6, 8, 10 et 11) et les autres édifices dans lesquels le Saint-Siège, à l'avenir, jugera bon d'organiser d'autres de ses dicastères, bien que faisant partie du territoire de l'Etat italien, jouiront des immunités reconnues par le droit international aux résidences des agents diplomatiques étrangers.

Les mêmes immunités s'appliquent aussi à l'égard des autres Eglises, même hors de Rome, durant le temps où, sans être ouvertes au public, y sont célébrées des cérémonies avec l'assistance du Souverain Pontife.

ART. 16. – Les immeubles indiqués dans les trois articles précédents, ainsi que le siège des Instituts pontificaux suivants : Universités grégoriennes, Institut biblique, oriental, archéologique, Séminaire russe, Collège lombard, les deux palais de Saint-Apollinaire et la Maison des exercices pour le clergé de Saint-Jean et Saint-Paul (Annexe III, 1 bis, 2, 6, 7 et 8) ne seront jamais assujettis à des servitudes ou à expropriation pour cause d'utilité publique, à moins d'un accord préalable avec le Saint-Siège, et ils seront exempts d'impôts, soit ordinaires, soit extraordinaires, tant à l'égard de l'Etat que de n'importe quelle autre entité.

Il est au pouvoir du Saint-Siège de donner à tous les susdits immeubles, indiqués dans le présent article et dans les trois articles précédents, les arrangements qu'il juge bon, sans avoir besoin d'autorisations ou de consentements de la part des autorités gouvernementales, provinciales ou communales italiennes, lesquelles peuvent, à ce sujet, s'en remettre, en pleine sécurité, aux nobles traditions artistiques dont s'honore l'Eglise catholique.

ART. 17. – Les rétributions, de quelque nature qu'elles soient, dues par le Saint-Siège, par les autres organisations centrales de l'Eglise catholique et les organisations gérées directement par le Saint-Siège même hors de Rome, à des dignitaires, employés et salariés, même sans fonction stable, seront sur le territoire italien, exemptes, à partir du 1er janvier 1929, de quelque impôt que ce soit, tant à l'égard de l'Etat que de toute autre administration.

ART. 18. – Les trésors d'art et de science existant dans la Cité du Vatican et dans le palais de Latran demeureront visibles aux savants et aux visiteurs, le Saint-Siège se réservant toutefois pleine liberté de réglementer l'entrée du public.

ART. 19. – Les agents diplomatiques et les envoyés du Saint-Siège, les agents diplomatiques et les envoyés des gouvernements étrangers près le Saint-Siège et les dignitaires de l'Eglise venant de l'étranger pour aller à la Cité du Vatican et munis de passeports des Etats d'où ils viennent, et visés par les représentants pontificaux à l'étranger, pourront sans autre formalité accéder à cette Cité à travers le territoire italien. Il en sera de même pour les susdites personnes qui, munies du passeport pontifical en règle, se rendront de la Cité du Vatican à l'étranger.

ART. 20. – Les marchandises provenant de l'extérieur et envoyées à la Cité du Vatican ou, en dehors de celles-ci, aux Instituts et Offices du Saint-Siège, seront toujours admises, de quelque point des frontières italiennes que ce soit et de n'importe quel port du royaume, à passer par le territoire italien avec pleine exemption de droits de douane et d'octroi.

ART. 21. – Tous les cardinaux jouissent en Italie des honneurs dus aux princes de sang ; ceux qui résident à Rome, même en dehors de la Cité du Vatican, sont citoyens de cette Cité, avec tous les effets qui en résultent.

Durant la vacance du Siège pontifical, l'Italie veillera d'une manière spéciale à ce que nul obstacle ne soit opposé au libre passage et à l'accès des cardinaux à travers le territoire italien jusqu'au Vatican, et à ce que l'on ne mette pas d'empêchement ou de limitation à leur liberté personnelle.

L'Italie veillera en outre à ce que, sur son territoire, aux alentours de la Cité du Vatican, ne soient pas commis d'actes qui puissent troubler d'une manière quelconque les réunions du conclave.

Ces règles valent aussi pour les conclaves qui se tiendraient hors de la Cité du Vatican, ainsi que pour les conciles présidés par le Souverain Pontife ou par ses légats et à l'égard des évêques appelés à y participer.

ART. 22. – A la demande du Saint-Siège, et par une délégation qu'il pourra donner, soit dans chaque cas, soit d'une manière permanente, l'Italie veillera sur son territoire à la punition des délits qui seraient commis dans la Cité du Vatican ; mais quand l'auteur du délit s'est réfugié sur le territoire italien, dans ce cas on procédera sans autre formalité contre lui d'après les règles des lois italiennes.

Le Saint-Siège remettra à l'Etat italien les personnes qui se seraient réfugiées dans la Cité du Vatican, accusées d'actes commis en territoire italien qui seraient reconnus délictueux par les lois des deux Etats.

Il sera procédé de même à l'égard des personnes accusées de délits qui se seraient réfugiées dans les immeubles jouissant de l'immunité d'après l'article 15, à moins que les préposés aux dits immeubles ne préfèrent inviter les agents italiens à y entrer pour les arrêter.

Art. 23. – Pour l'exécution dans le royaume des sentences émanant des tribunaux de la Cité du Vatican, on appliquera les règles du droit international.

Auront, par contre, sans autre formalité, pleine efficacité juridique, même avec tous leurs effets civils en Italie, les sentences et les mesures émanant des autorités ecclésiastiques et officiellement communiquées aux autorités civiles au sujet des personnes ecclésiastiques ou religieuses et concernant des matières spirituelles ou disciplinaires.

Art. 24. – Le Saint-Siège, en ce qui touche la souveraineté qui lui appartient, même dans le domaine international, déclare qu'il veut demeurer et demeurera étranger aux compétitions temporelles envers les autres Etats et aux réunions internationales convoquées pour cet objet, à moins que les parties en litige ne fassent un appel unanime à sa mission de paix, se réservant en chaque cas de faire valoir sa puissance morale et spirituelle.

En conséquence, la Cité du Vatican sera toujours et en tous cas considérée comme un territoire neutre et inviolable.

Art. 25. – Par une convention spéciale signée en même temps que le présent traité, laquelle constitue l'annexe IV dudit traité et en forme partie intégrante, il est pourvu à la liquidation des créances du Saint-Siège à l'égard de l'Italie.

Art. 26. – Le Saint-Siège affirme que, par les accords qui sont signés aujourd'hui, il est en possession d'une manière adéquate de tout ce qu'il lui faut pour veiller à la liberté et à l'indépendance nécessaires au gouvernement pastoral du diocèse de Rome et de l'Eglise catholique en Italie et dans le monde ; il déclare définitivement et irrévocablement résolue, et par suite éliminée, la Question Romaine, et reconnaît le royaume d'Italie sous la dynastie de la Maison de Savoie, avec Rome comme capitale de l'Etat italien.

A son tour, l'Italie reconnaît l'Etat de la Cité du Vatican sous la souveraineté du Souverain Pontife.

Est abrogée la loi du 13 mai 1871, n° 214, ainsi que toute autre disposition contraire au présent traité.

ART. 27. – Le présent traité, dans un délai qui ne dépassera pas quatre mois à partir de la signature, sera soumis à la ratification du Souverain Pontife et du roi d'Italie, et entrera en vigueur dès l'acte même de l'échange des ratifications.

Rome, 11 février 1929.
Pietro cardinal GASPARRI
Benito MUSSOLINI

Source : Digithèque de matériaux juridiques et politiques, université de Perpignan.

Concordat entre le Saint-Siège et l'empire allemand du 20 juillet 1933

Après le concordat italien, le pape Pie XI entame des négociations sur les mêmes bases avec la République de Weimar. Mais l'arrivée de Hitler au pouvoir les met à mal. Le nouveau dirigeant de l'Allemagne est a priori peu intéressé. Cependant, le vice-chancelier von Papen, lui-même catholique, insiste sur l'importance de gagner au national-socialisme le soutien de la forte minorité que constituent les catholiques en Allemagne.

Le Saint-Siège est représenté par le cardinal Pacelli, qui deviendra Pie XII en 1939, et l'Allemagne par le vice-chancelier von Papen. Pour les deux parties, l'accord est considéré comme une victoire sur le bolchevisme.

Sa Sainteté le Pape Pie XI et le Président du Reich allemand, déterminés par le désir commun de consolider et de promouvoir les relations amicales existant entre le Saint-Siège et le Reich allemand, voulant régler durablement les relations entre l'Eglise catholique et l'Etat pour tout le territoire du Reich allemand d'une façon satisfaisante pour les deux parties, ont décidé de conclure une convention solennelle qui complète les concordats conclus avec certains Länder allemands et garantisse pour les autres un traitement homogène dans ses principes des questions traitées. A cet effet, Sa Sainteté le Pape Pie XI a nommé comme plénipotentiaire Son Eminence le révérendissime cardinal Eugenio Pacelli, secrétaire d'Etat, et le Président du Reich allemand a nommé comme plénipotentiaire le vice-chancelier du Reich allemand, M. Franz von Papen, lesquels, après avoir échangé leurs pleins pouvoirs respectifs et les avoir reconnus en bonne et due forme, ont convenu des articles suivants :

ART. 1. – Le Reich allemand garantit la liberté de profession et d'exercice public de la religion catholique. Il reconnaît le droit de l'Eglise catholique d'organiser et d'administrer ses affaires de façon autonome dans les limites du droit commun, et d'édicter des lois et règlements qui lient ses membres dans le cadre de ses attributions.

ART. 2. – Les concordats conclus avec la Bavière (1924), la Prusse (1929) et le Bade (1932) restent en vigueur, et les droits et libertés de l'Eglise catholique qui y sont reconnus demeurent inchangés sur les territoires concernés. Pour les autres Länder, les dispositions contenues dans le présent concordat sont appliquées dans leur ensemble. Elles sont obligatoires également pour les trois Länder cités ci-dessus, en tant qu'elles concernent des matières qui n'ont pas été réglées dans ces concordats particuliers ou qu'elles complètent les dispositions déjà établies. A l'avenir, la conclusion de concordats par les Länder s'effectuera uniquement en accord avec le gouvernement du Reich.

ART. 3. – Pour entretenir les bonnes relations entre le Saint-Siège et le Reich allemand, un nonce apostolique résidera, comme jusqu'à présent, dans la capitale du Reich allemand, et un ambassadeur du Reich allemand auprès du Saint-Siège.

ART. 4. – Le Saint-Siège jouit de la pleine liberté de communiquer et de correspondre avec les évêques, le clergé et les autres membres de l'Eglise catholique d'Allemagne. Il en va de même pour les évêques et les autres autorités diocésaines dans leurs communications avec les fidèles dans toutes les activités relatives à leur ministère pastoral. Les instructions, ordonnances, lettres pastorales, bulletins diocésains officiels et les autres actes concernant le gouvernement spirituel des fidèles et qui émanent des autorités ecclésiastiques dans le cadre de leurs attributions (art 1, al. 2) peuvent être publiés librement et portés à la connaissance des fidèles dans les formes usitées jusqu'ici.

ART. 5. – Dans l'exercice de leur activité sacerdotale, les ecclésiastiques jouissent de la protection de l'Etat de la même façon que les fonctionnaires. Conformément à la législation générale de l'Etat, ce dernier prendra des mesures contre les offenses à leur personne et à leur qualité d'ecclésiastiques, et contre les troubles portés à l'exercice de leur ministère, et il leur garantira, en cas de besoin, la protection des autorités.

ART. 6. – Les clercs et les religieux sont exempts de l'obligation d'assumer des charges publiques et fonctions similaires qui, selon les règles du droit canonique, ne sont pas compatibles avec l'Etat ecclésiastique et religieux. Cela s'applique en particulier à l'office d'échevin, de juré, de membre des commissions des impôts ou des tribunaux des finances.

Art. 7. – Pour accepter un emploi ou une fonction dans l'administration d'Etat ou dans une collectivité de droit public dépendant de l'Etat, les ecclésiastiques ont besoin du nihil obstat de leur ordinaire diocésain ainsi que de l'ordinariat du siège de la collectivité de droit public. Le nihil obstat est révocable à tout moment pour raisons graves d'intérêt ecclésiastique.

Art. 8. – La rémunération des ecclésiastiques est exempte de saisie de la même façon que les traitements des fonctionnaires du Reich et de l'Etat.

Art. 9. – Les ecclésiastiques ne peuvent être requis par les autorités judiciaires ou par d'autres autorités pour donner des informations sur des faits qui leur ont été confiés dans l'exercice de leur activité pastorale, et qui de ce fait sont couverts par l'obligation du secret religieux.

Art. 10. – Le port de l'habit ecclésiastique ou religieux par des laïques, ou des ecclésiastiques ou religieux auxquels il a été valablement interdit par l'autorité ecclésiastique compétente en vertu d'une mesure définitive communiquée officiellement à l'autorité Etatique, est passible de la part de l'Etat des mêmes peines que l'usage abusif de l'uniforme militaire.

Art. 11. – L'organisation et les circonscriptions actuelles des diocèses de l'Eglise catholique du Reich allemand sont maintenues. La nouvelle érection d'un diocèse, d'une province ecclésiastique, ou tout autre modification de la circonscription diocésaine qui paraîtrait à l'avenir nécessaire, tant qu'il s'agit de créations à l'intérieur des frontières d'un Land allemand, demeure soumise à un accord avec le gouvernement du Land concerné. S'agissant de créations ou modifications qui dépassent les frontières d'un Land allemand, un accord aura lieu avec le gouvernement du Reich, auquel est laissé le soin d'obtenir le consentement des gouvernements des Länder concernés. Il en va de même pour la nouvelle érection ou la modification de provinces ecclésiastiques, dans le cas où plusieurs Länder allemands sont impliqués. Les dispositions précédentes ne s'appliquent pas aux changements de limites ecclésiastiques opérés uniquement dans l'intérêt de l'activité pastorale locale. Dans le cas d'un nouveau découpage territorial au sein du Reich allemand, le gouvernement du Reich se mettra en relation avec le Saint-Siège pour la modification de l'organisation et des circonscriptions des diocèses.

ART. 12. – Sans préjudice des dispositions de l'article 11, des offices ecclésiastiques pourront être librement érigés et modifiés tant que des dépenses ne sont pas réclamées à l'Etat. La participation de l'Etat pour la création et la modification de paroisses suivra des règles établies avec les évêques diocésains, à propos desquelles le gouvernement du Reich interviendra auprès des gouvernements des Länder afin qu'elles soient le plus possible harmonisées.

ART. 13. – Les paroisses catholiques, les associations paroissiales et diocésaines, les sièges épiscopaux, les évêchés et les chapitres, les ordres et les sociétés religieuses, ainsi que les établissements, les fondations, les biens patrimoniaux de l'Eglise catholique administrés par des organes ecclésiastiques, conservent ou acquièrent la personnalité juridique au for civil selon les normes communes du droit. Ceux qui étaient antérieurement des collectivités de droit public conservent ce caractère ;

les mêmes droits peuvent être garantis aux autres conformément à la législation commune.

ART. 14. – L'Eglise a, par principe, le droit de conférer librement tous les offices et bénéfices ecclésiastiques sans l'intervention de l'Etat ou des collectivités communales civiles, sauf accords prévus dans les concordats cités dans l'article 2. En ce qui concerne la provision des sièges épiscopaux pour les deux diocèses suffragants de Rottenbourg et de Mayence et le diocèse de Meissen, s'appliquent les règles fixées pour le siège métropolitain de la province ecclésiastique du Rhin supérieur de Fribourg. Il en va de même, dans les deux diocèses suffragants cités, pour la provision des canonicats du chapitre épiscopal et pour le règlement du droit de patronage. En outre, il existe un Accord sur les points suivants :

1. Les prêtres catholiques qui remplissent en Allemagne une charge ecclésiastique ou qui exercent une activité d'assistance spirituelle ou d'enseignement doivent :

a. être citoyens allemands ;

b. avoir obtenu un diplôme qui permette d'étudier dans un établissement d'enseignement supérieur allemand ;

c. avoir suivi pendant au moins trois ans des études de philosophie et de théologie dans un établissement public d'enseignement supérieur allemand, un institut académique ecclésiastique allemand ou dans ou dans un établissement supérieur pontifical à Rome.

2. La bulle de nomination des archevêques, des évêques, d'un coadjuteur cum jure successionis ou d'un Praelatus nullius, ne sera délivrée qu'après que le nom de la personne choisie a été communiqué au Reichsstatthalter auprès du Land concerné, et

qu'il a été constaté qu'il n'y a pas à son encontre d'objections d'ordre politique général.

Après entente entre les autorités ecclésiastiques et gouvernementales, on pourra déroger aux conditions exigées aux a., b. et c. du §1.

ART. 15. – Les ordres et les sociétés religieuses ne sont soumis de la part de l'Etat à aucune restriction particulière dans le règlement de leurs affaires et dans l'administration de leurs biens, en ce qui concerne leur fondation, leurs maisons, le nombre et – sous réserve de l'article 15 al. 2 – les qualités de leurs membres, leur activité en matière de ministère pastoral, d'enseignement, d'assistance aux malades et d'œuvres caritatives. Les supérieurs religieux qui ont leur résidence dans le Reich allemand doivent avoir la citoyenneté allemande. Les supérieurs provinciaux et généraux résidant hors du territoire du Reich allemand ont, même s'ils sont d'une autre nationalité, le droit de visiter leurs maisons situées en Allemagne. Le Saint-Siège veillera à ce que, pour les maisons religieuses existant sur le territoire du Reich, l'organisation provinciale soit réglée de façon à ce qu'elles ne soient pas, autant que possible, subordonnées à des supérieurs provinciaux étrangers. Des exceptions peuvent être admises, en accord avec le gouvernement du Reich, particulièrement dans les cas où le petit nombre de maisons rend inopportune la constitution d'une province allemande, ou lorsqu'il y a des raisons particulières de conserver une organisation provinciale historiquement fondée et qui s'est révélée particulièrement efficace.

ART. 16. – Avant que les évêques prennent possession de leurs diocèses, ils prêteront entre les mains du Reichsstatthalter de l'Etat compétent, ou entre les mains du président du Reich un serment de fidélité selon la formule suivante : « devant Dieu et sur les Saints Evangiles, je jure et promets, comme il convient à un évêque, fidélité au Reich allemand et au Land de ... Je jure et promets de respecter et de faire respecter par mon clergé le gouvernement constitutionnellement établi. Me préoccupant, comme il est de mon devoir, du bien et de l'intérêt de l'Etat allemand, je chercherai dans l'exercice du ministère qui m'est confié à empêcher tout préjudice qui pourrait le menacer ».

ART. 17. – Le droit de propriété et les autres droits des collectivités de droit public, des établissements, fondations et associations de l'Eglise catholique sur leurs biens, seront garantis conformément à la législation générale de l'Etat.

La démolition d'édifices consacrés au culte ne pourra avoir lieu sous aucun motif sans l'accord préalable des autorités ecclésiastiques compétentes.

ART. 18. – Au cas où les aides accordées par l'Etat à l'Eglise catholique fondées sur une loi, une convention ou des titres juridiques particuliers, devraient être rachetées, on établira en temps voulu un accord amical entre le Saint-Siège et le Reich, avant la mise au point des critères à établir pour ce rachat.

Parmi les titres juridiques particuliers, figure également la coutume juridiquement fondée.

Le rachat doit garantir aux ayants droit une compensation convenable pour la suppression des prestations de l'Etat existant jusqu'à présent.

ART. 19. – Les facultés de théologie catholique dans les établissements d'enseignement supérieur de l'Etat sont conservées. Leurs relations avec l'autorité ecclésiastique sont réglées selon les dispositions établies dans les concordats concernés et protocoles annexés, en tenant compte des prescriptions ecclésiastiques correspondantes.

Art. 20. – Tant qu'il n'existe pas d'autres accords, l'Eglise a le droit d'ériger, pour la formation du clergé, des établissements d'enseignement de philosophie et de théologie qui dépendent exclusivement de l'autorité ecclésiastique, s'il n'est pas réclamé de subsides de l'Etat.

L'érection, la direction et l'administration des séminaires et des petits séminaires ecclésiastiques regardent uniquement les autorités ecclésiastiques, dans les limites du droit commun.

Art. 21. – L'enseignement de la religion catholique dans les écoles primaires, professionnelles, secondaires et dans les établissements d'enseignement supérieur est une matière d'enseignement régulière, et sera donné conformément aux principes de l'Eglise catholique. Dans l'enseignement religieux, on mettra un soin particulier à développer la conscience du devoir envers la patrie et du devoir civique et social, selon l'esprit des règles de la foi et de la morale chrétienne, comme cela se fait également dans le reste de l'enseignement. Le contenu et le choix des manuels d'enseignement religieux seront fixés en accord avec les autorités ecclésiastiques supérieures. On donnera aux autorités ecclésiastiques supérieures les moyens de contrôler, en accord avec les autorités scolaires, que les élèves reçoivent l'enseignement religieux conformément aux doctrines et aux exigences de l'Eglise.

Art. 22. – La nomination des professeurs de religion catholique a lieu en accord entre l'évêque et le gouvernement du Land.

Les professeurs que l'évêque aurait déclarés inaptes à délivrer l'instruction religieuse, en raison de leur doctrine ou de leur conduite morale, ne peuvent être employés comme professeurs de religion aussi longtemps que dure l'empêchement.

ART. 23. – Le maintien et la création d'écoles confessionnelles catholiques demeurent garantis. Dans toutes les communes où les parents, ou les autres personnes investies de l'autorité parentale, le réclament, seront ouvertes des écoles primaires catholiques lorsque, compte tenu des conditions de l'organisation scolaire locale, le nombre des élèves rend réalisable un fonctionnement convenable de l'école conformément aux prescriptions de l'Etat.

ART. 24. – Dans les écoles primaires catholiques ne seront employés que des enseignants appartenant à l'Eglise catholique et offrant la garantie de correspondre aux exigences particulières de l'école confessionnelle catholique.

Dans le cadre de la formation professionnelle générale des enseignants, sont créés des établissements qui garantissent une formation des enseignants catholiques correspondant aux exigences particulières de l'école confessionnelle catholique.

ART. 25. – Les ordres et congrégations religieuses sont autorisés à fonder et à diriger des écoles privées, dans le cadre du droit commun et des conditions fixées par la loi. Ces écoles privées délivrent les mêmes titres que les écoles de l'Etat lorsqu'elles satisfont aux mêmes prescriptions concernant les programmes d'étude.

Pour l'admission à la fonction de professeur et pour la nomination dans les établissements d'enseignement élémentaires, secondaires et supérieurs, les membres des ordres et congrégations religieuses doivent satisfaire aux conditions de droit commun.

Art. 26. – Sous réserve d'une réglementation générale ultérieure des questions de droit matrimonial, il existe un accord sur le fait que le sacrement de mariage peut être célébré avant le mariage civil, non seulement en cas de maladie mortelle d'un des futurs époux qui ne permette aucun délai, mais aussi en cas de grave nécessité morale, dont l'existence doit être certifiée par l'autorité épiscopale compétente. Dans ces cas, le curé est tenu d'en informer immédiatement le bureau de l'Etat civil.

Art. 27. – Dans l'armée du Reich allemand, une aumônerie exempte sera établie pour les officiers, employés et soldats catholiques qui appartiennent à l'armée ainsi que pour leurs familles.

La direction de l'aumônerie militaire appartient à l'évêque militaire. Sa nomination ecclésiastique sera faite par le Saint-Siège, après que celui-ci s'est mis en relation avec le gouvernement du Reich pour désigner, en accord avec lui, une personne idoine.

La nomination ecclésiastique des curés militaires et des autres aumôniers militaires est faite par l'évêque militaire, après consultation de l'autorité compétente du Reich. L'évêque militaire peut nommer uniquement les ecclésiastiques qui ont obtenu de leur évêque diocésain la permission d'entrer dans l'aumônerie militaire. Les aumôniers militaires ont des compétences paroissiales sur les troupes qui leur sont confiées et sur leurs familles. Les dispositions précises concernant l'organisation de l'aumônerie militaire catholique sont établies par un bref apostolique. Le règlement de la situation des aumôniers militaires en tant que fonctionnaires de l'Etat est établi par le gouvernement du Reich.

Art. 28. – Dans les hôpitaux, établissements pénitentiaires et autres établissements publics, l'Eglise sera admise, dans le cadre du règlement intérieur de l'établissement, à effectuer des visites pastorales et à y célébrer des actes de culte. Si une aumônerie régulière est établie dans ces établissements, et si les ecclésiastiques sont recrutés dans ce but comme fonctionnaires de l'Etat ou d'autres organismes publics, cela s'effectue en accord avec l'autorité ecclésiastique supérieure.

Art. 29. – Concernant la prise en compte de leur langue maternelle dans le culte, dans l'enseignement religieux et dans les associations ecclésiastiques, les membres catholiques d'une minorités ethnique non allemande résidant dans le Reich ne seront pas traités moins favorablement que ce qui correspond à la situation juridique et effective des personnes d'origine et de langue allemande résidant sur le territoire de l'Etat étranger correspondant.

Art. 30. – Les dimanches et jours de fêtes religieuses, dans les cathédrales comme dans les Eglises paroissiales, filiales et conventuelles du Reich allemand, on récitera à la suite du service religieux principal, conformément aux prescriptions de la liturgie, une prière pour la prospérité du Reich et du peuple allemand.

Art. 31. – Les organisations et associations catholiques qui poursuivent des buts exclusivement religieux, culturels et caritatifs, et qui, comme telles, dépendent de l'autorité ecclésiastique, seront protégées dans leurs institutions et dans leur activité.

Les organisations catholiques qui, outre leurs buts religieux, culturels ou caritatifs, poursuivent aussi d'autres buts, parmi lesquels des missions sociales ou professionnelles, jouiront, sans préjudice de leur éventuelle intégration dans les associations publiques, de la protection évoquée à l'article 31. al. 1, tant qu'elles donnent la garantie de déployer leur activité en dehors de tout parti politique.

La détermination des organisations et associations auxquelles s'appliquent les dispositions de cet article est l'objet d'un accord entre le gouvernement du Reich et l'épiscopat allemand.

Dans la mesure où le Reich et les Länder soutiennent des organisations de jeunesse – sportives ou autres –, on prendra soin que leurs membres puissent exercer normalement leurs devoirs religieux les dimanches et jours fériés, et qu'ils ne soient contraints à rien d'incompatible avec leurs convictions et leurs devoirs religieux ou moraux.

Art. 32. – En raison des circonstances particulières existant en Allemagne et en considérant les dispositions du présent concordat garantissant une législation qui sauvegarde les droits et les libertés de l'Eglise catholique dans le Reich et dans ses Länder, le Saint-Siège édictera des dispositions qui interdisent aux ecclésiastiques et aux religieux d'appartenir à des partis politiques et d'exercer une activité dans ces partis.

[...]

Annexe secrète au concordat

(Les hautes parties contractantes conviennent du caractère secret de l'annexe)

En cas de modification du système militaire actuel dans le sens de l'instauration du service militaire universel, l'enrôlement des prêtres et des autres membres du clergé séculier et monastique pour le service militaire obligatoire sera réglé conformément aux lignes directrices suivantes :

a. Ceux qui suivent des études de philosophie et de théologie dans des instituts ecclésiastiques, et qui se préparent à la prêtrise, sont exemptés du service militaire et des périodes préparatoires, excepté en cas de mobilisation générale.

b. Dans le cas d'une mobilisation générale, les ecclésiastiques chargés de l'administration d'un diocèse ou en charge d'âmes sont dispensés de l'appel. Il en va de même pour les ordinaires, les membres de l'ordinariat, les directeurs de séminaires et petits séminaires, les professeurs des séminaires, les prêtres, curés, recteurs, coadjuteurs et les ecclésiastiques qui administrent de façon stable une Eglise où est célébré un culte public.

c. Les autres ecclésiastiques, s'ils sont déclarés aptes au service, intègrent les forces armées de l'Etat pour se consacrer à l'assistance spirituelle auprès des troupes sous la juridiction ecclésiastique de l'évêque aux armées, dans le cas où ils ne sont pas mobilisés dans les services de santé.

d. Les autres ecclésiastiques *in sacris* ou membres des ordres religieux qui ne sont pas encore prêtres sont affectés dans les services de santé. Il en va de même, dans la mesure du possible, pour les candidats à la prêtrise mentionnés sous le a. qui n'ont pas encore été ordonnés.

Cité du Vatican, 20 juillet 1933.
Franz von PAPEN
Eugenio Cardinale PACELLI

Source : législation concernant les activités religieuses et l'organisation des cultes, CNRS, unité mixte de recherche DRES (droit, religion, entreprise et société).

Bibliographie

Ouvrages en français

Augias, Corrado, *Les Secrets de Rome : histoires, lieux et personnages d'une capitale*, Paris, Editions du Rocher, 2007.

Baigent Michael, Leigh Richard, Lincoln Henry, *L'Enigme sacrée*, Paris, Pygmalion/Gérard Watelet, 1983.

Brown, Dan, *Da Vinci code*, traduit par Daniel Roche, Paris, Editions Jean-Claude Lattès, 2004.

Demurger, Alain :
Vie et mort de l'ordre du Temple, 1120-1314, Paris, Editions Nathan, 1998.
Chevaliers du Christ. Les ordres religieux militaires *au Moyen Age*, Paris, Le Seuil, 2002.
Les Templiers. Une chevalerie chrétienne au Moyen Age, Paris, Le Seuil, 2005.

Gibbon, Edward, *Histoire du déclin et de la chute de l'Empire romain : Rome de 96 à 582*, traduit par M.F. Guizot, Paris, Robert Laffont, 2010.

Gramsci, Antonio, *Cahiers de prison*, traduit de l'italien par M. Aymard et P. Fulchignoni, Paris, NRF Gallimard, 1996.

Kertzer, David I., *Le Vatican contre les Juifs*, Paris, Robert Laffont, 2003.

Kressmann Taylor, Kathrine, *Inconnu à cette adresse*, traduit par Michèle Lévy-Bram, Paris, Editions Autrement, 2002.

Lizerand, Georges, *Le Dossier de l'affaire des Templiers*, Paris, Honoré Champion, 1923.

Martini, Carlo Maria, *Le Rêve de Jérusalem*, Paris, Desclée de Brouwer, 2009.

Messori, Vittorio, *Opus Dei. L'enquête*, Paris, Claire Vigne, 1995.

Miccoli, Giovanni, *Les Dilemmes et les silences de Pie XII*, traduit par Anne-Laure Vignaux, Paris, Editions Complexe, 2004.

Nuzzi Gianluigi, *Vatican S.A : les archives secrètes du Vatican*, traduit par Tazio Rigoni, Paris, Hugo et Compagnie, 2011.

Sénèque, *La Vie heureuse*, traduit par José Kany-Turpin, Paris, GF Flammarion.

Suétone, *Vie de Néron, in Vies des douze Césars*, Paris, Folio Classique, Gallimard, 1975.

Tacite, *Les Annales*, traduit par Pierre Grimal, Paris, Folio Classique, Gallimard, 1974.

Tornielli, Andrea, *Pie XII*, traduit par Isabelle Rey-Herme, Editions Jubile/Tempora, 2009.

Virgile, *Enéide*, Paris, Folio Classique, Gallimard, 1991.

Wolf, Hubert, *Le Pape et le diable : Pie XII, le Vatican et Hitler. Les révélations des archives*, traduit par Marie Gravey, Paris, CNRS Hors Collection, 2009.

Yallop, David, *Au nom de Dieu*, Paris, Christian Bourgois, 1986.

Ouvrages en langue étrangère

Azzara, Claudio, *Il papato nel Medioevo* (« La papauté au Moyen Age »), Bologne, il Mulino, 2006.

Buckley, Veronica, *Christina, Queen of Sweden: The Restless Life of a European Eccentric* (« Christine de Suède : la vie mouvementée d'une Européenne excentrique »), Canada HarperCollins Publishers, 2005.

Caffiero, Marina, *Battesimi forzati. Storie di ebrei, cristiani e convertiti nella Roma dei papi* (« Baptêmes forcés. Histoires de Juifs, chrétiens et néoconvertis dans la Rome des papes »), Rome, Viella, 2004.

Cardini, Franco, *La nascita dei Templari. San Bernardo di Chiaravalle e la cavalleria mistica* (« Les Templiers. Saint Bernard de Clairvaux et la chevalerie mystique »), Il Cerchio, Rimini, 1999.

Deaglio, Enrico, *Patria 1978-2008* (« Patrie 1978-2008 »), Milan, il Saggiatore, 2009.

Del Col, Andrea, *L'Inquisizione in Italia dal* XIIe *al* XXIe *secolo* (« L'Inquisition en Italie du XIIe au XXIe siècle »), Milan, Mondadori, 2006.

Di Giovacchino, Rita, *Storie di alti prelati e gangster romani. I misteri della chiesa di Sant'Apollinare e il caso Orlandi,* (« Hauts prélats et gangsters romains. Les mystères de l'église Saint-Apollinaire et l'affaire Orlandi »), Rome, Fazi, 2008.

Discepoli di verità, *Bugie di sangue in Vaticano* (« Mensonges de sang au Vatican »), Milan, Kaos, 1999.

Ebert, Theodor, *Der rätselhafte Tod des René Descartes* (« La mort mystérieuse de René Descartes »), Aschaffenburg, Alibri Verlag, 2009.

Fattorini, Emma, *Pio XI, Hitler e Mussolini. La solitudine di un papa* (« Pie XI, Hitler et Mussolini. La solitude d'un pape »), Turin, Einaudi, 2007.

Firpo, Massimo, *Vittore Soranzo, vescovo ed eretico. Riforma della Chiesa e Inquisizione nell'Italia del Cinquecento*, (« Vittore Soranzo, évêque et hérétique. La Réforme de l'Eglise et l'Inquisition en Italie au XVIe siècle »), Rome-Bari, Laterza, 2006.

Fisichella Archevêque Rino, *Identità dissolta. Il cristianesimo, lingua madre dell'Europa* (« Identité dissoute. Le christianisme, langue maternelle de l'Europe »), Mondadori, 2009.

Fontana, Carlo, *Il tempio vaticano 1694* (« Le temple vatican »), Milan, Electa, 2003.

Frale, Barbara, *I Templari e la Sindone di Cristo* (« Les Templiers et le saint suaire »), Bologne, il Mulino, 2009.

Galli della Loggia, Ernesto, Ruini, Camillo, *Confini. Dialoghi sul cristianesino e il mondo contemporaneo* (« Frontières. Conversations sur le christianisme et le monde contemporain »), Milan, Mondadori, 2009.

Gregorovius, Ferdinand, *Die Geschichte der Stadt im Mittelalter Rom* (« Histoire de Rome au Moyen Age »), 1859-1872.

Kertzer, David I., *Prisoner of the Vatican* (« Prisonnier du Vatican »), Houghton Mifflin, 2004.

Lacchei, Massimo, *Verbum dei et verbum gay*, Rome, Edizioni Libreria Croce, 1999.

Longo, Elena, *Vita quotidiana di una numeraria nell'Opus Dei* (« Vie quotidienne d'une numéraire de l'Opus Dei »), *Clarettianum*, XLVI, 2006.

Moro, Renato, *La Chiesa e lo sterminio degli ebrei* (« L'Eglise et l'extermination des Juifs »), Bologne, il Mulino, 2002.

Natali, Marina, *Il Palazzo del Quirinale* (« Le palais du Quirinal »), Rome, Libreria dello Stato, 1989.

Nicotri, Pino, *Emanuela Orlandi, la verità* (« Emanuela Orlandi, la vérité »), Milan, Baldini Castoldi Dalai, 2008.

Pinotti, Ferruccio :
Poteri forti (« Pouvoirs puissants »), Milan, Rizzoli, 2005.
Opus Dei segreta (« Opus Dei secret »), Milan, Rizzoli, 2007.

Politi, Marco, *Il ritorno di Dio. Viaggio tra i cattolici d'Italia* (« Le retour de Dieu. Voyage chez les catholiques italiens »), Milan, Mondadori, 2005.

Raw, Charles, *The Moneychangers : How the Vatican Bank Enabled Roberto Calvi to Steal 250 Million Dollars for the Heads of the P2 Masonic Lodge* (« Les changeurs : comment la banque du Vatican permit à Roberto Calvi de voler 250 millions de dollars pour les chefs de la loge maçonnique P2 »), The Harvill Press, 1992.

Romano, Giuseppe, *Opus Dei. Il messaggio, le opere, le persone* (« Opus Dei. Le message, les œuvres, les personnes »), San Paolo, Cinisello Balsamo, 2002.

Tapia, Maria del Carmen, *Tras El Umbral : Una Vida En El Opus Dei* (« Au-delà du seuil : une vie dans l'Opus Dei »), Ediciones B, 2004.

Ugolini, Romano, *Perugia 1859: l'ordine di saccheggio* (« Pérouse 1859 : l'ordre de la mise à sac »), *Rassegna storica del Risorgimento* (« Revue historique du Risorgimento »), LIX, III, juillet-septembre, 1972.

Verdon, Timothy, *La basilica di San Pietro. I papi e gli artisti* (« La basilique Saint-Pierre. Les papes et les artistes »), Milan, Mondadori, 2005.

Vian, Giovanni Maria, *La donazione di Costantino* (« La donation de Constantin »), Bologne, il Mulino, 2004.

Wolf, Hubert, *Index. Der Vatican und die verbotenen Bücher* (« Index. Le Vatcian et les livres interdits »), Beck C. H., 2007.

Zeri, Federico, *L'arco di Costantino: divagazioni sull'antico* (« L'arc de Constantin : divagations sur l'Antiquité »), Milan, Skira, 2004.

Zizola, Giancarlo, *Il conclave, storia e segreti : l'elezione papale da san Pietro a Giovanni Paolo II* (« Le conclave, histoire et secrets : l'élection papale de saint Pierre à Jean-Paul II), Rome, Newton Compton, 2005.

Index

Remerciements

Beaucoup de personnes m'ont aidé à composer cet ouvrage qui a exigé plusieurs années de travail : je leur suis très reconnaissant. Vladimiro Polchi m'a aidé avec habileté et intelligence dans certaines de mes recherches. Je dois à Claudio Rendina son aide amicale et ses précieuses informations. Le concours substantiel de Laura Baini et de Nunzio Giustozzi m'a permis de mieux comprendre l'histoire de Castel Sant'Angelo.

Chez Mondadori, Andrea Cane et Nicoletta Lazzari ont revu le texte et m'ont fait d'utiles observations critiques. Je profite de l'occasion pour répondre à une question que l'on me pose parfois : pourquoi continuer à publier chez cet éditeur, en dépit des controverses qui font rage autour de ses propriétaires[1] ? Je n'ai qu'une seule réponse : le lien professionnel et amical que j'ai construit au cours des années avec certains de ses dirigeants et éditeurs. Pier Angelo Mazzarino a revu et annoté le texte avec le plus grand soin et toute sa compétence. Sabine Heynemann, qui a traduit le texte en allemand, a attiré mon attention sur certaines incohérences. Antonella Colombo et Mara Samaritani, qui travaillent dans les bureaux romains de Mondadori, ont généreusement facilité mon travail.

1. La famille Berlusconi.

Ce livre cite des milliers de noms, de dates, d'événements. Malgré le soin méticuleux apporté à la relecture, il se pourrait que quelques imprécisions subsistent. J'en serais, bien entendu, seul responsable.

MIXTE
Issu de sources responsables
FSC® C003309
FSC
www.fsc.org

Composé par Nord Compo, Villeneuve-d'Ascq, Nord
Imprimé par Liberdúplex, en Espagne